21世纪应用型本科管理系列规划教材

U0674986

管理信息系统

（第三版）

3rd edition

梁　晶　主　编
方　卉　吴晓风　副主编

Management Information System

东北财经大学出版社
Dongbei University of Finance & Economics Press
大连

图书在版编目（CIP）数据

管理信息系统 / 梁晶主编. —3版. —大连：东北财经大学出版社，2025.2. —（21世纪应用型本科管理系列规划教材）. —ISBN 978-7-5654-5551-3

Ⅰ. C931.6

中国国家版本馆CIP数据核字第2025U7D989号

东北财经大学出版社出版

（大连市黑石礁尖山街217号　邮政编码　116025）

网　　址：http://www.dufep.cn

读者信箱：dufep@dufe.edu.cn

大连雪莲彩印有限公司印刷　东北财经大学出版社发行

幅面尺寸：185mm×260mm　　字数：486千字　　印张：23.25

2025年2月第3版　　　　　　2025年2月第1次印刷

责任编辑：石真珍　孟　鑫　　　　责任校对：吉　扬

封面设计：张智波　　　　　　　　版式设计：原　皓

定价：55.00元

第三版前言

随着信息技术的快速迭代，大数据、人工智能等新兴技术正以前所未有的速度与管理实践深度融合，为各类组织的运营、管理和决策带来了颠覆性的变革。管理信息系统作为信息技术与管理科学交叉的核心领域，不仅是组织管理信息化的基础，更是推动企业实现数字化转型、智能化运营的重要支柱。无论是传统行业的转型升级，还是新兴行业的蓬勃发展，管理信息系统都在其中扮演着举足轻重的角色。

本书旨在系统性地介绍管理信息系统的基本理论、关键技术、开发方法及应用实例。全书内容既涵盖了信息技术的最新发展趋势，又结合了丰富的案例分析，力求为读者提供系统化、实用化的知识框架和工具方法，帮助读者深刻理解管理信息系统在现代组织中的重要性。

本次修订在第二版的基础上进行了更新与优化，力求更加贴合时代发展的需求，注重理论与实践的结合，确保内容的科学性、前沿性和实用性。本次修订的主要内容如下：

（1）对每章的"思政引入"栏目进行了更新，融入了与党的二十大精神相关的思政元素，使专业知识的传授与价值引领有机结合，实现教书育人的统一，培养读者的社会责任感和职业道德意识，实现专业课程与思想政治理论相互融合，协同发挥育人作用。

（2）紧密围绕信息技术与管理信息系统理论及实践的最新发展动态，对基础内容进行了优化调整，新增了"自然语言模型工具"的相关内容，介绍了人工智能大模型技术及其在管理信息系统中的实际应用，更新了人工智能的常见应用部分，涵盖了最新的行业动态和技术发展，旨在帮助读者了解人工智能技术在管理领域中的多样化应用场景。

（3）对 Web 前端开发工具的内容进行了更新，展示了当前主流的开发框架和工具，使得学生进一步加深对现代化技术的理解。

（4）优化了面向对象工具的相关内容，并在开发实例中增加了面向对象开发方法的具体应用案例，全面展现了管理信息系统开发的完整流程与实践方法。

（5）对各章节的案例和思考题进行了更新，部分章节增加了拓展阅读，新增了与人工智能、大数据、云计算等热点技术相关的应用案例，力求更加贴近实际、体现前沿性和代表性，帮助读者直观理解新技术在管理信息系统中的实际应用场景。

本书内容共分11章：第1章与第2章分别介绍管理信息系统相关的基本概念及技术基础，为学习管理信息系统专业知识奠定基础；第3章介绍管理信息系统的开发方法；第4、5、6、7、9章按照结构化的思想，介绍管理信息系统从系统规划、分析、设计、实施到系统运行与维护各阶段的详细内容，帮助读者掌握管理信息系统开发的整个流程；第8章介绍基于互联网的Web开发技术及移动终端技术；第10章介绍管理信息系统评价的内容及方法；第11章介绍两个完整的管理信息系统开发案例，理论与实践相结合，让读者更加深入地理解全书内容以及各个阶段在管理信息系统开发中的作用。本书更符合经济管理类专业本、专科学生的学习需要，用"*"标注的章节是针对非计算机专业的学生设置的选修章节。

本书由梁晶担任主编，方卉、吴晓风担任副主编，梁晶负责对全书内容进行组织设计、质量控制和总纂定稿。本书第三版的修订分工如下：第1、2、8章由梁晶、方卉修订；第3、5、11章由吴晓风、梁晶修订；第4、9、10章由明均仁、梁晶修订；第6、7章由梁晶、袁荃修订。

在本书的编写过程中，我们得到了湖北工业大学工程技术学院的领导和同事们的大力支持，在此一并表示感谢。我们引用、借鉴了大量的国内外出版物与网络资料，由于篇幅所限未能在文中一一注明，在此谨向所有被引用的文献作者、专家学者表示由衷的感谢。

由于编者的水平有限，加之时间仓促，书中难免存在不当或错误之处，恳请同行专家与读者批评指正，以期改进。

编　者

2024年12月

目　录

第1章 管理信息系统概述

◄ ►

学习目标

✔ 了解管理信息系统的相关概念；
✔ 理解信息与数据之间的关系、信息度量的方法、系统的分类等；
✔ 理解管理信息系统的含义及结构；
✔ 了解管理信息系统的发展历程及发展方向。

思政引入

华为的信息化成就与全球竞争力

1）华为的信息化战略与成功

华为技术有限公司（简称"华为"）成立于1987年，经过30多年的发展，已成为全球领先的信息与通信技术（ICT）解决方案供应商。华为的成功不仅依赖于其卓越的硬件研发能力，更得益于其在信息化领域的战略布局。通过持续投入研发，华为不仅在电信设备领域居于全球领先地位，还在5G技术、云计算、人工智能等新兴领域取得了显著进展。

华为的信息化战略集中体现为其对数字化转型的深度理解和执行。2011年，华为成立了"2012实验室"，专注于未来信息技术的研究。该实验室通过对大数据、物联网、云计算等前沿领域的研发，巩固了华为在全球信息化浪潮中的领导地位。华为现已成为全球五大云服务提供商之一，为全球企业提供从IaaS（基础设施即服务）到SaaS（软件即服务）的全栈云服务。

2）信息化助力全球竞争力

（1）全球化研发网络的建立。

华为通过信息化手段，建立了覆盖全球的研发网络，使全球各地的研发团队能够高效协作。这种布局确保华为能快速响应不同市场的需求，并在技术创新上保持领先。例如，华为在全球设立了超过30个联合创新中心，通过实时数据共享和协同工作，大幅提升了研发效率和创新能力。

（2）供应链管理的数字化。

华为的信息化战略在供应链管理中发挥了关键作用。通过物联网和大数据技术，华为打造了一个高度敏捷的供应链系统，实现了对生产和物流的实时监控和优化调整。这种信息化管理不仅提高了供应链的效率和灵活性，还增强了华为应对全球市场变化的能力。

（3）智能化客户服务。

华为通过大数据分析和人工智能技术，构建了全球统一的客户服务平台。该平台能够根据客户行为数据提供个性化服务，并自动化处理常见问题，提升了客户满意度。

3）对国家科技发展的贡献

通过不断地进行技术创新和全球布局，华为为中国的信息化建设树立了标杆，推动了国内企业在信息化领域的发展。同时，华为的信息化技术还被广泛应用于中国的各个行业，助力国家经济的数字化转型与升级。

资料来源　作者综合相关报道材料整理而成。

思考：华为在全球市场中的成功经验表明，信息化能力是企业保持竞争力的关键。结合当前全球数字经济的发展趋势，分析华为的信息化战略对其他中国企业在提升国际竞争力方面有哪些具体启示。

随着信息技术的不断发展，信息化成为现代社会发展的必然趋势，并且成为各个领域、各个行业实现跨越式发展、加快现代化步伐的必然选择。信息化水平既是衡量一个国家综合实力的重要标志，也关系到一个国家在未来世界经济和政治格局中的地位。

管理信息系统是促进信息化高速发展的重要工具。它将现代管理理论与先进的信息技术进行有机整合，同时吸收系统科学、行为科学、经济学、运筹学、统计学等诸多学科的养分与精华，是现代企业运营与管理不可或缺的基础平台，并在全世界范围内取得了令人瞩目的发展。

1.1　信息及其度量

随着人类社会向信息时代迈进，人们越来越清楚地认识到信息的重要性。一位科学家曾说过，"没有物质的世界是虚无的世界，没有能源的世界是死寂的世界，没有信息的世界是混乱的世界"。信息、物质与能源一起构成了当今社会的三大支柱资源。知识就是力量，信息就是财富，而只有对信息进行有效的管理和利用，才能使其成为一种资源。

1.1.1　信息的定义

信息（information）的概念是十分广泛的。世间万物的运动，人间万象的更迭，都离不开信息的作用。人类通过获得、识别自然界和社会的不同信息来区别不同事物，得以认识和改造世界。人们每天都会看到、听到、接触到各种各样的信息，可以说信息无处不在，它就像空气一样始终伴随在我们的左右。

1948 年，美国数学家、信息论的创始人克劳德·艾尔伍德·香农（Claude Elwood Shannon）在论文《通信的数学理论》中指出，"信息是用来消除随机不确定性的东西"。虽然有关信息的定义很多，但是目前尚未有统一的、确切的描述。

从广义上理解，信息可以是物质的一种属性，是物质存在方式、运动规律或特点的表现形式，它包含与客观世界和人类社会相关的各种信息对象。

从狭义上理解，信息是一种消息、信号、数据或资料，在许多时候是指已经分门归类或列入其他构架形式的数据资料。

总体来说，信息可以从以下几个方面来理解：

（1）信息是客观世界各种事物的特征反映。

（2）信息是可通信的知识。

（3）信息是提供决策的有效数据。

（4）信息是数据加工后的结果。

数据是与信息紧密相关的一个概念。所谓数据，是一组表示数量、行动和目标的可鉴别的非随机符号。数据与信息既有区别又有联系。数据可以是文字、图形或声音等，而信息则是客观世界存在的可通信的知识，是消除不确定性的一种东西。数据是符号，是信息的载体，信息是经过加工以后对客观世界产生影响的数据，它对接收者的行为产生影响，对接收者的决策具有价值，被理解以后的数据才能称为信息。我们正处在大数据时代，在互联网上产生的大量数据经过挖掘及分析后，就能产生大量对决策者有用的信息，如用户画像可用于精准营销等。

1.1.2　信息的特性

所谓信息的特性，就是信息区别于其他事物的本质属性，主要体现在以下几个方面：

1）普遍性

信息是物质及其运动的表征，由于物质及其运动具有普遍性，因此，信息也带有普遍性。

2）时效性

信息具有很强的时效性，因为信息是对事物存在方式和运动状态的反映。如果信息不能反映最新的变化状态，它的效用就会降低。一般情况下，信息的价值随时间延长而变小。

3）依附性

信息对物质有一种依附关系。信息依靠物质载体存在和运载，可以在不同的物质载体中传递。信息传递的容量、速度和质量，取决于运载物质的性能。

4）可传播性

信息可以通过其载体的转换和运动向远距离传递。正是由于信息的可传播性，它才可以突破空间的限制，而且也只有在传播中才能发挥其各种功能。

5）共享性

信息的共享性是信息区别于物质和能量的主要特征。信息的共享性主要表现为同一内容的信息可以在同一时间由两个或两个以上的使用者共同使用。与物质、能量的交换不同，在信息交换中，信息的共享性表现为信息的提供者并未失去所提供的信息内容和信息量。

6）歧义性

对信息内容的理解可产生歧义。对同一信息对象，不同的接收者可能会由于观察能力、思维模式、理解方式、关注角度等的不同，而形成不同的理解。

7）价值性

信息是有价值的。信息的价值有两种衡量方法：一种是按所花的社会必要劳动量来衡量；另一种是按使用效果来衡量。信息的使用价值必须经过转换方能得到。

8）不对称性

不对称性也可以称作不完备性和不确定性。在现实生活中，人们在任何时点上都拥有完备信息的可能性是不存在的，而不完备信息是常态。造成信息不完备的根本原因在于"私有信息"的存在。私有信息就是那些只能被其拥有者"私人"感知而其他人无法获知的信息。私有信息的存在导致了一些人掌握的某些信息比另外一些人多，这就是信息的不对称性。例如，在二手商品交易过程中，买卖双方对商品信息的掌握程度就存在不对称性。

9）可伪性

物质和能量都具有不可伪性，但人们对物质和能量世界的感知和认知存在可伪性。这是由人们认识事物的不完整性、不切实际的主观臆想、错误的认识和判断以及为了特定的目的对信息的遮蔽和改变等造成的。因此，信息存在可伪性。

10）可感性

信息能够被人和其他生物通过器官或感测工具感知，不能被感知到的东西不能叫信息。

11）独立性

信息产生于物质、能量的运动和变化过程中，但是，信息既不是物质，也不是能量，信息对物质、能量具有相对的独立性。信息是客观的，是物质运动的状态与关系。当这种状态与关系改变时，便产生新的不同的信息。信息的本质是物质的属性，而不是物质的实体。信息不是物质本身，而是由物质发出的消息、指令、数据、信号等所包含的内容。信息本身不是能量，但又离不开能量，它与一定的物质、能量在时空中的分布状态有关。

1.1.3　信息的分类

按照不同的分类标准，信息可以划分为不同的类型，下面介绍三种常见的信息分类方法。

1）按照信息的处理方式分类

信息可以根据其处理程度分为原始信息和加工信息。

（1）原始信息。

原始信息是指未经处理的初始数据，如传感器采集的实时数据、市场调研问卷的原始回答等。

这些信息通常是最基础的，但在没有经过加工时，其直接使用价值有限。以自动驾驶技术为例，车辆传感器收集的道路数据需要经过分析和处理，才能用于实际的驾驶决策。

（2）加工信息。

加工信息是指经过分析、整理后的信息，如统计报告、决策支持系统生成的建议等。

这些信息更为直接，能够为管理者提供清晰的决策依据。例如，企业财务部门在处理大量原始交易数据后，生成的财务报表可以帮助管理层评估公司财务健康状况，以制定下一步的预算和投资策略。

2）按照信息的表达方式分类

根据信息的表达方式，信息可以分为定量信息和定性信息。

（1）定量信息。

这些信息以数字形式表示，如季度销售额、市场占有率等，便于进行统计和分析。例如，电子商务平台通过分析用户的浏览和购买行为数据，精确推送个性化信息，提高用户转化率。

（2）定性信息。

定性信息包括文本、图像、视频等非数字形式的信息，如客户满意度调查、员工工作态度评估等。

尽管这类信息难以量化，但其在理解客户需求、改进产品设计和提升服务质量方面起着重要作用。例如，通过分析社交媒体上的消费者反馈，一家企业可以调整其品牌形象和营销策略，更好地满足市场需求。

3）按照信息的用途分类

根据信息的用途，信息可以分为战略性信息、战术性信息和操作性信息。

（1）战略性信息。

战略性信息用于支持企业长期规划和战略决策，如行业前景分析、全球市场预测等。

高层管理者通常利用这类信息来确定公司长期发展方向。例如，一家跨国公司通过全球市场分析，确定了未来五年的市场扩展战略，确保在不同地区的业务增长。

（2）战术性信息。

战术性信息支持企业中期目标的实现和战术决策，如季度营销计划、产品发布策略等。

中层管理者使用这类信息来指导具体的市场活动或项目实施。例如，市场部门基于竞争对手的近期活动数据，调整自身的广告策略，以提高市场占有率。

（3）操作性信息。

操作性信息涉及日常运营的具体信息，如每日生产进度、销售数据、客户订单等。

基层管理者和操作人员主要依赖这类信息来执行日常工作和操作。例如，物流公司通过实时追踪运输车辆位置，优化配送路线，提高运营效率。

1.1.4 信息的度量

描述一个产品的轻重，我们可以用重量来衡量；描述一个产品的规格，我们可以用长度、宽度来衡量；描述一个货物的占位空间，我们可以用体积来衡量。那么，对信息的多少、信息的有用程度又应该用什么来衡量呢？这就需要引入信息量的概念。

1）信息量的大小

信息量的大小取决于信息内容能消除人们认识的不确定性的程度。消除人们认识的不确定性的程度越大，则信息量就越大；反之，消除人们认识的不确定性的程度越小，则信息量就越小。如果事先就确切地知道消息的内容，那么消息中所包含的信息量就等于零。比如，今天获知昨天的天气预报，那么这份过期的天气预报所含的信息量就为零。

2）信息量的公式

香农1948年设计了一个信息量的计算公式：

$$H = -\sum_{i=1}^{n} P_i \log_2 P_i$$

其中：n为所有可能的结果数；P_i为第i种结果发生的可能性（概率）；H为消除不确定性所需要的信息量。

例如，抛硬币有正面和反面两种可能的结果，因此$n=2$，且两种结果出现的概率$P_1=P_2=1/2$，将其代入公式计算，结果正好是1bit。

3）信息量的单位

长度使用米、厘米等作为单位，重量使用千克、克等作为单位，而信息量使用比特（bit，是二进制数字binary digit的缩写）作为单位。1比特的信息量是含有两个独立均等概率状态的事件所具有的不确定性能被全部消除所需要的信息。

1.2　系统与信息系统

系统（system）一词来源于古代希腊文（systɛmα），意为部分组成的整体。对"系统"这个概念，人们并不陌生。我们在生产生活中经常会接触到各种系统，比如物流系统、生态系统、消化系统、水利系统等，系统是一个较综合的概念。

1.2.1　系统的定义

一般系统论创始人路德维希·冯·贝塔朗菲（Ludwig von Bertalanffy），将系统定义为"相互联系相互作用的诸元素的综合体"。

钱学森认为，系统是由相互作用相互依赖的若干组成部分结合而成的、具有特定功能的有机整体，而且这个有机整体又是它从属的更大系统的组成部分。从定义中可以看出，系统必须具备3个条件：

（1）任何系统都是由两个或者两个以上要素组成的，要素是系统最基本的单位。

（2）要素之间存在有机联系。

（3）任何系统都有特定的功能。

1.2.2　系统的分类

1）根据系统组成的要素及功能划分

根据系统组成的要素及功能，可以将系统分为自然系统、人造系统与复合系统。

（1）自然系统。

自然系统内的个体按自然法则存在或演变，产生或形成一种群体的自然现象与特征。这些系统是自然形成的系统，其目标与生俱来，不以人的意志为转移。例如，生态平衡系统、血液循环系统、天体系统等都属于自然系统。

（2）人造系统。

人造系统内的个体根据人为的、预先编排好的规则或计划好的方向运作，以实现或完成系统内各个体不能单独实现的功能、性能与结果。人类为了达到某种特定的目的而对一系列要素进行有规律的组织，并赋予相应的功能，使之成为一个统一的整体。例如，生产系统、交通系统、电力系统、计算机系统等就属于人造系统。

（3）复合系统。

复合系统是自然系统和人造系统的组合。例如，信息系统就是一个人造的复合系统。它虽然是一个人造系统，但是它的建立、运行和发展往往不以设计者的意志为转移，而有其内在规律，特别是与开发和使用信息系统的人的行为有紧密的联系。

2）根据系统的内部结构划分

根据系统的内部结构，可以将系统分为开环系统和闭环系统。

（1）开环系统。

一个没有控制机制、反馈环和目标要素的系统称为开环系统。开环系统由输入转换为输出，而不去管输出是否满足要求，它没有反馈信息，只有输入、转换和输出，如图1-1所示。

$$输入 \rightarrow 转换 \rightarrow 输出$$

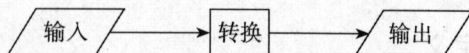

图1-1 开环系统

（2）闭环系统。

一个由目标、控制机制和反馈环3个控制要素组成的系统称为闭环系统。正如管理学家西蒙所说的，"没有反馈就没有控制"。

闭环系统因为有反馈所以可以进行控制。比如，通过闭环系统将产品输出到社会以后，社会对产品产生反馈信息，这些反馈信息通过反馈机制进入输入端。如果产品质量有问题，就可以改变输入即采取相应的改进质量措施，如果生产过量就减少生产数量，使系统更加符合实际的需求。所以，只有通过反馈信息了解现实情况和预想计划的差距，才能够更好地控制整个管理过程。

现在很多系统都是闭环系统，如图1-2所示。

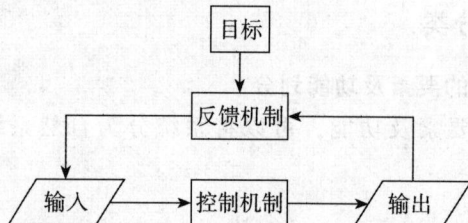

图1-2 闭环系统

系统还可以分为开放系统与封闭系统。

开放系统就是向外界开放、与外部环境有联系的系统。封闭系统是完全跟外界隔绝的系统。封闭系统仅在实验室等特定的环境下才存在。

企业系统是开放的系统，因为企业与外界在物质、信息、人员等方面都有不断的交流。同时，企业系统又是闭环系统。企业系统内部还有很多子系统，比如财务系统、物资管理系统、生产系统等，企业系统就是它们的环境，它们与企业系统有很多物质和信息的交流，都要受到环境的影响。企业要向外界开放，社会就是企业的环境，企业要受到社会各个方面，包括政府政策、合作伙伴、协作部门等的影响。所以说，企业系统是一个闭环的开放系统。

1.2.3 信息系统

1）信息系统的定义

信息系统是一个人造的复合系统，它由人，计算机硬件、软件，以及数据资源组成，目的是及时、正确地收集、加工、存储、传递和提供信息，实现对组织中各项活动的管理、调节和控制。

信息系统本身是一种系统，其特点在于输出的是信息。信息系统的首要任务是把分散在组织内外各处的数据或信息收集并记录下来，整理成信息系统要求的格式或形式，作为信息系统的输入，然后对输入加以处理，对处理后的数据加以解释，依据解释的结果做出决策，并采取各种必要的行动。在管理过程中，各种基本的管理功能，如人事、财务、营销等都是信息系统建立的基础。

信息系统包括信息处理系统和信息传输系统两个方面。信息处理系统对数据进行处理，使它获得新的结构与形态或者产生新的数据。

比如，计算机系统就是一种信息处理系统，通过它对输入数据进行处理可获得不同形态的新的数据。信息传输系统不改变信息本身的内容，其作用是把信息从一处传到另一处。

2）信息系统的功能

信息系统通常具有以下功能：

（1）数据收集和输入。

它是指将分散在各地的数据收集并记录下来，整理成信息系统要求的格式或形式。

俗话说，"输入的是垃圾，输出的也是垃圾"，这说明了系统输入的重要性。数据收集和输入可以是人工操作的，也可以是自动进行的，如商品条形码、二维码、银行卡等信息，都可以通过一些设备直接输入计算机中，提高输入的效率，保证输入的准确性。

（2）数据传输。

为了收集和使用信息，需要把信息从一个子系统传送到另一个子系统，或者从一个部门传送到另一个部门，其实质是数据通信。数据传输主要有两种方式：一种是计算机网络传输；另一种是存储介质传输。

（3）数据存储。

管理中的大量数据被保存在磁盘、磁带等存储设备上。数据的存储要考虑到存储量、存储介质、存储格式、存储方式、存储结构、存储时间和安全保密等问题。

（4）数据加工。

一般来说，数据经过加工以后才能成为信息。信息系统中对数据加工的范围很广，包括从简单的查询、排序、合并、计算到复杂经济模型的仿真、预测、优化计算等。

（5）数据输出。

它是指根据不同需要，将加工处理后的数据以不同的方式进行输出。信息系统的目的是为管理人员提供信息。信息系统的输出结果应易读易懂，直观醒目，其格式应尽量符合使用者的习惯。

1.3　管理信息系统概述

管理信息系统是一个不断发展的概念。20世纪60年代，美国经营管理协会及其事业部提出了建立管理信息系统（management information system，MIS）的设想，即建立一个有效的管理信息系统，使各级管理部门都能了解本单位的一切有关的经营活动，为各级决策人员提供所需要的信息。

但是，由于当时硬件、软件水平的限制和开发方法的落后，成效甚微。20世纪80年代以来，随着各种技术日趋成熟，MIS的概念才得以充实和完善。

1.3.1 管理信息系统定义

1985年，MIS创始人——美国明尼苏达大学卡尔森管理学院的著名教授高登·戴维斯（Gordon B. Davis）对MIS的定义如下：它是一个利用计算机硬件和软件，手工作业，分析、计划、控制和决策模型以及数据库的用户-机器系统。它能提供信息，支持企业或组织的运行、管理和决策。该定义说明了MIS的目标、功能和组成，反映了MIS当时已达到的水平。

著名的管理学教授肯尼斯·劳顿（Kenneth C. Laudon）说，管理信息系统是基于信息技术为应对环境提出的挑战而生成的组织和管理的解决方案。管理人员要面对客观环境对于企业的挑战，首先要在管理信息技术的支持下建立一个管理信息系统。

管理信息系统运用先进的、管理的、信息的处理技术来应对环境的挑战，它实际是随着信息技术的不断前进而前进，随着环境的不断变化而变化的。

我国较早从事MIS研究的学者曾给MIS下了一个定义：管理信息系统是以人、计算机等组成的能进行管理信息收集、传递、存储、加工、维护、使用的系统。管理信息系统能实测企业的各种运行情况，利用过去的数据预测未来，从全局出发辅助企业进行决策，利用信息控制企业行为，帮助企业实现其规划目标。

管理信息系统的概念处于不断发展的过程中。不同的研究者从各自的角度对管理信息系统有着不同的理解。

本书认为，管理信息系统是一个以人为主导，利用计算机硬件、软件、网络通信设备以及其他办公设备，进行信息的收集、传输、加工、存储、更新和维护，以增强企业战略竞争能力、提高效益和效率为目的，支持企业高层决策、中层控制、基层运作的集成化的人机系统，如图1-3所示。

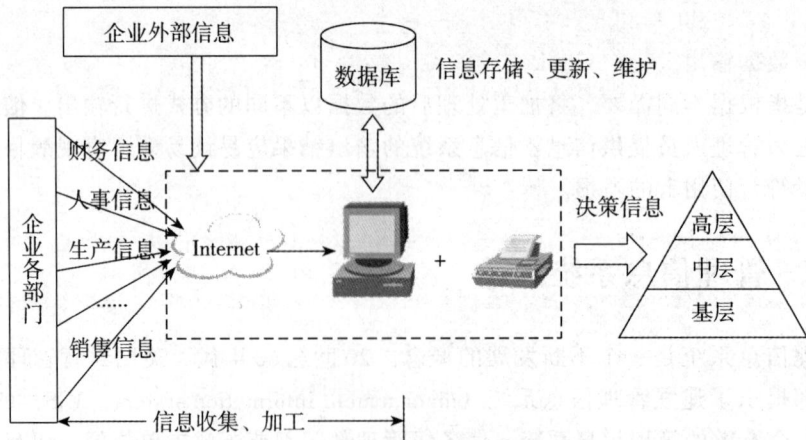

图1-3 管理信息系统的概念模型

1.3.2　管理信息系统的功能

根据以上给出的管理信息系统的定义，可以总结出管理信息系统主要有以下基本功能：

（1）数据处理功能。

数据处理功能是指数据的收集、输入、传输、存储、加工处理和输出。数据处理是管理信息系统的基本功能。

（2）预测功能。

预测功能是指运用数学、统计或模拟等方法，根据过去的数据预测未来的情况，以辅助管理者进行决策。

（3）计划功能。

计划功能是指合理安排各职能部门计划，并针对不同的管理层提供相应的计划报告。

（4）控制功能。

控制功能是指对计划的执行情况进行监测、检查，比较执行情况与计划的差异，并分析其原因，辅助管理人员及时用各种方法加以控制。

（5）辅助决策功能。

辅助决策功能是指通过运用数学模型，采用运筹学的方法和技术，及时推导出有关问题的最优解，辅助各级管理人员进行决策，从而合理地利用企业的各项资源，提高企业的经济效益。辅助决策是管理信息系统的最高目标。

具体来说，管理信息系统的功能表现在以下几个方面：

第一，管理信息系统能够对不同的信息进行管理，建立起现代化的信息管理体制。管理信息系统具有较强的数据处理功能，其标准的 EDI 数据接口有助于实现相关部门的数据共享和交换，使得企业的各类信息处于不断变化之中，从而便于信息的提取、汇总、分析与处理。

第二，管理信息系统能够规范并优化企业内部各部门、各办事机构的业务流程，对重点业务实行全面质量监控。管理信息系统通过科学化管理，使企业内部的业务流程得到全面梳理，业务操作系统化、规范化。在此基础上，企业还可以对重点业务实行全面的质量监控，做到全面覆盖与重点监控并重。

第三，管理信息系统能够使得各个职能部门协调运作，并且实现无纸化办公。管理信息系统通过现代化的计算机网络手段，使得原本不相干的各部门、各环节的工作变成一个整体，相互协调，显著提升工作效率。同时，管理信息系统软件平台使得数据管理、信息管理等实现了计算机自动化，有效避免了人工记载数据过程中出现的问题，实现了无纸化办公。

第四，管理信息系统能够为企业决策层提供图形化、报表化的市场分析数据，辅助管理人员决策。管理信息系统采用相应的数学模型，从大量数据中推导出有关问题的最优解和满意解，能够对企业未来的业务发展、客户需求、市场发展做出预测。管理信息系统把企业各类数据资源集中后，按照决策需要进行分析处理，形成直观、易懂的信息资料，为管理层决策提供帮助。

1.3.3 管理信息系统的特点

1）面向管理决策

管理信息系统是一个为管理决策服务的信息系统，能够根据管理的需要及时提供相关信息，帮助决策者做出决策。

2）一个人机系统

管理信息系统的目的在于辅助决策，而决策只能由人来做，因而管理信息系统必然是一个人机结合的系统。在管理信息系统中，各级管理人员既是系统的使用者，又是系统的组成部分，因此，在管理信息系统开发过程中，要根据这一特点，充分发挥人和计算机各自的长处，使系统整体达到最优。

3）一个一体化的集成系统

管理信息系统的设计和建立以系统思想为指导，从企业的总体出发进行全面考虑，保证各种职能部门共享数据，降低数据的冗余度，实现整个系统各个组成部分之间的相互协调，使系统中的数据具有一致性和兼容性。

4）应用数据库

具有集中统一规划的数据库是管理信息系统的一个重要特点。数据库中分门别类地存储了各种各样的信息，同时它还具有功能完善的数据库管理系统，对数据的组织、输入和存取等操作进行管理，使数据更好地为用户服务。数据库的应用表明，管理信息系统是经过周密设计的，系统中的信息能够真正成为各种用户共享的资源。

5）应用数学模型

通过数学模型来分析数据，进行预测和辅助决策，是管理信息系统的另一个显著特点。

对于不同的职能，管理信息系统提供了不同的模型，比如用于分析资源消耗的投资决策模型、帮助进行生产调度的调度模型以及用于分析销售策略的销售模型等。

将这些数学模型与运筹学的相关知识结合，就可以对问题进行全面的分析，从中找出可行解、一般解和最优解。在实际应用中，管理者根据和系统对话的结果，组合不同的模型进行分析，为各种决策提供辅助信息。

6）一个多学科交叉的边缘学科

管理信息系统作为一门新的学科，产生较晚，其理论体系尚处于发展和完善的过程中。早期的研究者从计算机科学与技术、应用数学、管理理论、决策理论和运筹学等相关学科中抽取相应的理论，构成管理信息系统的理论基础，使之成为一个有着鲜明特色的边缘学科。

1.3.4　管理信息系统的分类

1）按使用的技术手段分类

按管理信息系统所使用的技术手段分类，可以将管理信息系统分为手工系统、机械系统和电子系统三种类型。

手工系统是指系统中的所有信息处理工作全部由人工完成，不仅工作量大、效率低下，而且难以保证准确率。机械系统对手工系统进行了改进，用一些机械装置（如打字机、收款机和自动记账机等）来代替手工进行信息处理工作。而在电子系统中，电子计算机理所当然地成为主要的信息处理工具。

2）按信息处理方式分类

按信息处理方式分类，可以将管理信息系统分为脱机系统、联机系统和实时系统三种类型。

脱机系统的处理方式是按照一定的时间间隔，将收集到的数据成批送入中央处理器进行处理，因此脱机系统中的机器在工作时效率比较高。但是，由于在进行数据处理之前，还存在数据收集的延时，故系统中的数据不一定是最新的。脱机系统对设备要求不高，普通的计算机即可胜任。

联机系统和实时系统比较相似，它们进行信息处理时共同的特点是把各个终端和中央处理机连接起来，一旦外界产生了一个新的数据，马上将其输入终端，交由中央处理机进行处理，减少了数据收集造成的延时情况。这样，系统中的信息始终保持在最新状态，系统时刻准备接收外界的数据。这类系统的实时性强，但对设备的要求较高，设计和建立过程都比较复杂。

3）按信息服务对象分类

按信息服务对象分类，可以将管理信息系统分为国家经济信息系统、企业管理信息系统、事务型管理信息系统、行政机关办公型管理信息系统和专业型管理信息系统等。

（1）国家经济信息系统。

国家经济信息系统是一个包含各综合统计部门（如国家发展和改革委员会、国家统计局等）在内的国家级信息系统。这个系统纵向联系各省（自治区、直辖市）、副省级省会城市、计划单列市、地级市、县直至各重点企业的经济管理信息系统，横向联系外贸、能源和交通等各行各业的信息系统，形成一个纵横交错、覆盖全国的经济管理信息系统。

国家经济管理信息系统由国家信息中心主持，在"统一领导、统一规划、统一信息标准"的原则下，按"审慎论证、积极试点、分批实施、逐步完善"的十六字方针边建设，边发挥效益。它的主要功能是：收集、处理、存储和分析与国民经济有关的各类经济信息，及时、准确地掌握国民经济运行状况，为国家经济部门、各级决策部门及企业提供经济信息；为统计工作现代化服务，完成社会经济统计和重大国情国力调查的数据处理任务，进行各种统计分析和经济预测；为中央和地方各级政府部门制定社会、经济发展规划提供辅助；为中央和地方各级经济管理部门进行生产调度、控制经济运行提供信息依据和先进手段；为各级政府部门的办公事务处理提供现代化的技术。

（2）企业管理信息系统。

企业管理信息系统面向企业，主要进行管理信息的加工处理，一般应具备生产监控、预测和决策支持的功能。

企业复杂的管理活动为管理信息系统提供了典型的应用环境和广阔的应用舞台，大型企业的管理信息系统都很大，"人、财、物""产、供、销"，各种数据应有尽有，同时技术要求也很复杂，因而常被作为典型的管理信息系统进行研究，有力地促进了管理信息系统的发展。

（3）事务型管理信息系统。

事务型管理信息系统面向事业单位，主要进行日常事务的处理。由于不同应用单位处理的事务不同，因此其管理信息系统的逻辑模型也不尽相同，但基本处理对象都是事务信息，因而要求系统具有很强的实时性和数据处理能力，数学模型使用较少。

（4）行政机关办公型管理信息系统。

国家各级行政机关实现办公管理自动化，对提高领导机关的办公质量和效率具有重要意义。办公管理系统的特点是办公自动化和无纸化，其特点与其他各类管理信息系统有很大不同。

行政机关办公型管理信息系统主要应用局域网、打印、传真、印刷和缩微等办公自动化技术，提高办公事务效率。行政机关办公型管理信息系统对下要与各部门下级行政机关信息系统互联，对上要与行政首脑决策服务系统整合，为行政首脑提供决策支持信息。

（5）专业型管理信息系统。

专业型管理信息系统是指特定行业或领域的管理信息系统。

一类是人口管理信息系统、材料管理信息系统、科技人才管理信息系统和房地产管理信息系统等。这类管理信息系统的专业性很强，主要功能是收集、存储、加工和预测等，信息相对专业，技术相对简单，规模一般较大。

另一类是铁路运输管理信息系统、电力建设管理信息系统、银行管理信息系统、民航管理信息系统和邮电管理信息系统等。这类管理信息系统的特点是综合性很强，包含了上述各种管理信息系统的特点，在一定意义上也属于"综合型"管理信息系统。

我们还可以按照管理信息系统的不同职能，把它分为综合职能管理信息系统与专业职能管理信息系统两大类。

政府各部门的管理信息系统和城市管理信息系统都属于综合职能管理信息系统，国家的经济、教育、资源和安全等信息系统属于专业职能管理信息系统。

1.4　管理信息系统的结构

管理信息系统的结构是指管理信息系统中各个组成部分之间相互关系的总和。由于人们对管理信息系统的部件存在着不同的理解，所以就构成了管理信息系统不同的结构方式，包括基本结构、层次结构和职能结构。

1.4.1　管理信息系统的基本结构

从概念上来看，管理信息系统的基本组成部件有 4 个，即信息源、信息处理器、信息使用者和信息管理者，如图 1-4 所示。其中，信息源是指原始数据的产生地。信息处理器的功能是对原始数据进行收集、加工、整理和存储，把它转化为有用的信息，再将信息传输给信息使用者。信息使用者是信息的用户，不同层次的信息使用者依据收到的信息进行决策。信息管理者负责管理信息系统的设计和维护工作，在管理信息系统建成以后，他还要负责协调管理信息系统的各个组成部分，保证管理信息系统的正常运行和使用。管理信息系统越复杂，信息管理者的作用就越重要。

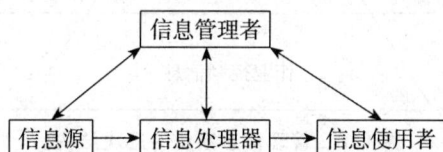

图 1-4　管理信息系统的基本组成部件

我们将这些部件进一步细化。比如，根据原始数据的产生地不同，可以把信息源分为内信息源和外信息源。内信息源主要是指企业内部生产经营活动所产生的数据，包括生产、财务、销售和人事等方面的内容；而外信息源则是指来自企业外部环境的数据，如国家的政策、经济形势等。信息处理器可以细分为数据采集、数据变换、数据传输和数据存储等装置。在实际的管理信息系统中，由于各个企业具有不同的组织形式和信息处理规律，因此其结构也不尽相同，但是最终都可以归并为如图 1-5 所示的基本结构模型。

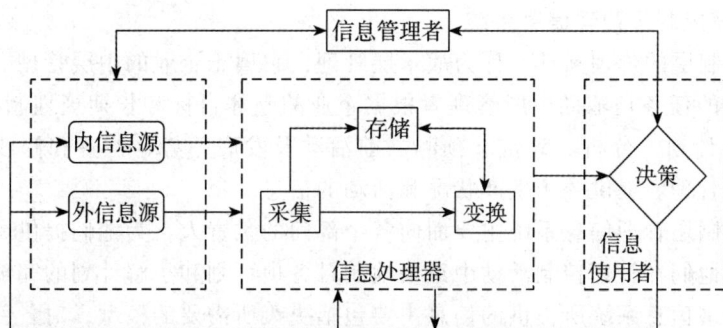

图 1-5　管理信息系统的基本结构模型

1.4.2　管理信息系统的层次结构

规模比较大的管理信息系统必然会显现出某种层次结构，每个层次都有一种信息处理的功能。划分管理信息系统的层次结构就是先将整个系统分为若干管理层次，然后在每个层次上建立若干功能子系统。在划分层次结构时要考虑两个问题：一是怎样合理划分层次；二是各个层次之间怎样进行功能分配。

在实际应用中，我们一般根据处理的内容及决策的层次把企业管理活动分为3个不同的层次：战略计划层、管理控制层和运行控制层。一般来说，下层系统的信息处理量比较大，上层系统的信息处理量相对较小，所以就形成了一个金字塔形结构，如图1-6所示。

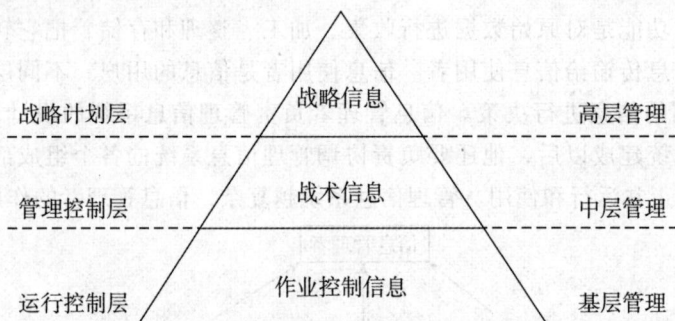

战略计划层　　　　战略信息　　　　高层管理

管理控制层　　　　战术信息　　　　中层管理

运行控制层　　　作业控制信息　　　基层管理

图1-6　管理信息系统的层次结构

1）战略计划层管理信息系统

战略计划层管理信息系统的任务是辅助高层管理者根据外部环境的信息和有关模型确定或调整企业目标，编制长期计划，制定行动方针等，对企业生产过程进行监督，并做统计分析和预测，协调企业内部机构的工作，并向上级部门报告。战略计划层的管理活动所涉及的是企业的总体目标和长远发展规划。所以，战略计划层管理信息系统需要比较广泛的数据来源，除了内部数据以外，还需要大量的外部数据。此外，由于战略计划层管理信息系统提供的信息是为企业制订战略计划服务的，所以要有高度的概括性和综合性。

2）管理控制层管理信息系统

管理控制层的管理活动又称为战术层管理，它属于企业的中层管理。战术层管理信息系统的任务是辅助中层管理者根据企业的整体目标和长期规划制订中期产、供、销活动计划，分析、评价、预测当前活动及发展趋势，检查和修改计划和预算，向高层管理者提供关于生产状况和活动的信息。

管理控制层管理信息系统主要面向各个部门的负责人，为他们提供所需要的信息，以支持他们在管理控制活动中正确地制订各项计划和了解计划的完成情况。管理控制层管理信息系统所提供的信息主要包括决策所需要的模型，对各部门工作的计划和预测，对计划执行情况的定期和不定期的偏差报告，对问题的分析评价，以及对各项查询的响应等。

3）运行控制层管理信息系统

运行控制层的管理活动是为有效利用现有资源和设备所展开的各项活动，属于企业的基层管理。基层管理活动包括作业控制和业务处理。它按照中层管理活动所制订的计划与进度表，具体组织人力、物力去完成上级指定的任务。因此，运行控制层管理信息系统的处理过程都是比较稳定的，可以按预先设计好的程序和规则进行相应的信息处理。

在这一级别上的管理信息系统一般由三种处理方式组成：事务处理、报告处理和查询处理。

1.4.3　管理信息系统的职能结构

在企业中可以按照一定的职能将组织机构划分成若干个部门。

按这些部门的不同职能建立起来的管理信息系统结构就称为管理信息系统的职能结构。不同组织的职能划分方法各不相同，因此其管理信息系统的职能结构无统一的模式。

根据组织划分的职能，可以将管理信息系统划分为不同的子系统。管理信息系统就是各管理职能子系统的综合。

每一个子系统负责完成相应职能的全部信息处理，包括业务处理、运行控制、管理控制和战略计划。

以一般制造业企业为例，按企业管理职能可将管理信息系统划分为如图1-7所示的子系统。

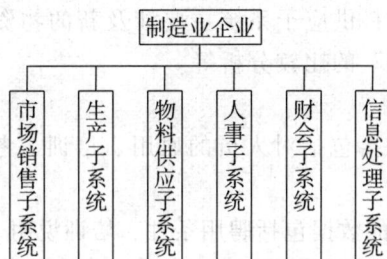

图1-7　一般制造业企业管理信息系统的职能结构

1）市场销售子系统

市场销售子系统的功能主要包括产品的销售及售后服务。

市场销售子系统的业务处理主要是销售订单的处理。

在管理控制方面，市场销售子系统根据客户、竞争者、竞争产品和销售能力要求等信息，对总的销售成果、销售市场和竞争对手等方面的情况进行分析和评价，确保销售计划的完成。

在运行控制方面，市场销售子系统的功能包括雇用和培训销售人员、编制销售计划、安排日常销售和推销工作的各项活动，以及按区域、产品、客户定期分析销售量。

在战略计划方面，市场销售子系统涉及新市场的开拓和销售策略，通过客户分析、竞争者分析、客户调查、收入预测和技术预测等方法获取信息。

2）生产子系统

生产子系统的功能主要包括产品设计、工艺改进、生产计划安排、生产设备调度和运行、生产人员雇用和训练以及质量控制和检查等。

在生产子系统中，典型的业务处理是生产指令、装配单、成品单、废品单和工时单等的处理。

在管理控制和运行控制方面，生产子系统需要把实际的生产进度与计划进行比较，及时发现生产的瓶颈环节，并且予以解决。

在战略计划方面，生产子系统需要对改进工艺过程的各种方案进行评价，选定最优的加工和自动化生产的方法。

3）物料供应子系统

物料供应子系统的功能主要包括物料采购、收货、库存控制、发放等管理活动。

物料供应子系统的业务处理数据包括购货申请、购货订单、加工单、收货报告、库存票、提货单等。

在管理控制方面，物料供应子系统主要进行计划库存与实际库存的比较，外购项目的成本分析、缺货情况分析及库存周转率分析等。

在运行控制方面，物料供应子系统把物资供应情况与计划进行比较，生成库存水平、采购成本、出库项目和库存营业额等分析报告。

在战略计划方面，物料供应子系统主要涉及新的物资供应战略、对供应商的新政策以及"自制与外购"的比较分析等。

4）人事子系统

人事子系统的功能主要包括对人员的雇用、培训、考核记录、工资和解雇等方面的管理。

人事子系统业务处理的数据包括聘用条件、培训说明、人员基本情况、工资变化、工时、福利及终止聘用通知等内容。

在管理控制方面，人事子系统主要分析人员的录用和解雇，招募费用、技术库存成本、培训费用以及工资率的变动等情况。

在运行控制方面，人事子系统主要对录用人员数量、应支付的工资和培训费用等情况进行分析处理。

在战略计划方面，人事子系统主要对人员的招聘、工资、培训、福利以及留用战略和方案进行评价分析。

5）财会子系统

从原理上来说，财务和会计有着本质的区别。

财务要保证企业在资金使用方面的要求，并尽可能地减少其成本；会计则是把财务方面的业务进行分类、总结，然后填入标准的财务报告，并制定预算、对成本数据进行核算分析与分类等。

财会子系统的运行控制和业务处理主要包括分类、汇总每天的单据，提出差错和异常情况的报告，以及延迟处理业务的报告和未处理业务的报告等。

在管理控制方面，财会子系统主要对预算和成本数据的计划执行情况进行分析和比较，处理会计数据的成本和差错率等。

在战略计划方面，财会子系统涉及财务投资计划、资金筹措计划、减少税收影响的长期计划以及成本预算计划等。

6）信息处理子系统

信息处理子系统的作用是保证各职能部门获得必要的信息资源和信息处理服务。

信息处理子系统典型的业务处理内容包括工作请求、数据和程序变动请求、对软硬件情况的报告以及设计方面的建议等。

在管理控制方面，信息处理子系统主要将计划和实际执行情况进行分析比较，如设备成本、开发人员水平、新项目的进度和计划的对比等。

在运行控制方面，信息处理子系统的功能包括日常工作任务的调度，差错率、设备利用率和设备故障分析，以及控制新项目的开发进度和调试时间等。

在战略计划方面，信息处理子系统主要涉及组织功能的集散度，信息系统的总体规划，硬件、软件系统的总体结构等内容。

1.4.4 管理信息系统的综合结构

管理信息系统是一个纵横交错的结构，横向将同一管理层次不同的管理职能综合在一起，纵向将同一管理职能不同的管理层次综合在一起。将层次结构和职能结构按一定的方式结合而形成的结构称为管理信息系统的综合结构。

其构成方式通常有如下几种：

1）横向综合

横向综合指把同一管理层次上的几个职能综合在一起。横向综合使相关业务处理一体化，降低了数据输入的重复性和不一致性。

如图1-8所示，在业务处理层，财会部门每个月要完成的工资报表必须有市场销售、生产、人事等部门提供的相关数据才能完成。

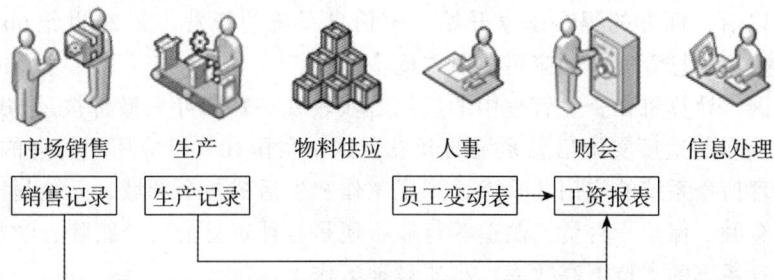

图1-8 横向综合

2）纵向综合

纵向综合指把同一管理职能不同管理层次的数据进行综合。这种结构对于层级较多和规模较大的公司特别有意义，它可使各级之间的信息畅通。

3）纵横综合

纵横综合指把组织的数据按横向和纵向加以综合。由于一个组织中各个部分的决策活动都是有内在联系的，因此这种结构可以做到数据的完全集中统一。

管理信息系统的综合结构如图1-9所示。

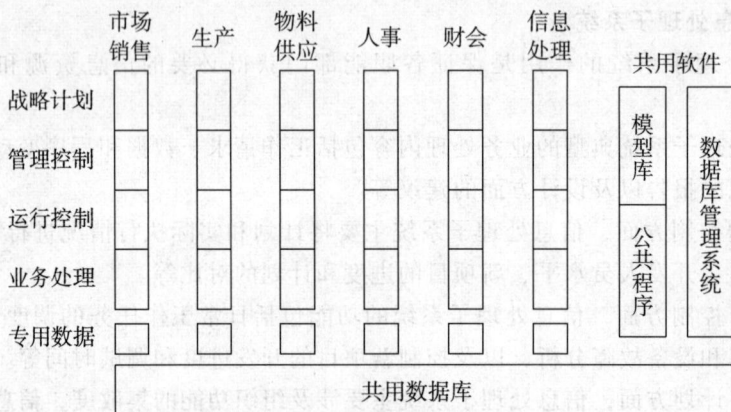

图1-9 管理信息系统的综合结构

1.5 管理信息系统的发展

1.5.1 管理信息系统的发展阶段

管理信息系统的发展与计算机技术及信息技术的发展息息相关。1946年，第一台计算机在美国宾夕法尼亚大学诞生，它为管理信息系统的产生奠定了技术基础。

1954年，美国通用电气公司首次利用计算机计算员工的薪金，计算机被应用于数据处理领域，这就产生了最早的管理软件，即最简单的信息系统，它标志着计算机被应用到了企业管理中。

自此以后，西方的很多国家开始着手信息系统的开发。到20世纪60年代末，计算机在企业信息管理中的应用在西方逐步普及。

在我国，计算机在企业管理中的应用起步较晚。1979年财政部拨款500万元在长春第一汽车制造厂实施信息系统的开发，这是我国计算机应用于管理的里程碑。目前，管理信息系统的应用几乎渗透到了工作和生活的各个领域，无论是国防、政府部门，金融、保险、百货、制造等行业，还是各种贸易公司、医院、学校等，都在管理信息系统的支持下高效率、高质量地运作。

　　管理信息系统的发展经历了统计系统、数据更新系统、状态报告系统、数据处理系统等低级阶段，再到办公自动化系统、知识工作系统和决策支持系统等高级阶段。管理信息系统学科也经历了不断探索、逐渐完善的过程。

1）统计系统

　　它是初级的管理信息系统，主要研究和处理的是数据间表面上的规律，对于大量数据中隐含的规律无法进行处理。

　　统计系统的功能是把数据分为较相关和较不相关的组。其缺点是不考虑数据内部的性质、统计的结果，把数据转换为预信息，而不是真正的信息，不能进行控制也不能进行预测。

2）数据更新系统

　　该系统的功能是进行数据分组，并更新数据。其缺点是仅更新数据，没有预测和控制功能，它不改变系统的行为，也是 MIS 的低级阶段。比较有代表性的系统是美国航空公司的 SABRE 预约订票系统，它能分配美国任一航线、任一航班的座位，设有 1 008 个预约点，分配 76 000 个座位，存取 600 000 条旅客记录和 27 000 条飞行记录，操作很复杂，但在概念上 SABRE 系统是一个简单的数据更新系统，它没有预测和控制功能。

3）状态报告系统

　　它是反映系统状态的一种系统，可以分为生产状态报告系统、服务状态报告系统和研究状态报告系统等系统。该系统的缺点是只能报告状态，没有预测和控制功能，也是 MIS 的低级阶段。

　　生产状态报告系统的代表是 IBM 公司的公用制造信息系统。1964 年 IBM 公司生产出中型计算机 IBM360，把计算机的水平提高了一个台阶。同时，其组织生产的管理工作也更加复杂。一台计算机有多达 15 000 种不同的部件，每一个部件又有若干个元件。IBM 的工厂遍布美国各地，不同的订单要求不同的部件和元件，计划调度必须指出什么地方什么厂生产什么部件或元件。IBM 的生产组织方式是各厂生产好规定的部件，约好同时送达用户，在用户处，它们才进行组装。在这种方式下，生产、装配和安装十分复杂。为了保证其正常进行，就需要一个以计算机为基础的状态报告系统。在当时生产一台计算机需要 6 ~ 12 个月，状态报告系统在此期间监视每一个部件的生产进展。

4）数据处理系统

　　数据处理系统（data processing system，DPS）也叫电子数据处理系统（electronic data processing system，EDPS），或业务处理系统（transaction processing system，TPS）。

　　数据处理系统是支持企业日常运行的主要系统，是进行日常业务的记录、汇总、综合、分类的系统，如订货单处理系统、旅馆预约系统、工资系统、员工档案系统以及领料和运输系统等。

　　数据处理系统输入的往往是原始单据，输出的往往是分类或汇总的报表。其功能是处理日常业务和产生报告，使日常事务处理自动化。它的主要目的在于提高效益，而不是强调效率。它的缺点是一般不能提供分析、计划和决策信息，它也只是MIS的初级阶段。

5）办公自动化系统与知识工作系统

办公自动化系统（office automation system，OAS）是支持较低层次劳动者工作的系统。这些劳动者包括秘书、办事员等，他们的工作不是创造信息，而是处理数据。

典型的办公自动化系统处理和管理的工作内容包括字符处理、文件印刷、数字填写、调度（通过电子日历）和通信（通过电子邮件、语音信件、可视会议）等。

知识工作系统（knowledge work system，KWS），是支持知识工作者工作的系统。例如，计算机辅助设计系统（computer aided design system，CADS）能协助设计出新产品，产生新的信息。又如，协同工作的计算机系统（computer system for collaboration work，CSCW）允许企业各部门（如市场部、财务部和生产部）的人员在系统中协同工作，然后产生一份策划或计划报告，也就是产生新的信息。知识工作系统是发展较快的系统，应用前景广阔，因而决不要忽视它在管理上的应用，应当更好地把它和其他系统联结起来。

6）决策支持系统

决策支持系统（decision support system，DSS）是一种以计算机为工具，应用决策科学及有关学科的理论与方法，以人机交互方式辅助决策者解决半结构化和非结构化决策问题的信息系统。决策支持系统由交互语言系统、问题处理系统，以及数据库管理系统、模型库管理系统、方法库管理系统、知识库管理系统组成，如图1-10所示。

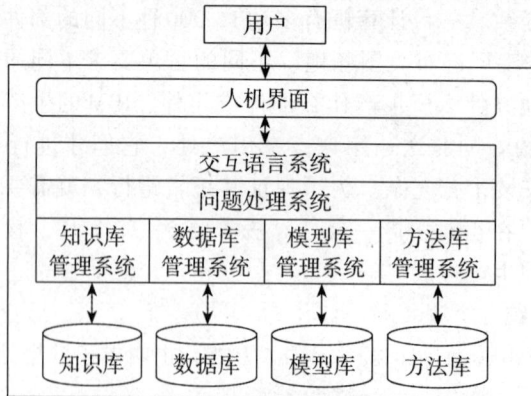

图1-10　决策支持系统的结构

数据库管理系统是组成DSS不可缺少的一部分，用于存储和管理决策所需要的重要数据资源，为系统提供数据支持。

模型库管理系统负责对原始数据进行加工处理，帮助管理人员提高推理、比较、选择以及分析解答问题的能力。

方法库管理系统向系统提供各种决策所需要的通用算法、标准函数等，并实现对它们的存储、管理、调用及维护。

知识库管理系统主要用于模拟人类决策过程中的某些智能行为，用来获取、表示、推理、解释、管理和维护决策所需要的有关规则、因果关系及经验等知识。

用户通过交互语言系统把对问题的描述和要求输入决策支持系统。问题处理系统通过知识库管理系统和数据库管理系统收集与该问题有关的各种数据、信息和知识，据此对该问题进行识别、判定问题的性质和求解过程；通过模型库管理系统集成构造解题所需的规则模型或数学模型，对该模型进行分析鉴定；在方法库管理系统中识别进行模型求解所需算法并进行模型求解，对所得结果进行分析评价；最后通过交互语言系统对结果进行解释，输出具有实际含义、用户可以理解的内容。在上述求解过程中，用户可以根据需要与决策支持系统对话，进行多次求解，直到得到满意的结果。

拓展阅读 1-1

决策支持系统：数据驱动决策的力量

1.5.2　管理信息系统的新发展*

管理信息系统经历了从简单到复杂、从单项数据处理到多项业务综合管理、从单机版到网络版再到人机协作、从部门的信息管理系统到企业级的信息管理系统、从企业的应用到政府机关以及社会各界的应用，直到现在的跨组织跨国界的分布式系统等阶段。管理信息系统已发展成为类别、品种和功能相当丰富，适用领域非常广泛的信息系统体系。

目前，企业资源计划（ERP）系统、客户关系管理系统、物流与供应链管理系统、电子商务系统、电子政务系统等都被广泛地应用到社会生产和生活的各个领域。随着信息技术及管理科学的不断发展，管理信息系统也呈现出各种不同的新形式：

1）智能管理信息系统（Intelligent MIS）

智能管理信息系统是一种将人工智能（AI）技术融入管理流程的系统，旨在提供智能化的决策支持和自动化管理。

智能管理信息系统通过机器学习、自然语言处理和预测分析等技术，帮助企业在复杂的环境中做出更准确和高效的决策。

智能管理信息系统的特点如下：

（1）具备自我学习和优化的能力，能够随着时间积累经验并不断提高系统的决策准确性。

（2）支持实时数据处理，能够即时提供分析和建议，并具有高度的适应性，能够根据外部环境和企业需求的变化自动调整功能和输出。

智能管理信息系统在金融、制造业和零售行业中应用广泛。例如，在金融领域，该系统用于市场预测和风险管理；在制造业中，该系统可以优化生产流程和设备维护；在零售业中，该系统通过分析消费者行为来优化库存管理和营销策略。

2）区块链驱动的管理信息系统（Blockchain-enabled MIS）

区块链驱动的管理信息系统利用区块链技术来增强数据的安全性、透明性和可信度。

该系统通过区块链的分布式账本技术，确保数据记录的不可篡改，并提供了一种去中心化的管理方式。

区块链驱动的管理信息系统特点如下：

（1）去中心化的数据管理模式，减少了对中介机构的依赖，所有参与方共同维护数据的完整性和安全性。

（2）该系统支持智能合约的自动执行，能够在满足特定条件时自动完成交易或合同条款，提升了交易的效率和安全性。

区块链驱动的管理信息系统广泛应用于供应链管理、金融服务和健康医疗等领域。在供应链管理中，该系统用于追踪产品从生产到销售的全过程，确保每个环节的透明度和安全性。在金融服务中，该系统支持跨境支付和智能合同的自动执行，降低了交易成本并提高了安全性。在健康医疗领域，该系统用于管理患者记录和药物供应链，确保数据的隐私和安全。

3）物联网集成的管理信息系统（IoT-enabled MIS）

物联网集成的管理信息系统是一种通过连接和整合物联网（IoT）设备，实时采集和管理数据的系统。该系统能够将传感器和设备的数据无缝传输到中央系统，以便实时监控和管理。

物联网集成的管理信息系统特点如下：

（1）支持实时数据采集和边缘计算，能够在数据生成的源头附近进行处理，减少延迟并提高系统的响应速度。

（2）能够自动化控制和优化设备操作，从而提高运营效率，并确保企业物理资产的有效管理。

物联网集成的管理信息系统在智能制造、智能城市管理和农业领域表现突出。在智能制造中，该系统通过实时监控生产设备和环境条件来优化生产流程。在智能城市管理中，该系统被用于交通管理、能源管理和环境监测，帮助提升城市的运营效率和居民生活质量。在农业领域，该系统通过监测作物生长条件，帮助实现精准农业，提高产量并减少资源浪费。

4）大数据驱动的管理信息系统（Big Data-driven MIS）

大数据驱动的管理信息系统是一种专门用于处理和分析大量数据的管理系统，帮助企业从海量数据中挖掘有用信息。该系统利用大数据技术，支持企业在复杂和动态的市场环境中做出数据驱动的决策。

大数据驱动的管理信息系统特点如下：

（1）能够高效处理不同来源的海量数据，并通过数据挖掘、机器学习和统计分析技术，揭示潜在的业务趋势和市场机会。

（2）能够提供强大的数据可视化功能，通过直观的图表和仪表盘，将复杂的数据呈现给管理者，帮助他们更好地理解和利用这些信息。

大数据驱动的管理信息系统在电商、金融和公共卫生领域应用广泛。

例如，在电商平台中，该系统通过分析客户行为来优化推荐系统和营销策略。在金融领域，该系统用于信用评分、市场分析和风险管理，帮助银行和保险公司更好地管理风险。在公共卫生领域，该系统能够分析健康数据，预测疾病的暴发，并帮助优化医疗资源的配置。

5）协作与社交化管理信息系统（Collaborative and Social MIS）

协作与社交化管理信息系统是一种旨在促进团队协作和信息共享的管理系统，集成了社交网络和协作工具。

该系统支持企业内部和外部的社交互动，为团队提供了一个协作和沟通的平台。

协作与社交化管理信息系统特点如下：

（1）集成了文档共享、任务管理和项目跟踪等功能，支持跨部门和跨地域的团队协作。

（2）允许用户生成和分享内容，增强了团队成员之间的沟通和知识共享，推动了企业内部的创新和信息流通。

协作与社交化管理信息系统广泛应用于跨国公司、研发团队和客户支持等领域。

在跨国公司中，该系统帮助分布在不同国家的团队进行有效的协作和沟通，缩短了项目周期并提高了生产效率。

在研发团队中，该系统支持创意共享和项目进展的实时跟踪，促进了产品创新和改进。

在客户支持方面，该系统通过社交平台与客户互动，提供即时支持和反馈，提升了客户满意度和品牌忠诚度。

管理信息系统是一个不断发展的概念，其内容和作用在深度和广度上都有了很大的发展。

互联网的普及促进管理信息系统在企业得到更广泛的应用，突破地理位置的限制，打破组织的边界，促进信息技术的发展以及信息技术和管理科学的融合，推动管理信息系统向集成化、网络化和智能化的方向发展。

移动互联时代的到来，云计算、大数据、物联网、人工智能（AI）等技术的兴起，进一步推动着管理信息系统的发展及变革。

云计算的出现以及网络技术的飞速发展，使得数据的存储从此可以脱离计算机而成为独立的一部分。在高速的移动网络和无线网络下，管理者们可以随时随地访问管理信息系统。

云计算为企业采用管理信息系统提供了更丰富的外部环境，使得各种规模、各种类型的企业可以享用世界级的 IT 资源服务优势。

大数据的广泛应用，为管理信息系统的发展创造了更多的机会。大数据可以帮助企业获得更多有价值的信息，对消费者的行为、偏好进行合理的分析及预测，争取主动权，提高企业竞争能力。

物联网的出现为管理信息系统的发展带来了新的挑战。物联网作为互联网的延伸或接入层，为管理信息系统提供各种量化数据的收集、简单处理及传输服务。管理信息系统是物联网发展的核心及"大脑"，二者相辅相成、协调发展，才能使"智慧地球""感知中国"早日成为现实。

人工智能技术的迅猛发展为管理信息系统带来了深刻变革，推动其智能化、自动化和高效化。

人工智能技术的整合使得管理信息系统能够进行预测分析、自动化决策和个性化服务。AI可以通过机器学习算法分析海量数据，识别趋势、模式和异常，从而支持预测分析和决策制定。

AI驱动的聊天机器人和虚拟助手可以提供24小时的客户支持，处理常见问题和查询，提高响应速度。AI可以通过自动化常规业务流程，提高工作效率，减少人工干预。

AI通过自然语言处理和图像识别等技术，可以帮助管理者从非结构化数据中提取信息，增强决策能力。

随着AI技术的不断进步，管理信息系统将不仅限于信息管理，更将转变为智能决策支持平台，助力企业在复杂多变的商业环境中实现更高效的运营和管理。

本章小结

本章主要介绍了与管理信息系统相关的基本概念，重点介绍了管理信息系统的定义、功能及结构，简要介绍了管理信息系统的发展历程及发展方向。

信息是人类社会不可或缺的资源。信息与数据之间既有区别又有联系。信息有其特有的度量方法。系统是由相互作用、相互依赖的若干组成部分结合而成的，任何系统都必须具备3个条件。系统按照不同的对象有着不同的分类。管理信息系统是一个复合的人造系统，它是一种纵横交错的结构，纵向基于不同层次的综合，横向基于不同职能的综合。

管理信息系统的发展经过了从低级到高级、从单一到复杂、从事务到决策等不断完善的过程。目前管理信息系统正与大数据、云计算、物联网、人工智能等技术相融合，推动社会的发展。

思考题

（1）为什么说信息是社会发展的重要资源？

（2）信息的主要特性有哪些？请结合实际举例说明。

（3）什么是信息量？如何度量信息量？

第1章
基础自测题

（4）系统应该具备哪些必要条件？

（5）信息系统在企业管理中有哪些应用？请结合案例分析。

（6）如何理解管理信息系统纵横交错的结构？

（7）管理信息系统能给我们的生活带来怎样的变化？

案例分析

赋能社区智慧，打造幸福"和万家"社区

1）背景目的

古现街道和万家社区服务万科城商业小区，共有4 384户居民。

辖区新建住宅较多，入住居民来自五湖四海，居民数量多且人员组成较为复杂。社区自成立以来，围绕"优政、惠民"在数字化治理社区方面进一步打造智慧社区体系，不断推进基层社区治理工作，提升居民的获得感和幸福感。

2）主要做法

和万家社区建立了智慧社区综合服务平台与数字城管平台、第三方平台互联互通，实现数据采集共享，打造社区级管理与服务的信息化平台（如图1-11所示）。该平台关注智慧养老，通过智能终端为居家老人提供远程看护、紧急支援等服务，可实现事故发生15分钟内快速响应。

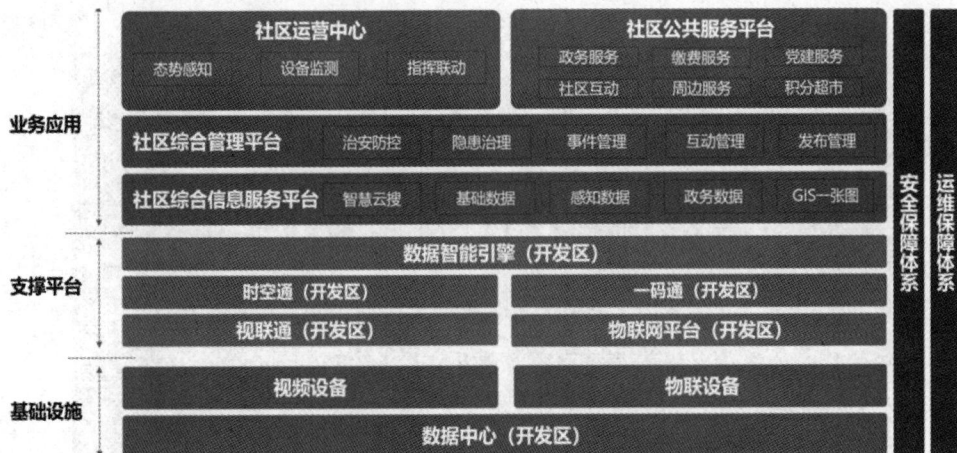

图1-11　和万家社区的信息化平台

和万家社区建立了与"雪亮工程"相互补充的立体化、智能化治安防控体系，联通社区智能运营与展示中心，实现了刷脸无感通行、高空抛物寻源、车辆及人员研判、常态化疫情防控、电动车治理、特殊人群关爱管控、液位烟感自动报警等功能，并通过网格化治理平台接入智能运营中心，及时掌握居民需求和社区动态数据，提升了社区治理科学化、信息化、智能化水平。

3）特色亮点

（1）提升智能化管理水平，实现社区综合治安防控，打造稳定有序的社区

空间。

智慧社区运营中心是整个智慧社区的运转中枢，是社区内唯一的管理与服务中心，依托开发区智慧城市及智慧社区建设的信息化系统，接入镇街部署的硬件设备（安防设备、物联网设备）和业务系统数据，为社区提供可视化的管理界面，对社区的动态数据与静态数据进行分析和呈现，实现基层事务与运行状态的动态监测，帮助工作人员进行日常的社区管理。

智慧社区运营中心安装了高空抛物摄像机34台、电梯摄像机46台、单元门监控半球34个等共170个摄像头以及若干其他安防设备与消防物联网设备。

这些设备能够对社区公共区域实时进行全面的监测，具有周界防护、出入口安全监控、公共区域安全监控、人员布控、车辆布控、高空抛物追溯等功能。在发生紧急事件时，可以通过智慧大屏对各类资源进行调度，实现人员、设备协同联动，支撑决策指挥。

运营中心的系统分为首页、事件态势、安全态势、民情态势、服务为民五个模块。

通过首页可观看社区视频实况，了解人员、车辆出入时间、通道等详情信息，以及社区楼房地理位置和分层到户的人口信息，便于指挥调度，还可针对预警信息通过社区感知设备直观了解社区预警概况。

安全态势模块通过隐患告警、隐患分析、常态化疫情防控、电动车治理、监控研判等对各种隐患进行可视化告警和分类分析（如图1-12所示）。

图1-12 安全态势模块

事件态势模块通过事件动态展示、事件分析、人员调度展示、事件查询等对社区所有事件进行归类分析，针对不同时间、区域、类型的事件提供查询入口，便于后续事件的查询、追溯。

民情态势模块和服务为民模块可及时获取居民的各类痛点难点问题，聚焦民生民情，为居民排忧解难。

（2）提升居民获得感，建设社区公共服务平台，加强政府与居民之间的互动。

智慧社区为社区工作人员建设了统一的社区工作平台，加强社区数据资源统筹与应用。

从市级和区级层面进行社区数据协调统筹，建立社区专题数据资源池，为基层管理与服务创新提供数据支撑，同时实现业务部门数据与街道社区数据的同步，提升社区数据的准确性。

智慧社区平台如图1-13所示。

图1-13　智慧社区平台

智慧社区平台集成了日常办公、事件处置、数据查询、隐患治理等多套业务系统，实现了在一个平台上处置所有社区事务，融合汇聚社区业务功能，统筹基层管理与公共服务资源。在平台中可以查询到社区各类信息资源，精确获取符合政策的人群，也可以根据搜索关键词来查询数据，实现模糊查找。

智慧社区平台还建立了基层政府和居民互动沟通的渠道，在信息发布和互动交流上提供一种更加便捷的方式，方便社区居民，增强社区居民获取各类公共服务的便捷度，提升居民获得感和满足感。

和万家社区还通过居民服务平台小程序——业达居民掌上服务，连接每一个社区居民，打通服务群众的"最后一公里"。该小程序主要分为社区互动、政务服务、党建服务、生活服务4个板块，细化每个板块功能为居民提供相应的服务，解决社区居民社交、信息获取不及时问题，提升居民满意度和幸福度。

和万家社区的居民在手机上可通过"信息采集"反馈个人信息，填写志愿者采集表等数据报表，减少了社区工作人员采集数据的工作量。

社区工作人员通过小程序发布的政策通知、新闻资讯与法律知识等，社区居民在手机上即可查看，提升了社区信息发布的效率。

居民还可以就社区事务进行投票、填写调查问卷，提交个人的表决意见，这推进了民事民议、民事民办、民事民管。

居民通过小程序可以随时反馈意见和困难，社区工作人员会根据具体问题，定向提供解答和协助，及时有效地化解群众矛盾、解决群众困难。目前和万家社区已有 2 000 多人注册使用该小程序。

小程序界面如图 1-14 所示。

图 1-14 小程序界面

（3）利用大数据、人工智能等新一代信息技术，在社区服务和社区安全等方面提供创新性应用。

和万家社区联合物业自行开发"住这儿"App，支持网络下单、扫码支付、团购，同时配有购物微信群；小区居民可以通过网购，由周边商家提供送货上门服务，辖区内超市、快餐店等消费场所在线网购业务接入率达 100%。行动不便的居民可以预约维修、送水等服务，由管家上门进行服务。

居民还可以参加社区、物业举办的各项活动，参与志愿服务。居民也可发布租房等相关信息，实现信息共享。

（4）线上依托开发区"扬帆八角湾"就业平台，线下建立"红马甲"就业驿站，实现企业和居民的有效链接。

"扬帆八角湾"就业平台向居民推送最新招聘信息，求职者登记信息后，12 小时内就会有相匹配的信息送达企业人事主管。

和万家社区积极探索、优化服务模式，双向发力提升公共就业服务能力水平：线上延伸"扬帆八角湾"等就业平台，定期发布本地重点企业的"优质好岗"，促进供需精准对接；线下扩大"红马甲"就业驿站服务范围，进一步创新举措，不断丰富服务形式，实现"周周有好岗、处处有人气"，让企业和求职者能够"双向奔赴",推动就业与发展"同频共振"。

4)应用成效

和万家社区的智能监控系统覆盖小区广场、社区活动中心、地下通道等共170个区域,实现治理范围区域化,以社区辖区为单元网格,在社区的外围布设前端监控,对社区的围墙周界进行监控,配合出入口的道闸和门禁形成一个封闭的视频防控圈,对于非法闯入行为进行实时监测与预警,并实时监控特定区域内情况,及时发现和捕捉异常行为,需要时可及时上报警情,以最大限度保障居民安全。

和万家社区通过智慧养老终端为小区老年人安装人体探测仪15台,对老人的异常状态进行识别,自动生成告警通知家属和社区工作人员。该设备通过雷达技术实现老人看护功能,既保障了老人生命安全,又保护了隐私。

和万家社区还设有社区服务热线,每栋楼单独建立居民联系群,每位居民有一对一的社区及物业工作人员,物业管家24小时在线;通过智慧社区平台为居民提供便捷的线上电子投票入口,方便居民对社区事项投票。

资料来源 佚名. 赋能社区智慧,打造幸福"和万家"社区〔EB/OL〕.〔2024-12-16〕.
https://www.yeda.gov.cn/art/2023/11/16/art_110996_2983417.html.

案例思考题:

(1)智慧社区管理系统如何整合多种数据来源以提升社区服务质量?

(2)智慧社区的建设将给我们的生活带来怎样的变化?

第2章　管理信息系统的技术基础

学习目标

✔ 了解计算机系统的基本构成及体系结构；

✔ 掌握数据库技术、数据仓库技术以及数据挖掘技术的含义及应用，理解三者之间的关系；

✔ 掌握计算机网络的概念、组成及分类；

✔ 了解常用的局域网及广域网技术；

✔ 掌握常用的网络互联设备及其用途；

✔ 了解云计算、大数据、物联网等新兴技术。

思政引入

智慧街区：杭州市钱塘区数字化改革街区全域智治应用系统

党的二十大报告提出，加快建设"网络强国、数字中国"，"加快发展数字经济，促进数字经济和实体经济深度融合"。在这个背景下，各地纷纷通过管理信息系统实现城市管理的智能化、数字化和精细化。

杭州市钱塘区白杨街道通过数字化改革，建设了街区全域智治应用系统，旨在解决基层基础治理工作中的诸多难题。这个系统通过物联网、大数据和人工智能技术，实现了街道全域的智能化管理，提高了工作效率。

1）消防管理应用模块

白杨街道建立了微型消防站管理模块，将街道全域的社区、网格、小区的业态地图体系整合到一起，通过与区消防大数据平台的对接，实现了消防控制室（以下简称"消控室"）远程查岗和火灾信号报警功能。平台可以查看消控室的基本配备情况和人员24小时在岗情况，一旦消控室有警情，可以立即查看报警点位视频信息，快速了解火警位置的现场情况，提高应急处理能力。

2）城市管理应用模块

通过智能分析摄像头和人工智能技术，白杨街道实现了对城市治理问题的自动识别和处理。系统新建了138个街道辖区内的监控点位，24小时监控城市治理问题。通过"浙政钉白杨小程序"平台，系统能够自动将问题分类并派发给基层管理人员，建立了高效的"扁平化"工作机制。

3）高教就业信息对接

白杨街道与数智群团的大学生就业"码上办"系统对接，共享实时租房信息和流动人口信息，帮助大学生实现就业和留杭。

4）小区业态数据建模

白杨街道对 56 个智慧小区进行了 BIM 形式建模，展示小区沿街餐饮店、小区消控室及烟感分布情况，并结合智安小区智能设备，实现小区全域"一屏展现"。

5）应用效果

该系统自运行以来，通过智能感知技术，将街道内的"人、房、企"等基础信息采集从"100%人力采集"转变为"90%科技采集，10%人力核查"。目前，街道辖区内 272 982 个人员、88 709 间房屋、15 083 家企业、18 355 个设备都纳入了动态采集模式，信息的完整性和动态更新率达到了 100%。该系统入选浙江省数字化改革应用场景清单，并在"浙政钉"数智杭州门户正式上线。

资料来源　智慧城市行业分析. 智慧街区：杭州市钱塘区数字化改革街区全域智治应用系统 [EB/OL]. [2024-02-26]. https://www.xjsmefw.cn/shuzihua/show.php? itemid=437.

思考：数字化全域智治应用系统如何通过智能感知技术实现街道基础信息的动态采集和更新？其对基层治理效率提升有何具体影响？

信息技术是管理信息系统的基础，是管理信息系统发挥作用的有效手段，只有把信息技术与管理结合起来，才能真正发挥管理信息系统的作用，才能提高管理的效率及水平。管理信息系统的技术基础主要包括计算机技术、数据库技术、计算机网络技术等几个方面的内容。随着信息技术的不断发展，云计算、物联网、大数据、人工智能等技术也被广泛地应用到管理信息系统中。

2.1　计算机系统

计算机系统包括计算机硬件系统和计算机软件系统两部分。计算机硬件是机器的可见部分，是计算机系统工作的基础。硬件主要包括主机与外部设备。计算机软件帮助用户使用硬件完成数据的输入、处理、输出及存储等活动。软件分为系统软件与应用软件。计算机系统的组成如图 2-1 所示。

2.1.1　计算机的组成及常用类型

1）计算机的组成

计算机由主机和外部设备组成。主机包括中央处理机（CPU，包括运算器和控制器）、内存储器（主存储器）。外部设备包括输入设备、输出设备和外存储器（辅助存储器）。管理信息系统主要通过外部设备与计算机进行交互。计算机的硬件组成及工作原理如图 2-2 所示。

```
                                    ┌── 中央处理器 ──┬── 运算器
                          ┌── 主机 ──┤              └── 控制器
                          │         └── 内存储器 ──┬── 随机存储器
              ┌── 硬件系统 ─┤                      └── 只读存储器
              │           │                    ┌── 鼠标
              │           │         ┌── 输入设备 ─┼── 键盘
              │           │         │          └── 其他
              │           │         │          ┌── 显示器
              │           └── 外部设备 ┼── 输出设备 ─┼── 打印机
计算机系统 ──────┤                     │          └── 其他
              │                     │          ┌── 软盘
              │                     └── 外存储器 ─┼── 硬盘
              │                                ├── 光盘
              │                                └── 其他
              │                    ┌── 操作系统
              │         ┌── 系统软件 ─┼── 语言处理程序
              │         │          ├── 数据库管理系统
              └── 软件系统 ┤          └── 其他
                        │          ┌── 应用程序
                        └── 应用软件 ─┼── 工具软件
                                   └── 其他
```

图 2-1　计算机系统的组成

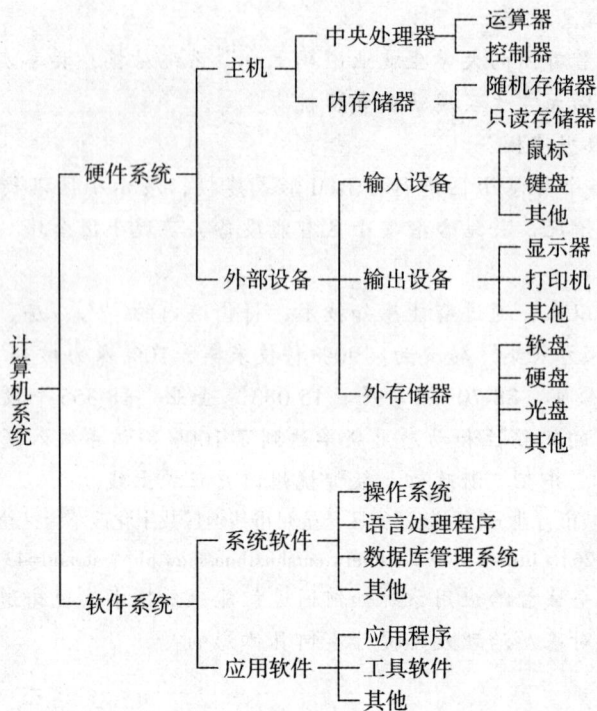

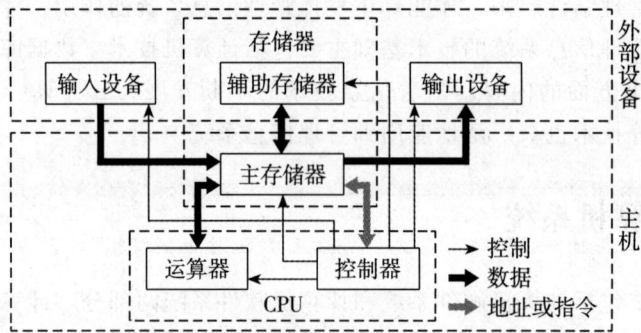

图 2-2　计算机的硬件组成及工作原理

（1）输入设备。

输入设备就是向计算机输入数据和指令的设备。利用这些设备可以将源数据快速而准确地输入，甚至实现自动的数据输入，保证进入数据库的数据具有正确性和实时性。输入设备除了传统的键盘、鼠标、电子触摸屏外，还有一些自动识别设备，它们已经成为很多管理信息系统中不可分割的一部分。例如，POS系统里的条码扫描识读器、数据采集器，供应链管理系统中的RFID读写器，电子商务系统中的语音识别工具、图形字符扫描识读工具等。

（2）输出设备。

输出设备主要包括显示输出设备、打印输出设备、图形输出设备和语音输出装置，通过这些设备可以满足各种用户的不同需求。输出设备除了传统的打印机、绘图仪、显示器外，还有相关的网络设备，如各类 Modem（调制解调器）、网卡，以及各种语音、图形、图像的输出设备。

（3）存储设备。

存储设备是一种特殊的 I/O（输入/输出）设备，包括系统备份设备、主外存设备等。服务器常常需要按要求配置独立的、专用的存储设备。由于这些外存设备一般用来存储或备份整个网络上的系统软件、应用软件和共享数据，一旦出现故障，就可能引起整个网络瘫痪，丢失重要的数据，因此受到特别重视。

随着云技术的发展，云存储已经成为一种新的在线存储方式，被广泛地应用到各个领域。

2）常用的计算机类型

（1）微型计算机。

微型计算机是终端用户最重要的计算机，可分为台式计算机、便携式计算机及服务器三类。台式计算机是管理信息系统中使用最普遍的计算机，是进行输入输出、分布式的数据处理、存储等的基本单元，在网络中作为客户机使用；便携式计算机方便人们在外出时和移动中使用；服务器是高配置的专用微型计算机，采用多 CPU 结构，并配置了大容量的内存和硬盘，处理功能很强。

（2）工作站。

工作站是一种功能极强的微型计算机，有很强的联网能力，还具有很强的图形化处理功能，其运算速度比微型计算机快，一般用于图像处理、计算机辅助设计等专业领域。

（3）小型机。

小型机一般可以满足部门级或中型企事业单位的需要。例如，AS/400、DEC 公司的 VAX 系列等。

（4）大中型机。

大中型机具有强大而齐全的功能，运算速度为每秒几千万次，存储容量大，可连接数百甚至数千个终端同时工作。大中型机主要用于大型商场、企业集团、银行、航空公司订票系统、国民经济管理部门等。

（5）小巨型机。

小巨型机是新发展起来的小型超级计算机，它是巨型机小型化的结果，其性能与巨型机相似，而造价比巨型机低得多，具有很高的性能价格比。

（6）巨型机。

巨型机又称超级计算机，它具有极高的性能和速度，运算速度在每秒 1 亿次以上，多用于尖端科技领域。生产巨型机的能力可以反映一个国家的计算机科学水平，我国是世界上有能力生产巨型机的少数国家之一。例如，由国家并行计算机工程技术研究中心研制、使用中国自主芯片制造的"神威·太湖之光"，它的浮点运算速度峰值可达每秒 12.5 亿亿次，持续运算速度达到每秒 9.3

亿亿次。

在构建管理信息系统的过程中，要根据实际情况选择最合适的计算机类型，要在降低成本的基础上，保证计算机硬件对系统功能的支持。

3）管理信息系统的新型载体

计算机是管理信息系统的重要载体，除了传统的台式计算机和服务器外，近年来，随着科学技术的发展，管理信息系统的运行载体也变得更加多样化。以下几种新型载体在管理信息系统中扮演着越来越重要的角色：

（1）基于云计算技术的服务器（简称"云服务器"）。

云服务器提供了强大的计算能力和存储能力，支持大规模数据处理和远程协作。与传统服务器不同，云服务器具备高弹性和可扩展性，企业可以根据实际需求动态调整资源配置。这种方式不仅降低了硬件成本，还提高了系统的灵活性和可用性，使得企业能够快速响应市场变化和业务需求。

（2）移动终端（如智能手机和平板电脑）。

移动终端的普及极大地改变了管理信息系统的使用方式。通过移动设备，用户能够随时随地访问和操作管理信息系统，打破了时间和空间的限制。移动终端的便携性和智能化使得管理者可以在外出或非办公环境下做出及时的业务决策，显著提升了系统的响应速度和用户体验。

（3）物联网设备（IoT devices）。

物联网设备通过传感器和网络连接，与管理信息系统无缝集成，实现实时数据采集和处理。这些设备广泛应用于工业、农业、智能城市等领域，通过提供实时数据支持管理决策。

（4）边缘计算设备（edge computing devices）。

边缘计算设备在数据源附近处理数据，减少延迟，提高响应速度。它们适用于需要实时数据处理和低延迟的场景，如自动驾驶、工业自动化等领域，与管理信息系统结合，提高数据处理效率。

（5）虚拟化平台和容器技术（virtualization platforms and container technologies）。

虚拟化平台和容器技术使得管理信息系统可以在不同的硬件和软件环境中高效运行。这些技术提供了灵活的资源管理和快速的应用部署能力，支持系统的动态扩展和跨平台操作。

（6）专用硬件（dedicated hardware）。

一些管理信息系统依赖于专用硬件，如高性能计算（HPC）集群和数据仓库设备。这些硬件通常用于处理大规模数据分析和复杂计算任务，支持系统在高负荷下的稳定运行。

（7）混合云架构（hybrid cloud architectures）。

混合云架构结合了公有云和私有云的优势，为管理信息系统提供了灵活的部署和管理选项。通过混合云，企业可以根据需求选择合适的资源部署方式，确保数据安全性和系统弹性。

这些新型载体使得管理信息系统在数据存储、处理和应用上获得了更多的选择和更强的功能。云服务器的高可用性和扩展性使得企业可以根据需求动态调整资源，而移动终端的便携性则满足了用户在不同场景下的使用需求。物联网设备、边缘计算、虚拟化平台和专用硬件等新型载体的结合，进一步提升了管理信息系统的整体效率和适应性。这些发展不仅提高了系统的效率，还扩展了其应用场景，为管理信息系统的进一步发展提供了坚实的基础。

2.1.2　计算机软件技术概述

计算机软件技术发展非常快，为了充分发挥硬件的功能，软件总是与硬件的发展相适应。计算机软件是计算机的灵魂。它负责协调、指挥计算机所有硬件的运行，从数据的采集、处理，一直到结果的保存和发布。没有软件的计算机是裸机，相当于植物人。

1) 计算机软件的概念

计算机软件是支持计算机运行的各种程序，以及开发、使用和维护这些程序的各种技术文档的总称。

程序是以某种形式的计算机语言（机器指令、C 语言、C++语言等）表达的解决某种问题的步骤或顺序。

文档是描述程序操作及使用的有关资料，没有各种文档，程序设计人员就无法对软件进行更新、改造、完善，用户就无法正确地使用、维护软件。

从广义上讲，软件应包括程序、相应的数据以及有关的知识和文档三部分。数据是指程序能正常加工信息所需要的原料。程序是软件的主体，是可执行的部分，程序是由算法和语言组成的。

2) 计算机软件的种类

按照不同的原则和标准划分，计算机软件有不同的种类。从应用的角度出发，可将计算机软件划分为系统软件和应用软件两大类。

（1）系统软件。

系统软件是指对整个计算机系统进行管理、调度、监控和维护的软件，是为其他程序提供服务的程序集合。其主要功能是：简化计算机操作；充分发挥硬件性能；支持应用软件的运行并提供服务。系统软件主要包括操作系统、语言处理程序、服务性程序、数据库管理系统、网络通信管理程序等。

操作系统是一组具有管理和控制功能，能够合理地组织计算机的工作流程，以提高计算机系统的工作效率，方便用户使用计算机的程序的集合。操作系统是用户与计算机的接口，任何用户都是通过操作系统使用计算机的，也只有在有了操作系统之后，用户才能非常方便地使用计算机。

语言处理程序主要是指各种高级程序设计语言的解释程序和编译程序。其功能是把用高级程序设计语言编写的源程序"翻译"成计算机可直接执行的目标程序。

服务性程序包括用户程序的安装程序、连接程序、编辑程序、对机器实施监控的程序、故障诊断程序等。它是进行软件开发和维护工作时使用的一些软件工具。

数据库管理系统是为管理和操纵数据库而设计的软件系统。网络通信管理程序是用于计算机网络中的通信管理、控制信息的传送和接收的软件。

（2）应用软件。

应用软件是直接面向用户、为用户服务的，是为解决各类应用问题而编写的程序，一般包含应用程序和工具软件两类。

应用程序是指为了帮助特定用户解决某一具体问题而开发的程序，如订票系统、图书情报检索系统、档案管理系统、辅助教学软件等。

工具软件是为用户提供方便的软件，如文字处理软件 Word，图形处理软件 AutoCAD，系统维护软件 Norton 等。

计算机软件、计算机硬件以及用户之间的联系可用层次结构表示，如图2-3所示。用户直接与应用软件进行人机交互，而应用软件通过系统软件对硬件进行控制与管理。

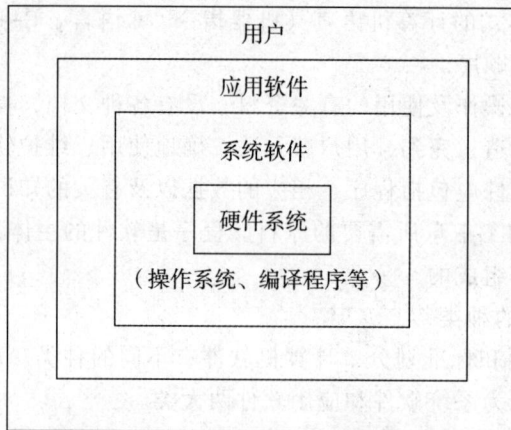

图2-3　计算机系统的层次结构图

2.1.3　计算机体系结构

随着计算机技术与网络技术的突飞猛进，计算机体系结构也在不断发展，对于管理信息系统的构建来说，选择合适的管理信息系统平台模式，显得十分重要。计算机体系结构按照其发展顺序大体分为单机结构、主机/终端结构、文件服务器/工作站结构、客户机/服务器结构及浏览器/服务器结构几种。

1）单机结构

如果在一个系统内每台计算机的使用是各自独立的，这样的系统就是单机结构的系统。

　　单机结构中的计算机处于各自为政的孤立状态，它们各自运行一套系统软件、应用软件和业务数据。同时，单机结构的计算机之间是不能直接交流信息的，它们之间的通信只能靠磁盘、磁带等介质备份来完成。

　　这种分散式结构使得各个部门即使拥有各自的单机信息处理系统，也无法联合构成一个统一的综合的管理信息系统，这样就形成了一个个"信息孤岛"，使得各部门不能充分利用计算机来进行协调和合作。这种结构无法实现信息共享。

2）主机/终端结构

　　主机/终端结构（如图 2-4 所示）采用的是集中处理方式，不仅能够提高信息处理的效率，降低系统费用，易于管理控制，还能够保证数据的安全性和一致性。

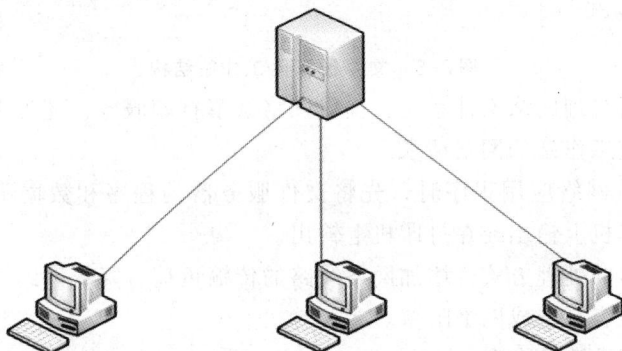

图 2-4　主机/终端结构

　　在早期的计算机系统中，主机/终端结构系统曾风靡一时。它有一台大型主机，可以同时连接数台或数十台终端机，所有的文件都存储在主机的磁盘中，程序也在主机上运行，主机对各终端机用户传来的数据进行分时处理，使每个终端用户感觉像拥有一台自己的大型计算机一样。

　　终端只是一种数据输入输出设备，没有 CPU 和存储器，只是负责将用户键盘输入的信息传到主机上，然后输出由主机返回的处理结果。

　　由于程序运行和文件访问都在主机上进行，用户完全依赖于主机，一旦主机出现故障就会使所有用户受到影响，而且许多用户共享一台主机，主机要同时处理来自各个终端的数据，这样可能造成主机的负荷过重。这个系统的性能主要取决于主机的性能和通信设备的速度。

3）文件服务器/工作站结构

　　在文件服务器/工作站结构（如图 2-5 所示）中，多个工作站与一台文件服务器互相连接，一般以一台高性能微机或小型机作为服务器。

　　所谓工作站，实际上就是一台个人计算机（PC），在它与文件服务器连接的情况下，使用者登录后就可以到文件服务器上存取文件，得到所需的文件后在工作站上运行。

　　数据库管理系统安装在文件服务器上，而数据处理和应用程序分布在工作站上，文件服务器仅提供对数据的共享访问和文件管理，没有协同处理能力。

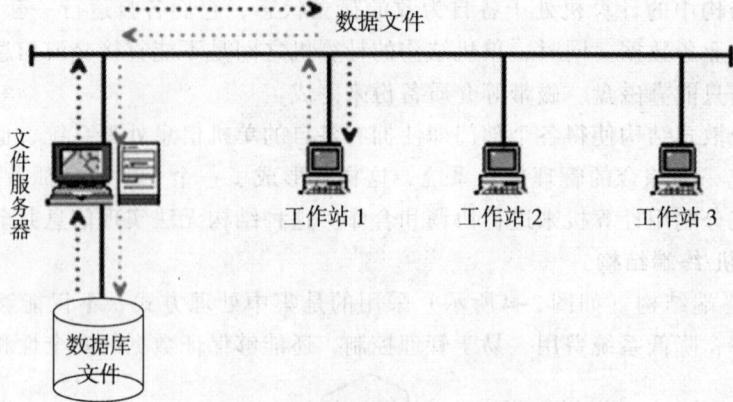

图2-5 文件服务器/工作站结构

文件服务器管理网络文件系统，提供网络共享打印服务，还处理工作站之间的各种通信，响应工作站的网络请求。

工作站运行网络应用程序时，先将文件服务器的程序和数据调入本机内存之中，运行后在本机上输出或在打印机上输出。

文件服务器的处理方式会增加网络线路的传输负荷，降低网络传输的效率，延长响应时间，很容易造成网络阻塞。

4）客户机/服务器结构

在客户机/服务器（client/server，C/S）结构（如图2-6所示）中，客户机是一台PC或一个工作站，负责与使用者沟通，服务器可以是提供网络控制功能的任何规模的计算机。

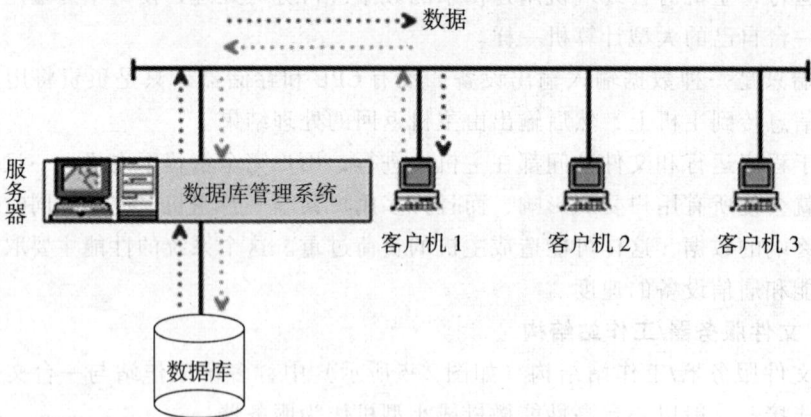

图2-6 客户机/服务器结构

该结构流行于20世纪80年代。

C/S结构对数据的处理分为前台与后台，客户机完成屏幕交互和输入输出等前台任务并向服务器提出请求，而服务器则完成大量的数据处理及存储管理等后台任务，为前台提供服务。

在通常情况下，客户机只执行本地前端应用，而将数据库的操作交由服务器负责，以合理均衡的事务处理充分保证数据的完整性和一致性。

客户机将请求传送给服务器，服务器回送处理结果，客户机据此进行分析，然后发送给用户。

服务器分为数据库服务器、工作组应用服务器、电子邮件服务器、打印服务器等。

主机/终端结构的所有程序都在主机内执行，而文件服务器/工作站结构的所有程序都在客户端执行，这两种结构都不能提供真正的可伸缩应用的系统框架。客户机/服务器结构则可以将应用程序分布在客户机和服务器之间，以提供更快、更有效的应用程序性能，通过客户端和服务器端的最佳分工合作，使整个系统达到最高的效率。

5）浏览器/服务器结构

浏览器/服务器（browser/server，B/S）结构（如图 2-7 所示），是随着互联网技术的兴起，对客户机/服务器结构进行变化或者改进后的结构。

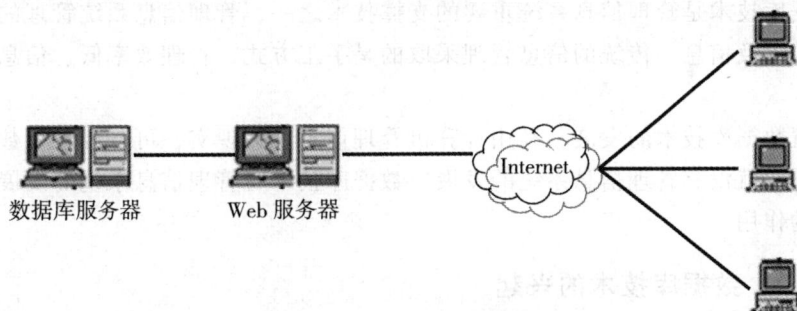

图 2-7　浏览器/服务器结构

在客户机/服务器结构中，大量的应用程序都在客户端进行，每个客户机都必须安装应用程序和工具，系统的灵活性、可扩展性都受到很大影响。

在浏览器/服务器结构下，用户界面完全通过浏览器实现，一部分事务逻辑在前端实现，但是主要事务逻辑在服务器端实现，形成三层结构。

浏览器/服务器结构利用不断成熟的浏览器技术，结合浏览器的多种 Script 语言（VBScript、JavaScript）和 ActiveX 技术，使用通用浏览器就实现了原来只有复杂的专用软件才能实现的强大功能，并且节约了开发成本，是一种全新的软件系统构造技术。

简单地说，B/S 结构就是使用浏览器代替客户机，这种结构降低了对客户端的要求，只需要一台能上网的终端设备就能实现与服务器的交互，所有的程序都安装在服务器上，如果需要对软件进行修改（如增加某个功能等），只需要在服务器端进行软件升级即可。这样既能降低客户端成本，又能降低管理信息系统的维护难度。

表 2-1 对 C/B 和 B/S 进行了比较。

表 2-1   C/S 与 B/S 的比较

特性	C/S架构	B/S架构
客户端要求	安装专用客户端	只需浏览器
维护与更新	客户端需要单独更新	服务器更新,客户端自动获取
跨平台支持	须适配不同操作系统	基于浏览器,支持多平台
性能	客户端处理部分逻辑,性能较高	受限于浏览器,性能相对较低
用户体验	界面丰富,交互性强	界面相对简单,但逐渐丰富
网络依赖性	须稳定连接,客户端较独立	强烈依赖网络

2.2   数据库技术

数据库技术是管理信息系统重要的支撑技术之一,管理信息系统管理的主要对象就是数据及信息。传统的信息管理采取的是手工方式,管理效率低、信息利用率不高。

随着数据库技术的发展,利用计算机管理信息成为现实,可以说没有数据库技术的运用,就没有管理信息系统的发展,数据库技术对管理信息系统的发展起到至关重要的作用。

2.2.1   数据库技术的兴起

随着科学技术和社会生产力的发展,现代社会对数据处理技术提出了新的更高的要求。数据库技术就是适应这个要求于20世纪60年代出现的。

1969年,IBM公司开发了基于层次结构的数据库管理系统即信息管理系统(information management system,IMS)。

20世纪70年代,数据库技术有了很大发展,出现了许多基于层次或网状模型的商品化数据库系统,并广泛运用在企业管理、交通运输、情报检索、军事指挥、政府管理和辅助决策等各个方面。

1970年,IBM公司San Jose实验室研究员埃德加·弗兰克·科德(Edgar Frank Codd)发表了论文《大型共享数据库数据的关系模型》,提出了数据库的关系模型,开创了关系方法和关系数据研究,为关系数据库的发展奠定了理论基础。

1981年,IBM公司San Jose实验室宣布具有System R系统全部特性的数据库产品SQL/DS问世。与此同时,加利福尼亚大学伯克利分校研制出了关系数据库实验系统INGRES,接着又实现了INGRES系统的商业化,使关系方法从实验室走向社会。

经过数十年的发展,数据库技术日趋成熟并得到了空前的普及,在政治、经济、军事、企业管理、生产管理、人事管理、图书资料、文献档案检索等诸多领域都得到了广泛的应用，成为广大科技工作者和管理人员的得力助手和重要工具，在现代信息社会中扮演着十分重要的角色。

2.2.2　数据库系统及其组成

数据库系统（database system），是由数据库及其管理软件组成的系统，是为适应数据处理的需要而发展起来的一种较为理想的数据处理系统。它一般由计算机系统、数据库、数据库管理系统（DBMS）、人员 4 个部分构成（如图 2-8 所示）。

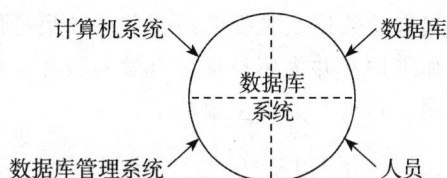

图 2-8　数据库系统的组成

1）计算机系统

计算机系统指用于数据库管理的计算机硬件、软件系统。数据库需要大容量的主存，以运行操作系统、数据库管理系统、应用程序等，以及存放数据库、目录、系统缓冲区等，在辅存方面，则需要大容量的直接存储设备。此外，系统应具有较强大的网络功能。

2）数据库

数据库是以一定方式储存在一起、能为多个用户共享、具有尽可能小的冗余度，且与应用程序彼此独立的数据集合。数据库既有存放实际数据的物理数据库，也有存放数据逻辑结构的描述数据库。

3）数据库管理系统

数据库管理系统是一组对数据库进行管理的软件，通常包括数据定义语言及其编译程序、数据操纵语言及其编译程序，以及数据管理例行程序。

4）人员

（1）数据库管理员。

为了保证数据库的完整性、明确性和安全性，必须有人来对数据库进行有效的控制。行使这种控制权的人员叫数据库管理员。数据库管理员负责建立和维护模式、提供数据的保护措施和编写数据库文件。所谓模式，指的是对数据库总的逻辑描述。

（2）系统程序员。

系统程序员是设计数据库管理系统的人员。他们必须关心硬件特性及存储设备的物理细节，实现数据组织与存取的各种功能，实现逻辑结构到物理结构的映射等。

（3）应用程序员。

应用程序员负责编制和维护应用程序，如库存控制系统、工资核算系统等。

（4）用户，分为专门用户和参数用户。

① 专门用户。专门用户指通过交互方式进行信息检索和补充信息的用户。

② 参数用户。参数用户与数据库的交互作用是固定的、有规则的，如售货员、订票员等就是典型的参数用户。

2.2.3　数据库概述

1）数据库的定义和特征

数据库是指被存储起来的数据及数据间逻辑关系的集合体，数据库管理系统对数据库进行建立、存取和维护，并为用户提供有效的服务。数据库管理方式克服了数据文件管理方式的弊端，它具有如下主要特征：

（1）数据独立。

数据独立是指数据的存取独立于使用它的程序。文件系统的一个重要缺点是数据的存取方式与应用程序密切相关，当数据需要扩充或减少时，则必须相应地修改程序，造成时间和人力的极大浪费。

在数据库方式下，各应用程序一般不再与具体物理存储器上的某一数据文件相对应，它们各自对应一个逻辑数据文件。这些逻辑数据文件通过数据库管理系统软件同存储器上实际存储的数据建立联系，从而使数据与应用程序相对独立，提高了数据库应用程序的稳定性，在对数据库中的数据进行增、删、修改等处理后，一般无须改动应用程序，从而提高了整个数据库应用系统的工作效率。

（2）最小的数据冗余。

数据冗余是指数据被重复存储。在文件管理方式下，数据文件是通过各自的应用程序建立的，不同的用户即使有许多数据是相同的，也只能各自存储自己所需要的数据，因此造成存储的数据大量重复，这样既浪费了大量的存储空间，也使数据的修改变得十分困难。

（3）实现了数据共享。

数据库中的数据允许不同的用户使用，也允许多个用户同时存取数据而互不影响，实现了数据资源的多用户共享，提高了数据的利用率。

（4）保证了数据的安全性。

数据库管理系统采取相应的措施防止非法存取及恶意破坏数据的行为，以保证数据的完整性和正确性。在数据库中，对用户是否属于非法或越权使用数据的情况设有严格的检查措施，制定了使用数据的规程，从而保证了数据的可靠性、完整性和正确性。

（5）便于用户使用。

数据库管理系统设计了最接近用户需求的编程语言，使编程工作大为简化且容易进行；设计了丰富的数据统计功能，使操作更加简单。在数据库管理系统的支持下，计算机能够从繁杂的数据中以极快的速度向用户提供所需的信息，为用户的经营决策、业务处理、资料分析等工作提供了极大的方便。

2）数据模型

数据模型是数据库管理系统中用于表示信息和操作手段的形式构架。目前，数据库管理系统通常采用的数据模型有三种基本类型，即层次模型、网状模型和关系模型。

（1）层次模型。

层次模型是层次式数据库所采用的数据模型，它是以树结构作为基本结构，通过树结构及树结构之间的逻辑关系来表示数据间联系的一种模型，它反映了现实世界中实体之间的一对多关系，如图 2-9 所示。这个体系是满足下列条件的基本层次关系的集合：①有且仅有一个最高级的节点，叫作根；②除根之外，所有节点都与一个且仅与一个比它高级的节点（父节点）相连接。

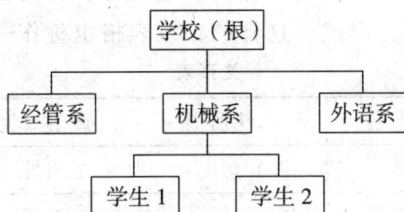

图 2-9　层次模型

在层次结构中，树的节点是实体，树枝表示实体间的关系。树中有唯一的一个节点向上没有联系，该节点就是"根"；还有若干节点向下没有任何联系，这些节点称为"叶"；其余节点称为中间节点。中间节点向上只与一个节点相联系，而向下可与多个节点相联系。习惯上，把上一层的节点称作"父节点"，而把下一层的节点称作"子节点"。从子节点到父节点的映像是唯一的，通过父节点可以找到其全部子节点，这也是层次式结构中存取节点的一个基本方法。

层次模型是数据处理中发展较早和技术上比较成熟的一种数据结构。现实生活中对于具有层次关系的实体或需要区分主目和细目的文件，都可以采用这种模型来表示。

层次模型的主要缺点是处理个别记录，尤其是最底层的个别记录时，效率较低。另外，数据库文件的维护较麻烦，尤其是在经常大量地执行增、删记录的操作时，需要对数据进行整理，更新数据库文件。

（2）网状模型。

网状模型反映了现实世界中实体间存在的较为复杂的关系。与层次模型不同，在网状模型中，处于某一层次的实体不但可以有多个下层实体，而且它可同时归属多个上层实体。

在现实生活中往往由某些实体的多归属性形成网状结构，如图 2-10 所示。其中，医生甲、医生乙既是门诊医生，又是病房医生，还是附属学校的教师；病人甲、病人乙和病人丙由医生甲和医生乙两人负责治疗。

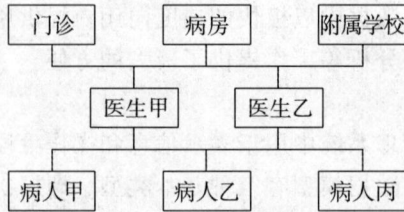

图 2-10 网状模型

在现实生活中，多数网状结构比较复杂，其数据处理起来也很烦琐，而且适合某个网状结构的处理方法往往不适合别的网状结构。实际上，在多数数据库系统中，复杂网状结构常常先转换为简单网状结构或层次结构来处理。

（3）关系模型。

关系模型可以理解为一张二维表，其结构如表 2-2 所示，表格中的每一行代表一个实体，称为记录；每一列代表实体的一个属性，称为字段。实体的多方面属性可由多个数据项（字段值）组成。这样的二维表格也称作一个"关系"。

表 2-2　　　　　　　　　　　　　　关系表

学号	姓名	性别	政治面貌	籍贯
001	丁轩	女	团员	河北石家庄
002	陈正	男	党员	浙江杭州

关系具有如下性质：

① 关系中的列是同性质的，称为属性或字段。用字段名来区分不同的属性。

② 关系中不能出现相同的记录，记录的顺序无限制。

③ 每个关系都有一个关键字，它能唯一地标识关系中的一个记录。例如，表 2-2 中的学号就为这个关系的关键字。

④ 关系中列的顺序不重要。

关系数据库是出现较晚的一种数据库，但由于其结构具有坚实的数学理论基础，并且简单、明了、直观、容易理解和掌握，因此，在现实生活中得到了非常广泛的应用。同时，由于层次和网状数据结构都可以通过一定方法转化为关系数据结构，应用关系数据模型来处理，因此关系数据库被认为是今后数据库的发展方向。

在管理信息系统中，数据库的构建要经过现实世界到概念模型再到数据模型的转换。这样才能将所有需要管理的事务转换为数据库存储的形式，这一过程将在系统设计章节中详细介绍。

2.2.4　数据库管理系统

数据库管理系统（database management system，DBMS）是一个用来创建、处理和管理数据库的软件系统，它是数据库系统的核心，与数据库系统中的各个部分都有着密切联系。

对数据库的一切操作都是在数据库管理系统的控制下完成的。数据库管理系统的主要目的是使数据作为一种可管理的资源，从而使数据易于为各种用户所共享，增强数据的安全性、完整性和可用性，提高数据的独立性。同时，它也是用户的应用程序与物理数据库之间的桥梁。

1）数据库管理系统的组成

数据库管理系统由下列三类软件组成：

（1）数据定义语言。

数据定义语言用以定义数据库的各级数据结构及它们之间的映像，还包括各种完整性约束和安全性措施。依描述的对象不同，它可分为模式数据描述语言、子模式数据描述语言和物理数据描述语言。

模式数据描述语言描述全局的数据逻辑结构，给出各种记录类型的名字和特征，以及它们之间的关系。子模式数据描述语言描述局部的即用户的数据逻辑结构。物理数据描述语言是将数据库模式映像到物理存储模式的语言，描述数据的物理存储方式。

（2）数据操纵语言。

数据操纵语言为用户或应用程序访问数据库提供接口，它因数据库系统而异，但一般可分为独立式查询语言和嵌入式查询语言两大类。独立式查询语言可以独立使用，也可以交互地对数据库进行操纵。它的特点是命令简单，使用方便，便于非程序员用户使用，但其功能有限，需要专门的编译程序。嵌入式查询语言，不能独立使用，必须嵌入到某种高级语言中使用。

（3）数据库运行控制系统。

数据库运行控制系统是数据库管理系统的核心，它包含各种例行程序，主要有：①存储控制例行程序，支持各种环境下由数据库管理系统或用户提出的对数据的存取请求；②安全性控制例行程序，用于授权机制的管理控制；③完整性控制例行程序，用于各种完整性校验与控制；④事务管理例行程序，用于事务完整性控制与并发控制。此外，还有恢复例行程序、监控例行程序、系统总投例行程序和通信控制例行程序等。

2）结构化查询语言

结构化查询语言（structured query language，SQL）的理论是 1974 年提出的，并在 IBM 公司的 System R 系统上实现。

由于它具有功能丰富、使用方式灵活、语言简洁易学等优点，因此，在计算机工业界和用户中备受青睐，很快得以推广。后来，SQL 成为关系数据库的标准语言，关系数据库系统一般都支持标准 SQL 语言。

尽管当今不同的关系数据库有这样或那样的差异，但人们都可以通过标准 SQL 语言对数据库进行操作，这就大大减轻了用户的负担。

SQL 有如下几个比较突出的优点：

（1）完备性。

SQL 虽被称为"查询语言"，其功能却不仅是查询，还包括数据定义、数据操纵和控制3个方面，它是一种综合、通用、功能强大的关系数据库语言。SQL可以完成数据库定义、修改、删除，数据更新，数据查询等数据库生命周期中的全部活动，大大方便了用户使用。

（2）灵活性。

SQL有两种使用方式：一种是联机交互使用；另一种是嵌入某种高级程序设计语言的程序中。这两种方式的语法结构是统一的，这样既给用户带来了灵活的选择余地，又不会带来不一致的困扰。

（3）语言简洁，易学易用。

与高级编程语言相比，SQL在对数据库的操作方面是非常有优势的。使用SQL的用户只需提出"做什么"，不用了解实现的细节，而复杂的过程均由系统自动完成。

SQL的功能可以分为以下三类：

（1）数据定义：用于定义和修改数据库对象，如CREATE TABLE（创建表）、DROP TABLE（删除表）等。

（2）数据操纵：对数据的增、删、改和查询操作，如SELECT（查询数据）、INSERT（插入记录）、DELETE（删除记录）、UPDATE（修改数据）等。

（3）数据库和事务控制：控制用户对数据库的访问权限，如GRANT（授予权限）、REVOKE（取消权限）、COMMIT（事务提交）、ROLLBACK（事务撤销）等。

2.2.5　数据库技术的发展

当前，数据库技术已成为数据组织的主要方式，特别是关系数据库，由于其概念清晰、结构简单、语言一体化、能进行集合处理，而且具有坚实的数学基础，故而在数据库应用和研究中占据主导地位，并在计算机科学与技术、工程开发等各类应用领域中发挥着重要作用。

近年来，数据库技术在研究与实践两个领域中不断发展，以数据库为基础的信息系统的应用范围也迅速扩展。尤其是在工程（CAD/CAM/CIMS）与办公系统、地理信息系统等复杂应用中，数据库技术已逐渐成为核心部分。这些应用要求数据模型提供更丰富的抽象手段，更富有语义表现力，能够直接表达用户对现实世界的认识，并适应不断变化的应用环境。

随着大规模集成电路的迅猛发展、计算机价格的急剧下降以及计算机网络技术和通信技术的进步，计算机应用从单机走向联网应用，实现了高度的资源共享。同时，多媒体技术的发展也成为计算机技术的重要方向之一。多媒体技术将文本、图形、图像、声音、视频等多种信息媒体综合于一体进行编排和处理，这一过程依赖于多媒体数据处理技术的进步。

由于数据通信技术，特别是局域网和广域网技术的发展，计算机与通信技术日益融合，形成了网络环境下的信息处理系统。在组织内部及分布在国内外的机构之间，计算机网络通信可以实现远程数据库操作。这一变化进一步推动了分布式数据库技术的发展，使得远程操作和资源共享成为可能。

在这些复杂的非传统应用领域，数据库技术面临更高的要求。例如，不同领域的数据结构和存储形式各异，数据处理的复杂性也显著增加，需要数据库系统能够定义和操纵新的数据类型或复杂对象，处理时间属性和版本管理，并实现复杂的完整约束。因此，面向对象的数据库和分布式数据库成为研究的重点方向。

随着市场竞争的加剧和对深层数据综合处理需求的增长，传统数据库系统已难以满足所有需求。

为了适应特定应用领域的要求，出现了如数据仓库、工程数据库、空间数据库、科学数据库等多种形式的数据库系统。其中，数据仓库作为一种能够支持大规模数据分析和决策支持的系统，成为应用最广泛的数据库形式之一。

此外，随着互联网的快速发展和非结构化数据的激增，传统关系型数据库在应对非结构化数据时的局限性日益显现。为此，NoSQL数据库、图数据库等新型数据库应运而生，这些新型数据库能够更灵活地处理多种形式的数据，尤其是在实时分析、社交媒体、大数据处理等领域得到了广泛应用。这些新型数据库技术使得企业能够更好地应对复杂多变的数据环境，提供了更智能、更高效的数据管理解决方案。

未来，数据库技术将继续朝着更智能、更高效的方向发展，以满足日益复杂的数据处理需求，并推动信息系统在各个行业中的深度应用。

拓展阅读2-1

国产数据库
亮相数字中国
建设峰会

2.3 数据仓库技术与数据挖掘技术

2.3.1 数据仓库概述

随着企业信息化建设的不断深入，企业的数据越积越多，企业信息系统本身的构成也越来越复杂，有的可能会采用面向对象数据库，有的可能采用关系数据库等，由此就出现了庞大而异构的数据资源。数据仓库就是要将这些数据资源集成起来，以满足决策的需求。

数据仓库其实质也是一个数据库，但是它存储的数据与普通数据库中的数据不同，它存储的是数据库里面经过加工整理的数据。

1）数据仓库的定义

数据仓库（data warehouse，DW）是为企业所有级别的决策制定过程提供支持的所有类型数据的战略集合。数据仓库里存放着企业范围内的各种数据，通过对这些数据的集成，便于用户进行数据的查询及分析，得到企业决策所需的数据和信息。

数据仓库不仅包含分析所需的数据，而且包含处理数据所需的应用程序。这些程序既包括将数据由外部媒体转入数据仓库的应用程序，也包括对数据加以分析并呈现给用户的应用程序，如图2-11所示。

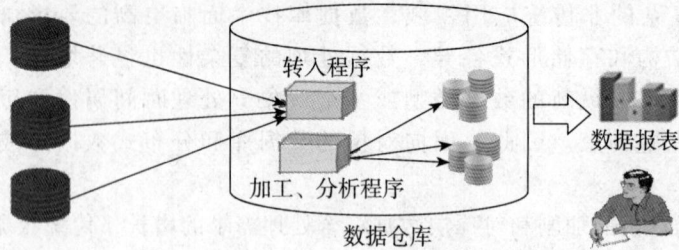

图2-11 数据仓库的组成

因此，一个数据仓库包括数据以及负责管理与分析工作的程序管理器，其主要目的是提供可用的数据，使分析人员可以取得所需的正确统计信息，以作为管理决策的参考依据。

2）数据仓库系统的架构

数据仓库事实上是一个数据集合，因为传统的关系数据库技术是针对联机事务处理（OLTP）而发展的，并不适用于数据量大而且复杂度高的数据仓库系统，所以需要用不同的方式来设计和开发一个数据仓库系统。数据仓库系统的架构如图2-12所示。数据仓库的系统管理器由加载管理器（load manager）、仓库管理器（warehouse manager）和查询管理器（query manager）构成。

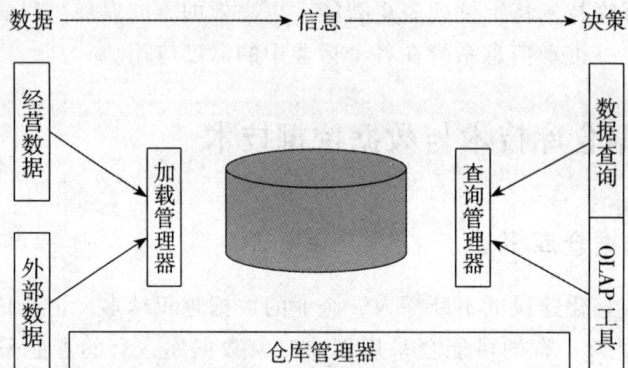

图2-12 数据仓库系统的架构

（1）加载管理器：其功能是抽取并加载数据，在加载数据之前与进行中的数据执行简单的转换。

（2）仓库管理器：其功能是转换并管理数据仓库数据、备份与备存数据。

（3）查询管理器：实现查询功能，从而可引导并管理数据仓库的查询。

3）数据仓库分层设计

常见的数据仓库分为操作数据存储（operational data store，ODS）层、数据仓库（DW）层和数据集市（data mart，DM）层三层，其中DW层又分为细节数据（data warehouse detail，DWD）层和服务数据（data warehouse service，DWS）层。

（1）ODS层。

ODS层中的数据全部来自业务数据库，ODS层的表格也与业务数据库中的表格一一对应，就是将业务数据库中的表格在数据仓库的底层重新建立一次，数据与结构完全一致。由于业务数据库基本按照实体关系（entity relationship，ER）模型建模，因此ODS层也是按照ER模型建模的。

（2）DW层。

DWD层要做的就是将数据清理、整合、规范化，脏数据、垃圾数据、规范不一致的数据、状态定义不一致的数据、命名不规范的数据，都会被处理。DWD层应该是覆盖所有系统的、完整的、干净的、具有一致性的数据层。在DWD层，根据维度模型，设计事实表和维度表，也就是说，DWD层是一个非常规范的、高质量的、可信的数据明细层。

DWS层为公共汇总层，对数据进行轻度汇总，粒度比明细数据稍粗，基于DWD层的基础数据，整合汇总分析某一个主题域的服务数据，一般是宽表。DWS层应覆盖80%的应用场景。

（3）DM层。

DM层面向特定主题。在DM层完成报表或者指标的统计，不包含明细数据，是粗粒度的汇总数据。DM层针对某一个业务领域建立模型，具体用户（一般为决策层）可查看DM层生成的报表。

4）数据库与数据仓库的区别

数据库与数据仓库既有联系又有区别，数据仓库的出现并不是要取代数据库。事实上，数据仓库的数据来源于数据库，数据库和数据仓库都是通过数据库软件实现的存放数据的地方，只不过从数据量来说，数据仓库要比数据库更庞大。数据仓库是在数据库已经大量存在的情况下，为了进一步挖掘数据资源、满足决策需要而产生的数据集合。数据库与数据仓库的区别主要包括以下几点（如图2-13所示）：

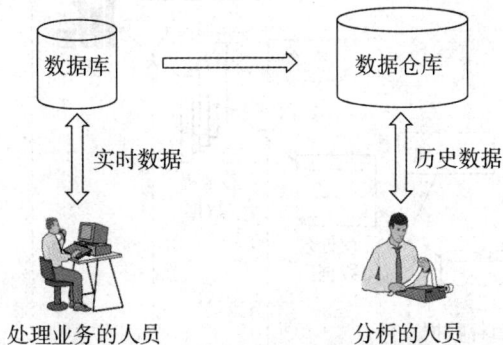

图2-13 数据库与数据仓库的区别

（1）数据库是面向事务的设计，用户主要使用数据库来进行联机事务处理（OLTP）；数据仓库是面向主题设计的，用户主要使用数据仓库来进行联机分析处理（OLAP）。

（2）数据库一般存储的是在线交易的实时数据，而数据仓库一般存储的是整合过的历史数据。例如某商场，数据库中存储的是每一笔交易的数据，而数据仓库则要根据过往的历史记录进行提炼整理，存放的可能是某种产品某月在某地区的销量等记录。

（3）数据库在设计上尽量避免冗余，数据仓库在设计上有意引入冗余。

（4）数据库是为捕获数据而设计的，数据仓库是为分析数据而设计的。

2.3.2 数据挖掘技术

1）数据挖掘的定义

数据挖掘（data mining）就是从大量的、不完全的、有噪声的、模糊的、随机的实际应用数据中，提取隐含在其中的、人们事先不知道但又是潜在有用的信息和知识的过程。

数据挖掘可帮助决策者分析历史数据及当前数据，并从中发现隐藏的关系和模式，进而预测未来可能发生的行为。

数据挖掘的过程也是知识发现的过程，它是一门涉及面很广的交叉性新兴学科，涉及数据库、人工智能、数理统计、可视化、并行计算等领域。数据挖掘是一种新的信息处理技术，其主要特点是对数据库中的大量数据进行抽取、转换、分析和其他模型化处理，并从中提取辅助决策的关键性数据。

数据挖掘是知识发现（knowledge discovery in database，KDD）中的重要技术，如图2-14所示，它并不是用规范的数据库查询语言（如SQL）进行查询，而是对查询的内容进行模式的总结和内在规律的搜索。

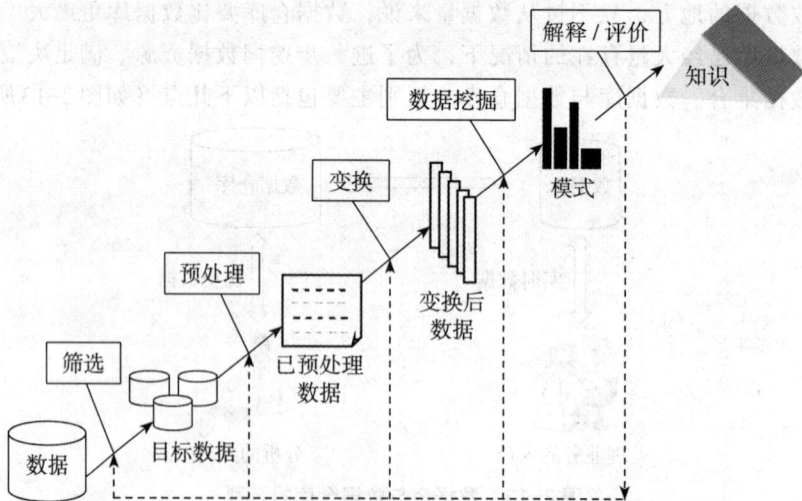

图2-14 知识发现（KDD）过程

传统的查询和报表处理只是得到事件发生的结果，并没有深入研究发生的原因，而数据挖掘则主要了解发生的原因，并且以一定的置信度对未来进行预测，为决策行为提供有力的支持。

2）数据挖掘的方法

数据挖掘的研究融合了多个学科领域的技术与成果，这使得目前的数据挖掘技术多种多样。

从统计分析的角度看，数据挖掘技术有线性分析、非线性分析、回归分析、逻辑回归分析、单变量分析、多变量分析、时间序列分析、K最近邻分类算法和聚类分析等。

利用这些技术可以发现那些异常的数据，然后利用各种统计模型和数学模型解释这些数据，揭示隐藏在这些数据背后的市场规律和商业机会。知识发现类数据挖掘技术与统计分析类数据挖掘技术完全不同，其包括关联规则、决策树、神经网络、遗传算法、粗糙集、支持向量机等。

利用数据挖掘技术进行数据分析常用的方法主要有分类、回归分析、聚类分析、关联规则、特征分析、变化和偏差分析、Web挖掘等。

（1）分类。

分类是找出数据库中一组数据对象的共同特点并按照分类模式将其划分为不同的类。

该方法首先从数据中选出已经分好类的训练集，在该训练集上运用数据挖掘技术建立分类模型，对没有分类的数据进行分类。它可以应用到客户分类、客户属性和特征分析、客户满意度分析、客户购买趋势预测等领域，如一个汽车零售商将客户按照其对汽车的喜好划分成不同的类，这样营销人员就可以将新型汽车的广告手册直接邮寄到有这种喜好的客户手中，从而大大增加了商业机会。

（2）回归分析。

回归分析是确定两种或两种以上变量间相互依赖的定量关系的一种统计分析方法。

回归分析方法反映的是事务数据库中属性值在时间上的特征，产生一个将数据项映射到一个实值预测变量的函数，发现变量或属性间的依赖关系，其研究的主要问题包括数据序列的趋势特征、数据序列的预测以及数据间的相关关系等。

回归分析可以应用到市场营销的各个方面，如寻找潜在客户、保持和预防客户流失、产品生命周期分析、销售趋势预测及有针对性的促销活动等。

（3）聚类分析。

聚类分析是把一组数据按照相似性和差异性分为几个类别，其目的是使得属于同一类别的数据间的相似性尽可能大，不同类别中的数据间的相似性尽可能小。它可以应用到客户群体分类、客户背景分析、客户购买趋势预测、市场细分等领域。

（4）关联规则。

关联规则是描述数据库中数据项之间所存在的关系的规则，即根据一个事务中某些项的出现可导出另一些项在同一事务中也出现，即隐藏在数据间的关联或相互关系。

在客户关系管理中，通过对企业的客户数据库里的大量数据进行挖掘，可以从中发现有趣的关联关系，找出影响市场营销效果的关键因素，为产品定位、定价与客户群定制，客户寻求、细分与保持，市场营销与推销，营销风险评估和诈骗预测等决策提供参考依据。

（5）特征分析。

特征分析是从数据库中的一组数据中提取出关于这些数据的特征式，这些特征式表达了该数据集的总体特征。例如，营销人员通过对客户流失因素的特征分析，可以找出导致客户流失的一系列原因和主要特征，利用这些特征可以有效地预防客户的流失。

（6）变化和偏差分析。

其分析的内容包括分类中的反常实例、模式的例外、观察结果对期望的偏差等，偏差分析的目的是寻找观察结果与参照量之间有意义的差别。例如，在企业危机管理及预警中，管理者更感兴趣的是那些意外规则。对意外规则的挖掘技术可以应用到对各种异常信息的发现、分析、识别、评价和预警等方面。

（7）Web挖掘。

随着 Internet 的迅速发展及 Web 的全球普及，Web 上的信息量无比丰富，通过对 Web 的海量数据进行分析，可以收集政治、经济、政策、科技、金融、市场、竞争对手、供求、客户等各方面的信息，集中精力分析和处理那些对企业有重大或潜在重大影响的外部环境信息和内部经营信息，并根据分析结果找出企业管理过程中出现的各种问题和可能引起危机的先兆，对这些信息进行分析和处理，以便识别、分析、评价和管理危机。数据挖掘是一种决策支持过程，它通过高度自动化地分析企业的数据，做出归纳性的推理，从中挖掘出潜在的模式，帮助决策者调整市场策略、防范风险，做出正确的决策。

3）数据挖掘的作用

数据挖掘是数据库知识发现（KDD）中的一个步骤。知识发现可以分为3个主要的阶段：数据准备、数据挖掘、结果评价和表达。其中，结果评价和表达还可以细分为评估、解释模式，巩固知识，运用知识。数据库中的知识发现是一个多步骤的处理过程，也是这3个阶段循环反复的过程，如图2-15所示。

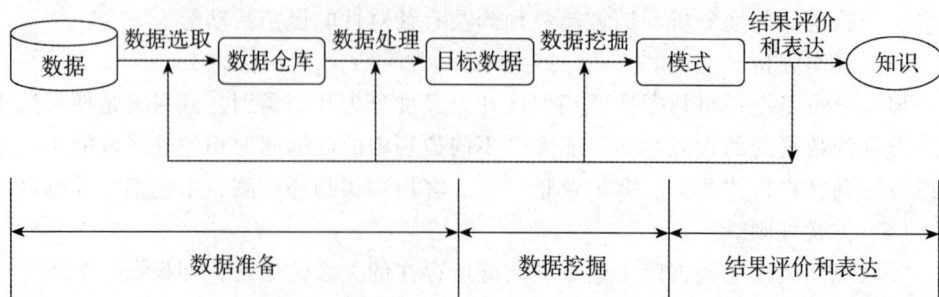

图2-15 知识发现的3个阶段

（1）数据准备。

KDD 的处理对象是大量的数据，这些数据一般存储在数据库系统中，是长期积累的结果。但是，在这些数据上面往往不适合直接进行知识挖掘，需要做数据准备工作，一般包括数据的选择（选择相关的数据）、净化（消除噪声数据）、推测（推算缺失数据）、转换（离散值数据与连续值数据之间的相互转换，数据值的分组分类，数据项之间的计算组合等）、缩减（减少数据量）。这些工作往往在生成数据仓库时已经准备妥当。

数据准备是 KDD 的第一个步骤，这项工作能否做好将影响到数据挖掘的效率和准确度以及最终模式的有效性。

（2）数据挖掘。

数据挖掘是 KDD 最关键的步骤，也是技术难点所在。大部分研究 KDD 的人员都在研究数据挖掘技术，他们采用较多的技术有决策树、聚类分析、粗糙集、关联规则、神经网络、遗传算法等。

数据挖掘根据 KDD 的目标，选取相应算法的参数分析数据，获得最终模式和潜在的知识。

（3）结果评价和表达。

① 评估、解释模式。

上面得到的模式，有可能是没有实际意义或没有使用价值的，也有可能不能准确反映数据的真实意义，甚至在某些情况下是与事实相反的，因此需要对其评估，确定哪些是有效的、有用的模式。用户可以根据多年的经验进行评估，对有些模式也可以直接用数据来检验其准确性。这个步骤还包括把模式以易于理解的方式呈现给用户。

② 巩固知识。

用户理解并认为符合实际和有价值的模式形成了知识。这时，要注意对知识做一致性检查，解决与以前得到的知识相互冲突和矛盾的地方，使知识得到巩固。

③ 运用知识。

发现知识是为了运用，如何使知识能被运用也是 KDD 的步骤之一。运用知识有两种方法：一种是只需要看知识本身所描述的关系或结果，就可以对决策提供支持；另一种是要求对新的数据运用知识，由此可能产生新的问题，而需要对知识做进一步的优化。

KDD 的过程可能需要多次的循环反复，每一个步骤一旦与预期目标不符，都要回到前面的步骤，重新调整，重新执行。

2.3.3　数据挖掘的应用

随着大数据时代的到来，数据不断增加，给人们更好地研究及利用数据带来了便利，也给数据挖掘的应用提供了更多的条件。目前，数据挖掘的应用十分广泛，包括企业决策、医疗保健、商业金融、政府决策等领域。

1）在医学上的应用

很多数据挖掘技术被成功应用到医学临床和科研方面。利用数据挖掘技术，研究人员可直接挖掘疾病高发人群，发现疾病及症状间的未知联系，探索化验指标间的影响关系及化验指标与疾病间的潜在影响，对未知的实验室指标值进行预测，探索合并症之间的关系，自动发现一组高维实验室指标变量的异常等。

通过对大量医学数据的挖掘分析和应用智能决策技术，研究人员不仅可以发现危害健康的各种因素及其相关性，进行个体化预测，而且可以基于相关的挖掘成果建立一套完善、周密和个性化的健康管理系统，帮助健康人群及亚健康人群建立有序、健康的生活方式，调整风险状态，远离疾病，还可以帮助亚健康人群对疾病早发现、早预防、早诊断、早治疗、早手术，提高生存率，降低致残率和病死率，提高生命的质量。

2）在商业上的应用

在商业领域特别是零售业，数据挖掘技术的运用是比较成功的。由于管理信息系统在商业上的普遍应用，特别是条码技术的使用，商家可以收集到大量关于商品销售的数据，如客户购买历史数据、货物进出数据、消费与服务记录等，并且这些数据量在不断激增。

对这些数据进行挖掘有助于划分客户群体、识别客户购买行为、发现客户购买模式与趋势。例如，超市通过对购物篮的关联分析，能得到不同商品之间的潜在联系，以便更好地进行货架摆放和商品陈列，提高商品的销售量。数据挖掘技术可以为经营管理人员提供正确的决策依据，这样对促进销售及提高竞争力是大有帮助的。

3）在金融上的应用

在金融领域，数据量是巨大的，银行、证券公司等的交易数据及其存储量都很大。典型的金融分析领域有投资评估和股票交易市场预测等。银行在金融领域的地位、工作性质、业务特点以及激烈的市场竞争，使它对信息化、电子化的要求比其他行业更迫切。

利用数据挖掘技术，银行产品开发部门可以分析客户以往的需求趋势，并预测未来。例如，银行存储了大量的客户交易信息，可对客户的收入水平、消费习惯、投资偏好等指标进行挖掘分析，找出客户的潜在需求，并对各个理财产品进行交叉分析，找出关联性较强的产品，从而对客户进行有针对性的关联营销，提高银行业绩。

数据挖掘还能用于识别金融犯罪行为，如通过分析金融机构的客户信息和交易数据，运用合适的数据挖掘方法，基于客户背景识别出可疑金融交易记录，最终为反洗钱监测提供快速准确的参考。

4）在电子商务上的应用

随着电子商务的迅猛发展，数据挖掘技术在电子商务上的应用也更加广泛。电子商务网站每天都可能有上百万次的在线交易，生成大量的记录文件（log files）

和登记表。对这些数据进行分析和挖掘，及时地了解客户的喜好、购买模式，设计出满足不同客户群体需要的个性化网站，进而增强竞争力，势在必行。

无论是在金融、医疗方面，还是在电信、教育等领域，每时每刻都会产生海量数据，加之社会存在过多的不确定性因素，要处理的数据类型越来越繁杂，即便是采用计算机辅助，传统的处理方法解决实际问题的能力依然有限，而数据挖掘技术可以提供更高效的途径。

2.4　计算机网络与通信技术

企业或组织中的信息处理都是分布式的，把分布式信息按其本来面目由分布在不同位置的计算机进行处理，并通过网络把分布式信息集成起来，是管理信息系统的主要运行方式，因此，计算机网络技术是管理信息系统的基本支撑技术。

2.4.1　计算机网络概述

1）计算机网络的概念

计算机网络是把分布在不同地理位置的计算机及通信设备用传输介质连接起来，并配以相应的网络软件所构成的系统。

计算机网络是计算机及相关外部设备组成的一个群体，其中计算机是网络中信息处理的主体，网络中的每台计算机既是网络中的一个节点，又是一个独立的实体，它们必须遵守共同的网络协议，通过传输介质来实现数据通信和资源共享及分布式处理。

2）计算机网络的组成

计算机网络大体上可以分为两个部分：资源子网和通信子网，如图 2-16 所示。

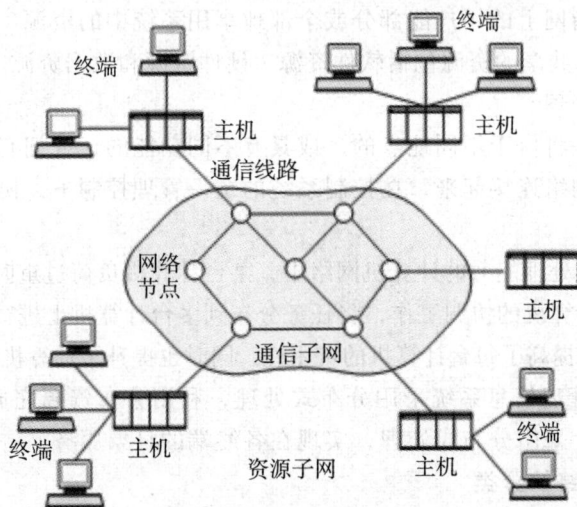

图 2-16　计算机网络的组成

（1）资源子网。

计算机网络中实现联网信息处理功能的部分称为资源子网。资源子网一般由主计算机系统（简称"主机"）、终端、监控设备、联网外部设备等组成。资源子网负责全网的数据处理和向网络用户提供网络资源及网络服务等。

（2）通信子网。

计算机网络中完成数据通信功能的部分称为通信子网。

不同类型的网络，其通信子网的物理组成各不相同。局域网最简单，它的通信子网由传输介质和主机网络接口板（网卡）组成。

在广域网中，通信子网除了包括传输介质和主机网络接口板之外，还包括一组转发部件。这里的转发部件是指一种专用计算机，它连接两条或更多的传输线，负责主机之间的数据转发，相当于电话系统中的程控交换机。

把网络中的通信子网和以主计算机为主体的资源子网分离开，是网络层次结构思想的重要体现，使得对整个计算机网络的分析和设计大为简化。但是，这种划分方法也存在一个明显的缺陷，就是没有把网络结构与协议层次结合起来，所以容易造成一种误解——似乎资源子网中的主计算机不参与任何通信操作，这显然是不符合事实的。

3）计算机网络的功能

（1）数据通信。

随着Internet在世界各地的风行，传统的电话、电报、邮递通信方式受到很大冲击，电子邮件已为人们广泛接受，网上电话、视频会议等各种通信方式迅速普及。数据通信是计算机网络最基本的功能。该功能用于实现计算机和计算机、计算机与终端之间的数据传输。

（2）资源共享。

资源共享是指网上的用户能部分或全部地享用系统中的资源，从而大大提高系统资源的利用率。共享的资源包括软件资源、硬件资源和数据资源。

（3）分布式处理。

分布式处理是将位于不同地点的，或具有不同功能的，或拥有不同数据的多台计算机通过通信网络连接起来，在控制系统的统一管理控制下，协同地完成大规模信息处理任务。

在具有分布式处理能力的计算机网络中，某台计算机负荷过重时，网络操作系统自动完成对多台计算机的协调工作，将任务分布到多台计算机上进行处理，使各台计算机的负载平衡，提高了每台计算机的可用性，同时也提升了计算机的处理能力。

目前，许多管理信息系统采用分布式处理，利用分布资源完成信息处理过程，如各种订票系统，采用分布式处理，实现在各终端的订票服务。

4）计算机网络的分类

（1）按网络覆盖范围的大小，计算机网络可分为局域网（LAN）、广域网（WAN）、互联网。

局域网覆盖有限的区域，通常是数千米之内的计算机连成的网络，常用于一幢大楼内或紧邻的楼群之间的通信，在校园网和企业网中广泛使用。局域网的传输速率通常为 10 ~ 100Mbps。

局域网具有成本低、传输速度快、延迟小、组网方便、使用灵活等特点。

局域网主要有三种网络拓扑结构，即总线结构、环形结构和星形结构。目前流行的局域网有以太网、令牌环网、无线网等。

广域网的分布范围较大，它是一种把更广区域的分布于局域网的计算机设备连接起来的网络。广域网的通信子网主要使用分组交换技术。广域网可分为公共传输网络、专用传输网络和无线传输网络。

互联网并不是一种单独规划和建造的网络，而是将已有的不同物理网络按照某种协议连接起来，实现网络与网络之间的通信，如将局域网与局域网、局域网与广域网、广域网与广域网进行互联，实现局部处理、远程处理、有限地域范围资源共享与广大地域范围资源共享相结合的网络。目前世界上最大的互联网是 Internet。

（2）按数据传输方式，计算机网络可以分为广播式网络和点到点式网络。

在广播式网络中，所有联网的计算机共享一个公共通信信道，在任一时间内只允许一个节点使用公共通信信道，当一个节点利用公共通信信道"发送"数据包时，其他节点都能"收听"到这个数据包。由于发送的数据包中含有目的地址和源地址，"收听"到数据包的计算机检查数据包中的目的地址是否与本计算机的地址相同，如果地址相同，则将数据包接收，否则将丢弃该数据包。

在点到点式网络中，每条物理线路连接一对节点。如果两个节点之间没有直接连接的物理线路，则它们之间的通信只能通过其他中间节点进行接收、存储、转发的过程，直到将数据送到目的地。由于连接计算机之间的线路的复杂性，从源计算机到目的计算机之间可能存在多条路由，所以在点到点式网络的通信协议中必须使用路由算法。

2.4.2　局域网技术

1）局域网的拓扑结构

网络拓扑结构是指网络中节点互相连接的方法和形式。局域网中常用的拓扑结构主要有总线结构、星形结构、环形结构（如图 2-17 所示）。

（1）总线结构。

在总线结构网络中，所有的节点都通过硬件接口连接到一条公共的电缆线上，如图 2-17（a）所示。总线结构的优点是：结构简单；用的电缆较少，网络连接成本较低；易于布线，安装容易。总线结构的缺点在于：网络线路对整个系统影响较大，由于总线是所有工作站共享的，一旦总线发生故障，将会影响到所有用户，使整个网络瘫痪；故障诊断和隔离困难，因为总线结构不是集中控制，发生故障时需要在网络上的各个站点进行检测。

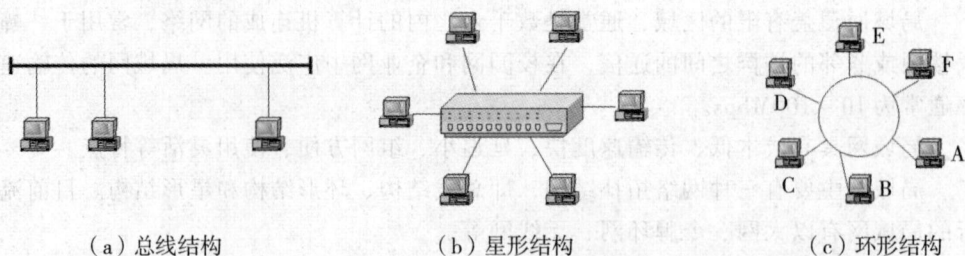

（a）总线结构　　　　　（b）星形结构　　　　　（c）环形结构

图2-17　网络拓扑结构图

由于总线结构网络中的所有节点必须共享一条公用的数据传输链路，所以在任一个时间段，它只能被一个设备占用。为使工作有序，通常采用带有冲突检测功能的载波侦听多路访问（CSMA/CD）方式，决定下一次哪个站点可以发送数据。

（2）星形结构。

在星形结构网络中，有一个中心节点——集线器，它与所有其他节点直接相连。任何两个节点之间的通信都要通过中心节点，中心节点控制网络的通信，如图2-17（b）所示。

星形结构简单，易于实现，便于管理；每个连接点只接入一个设备，当连接点出现故障时不会影响整个网络；由于每个站点直接连接到中心节点，因而故障易于检测和隔离，可以很方便地将有故障的站点从系统中拆除。但是，网络的中心节点是影响全网可靠性的瓶颈，中心节点出现故障可能造成全网瘫痪。

（3）环形结构。

在环形结构网络中，所有的计算机用公共传输电缆组成一个闭环，数据将沿环的一个方向逐站传送，如图2-17（c）所示。

环形结构简单，传输延时确定，但环上节点增多时效率下降，负载能力较差。环中任何一个节点出现线路故障，都可能造成网络瘫痪。为了保证环的正常工作，需要进行较复杂的环维护处理，环上节点的加入和撤出过程都比较复杂。

2）网络传输介质

传输介质是网络数据流动的载体，是网络通信中发送方和接收方之间的物理通路。目前，网络传输介质种类很多，常用的有以下几种：

（1）双绞线。

双绞线由旋扭在一起的两根、四根或八根绝缘线组成，如图2-18（a）所示。这样可使各个线对之间的电磁干扰最小。使用时，一个绞线对作为一条通信链路。双绞线可分成以下两种类型：有屏蔽双绞线（STP）和非屏蔽双绞线（UTP）。有屏蔽双绞线外面环绕一层金属屏蔽保护膜，用以减少信号传送时所产生的电磁干扰；非屏蔽双绞线没有金属屏蔽层，抗干扰能力差，但是价格便宜。

（2）同轴电缆。

同轴电缆是计算机通信网络中常用的传输介质之一。同轴电缆的结构如图2-18（b）所示，中心的导体可以是单股实心导体或多股线束导线。

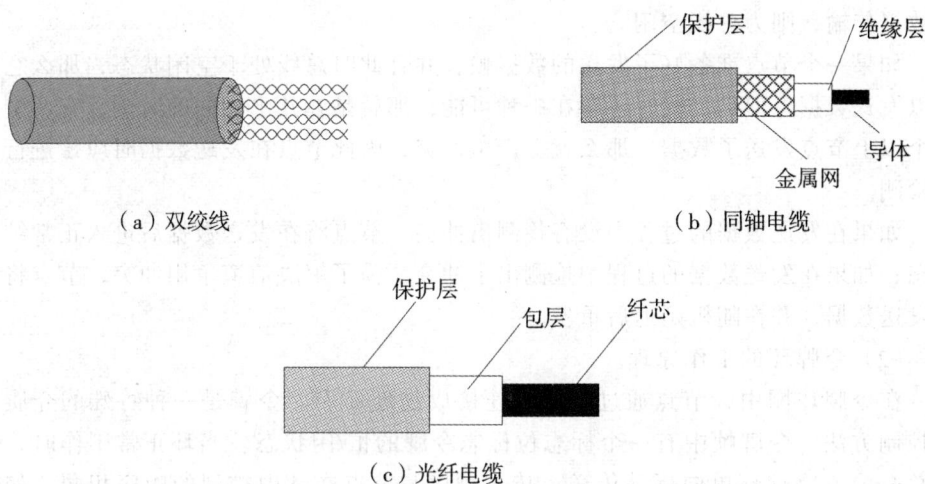

（a）双绞线　　　　　　　　　　　（b）同轴电缆

（c）光纤电缆

图 2-18　常用缆线示意图

同轴电缆包括基带同轴电缆和宽带同轴电缆。

①基带同轴电缆：它的特征阻抗为 50Ω，只用于传输数字信号。基带同轴电缆又有粗同轴电缆和细同轴电缆两种。基带同轴电缆是基带局域网中常用的传输介质。

②宽带同轴电缆：它的特征阻抗为 75Ω，可用于传输多个经过调制的模拟信号，故称宽带同轴电缆。

（3）光纤电缆。

以金属导体为核心的传输介质，传输的是电信号；而光纤电缆传输的是具有数字特征的光脉冲信号。光纤电缆由纤芯、包层和保护层三部分组成，如图 2-18（c）所示。

光纤传输光信号基于光的全反射原理，通过光在光纤中的不断反射来传送被调制的光信号，就可以把信息从光纤的一端传送到另一端。光纤具有重量轻、传输速度快、误码率低、不受电磁干扰、保密性好、传输损耗低等一系列优点。

（4）无线信道。

无线信道适合难于铺设传输线路的偏远山区和沿海岛屿，也为大量的便携式计算机入网提供了条件。目前常用的无线信道有卫星、红外线、激光和微波等。

3）介质访问控制方法

（1）以太网工作原理。

目前应用最广的一类局域网是以太网（Ethernet）。它的核心技术是随机争用型介质访问控制方法，即带有冲突检测功能的载波侦听多路访问（CSMA/CD）方法。

CSMA/CD 方法用来解决多节点如何共享公用总线的问题。在以太网中，任何节点都没有可预约的发送时间，它们的发送都是随机的，网络中的节点都必须平等地争用发送时间，这种介质访问控制属于随机争用型方法。

在采用 CSMA/CD 方法的局域网中，每个节点利用总线发送数据时，首先要侦听总线的忙闲状态。如果总线上已经有数据信号传输，则为总线忙；如果总线上没有数据传输，则为总线空闲。

如果一个节点准备好了发送的数据帧，并且此时总线处于空闲状态，那么它就可以发送数据。但是，同时还存在一种可能，那就是在几乎相同的时刻，有两个或两个以上节点发送了数据，那么就会产生冲突，因此节点在发送数据时应该进行冲突检测。

如果在发送数据的过程中没有检测出冲突，节点将在发送数据后进入正常结束状态；如果在发送数据的过程中检测出了冲突，为了解决信道争用冲突，节点将停止发送数据，并在随机延迟后重发。

（2）令牌环的工作原理。

在令牌环网中，节点通过环接口连接成物理环形。令牌是一种特殊的介质访问控制方法。令牌帧中有一个标志位标志令牌的忙/闲状态。当环正常工作时，令牌总是沿着物理环单向逐站传送，传送顺序与节点在环中排列的顺序相同。如图2-19所示，如果节点A有数据帧要发送，它必须等待空闲令牌的到来。当节点A获得空闲令牌之后，它将令牌标志位由"闲"变为"忙"，然后传送数据帧。节点B、C、D将依次接收到数据帧。如该数据帧的目的地址是节点C，则节点C在正确接收该数据帧后，在帧中标志出帧已被正确接收和复制。当节点A重新接收到自己发出的、已被目的节点正确接收的数据帧时，它将回收已发送的数据帧，并将忙令牌改成空闲令牌，再将空闲令牌向它的下一节点传送。

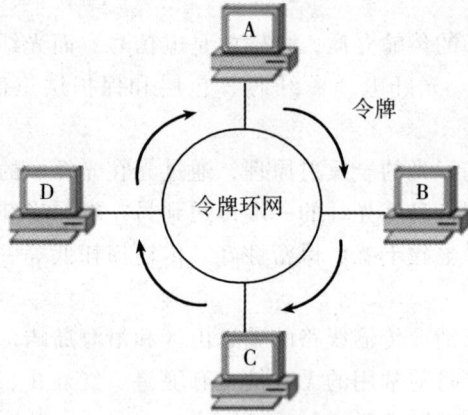

图2-19 令牌环的工作原理

令牌环控制方式的特点是：环中节点访问延迟确定，适用于重负载环境。令牌环控制方式的缺点主要是：环形维护复杂，实现较困难。

（3）令牌总线的工作原理。

令牌总线（如图2-20所示）是一种在总线结构中利用"令牌"作为控制节点访问公共传输介质的确定型介质访问控制方法。在采用令牌总线方法的局域网中，任何一个节点只有在取得令牌后才能使用共享总线发送数据。令牌是一种特殊结构的控制帧，用来控制节点对总线的访问权。每个节点有本站地址，并具有上一节点地址与下一节点地址。令牌传递规定先由高地址向低地址传递，最后由最低地址向最高地址依次循环传递，从而在一个物理总线上形成一个逻辑环。环中令牌传递顺序与节点在总线上的物理位置无关。因此，令牌总线网在物理上是总线网，而在逻辑上是环网。令牌帧含有一个目的地址，接收到令牌帧的节点可以在令牌持有最长时间内发送一个或多个帧。

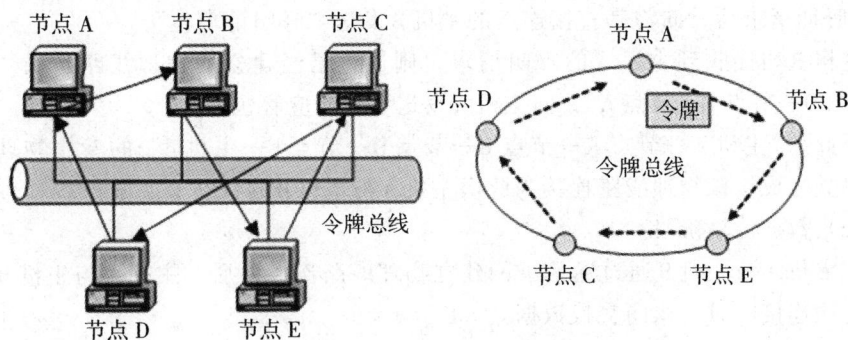

图 2-20 令牌总线的工作原理

2.4.3 广域网技术

所谓广域网，就是将地理位置相距较远的多个计算机系统通过线路连接起来实现数据通信的计算机网络，或者说是将分散于各地的局域网互联而形成的跨地区的大型网络。

在广域网中，数据通过通信子网进行交换的方式分为两类：线路交换方式、存储转发交换方式。

1）线路交换方式

线路交换方式与电话交换方式的工作过程类似。两台计算机通过通信子网进行数据交换之前，首先要在通信子网中建立一个实际的物理线路连接。线路交换方式的工作原理如图 2-21 所示。

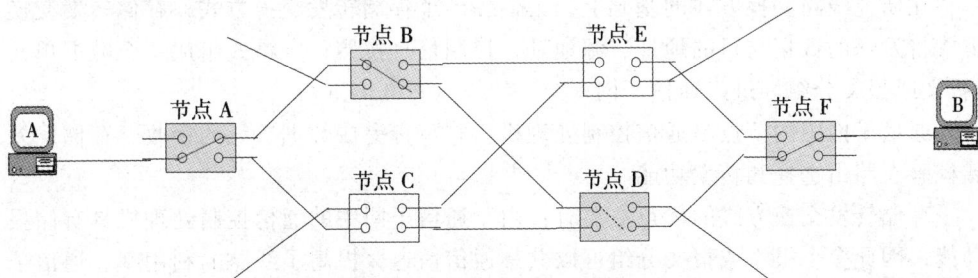

图 2-21 线路交换方式的工作原理

线路交换方式的通信过程分为以下 3 个阶段：

（1）线路连接建立阶段。

如果主机 A 要与主机 B 通信，就要通过通信子网在主机 A 与主机 B 之间建立一条物理线路。

主机 A 首先向通信子网中节点 A 发送"呼叫请求包"，其中含有需要建立线路连接的源主机地址与目的主机地址。

节点 A 接到呼叫请求后，根据目的主机地址和路由算法，选择下一个节点，例如选择了节点 B，则节点 A 向节点 B 发送"呼叫请求包"，节点 B 接到呼叫请求后，同样根据目标计算机的目的地址和路由算法，选择下一个节点，依此类推，当节点 F 接到呼叫请求后，向与其直接连接的主机 B 发送"呼叫请求包"。

主机 B 如接收到主机 A 的呼叫请求，则通过已经建立的物理线路连接"节点 F—节点 D—节点 B—节点 A"，向主机 A 发送"呼叫应答包"。

至此，"主机 A—节点 A—节点 B—节点 D—节点 F—主机 B"的专用物理线路连接建立完成。该物理线路连接为此次主机 A 与主机 B 的数据交换服务。

（2）数据传输阶段。

在主机 A 与主机 B 通过通信子网建立物理线路连接以后，主机 A 与主机 B 就可以通过该连接实时、双向交换数据。

（3）线路释放阶段。

在数据传输完成后，要进入线路释放阶段，以便其他用户使用该段线路。线路释放一般是由主机 A 向主机 B 发出"释放请求包"，主机 B 同意结束传输后，将向节点 F 发送"释放应答包"，然后按照"节点 D—节点 B—节点 A—主机 A"的次序，依次将建立的物理线路连接释放，结束此次通信。

线路交换方式的特点是：通信子网中的节点是用交换设备来完成输入与输出线路的物理连接。线路连接过程完成后，在两台主机之间已建立的物理线路连接为此次通信专用。

线路交换方式的优点是：通信实时性强，适用于交互式会话类通信。

线路交换方式的缺点是：对突发性通信不适应，系统效率低；系统不具有存储数据的能力、不具备差错控制能力，无法发现与纠正传输过程中发生的数据差错。

2）存储转发交换方式

在研究线路交换方式的基础上，人们提出了存储转发交换方式。存储转发交换方式将发送的数据与目的地址、源地址、控制信息按照一定格式组成一个数据单元（报文或报文分组）进入通信子网。

通信子网中的节点是通信控制处理机，它负责完成数据单元的接收、存储、差错校验、路由选择和转发功能。

存储转发交换方式的优点主要有：由于通信子网中的通信控制处理机具有储报功能，因此多个报文或报文分组可以共享通信信道，提高了线路的利用率；通信子网中通信控制处理机具有最佳路由选择功能，提高了系统通信效率；报文或报文分组在通过通信子网中的每个通信控制处理机时，均要进行差错检查与纠错处理，因此可以减少传输过程中的错误，提高系统可靠性；通信控制处理机可以对不同通信速率的线路进行速率转换，也可以对不同的数据代码格式进行变换。

正是由于存储转发交换方式有以上明显的优点，因此它在计算机网络中得到了广泛的使用。

（1）存储转发交换方式的分类。

存储转发交换方式可以分为两类：报文交换与报文分组交换。传送的数据单元相应地称为报文与报文分组。

在发送数据时，一种方法是不管发送数据的长度是多少，都把它当作一个逻辑单元，加上目的地址、源地址与控制信息，按一定的格式组成一个报文。另一种方法是限制数据的最大长度，发送站将一个长报文分成多个分组，形成报文分组，接收站再将多个报文分组按顺序重新组织成一个长报文。

报文分组通常简称为分组，由于分组长度较短，发送每个分组的延时较短，当传输出错时，容易检错，并且重发花费的时间较少，这就有利于提高存储转发节点的存储空间利用率与传输效率，因此分组交换技术成为当今公用数据交换网中主要的交换技术，这类通信子网被称为分组交换网。

（2）分组交换技术的分类。

分组交换技术在实际应用中，又可以分为以下两类：数据报方式、虚电路方式。

数据报方式是报文分组存储转发的一种形式。源主机所发送的每一个分组都可以独立地选择一条传输路径，同一报文的不同分组在通信子网中可能通过不同的传输路径送到目的主机，这样，一个报文的不同分组到达目的主机时可能出现乱序、重复与丢失现象，所以，每一个分组在传输过程中都必须带有目的地址、源地址和分组顺序号。

在数据报方式下，报文传输延时较长，适用于突发性通信，不适用于长报文、会话通信。

虚电路方式试图将数据报方式与线路交换方式结合起来，发挥两种方式的优点，达到最佳的数据交换效果。

虚电路方式具有以下几个特点：

① 在每次报文分组发送之前，必须在发送方与接收方之间建立一条逻辑连接的虚电路。之所以说是逻辑连接，是因为不需要真正去建立一条物理链路，实际上连接发送方与接收方的物理链路已经存在。

② 一次通信的所有报文分组都通过这条虚电路按顺序传送，因此报文分组不必带目的地址、源地址等辅助信息。报文分组到达目的节点时不会出现丢失、重复与乱序的现象。

③ 报文分组通过虚电路上的每个节点时，节点只需要做差错检测，而不需要做路径选择。

④ 通信子网中每个节点都可以和任何节点建立多条虚电路连接。

由于虚电路方式具有分组交换与线路交换两种方式的优点，因此得到了广泛的应用。

2.4.4　常用网络互联设备

为了实现较大物理范围内不同主机之间的通信与资源共享，需要借助不同的网络互联设备，实现不同网络之间的互访与通信，实现不同终端之间的物理连接，实现不同网络协议之间的转换等。

不同的互联设备分别工作在 OSI 的不同层次，遵循不同的网络协议。

常用的网络互联设备有中继器、集线器、交换机、网桥、路由器、网关等。

1) 中继器

中继器是局域网环境下用来延长网络距离的互联设备。中继器工作在 OSI 的物理层。

根据传输介质和网卡的技术规范，总存在一个最大的传输距离，即网段。当实际距离超过网段规定时，便需在中间加装一个互联设备——中继器，把衰减的信号加以放大和整形，使其恢复为标准信号后，再传送到下一个网段。中继器的作用是对信号进行放大或再生，延长缆线的长度。

2) 集线器

集线器亦称集散器或 HUB，它是以星形连接多个计算机或其他设备的网络连接设备，如图 2-22 所示。集线器工作在 OSI 的物理层。

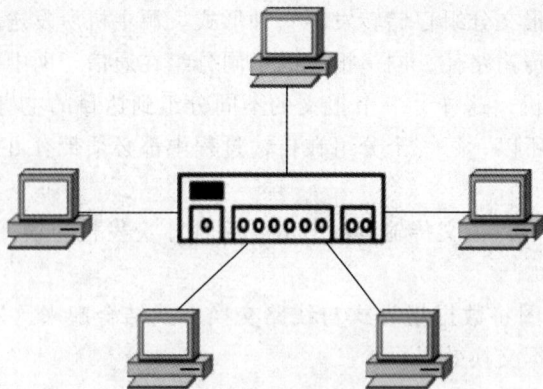

图 2-22 集线器示意图

在局域网络中，集线器常常使用双绞线连接各个入网设备，可将不同缆线（如双绞线、同轴电缆、光缆）连接的网段互联。

3) 交换机

交换机是具有线路交换能力和网络分段能力的智能集线器，如图 2-23 所示。交换机工作在 OSI 的数据链路层。

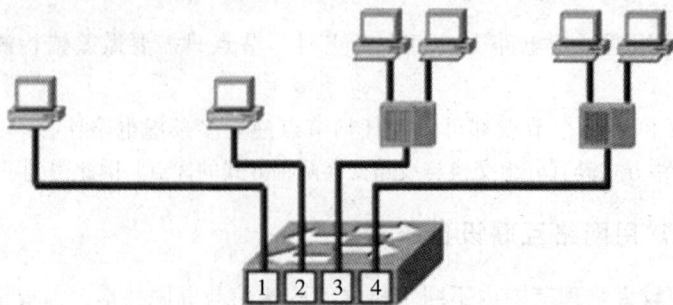

图 2-23 交换机示意图

　　交换机通过内部的交换矩阵把网络划分为多个网段——每个端口为一个冲突域，能够同时在多对端口间无冲突地交换帧。

　　交换机根据MAC地址进行数据转发，当交换机取得目标MAC地址后，查找交换机中存储的地址对照表确认具有此MAC地址的网卡连接在哪个端口上，然后将信包送到对应端口。

　　4）网桥

　　网桥也叫桥接器，用于多个局域网之间的数据存储和转发，它只要求互联网络的操作系统相同，具有相同的协议，可以将采用不同传输介质以及不同访问方法的网络互联起来，如图2-24所示。网桥工作在OSI的数据链路层。

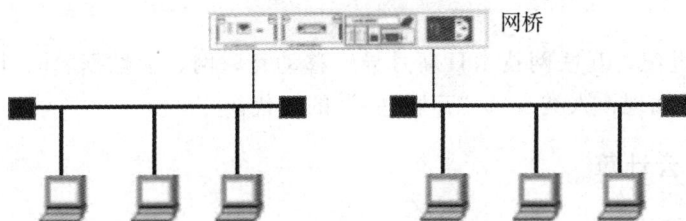

图2-24　网桥示意图

网桥的基本功能包括：

（1）扩展网络。

网桥具有中继器的所有功能，也有在各种介质中放大转发数据信号的功能，从而扩大了网段范围。

（2）通信分段。

网桥对转发的数据信号具有寻址和路径选择的逻辑功能。

它只转发另一网络需要的信号而不是所有的信号。这种功能是中继器所不具备的。

　　5）路由器

　　路由器是一种可以连接多个网络或网段的网络设备，它会根据信道的情况自动选择和设定路由，以最佳路径，按前后顺序发送信号，如图2-25所示。

　　路由器工作在OSI的网络层。

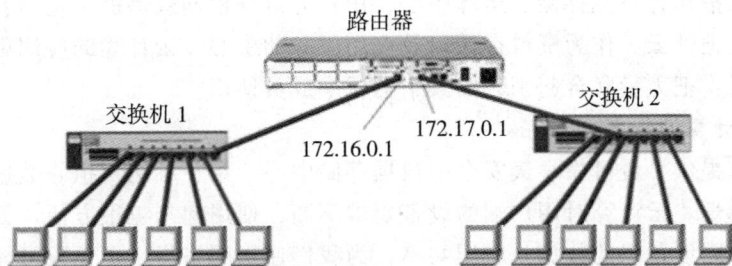

图2-25　路由器示意图

路由器能够根据网上信息的拥挤程度，自动选择合适的线路传送信息，可对收到的数据分组进行过滤、转发、加密、压缩等处理，包括配置管理、容错管理、性能管理。它适用于局域网之间和广域网之间的互联。

6）网关

网关又叫协议转换器，是一种复杂的网络连接设备，可以支持不同协议之间的转换，实现不同协议网络之间的互联。

网关不一定是一台设备，也可能是一个软件，它可以容纳不同网络间的各种差异，对互联网间的网络协议进行转换，可对数据重新分组，执行报文存储和转发功能，实现网络间的通信，支持互联网之间的网络管理。

2.5 云计算、大数据及物联网技术

进入21世纪，互联网技术日新月异，移动互联网、大数据、云计算、物联网等新技术不断涌现，人类步入"互联网+"的时代。

2.5.1 云计算

1）云计算的定义

云计算（cloud computing）这个名词最早来自 Google（谷歌），是分布式计算的一种，指的是通过网络"云"将巨大的数据计算处理程序分解成无数个小程序，然后通过多部服务器组成的系统处理和分析这些小程序，得到结果并返回给用户。因而，云计算又称网格计算。

通过这项技术，系统可以在很短的时间内（几秒钟）完成对数以万计的数据的处理，提供强大的网络服务。

云计算的原理是对大量由互联网连接的计算资源进行统一的管理和调度，构成一个计算资源池，使各种应用系统能够根据需要获取计算力、存储空间和信息服务。

在远程的数据中心里，成千上万台电脑和服务器连接成一片电脑"云"，用户只需一个可以上网的智能终端，如手机、笔记本电脑、台式电脑等，就可以通过互联网从"云"中按自己的需求对资源进行运算或存储，就像用电不需要家家都装备发电机，只需要向电力公司购买一样。在云计算世界里，由谷歌、IBM这样的专业网络公司来搭建计算机存储、运算中心，用户通过一根网线借助浏览器就可以很方便地访问，把"云"作为资料存储以及应用服务的中心。云计算的应用就是依据这样一种思想：把力量联合起来，给其中的每个成员使用。

2）云计算的特点

云计算提供了最可靠、最安全的数据存储中心，用户不用再担心数据丢失、病毒入侵等麻烦。云计算对用户端的设备要求不高，使用起来也很方便。云计算可以轻松实现不同设备间的数据与应用共享，为我们使用网络提供了无限可能。云计算的特点主要包括以下几点：

（1）超大规模。

"云"具有相当大的规模。

2024 年 8 月，分析机构 Canalys 发布的云服务行业数据显示，2024 年第二季度全球云基础设施服务支出实现了 19% 的同比增长，总额高达 782 亿美元（如图 2-26 所示）。

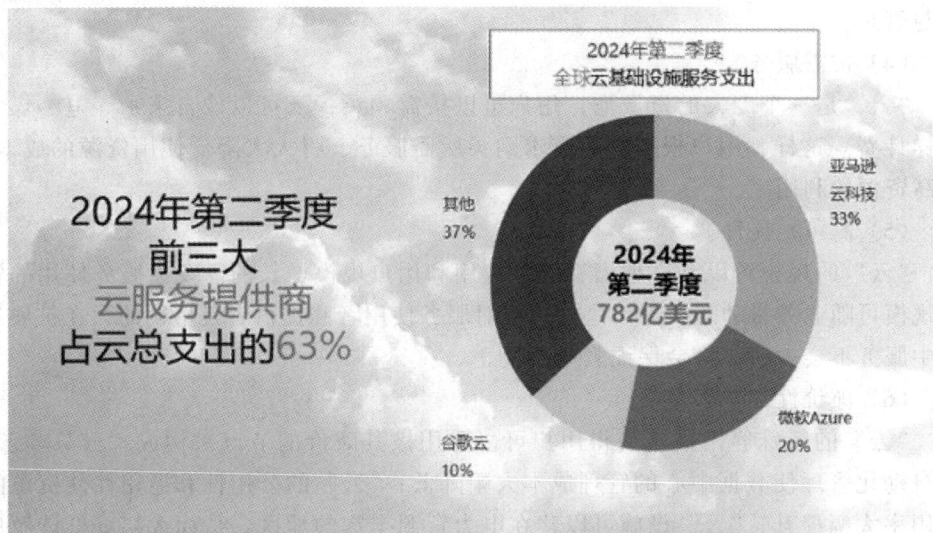

图 2-26　Canalys 发布的统计数据

资料来源　CNMO 科技. 二季度全球云支出增长 19% 亚马逊谷歌微软稳居前三甲 [EB/OL]. [2024-08-15]. https://www.sohu.com/a/800963509_115831.

值得注意的是，尽管企业 IT 预算恢复增长态势，但资金流向明显向 AI 相关领域倾斜。该季度，云服务市场的前三甲——亚马逊云科技（AWS）、微软 Azure 及谷歌云，共实现了 24% 的增长，占据了市场总份额的 63%。其中，AWS 该季度销售额同比增长了 19%，达到 275 亿美元。微软 Azure 与谷歌云则分别以 29% 和 30% 的增长率持续扩张。尽管市场仍有多元化竞争，但头部云服务商正逐步巩固其主导地位，市场集中趋势显著。值得注意的是，三大头部云服务商均报告了 AI 客户数量的激增，并持续加码 AI 产品创新。谷歌云推出了 Gemini 1.5，微软 Azure 引入了 GPT-4o mini，而 AWS 借助其 Bedrock 平台提供了 Claude 3.5 Sonnet 等大模型 API，以满足日益增长的市场需求。

（2）虚拟化。

云计算支持用户在任意位置使用各种终端获取应用服务。用户在分享云计算所提供的各种资源时，就像在操作自己本地的计算机一样。用户所请求的资源来自"云"，而不是固定的有形的实体。应用在"云"中某处运行，但用户无须了解应用运行的具体位置。云计算的虚拟化技术可以大大降低整个社会对信息设备的维护成本，提高资源的利用率。

（3）安全可靠。

"云"使用了数据多副本容错、计算节点同构可互换等措施来保障服务的高可靠性，使用云计算比使用本地计算机更可靠。

事实上，放在你自己电脑里的资料也绝非一定安全，也可能因为人为原因或病毒攻击等原因遭到破坏，然而当你的文档或照片保存在类似 Google Docs 的网络文件夹或 Google Picasa Web 的网络相册里，你的这些资料将在云中得以安全地保存与管理。

（4）按需服务。

"云"是一个庞大的资源池，用户可以按需购买；云可以像自来水、电、煤气那样计费。这样，用户根据实际需求购买所需服务，将大大降低使用资源的成本，提高资源的利用率。

（5）高可扩展性。

"云"的规模可以动态伸缩，满足应用和用户规模增长的需要。服务使用的资源规模可随业务量动态扩展，这种扩展对服务使用者和提供者是透明的，在扩展过程中服务不会中断，且会保证服务质量。

（6）廉价性。

"云"的特殊容错措施使得用户可以采用极其廉价的节点来构成"云"；"云"的自动化管理使数据中心的管理成本大幅降低；"云"的公用性和通用性使资源的利用率大幅提升；"云"设施可以建在电力资源丰富的地区，从而大幅降低能源成本。因此，"云"具有前所未有的高性能价格比，用户可以充分享受"云"的低成本优势。

互联网的精神实质是自由、平等和分享。作为一种最能体现互联网精神的计算模型，云计算必将在不远的将来展示出强大的生命力，并将从多个方面改变我们的工作和生活。

无论是普通网络用户，还是企业员工，无论是 IT 管理者，还是软件开发人员，他们都能亲身体验到这种改变。

3）云计算的应用

云计算技术已经融入现今的社会生活。

（1）存储云。

存储云又称云存储，是在云计算技术上发展起来的一种新的存储技术。

云存储是一个以数据存储和管理为核心的云计算系统。用户可以将本地的资源上传至云端，可以在任何地方连入互联网来获取云上的资源。大家所熟知的谷歌、微软等大型网络公司均有云存储的服务。在国内，百度云和微云则是市场占有率非常高的存储云。

存储云向用户提供存储容器服务、备份服务、归档服务和记录管理服务等，大大方便了使用者对资源的管理。

（2）医疗云。

医疗云是指在云计算、移动技术、多媒体、4G 通信、大数据及物联网等技术基础上，结合医疗技术，创建医疗健康服务云平台，实现医疗资源的共享和医疗范围的扩大。

基于云计算技术的运用，医疗云可以提高医疗机构的服务效率，方便居民就医。例如，线上预约挂号、电子病历、在线医保结算等都是云计算与医疗领域结合的产物。医疗云还具有数据安全、信息共享、动态扩展、布局全国的优势。

（3）金融云。

金融云是指利用云计算的模型，将信息、金融和服务等功能分散到由众多分支机构构成的互联网"云"中，旨在为银行、保险公司和基金公司等金融机构提供互联网处理和运行服务，同时共享互联网资源，从而解决现有问题并且达到高效率、低成本的目标。

2013 年 11 月 27 日，阿里云整合阿里巴巴旗下资源推出阿里金融云服务。通过阿里金融云服务，用户只需要在手机上简单操作，就可以完成银行转账、购买保险和买卖基金等。现在，不仅阿里巴巴推出了金融云服务，苏宁金融、腾讯等也推出了自己的金融云服务。

（4）教育云。

教育云实质上是教育信息化的一种发展形式。具体而言，教育云可以将教育硬件资源虚拟化，然后将其传入互联网中，向教育机构和师生提供一个方便快捷的平台。

现在流行的慕课（MOOC，即大规模在线开放课程）就是教育云的一种应用。中国大学 MOOC、学堂在线等，都是非常好的慕课学习平台，许多大学现已使用这些平台开设课程。

2.5.2　大数据

随着云时代的来临，大数据（big data）也吸引了越来越多的关注。大数据与云计算是密不可分的两个概念，它们的关系就像一枚硬币的正反面一样。大数据必然无法用单台计算机进行处理，必须采用分布式计算架构，这就正好可以借助云计算的分布式处理能力。

大数据的特色在于对海量数据的挖掘，它必须依托云计算的分布式处理、分布式数据库、云存储和虚拟化技术。

1）大数据的概念

最早提出"大数据"时代到来的是全球知名的咨询公司麦肯锡。麦肯锡称，数据已经渗透到当今每一个行业和业务职能领域，成为重要的生产因素。人们对海量数据的挖掘和运用，预示着新一波生产率增长和消费者盈余浪潮的到来。在现今的社会，大数据的应用越来越广泛，电子商务、O2O、物流配送等各种利用大数据获得发展的领域推动企业不断发展新业务，创新运营模式。基于大数据分析，消费者行为判断、产品销售量预测、营销范围精确化以及存货补给等，已经得到全面的改善与优化。

与传统的数据集合相比，大数据通常包含大量的非结构化数据，且需要实时分析。此外，大数据还为人们挖掘隐藏的价值带来了新的机遇，同时也带来了新的挑战。

维基百科的定义是，大数据是无法在可承受的时间范围内用常规软件工具进行捕捉、管理和处理的数据集合。简单地理解大数据，就是利用计算机及分析工具对大量数据进行分析处理后，能发现其中有用的、有价值的内容，把大量数据转化为价值。

2）大数据的特征

（1）数据体量巨大。

大数据通常指 10TB 规模以上的数据量。之所以产生如此巨大的数据量，一是由于各种仪器的使用，我们能够感知到更多的事物，这些事物的部分甚至全部数据就可以被存储；二是由于通信工具的使用，产生的数据量急剧增长；三是由于集成电路价格降低，很多东西都有了智能的成分。

（2）数据种类繁多。

随着传感器种类的增多以及智能设备、社交网络等的流行，数据类型也变得更加复杂，不仅包括传统的关系数据类型，也包括以网页、视频、音频、电子邮件、文档等形式存在的未加工的、半结构化的和非结构化的数据。

（3）流动速度快。

由于我们现在处理的数据是 TB 级规模的，这些"超大规模数据"随时在快速动态地变化着，数据流动的速度快到难以用传统的系统去处理。

（4）价值密度低。

数据量呈指数级增长的同时，隐藏在海量数据后面的有用信息却没有按相应比例增长，我们获取有用信息的难度反而加大了。以视频为例，在数小时的监控视频中，有用的数据可能仅有一两秒。

大数据的特征表明不仅其数据是海量的，对于大数据的分析也将更加复杂、更追求速度、更注重时效。

3）大数据的典型应用

大数据的应用是非常广泛的，如在科学技术领域，我们可以分析大量的生物信息，为科学研究提供有价值的信息；在金融领域，我们可以通过分析大量的电子商务交易信息了解用户的消费偏好；在社交网络方面，我们可以通过各种交流工具收集大量的社交信息，挖掘其中有价值的内容；在物联网领域，我们可以通过传感器获取大量的设备信息，帮助我们进行合理的控制；在多媒体领域，我们可以通过视频网站获取大量的视频点击信息，从而根据用户的喜好来推荐特定的多媒体内容。

（1）金融大数据应用。

目前大数据在金融领域得到了广泛的应用。国内不少银行已经开始通过大数据来驱动业务运营，如中信银行信用卡中心使用大数据技术实现了实时营销，中国光大银行建立了社交网络信息数据库，招商银行则利用大数据发展小微贷款。

大数据在高频交易、社交情绪分析和信贷风险三大金融创新领域发挥重要的作用。

（2）电子商务大数据应用。

大数据在电子商务领域的作用是非常显著的，电子商务企业利用大数据技术做出科学合理的战略决策，增强竞争优势。每天有数以万计的交易在电子商务网站上进行，与此同时相应的交易时间、商品价格、购买数量等数据会被记录，这些信息可以与买方和卖方的年龄、性别、地址，甚至兴趣爱好等个人特征信息相匹配，最终形成用户画像。基于用户画像，电子商务企业可以进行精准营销、个性化服务、个性化推荐等。

（3）在线社交网络大数据应用。

在移动互联网时代，UGC（用户生成内容）不断发展，社交网络不断普及并深入人心，用户可以随时随地在网络上分享内容，由此产生了海量的用户数据。复杂多变的社交网络其实有很大的实用价值。

在线社交网络是一种在信息网络上由社会个体集合及个体之间的连接关系构成的社会性结构。在线社交网络大数据主要来自即时消息、在线社交、微博和共享空间四类应用。由于在线社交网络大数据代表了人的各类活动，因此对于此类数据的分析得到了更多关注。

在线社交网络大数据分析是从网络结构、群体互动和信息传播 3 个维度，通过基于数学、信息学、社会学、管理学等多个学科的融合理论和方法，为理解人类社会中存在的各种关系提供的一种可计算的分析方法。目前，在线社交网络大数据的应用包括网络舆情分析、网络情报搜集与分析、社会化营销、政府决策支持、在线教育等。

（4）医疗健康大数据应用。

医疗健康大数据是持续高增长的复杂数据，其蕴含的信息价值也是丰富多样的。对这些数据进行有效的存储、处理、查询和分析，可以开发出其潜在价值。医疗健康大数据的应用，对人类的健康影响深远。

医疗大数据主要来自制药企业、临床医疗和试验、社保基金及患者，这些数据可以应用于药物研究、医疗诊断、病人行为及相关数据分析、社保基金的管理等方面。

（5）物联网大数据应用。

随着传感器、RFID 等物联网技术的大量应用，计算机、智能手机、平板电脑、可穿戴设备等移动终端的迅速普及，全球数字信息总量急剧增长，每秒钟物联网上都会产生海量数据。物联网不仅是大数据的重要来源，还是大数据应用的主要市场。

例如，在环境监测方面，传感器借助物联网传递信息到互联网平台，实时监控环境变化。分析人员借助环境监控模型，对收集到的海量环境数据进行分析，发现环境指标变化的异常点，帮助生态环境部门提前预测某地环境的变化情况，针对环境指标偏离正常指标值的情况提前发出环境污染预警。

大数据的出现虽然给各行各业带来了获取潜在信息的机遇，但也带来了许多挑战，如数据量的成倍增长对数据存储能力提出了新的要求，数据类型的多样性给数据挖掘能力带来了挑战，数据处理的时效性对大数据的处理速度提出了更高的要求，数据的跨界传播给信息安全带来了隐患。

目前，对大数据的应用还处于发展阶段，我们还需要探索更多更高效地利用大数据的模式。

2.5.3　物联网

1）物联网概述

物联网是继计算机、互联网与移动通信网之后信息产业发展的新方向，其价值在于让物体也拥有了"智慧"，从而实现人与物、物与物之间的沟通。

想象一下，当你早上拿起车钥匙准备出门上班时，在计算机旁待命的感应器检测到之后就会通过互联网络自动发起一系列事件，比如通过短信或者音箱自动播报今天的天气，在计算机上显示快捷通畅的行驶路线并估算路上所花时间，同时通过短信或者即时聊天工具告知你的同事你将马上到达等。这就是物联网给我们带来的便利。

早在 1995 年，比尔·盖茨在《未来之路》一书中就已经提及"物联网"的概念，但是物联网的定义到 1999 年才被真正提出来：EPC Global（全球产品电子代码中心）的前身、位于美国麻省理工学院的自动识别中心（Auto-ID Center）将物联网定义为：把所有物品通过射频识别等信息传感设备与 Internet 连接起来，从而实现智能化的识别和管理。

确切地说，物联网是在计算机互联网的基础上，利用射频识别及各种信息传感设备，按约定的协议，把任何物品与互联网连接起来，进行信息交换和通信，以实现智能化识别、定位、跟踪、监控和管理，构造一个覆盖世界上万事万物的实物互联网。

2008 年，IBM 提出的"智慧地球"发展战略受到美国政府的高度重视。2009 年，时任美国总统奥巴马在和工商业领袖举行的圆桌会议上对物联网做出了积极回应，提出构建"智慧地球"的新一轮国家战略计划，将"新能源"和"物联网"作为振兴美国经济的两大武器，物联网再次在世界引起广泛关注。

我国对物联网的发展也非常重视。2009 年 8 月 7 日，温家宝同志考察无锡，点燃了"感知中国"这把大火，使物联网概念得到升温。2010 年，物联网发展被正式列入国家发展战略，开始真正得到各级政府部门的高度重视和关注。工业和信息化部发布了《物联网"十二五"发展规划》。物联网相关产业联盟迅速涌现，从业人数快速增长。截至 2024 年，中国在物联网和 5G 技术领域取得了显著成就，奠定了其在全球市场中的领先地位。中国政府高度重视物联网的发展，通过发布政策文件和推动 5G 基础设施建设，迅速推进物联网在各行业的应用。根据国际数据公司

（IDC）的预测，2024年中国在物联网上的投资约为3 000亿美元，占全球物联网总支出的26.7%，使其成为全球最大的物联网市场。在5G技术方面，中国已经完成了大规模的网络部署，覆盖了全国主要城市和工业区域。5G网络的高带宽、低延迟和广泛连接的特性极大地推动了物联网的普及和应用，特别是在智能制造、智慧城市、交通管理和医疗健康等领域，5G赋能的物联网解决方案提升了各行业的数字化和智能化水平。

总体来看，2024年中国的物联网和5G技术已进入快速发展的阶段，不仅在国内推动了各行业的技术升级，也在全球范围内树立了领先的技术形象。这种技术进步为中国经济的数字化转型提供了强大动力，同时也使中国成为全球物联网市场的重要参与者和引领者。

2）物流网的关键技术

国际电信联盟（UIT）的报告提出，物联网主要有四大关键性的应用技术：射频识别技术、传感器技术、无线网络技术，使事物具有"思维"的智能技术，微缩事物的纳米技术。同时，物联网还综合应用了全球定位系统（GPS）以及云计算等关键技术。

（1）射频识别（radio frequency identification，RFID）技术。

它是一种非接触式的自动识别技术，可通过无线电信号识别特定目标并读写相关数据，而无须在识别系统与特定目标之间建立机械或光学接触，如图2-27所示。

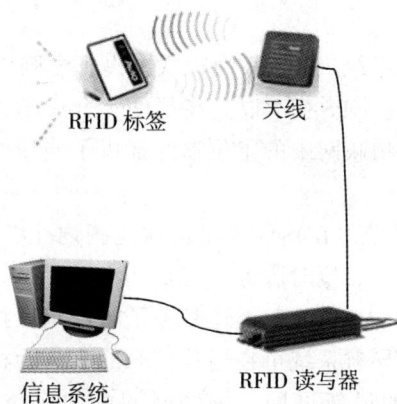

图2-27　RFID技术

RFID技术主要的表现形式就是RFID标签，它具有抗干扰性强、识别速度快、安全性高、数据容量大等优点。将RFID技术与互联网、通信技术等有机结合，可实现全球范围内的物品跟踪与信息共享。

目前，RFID技术在许多方面都有其应用，如仓库物资/物流信息追踪、医疗信息追踪、固定资产追踪等。

（2）传感器技术。

传感器是一种检测装置，能感受到被测量的信息，如温度、湿度、电压、电流，并能将感受到的信息，按一定规律转换成电信号或其他所需形式的信息输出，以满足信息的传输、处理、存储、显示、记录和控制等要求。物联网可以通过遍布各处的各式各样的传感器组成的无线传感器网络来感知整个物质世界。

（3）无线网络技术。

物体与物体的"交流"，需要高速的、可进行大批量数据传输的无线网络，无线网络的速度决定了设备连接的速度和稳定性。若无线网络的速度太慢，就会出现设备反应滞后或者连接失败等问题。因此，物联网的发展离不开高速的无线网络。而5G技术的发展，很好地解决了这个问题。

5G作为第五代移动通信技术，将移动市场推到一个全新的高度，物联网的发展也因其得到了很大的突破。5G技术强调传输速度快且实时可靠，能支持分秒必争的移动，适用于外科手术及智能交通运作等领域，也将催生更多的智能家居设备。

（4）智能技术。

智能技术是将一个智能化的系统植入物体中，使物体具备一定的"主观能动性"即智能性，能够与用户进行沟通，是物联网的关键技术之一。

目前的智能技术的研究方向包括人工智能理论、虚拟现实及各种语言处理的人机交互技术与系统、可准确定位跟踪的智能技术与系统、智能化的信号处理等。物联网和人工智能是密不可分的灵魂伴侣，物联网负责将物体连接起来，而人工智能负责让连接起来的物体进行学习，进而使物体实现智能化。

（5）全球定位技术。

日渐成熟的全球定位系统（GPS）为物联网提供了强大的技术支撑，使物与物之间的准确定位成为可能。GPS技术以其高精度、全天候、高效率、多功能、操作简便、应用广泛等特点为物联网中的定位追踪提供了便捷的服务，让物联网的功能更加完备。

中国北斗卫星导航系统（BDS）可在全球范围内全天候为各类用户提供高精度、高可靠性的定位、导航、授时服务。

北斗卫星导航系统在GPS的基础上还具备了有源定位技术，一旦发生地震、海啸等地质灾害，北斗卫星导航系统可在通信信号的盲区为检测站提供定位信息，并通过报文及时汇报灾情的最新进展，为物联网中的定位追踪提供精准、高效的服务。

（6）云计算技术。

当物联网具备一定的规模后，如何处理庞大的数据量就成为一个关键问题，如果数据得不到及时处理，便有丢失的可能，而如果暂存未处理的数据，那么海量的数据所需要的存储空间也是无法预知的。因此，云计算便成为物联网中处理数据的强大工具，它提供动态的、可伸缩的、虚拟化资源的计算模式，具有十分强大的计算能力和存储能力，相当于物联网的"大脑"。

3）物联网的体系架构

目前业界公认的物联网体系架构将物联网分为三层：感知层、网络层和应用层，如图 2-28 所示。

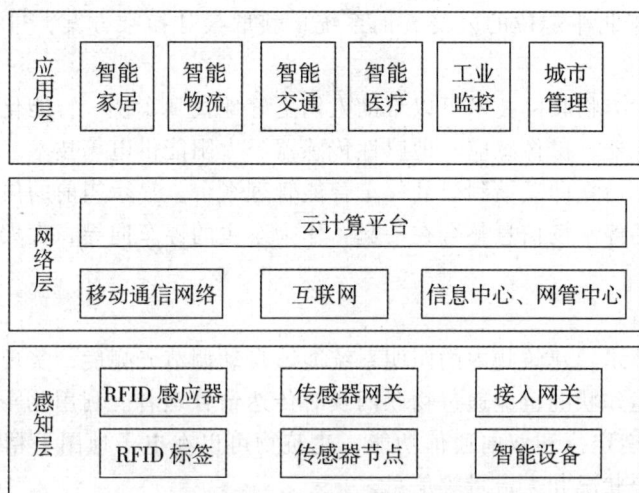

图 2-28　物联网的体系架构

感知层由各种类型的采集和控制模块组成，如温度感应器、声音感应器、振动感应器、压力感应器、传感器、终端、RFID 标签和读写器、二维码标签和读写器、传感器网络等。感知层完成物联网应用的数据采集和设备控制功能。

网络层对感知层获取的信息进行传递和处理。网络层分为接入层和承载网络两部分。接入层由基站节点和接入网关组成，完成感知层控制模块网络的自适应组网和信息传递。接入层网络信息通过接入网关传递到承载网络。承载网络为现行的电信网络、广电网、Internet 等，完成物联网接入层与应用层之间的信息通信功能，实现信息的传递和处理。

应用层由各种应用服务器（包括数据库服务器）组成，主要功能包括对采集数据的汇集、转换、分析，以及用户层事件的触发等。

4）物联网的应用

目前，物联网的行业应用非常广泛，包括智能交通、智能建筑、数字家庭、定位导航等，随着各种技术的不断发展，其应用领域还在不断扩大。

（1）城市管理。

①智能交通。物联网技术可以自动检测并报告公路、桥梁的"健康状况"，还可以避免过载的车辆经过桥梁，也能够根据光线强度对路灯进行自动开关控制。

在交通控制方面，系统可以通过检测设备，在道路拥堵或遇到特殊情况时，自动调配红绿灯，并可以向车主预告拥堵路段、推荐最佳行驶路线。

在公共交通方面，智能公交系统通过整合物联网技术、GIS、北斗卫星导航系统（BDS）及电子控制，实现了智能运营调度、电子站牌发布、IC 卡收费等多种功能。BDS 凭借其高精度定位和双向通信能力，使公交系统的定位更加准确，调度更为灵活。BDS 在公交站台上显示的到站时间更加精准，并且在紧急情况下可以利用其双向通信功能快速响应，提高了整体运营的安全性和效率。此外，乘客可以通过基于北斗定位的公交查询系统，获取最佳换乘方案，进一步提升了出行体验。

在停车方面，物联网技术可以帮助人们更好地找到车位。智能化的停车场通过采用超声波传感器、摄像感应、地感性传感器、太阳能供电等技术，第一时间感应到车辆驶入，然后立即反馈到公共停车智能管理平台，显示当前的停车位数量，同时将周边地段的停车场信息整合在一起，作为车主的停车向导，大大缩短了找车位的时间。

②智能建筑。

通过感应技术，建筑物内的照明系统能够自动调节光亮度，实现节能环保。同时，建筑物的运作状况也能通过物联网及时传达给管理者。利用北斗卫星导航系统（BDS）的高精度定位和双向通信功能，建筑物可以在电子地图上精确反映其空间地理位置、安全状况和人流量等信息。

BDS 的多模态定位功能不仅能够在复杂的城市环境中提供稳定的定位服务，还能通过其双向通信特点，在紧急情况下实时更新建筑物的状态信息，为安全管理提供了更强有力的支持。这使得智能建筑在空间管理和安全监控方面更加智能化和高效化。

（2）数字家庭。

通过物联网，人们可以在办公室指挥家用电器的操作运行，这样在下班回家的途中，家里的饭菜已经煮熟，洗澡水已经烧好，空调已经打开，个性化电视节目将会准点播放；家庭设施能够自动报修；冰箱里的食物不足时能够自动发出提醒。

（3）定位导航。

物联网与卫星定位技术、移动通信技术、地理信息系统相结合，能够在互联网和移动通信网络覆盖范围内提供定位导航服务，帮助人们选择最优行车路径。

（4）现代物流管理。

通过在物流商品中植入传感芯片（节点），供应链上的购买、生产制造、包装/装卸、堆栈、运输、配送/分销、出售、服务等每一个环节都能准确无误地被感知到。这些感知信息与后台的 GIS/GPS 数据库无缝结合，成为强大的物流信息平台。

（5）食品安全控制。

食品安全是国计民生的重中之重。通过标签识别和物联网技术，监督管理部门可以随时随地对食品生产过程进行监控，对食品质量进行联动跟踪，对食品安全事故进行有效预防，极大地提高食品安全的管理水平。

（6）零售。

RFID 取代零售业的传统条码系统，使物品的穿透性（主要指穿透金属和液体）

识别、远距离识别以及对商品的防盗和跟踪有了极大改进。

（7）数字医疗。

以 RFID 为代表的自动识别技术可以帮助医院实现对病人不间断的监控、会诊和共享医疗记录，以及对医疗器械的追踪等。而物联网将这种服务扩展至全世界。RFID 技术与医院信息系统（HIS）及药品物流系统融合，是医疗信息化的必然趋势。

在家庭医疗方面，利用各种智能、便携的关键医疗设备作为信息采集终端可以实时采集病人生理指标（如血压、血氧、心电等），通过无线网络将信息传输给医院，医院可以实时监控，发出预警，实现远程医疗；病人家属可以通过手机和 PC 对病人的状况进行实时远程监控，当病人发生危险时，可以及时确定病人位置，并通过事前建立的病人档案，了解其病史，对症救治，方便紧急救助。

（8）防入侵系统。

通过成千上万个覆盖地面、栅栏和低空探测的传感节点，可以防止入侵者翻越、偷渡、袭击。上海在举行世界博览会时已成功采用了该技术。

随着物联网应用的普及，面向智能家居、智慧农业、工业制造、能源表计、消防烟感、物流跟踪、金融支付等重点领域，推进移动物联网终端、平台等技术标准及互联互通标准的制定与实施，提升行业应用标准化水平，建立健全移动物联网安全保障体系，是物联网发展的迫切需要。

拓展阅读 2-3

设施农业向"新"提"质"

2.6　人工智能技术

2.6.1　人工智能的定义

人工智能（artificial intelligence，AI）是由计算机科学、控制论、信息论、神经生理学、心理学、语言学、哲学等多种学科互相渗透而发展起来的一门交叉学科，是 21 世纪三大尖端技术（基因工程、纳米科学、人工智能）之一。

关于人工智能，目前研究界尚无统一的定义，美国斯坦福大学人工智能研究中心的尼尔逊教授下过这样一个定义："人工智能是关于知识的学科，是怎样表示知识以及怎样获得知识并使用知识的科学。"

麻省理工学院的温斯顿教授认为："人工智能就是研究如何使计算机去做过去只有人才能做的智能工作。"

从人工智能所实现的功能来定义，它是智能机器所执行的通常与人类智能有关的功能，如判断、推理、证明、识别学习和问题求解等思维活动。这些反映了人工智能学科的基本思想和基本内容，即研究人类智能活动的规律。

若是从实用观点来看，人工智能是一门知识工程学：以知识为对象，研究知识的获取、知识的表示方法和知识的使用。我们认为，人工智能就是研究怎样用人工的方法在机器（计算机）上模拟、实现和扩展人类智能的一门技术和科学。

我们的世界已成为一个万物联网的信息世界，大数据、物联网、云计算的出现，推动着人工智能的发展。过去我们用"数字"说话，而现在我们让"数据"思考。全球数字媒体与新兴科技的兴起再次改变和影响着人们的生活，其中居于首位的是人工智能技术。人工智能是引领未来的战略性技术，正在对经济发展、社会进步和人类生活产生深远影响。各个国家均在战略层面上予以高度关注，科研机构大量涌现，科技巨头大力布局，新兴企业迅速崛起。

苹果公司早在2012年就对外宣布了一个语音识别系统——Siri，它开启了苹果正式向人工智能进军的信号。而苹果对外发布Apple Watch，则向外界表明了苹果要将人工智能进行到底的决心。

在国内，百度可谓紧跟这些科技巨头的步伐。李彦宏在2015年全国两会上建议在国家层面创建一个名为"中国大脑"的项目。该项目以智能人机交互、大数据分析预测、自动驾驶、智能医疗诊断、智能无人飞机、军事和民用机器人技术等为重要研究领域，支持有能力的企业搭建人工智能基础资源和公共服务平台，面向不同研究领域开放平台资源，高效对接社会资源，从而带动整个民族的创新。《2024人工智能发展白皮书》显示，2023年，中国的人工智能相关企业数量达到9 183家，在全球重要国家中排名第二，美国以14 922家排名第一。2023年，中国人工智能核心产业规模为1 751亿元，同比增长11.9%。人工智能发明专利申请数量接近8万件，保持在高位。截至2023年底，国内获批开设人工智能本科专业的普通高等学校达537所。

人工智能发展至今经历了三次主要浪潮，每一次都带来了技术和应用的重大突破，如图2-29所示。

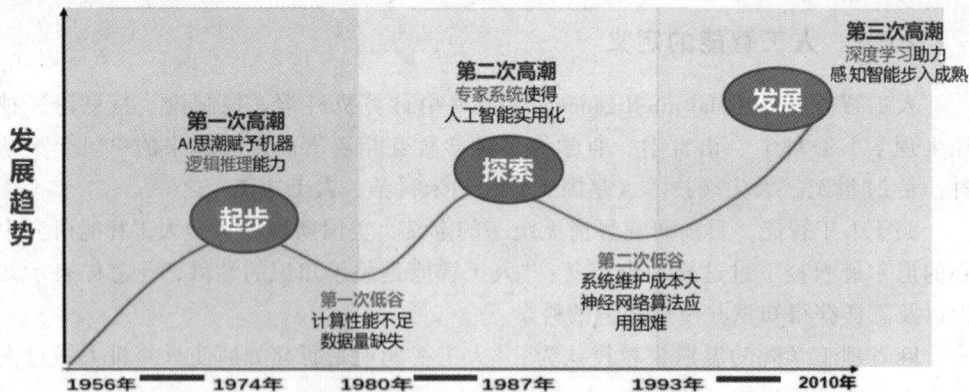

图2-29 人工智能的三次浪潮

资料来源 清华大学裘莹教授的《人工智能（AI）赋能课程创新》讲座课件。

2.6.2 人工智能的研究领域

人工智能有许多不同的研究领域，如语言处理、自动定理证明、计算智能、智能数据检索系统、视觉系统、问题求解、人工智能方法和程序语言以及自动程序设计等。

在过去的40年中，科学家们已经建立了一些具有人工智能的计算机系统，用于求解微分方程、下棋、设计和分析集成电路、合成人类自然语言、检索情报、诊断疾病以及控制太空飞行器和水下机器人等。

目前，人工智能的研究是与具体领域相结合进行的，主要有如下领域：

1）专家系统

专家系统是依靠人类专家已有的知识建立起来的知识系统，是一种具有特定领域内大量知识与经验的程序系统。它应用人工智能技术模拟人类专家求解问题的思维过程，可求解特定领域内的各种问题，其水平可以达到甚至超过人类专家的水平。

专家系统是人工智能研究中开展较早、最活跃、成果最多的领域，广泛应用于医疗诊断、地质勘探、文化教育等各方面。

2）机器学习

机器学习就是机器自己获取知识，主要是研究人类学习的机理、人脑思维的过程，通过机器学习的方法，建立针对具体任务的学习系统。机器学习这个领域所研究的具体问题，包括从机器人手臂的最佳移动到实现机器人的目标动作序列的规划方法等。因此，开发高智能机器人是机器学习的一个重要的研究方向。

3）模式识别

模式识别主要研究视觉模式和听觉模式的识别，如识别物体、地形、图像、字体（如签字）等，在日常生活各方面以及军事上都有广泛的用途。

近年来迅速发展起来的应用模糊数学模式、人工神经网络模式识别的方法逐渐取代传统的用统计模式和结构模式识别的方法，特别是人工神经网络模式在模式识别中取得了较大进展。

当前模式识别主要集中在图形识别和语音识别。图形识别，如识别各种印刷体和某些手写体文字，识别指纹、白细胞和癌细胞等的技术已经进入实用阶段。语音识别主要研究各种语音信号的分类。语音识别技术近年来发展很快，现已有商品化产品如汉字语音录入系统上市。

4）人工神经网络

人工神经网络是从研究人脑的奥秘中得到的启发，试图用大量的处理单元（人工神经元、处理元件、电子元件等）模仿人脑神经系统工程结构和工作机理，通过对范例的学习，修改知识库和推理机的结构，达到实现人工智能的目的。

在人工神经网络中，信息的处理是由神经元之间的相互作用来实现的，知识与信息的存储表现为互联的网络元件间分布式的物理联系，网络的学习和识别取决于各神经元连接权值的动态演化过程。人工神经网络也许永远无法代替人脑，但是它能帮助人类扩展对外部世界的认识和智能控制。近年来，人工神经网络的研究取得了较大的进展，成为具有一种独特风格的信息处理学科。

目前，人工神经网络的发展趋势有如下特点：①新的人工神经网络模式产生频率非常快。②现有的人工神经网络模式的完善速度喜人。③人工神经网络与其他现代优化计算方法的结合运用日渐增多，如结合混沌理论、遗传算法、模拟退火算法等都有成功运用的实例。

5）智能决策支持系统

决策支持系统属于管理科学的范畴，它与"知识-智能"有着极其密切的关系。

自20世纪80年代以来，专家系统在许多方面取得了成功，它将人工智能特别是智能和知识处理技术应用于决策支持系统，扩大了决策支持系统的应用范围，提高了系统解决问题的能力，进而发展成为智能决策支持系统。

6）自动定理证明

自动定理证明是指利用计算机自动地进行逻辑推理和定理证明。早期研究数学系统的机器是1926年由美国加利福尼亚大学伯克利分校研制的。逻辑推理与定理证明是指不断开发能够对某些问题或事物进行推理证明的程序，就如同证明或推导数学公式一样，这些程序能够借助对事实数据库的操作来证明和做推理判断。

7）自然语言理解及自动程序设计

在自然语言理解方面已经开发出能够从内部数据库回答用英语提出的问题的程序。

此外，这些程序通过阅读文本材料，还能够把其中的句子从一种语言翻译为另一种语言，执行用英语给出的指令和获取知识等。

自动程序设计的目的在于，使计算机自身能够根据不同的目的和要求来自动编写计算机程序，既可用高级语言编程，又可用英语描述算法。

2.6.3　人工智能的常见应用

人工智能的常见应用包括以下几个方面：

1）AI+教育

AI与教育的结合正在改变传统的教育方式，为教师和学生提供了更多的资源和工具，提升了教育质量和个性化教学的水平。以下是对这一趋势的详细分析：

（1）智能推荐系统。

AI根据学生的学习数据，推荐适合其学习水平和兴趣的学习资源和课程，实现个性化教学。

（2）虚拟教师和助教。

AI可以通过自然语言处理技术，解答学生的问题，提供24小时在线辅导，帮助学生理解复杂概念。

（3）数据分析与预测。

AI可以分析学生的学习数据，预测其学业表现和发展趋势，为学校和教师提供决策支持。

（4）虚拟现实和增强现实。

结合AI技术，VR和AR能够提供沉浸式学习体验，让学生更直观地理解复杂的概念和知识。

2）AI+医疗

AI与医疗的结合，尤其是机器人助手的使用，正在引发医疗行业的革命性变化。

这种融合不仅提高了医疗服务的效率，还极大地改善了患者的治疗体验和结果，如图2-30所示。

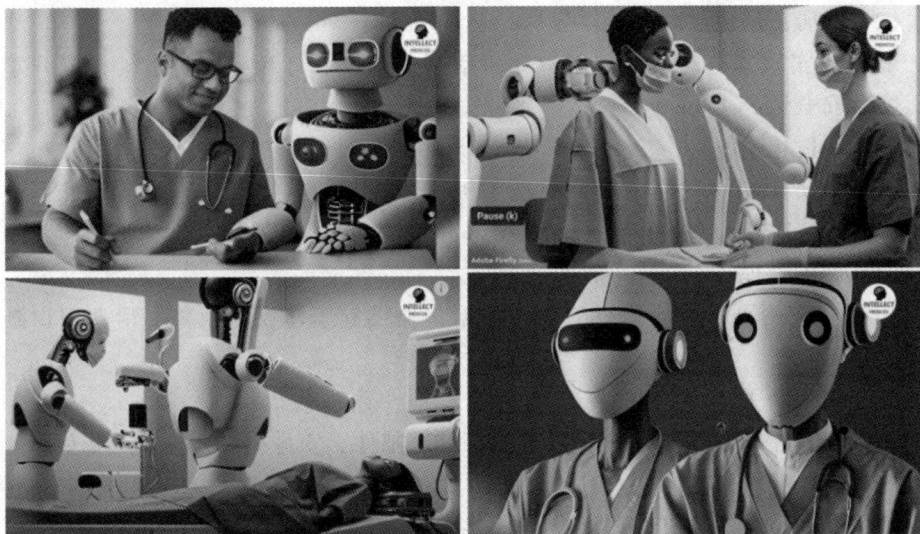

图 2-30 智能时代的医疗场景

资料来源 清华大学 裘莹教授的《人工智能（AI）赋能课程创新》讲座课件。

以下是对这一趋势的详细分析：

（1）影像分析。

AI通过深度学习技术可以快速、准确地分析医学影像，如X光片、CT扫描结果和MRI结果，帮助医生发现细微的病变，提高早期诊断的准确率。

（2）精准医疗。

AI可以分析患者的基因数据和病历记录，制订个性化的治疗方案，提高治疗效果，减少不必要的副作用。

（3）手术机器人。

达芬奇机器人等手术机器人，通过AI技术实现精准的手术操作，减少手术创伤，加快患者恢复速度。

（4）虚拟健康助手。

AI助手可以解答患者的健康问题，提供健康指导，帮助患者管理慢性病。

（5）智能穿戴设备。

通过 AI 监测用户的健康数据，如心率、血压、血糖等，提供个性化的健康建议和预警。

3）AI+生活

AI 与生活的结合正在各个方面改变着我们的日常体验，从智能家居到个性化服务，AI 技术无处不在，提升了生活质量和便利性。

以下是对这一趋势的详细分析：

（1）智能助理。

如亚马逊 Alexa、谷歌助手和苹果 Siri，这些 AI 助理可以控制家庭设备、提供信息、播放音乐等，极大地方便了日常生活。

（2）家居自动化。

AI 可以实现家电的智能控制，如自动调节温度、灯光和安防系统，提升家庭舒适度和安全性。

（3）个性化推荐。

通过分析用户的行为数据，AI 能够提供个性化的购物、娱乐和新闻推荐，满足用户的特定需求和兴趣。

（4）健康管理。

AI 健康应用可以监测用户的身体数据，提供健康建议和预警，帮助用户维持健康的生活方式。

（5）虚拟助手。

AI 虚拟助手可以帮助用户管理日程、处理邮件、安排会议，提高工作效率。

（6）智能导航。

AI 可以提供实时的交通信息和最佳路线规划，帮助用户避免拥堵，提高出行效率。

4）AI+公共安全

AI 在公共安全中的应用具有巨大的潜力，可以显著提升公共安全的管理和服务水平，但同时也需要在技术和伦理方面进行严格规范，确保其安全、透明、公正地运行。

以下是对这一趋势的详细分析：

（1）犯罪预测。

通过分析历史犯罪数据和社会经济数据，AI 可以预测犯罪高发区域和时间，帮助警方更有效地部署资源。

（2）人脸识别。

通过人脸识别技术，AI 可以快速识别和追踪嫌疑人或失踪人员，提高案件侦破速度。

（3）紧急响应。

AI 系统可以整合和分析多种数据源（如电话记录、社交媒体、传感器数据等），帮助应急指挥中心快速做出决策。

（4）舆情监控。

AI可以实时分析社交媒体和新闻报道，监控公众情绪和社会舆论，预警潜在的社会安全事件。

（5）自动化事故检测。

通过视频监控和传感器数据，AI可以快速检测交通事故，并通知相关部门进行处理。

5）AI+零售

AI在零售行业的应用正在迅速发展，并显著改变了消费者体验和零售商的运营模式。以下是对AI在零售领域应用的详细分析：

（1）动态定价。

根据市场需求、库存情况和竞争对手的价格，AI可以实时调整商品价格，实现利润最大化。

（2）供应链优化。

AI可以优化供应链流程，包括供应商选择、运输路线和库存分布，降低成本，提高效率。

（3）虚拟试衣。

利用增强现实（AR）和虚拟现实（VR）技术，客户可以在线试穿衣物和配饰，提升购物体验。

（4）市场细分。

AI可以根据客户的行为和偏好，将市场细分为不同的群体，进行精准营销。

（5）智能货架管理。

AI可以实时监控货架上的商品情况，提醒员工补货或重新摆放商品。

（6）客流分析。

通过摄像头和传感器，AI可以分析店内客流量和客户行为，优化店铺布局和人员配置。

（7）无人店铺。

AI技术支持无人店铺的运营，客户可以通过自助结账系统完成购物，提升购物效率。

拓展阅读2-4

云南移动开启
算力新程

2.6.4　自然语言模型工具介绍

自然语言模型工具是基于自然语言处理技术，提供语言理解和生成功能的具体应用，如对话机器人和文本生成器。

这些工具背后的核心技术是拥有大量参数的神经网络模型，能够执行复杂的语言任务。

我们所熟悉的文心一言、ChatGPT等都属于自然语言模型工具，它们利用大模型技术为用户提供智能对话和文本处理服务。下面详细介绍当前热门的几种自然语言模型工具。

1）ChatGPT

ChatGPT是由OpenAI开发的自然语言处理模型，以其强大的自然语言生成和理解能力而著称。

其特点是能够进行多轮对话并生成高质量的文本，适用于各种语言环境。ChatGPT常用于在线客服系统、内容创作、教育辅导等场景。

例如，ChatGPT被用于一个在线教育平台，帮助学生解答问题并提供学习资源，从而显著提高了学习效率和用户满意度。

2）文心一言

百度在人工智能领域有着深厚积累，其研发的大模型"文心一言"（ERNIE系列），是一个预训练语言模型，具有强大的自然语言理解和生成能力。

百度利用该模型在搜索、信息流推荐、广告投放、智能写作、对话系统等场景中实现智能化升级，为用户提供更精准和个性化的服务。

例如，在百度搜索引擎中，文心一言用于优化用户查询的搜索结果，提高了搜索准确性和用户体验。

3）通义千问

阿里巴巴推出的"通义千问"大模型，是基于阿里云构建的大型预训练模型，在电商、金融、物流等多个业务场景发挥了重要作用。例如，它能够优化商品推荐算法，提升客服效率，辅助决策分析，并在文本生成、问答交互等方面提供强大的技术支持。

4）AI Lab

腾讯的AI Lab自然语言处理模型由腾讯开发，擅长语义理解和对话管理。其功能包括文本生成、问答系统、对话系统和情感分析等，广泛应用于智能客服、内容创作和语音助手等领域。

例如，腾讯的智能客服系统广泛应用于微信小程序，通过语义分析技术，能够快速理解和响应用户的服务请求，提高了服务质量和用户体验。

5）讯飞星火

科大讯飞作为中国语音识别和人工智能行业的领军企业之一，推出了星火大模型，这是一种认知智能大模型，集成了多种自然语言处理和机器学习技术。

星火大模型在教育、医疗、政务、司法等行业应用场景中广泛使用，尤其是在智能语音合成、语音识别、语义理解和知识图谱构建等方面表现突出。

例如，讯飞星火在智能语音助手中应用广泛，能够进行高精度的语音识别和自然语言理解，帮助用户进行语音搜索、拨打电话、发送消息等操作，极大地方便了用户的日常生活。

表2-3对上述自然语言模型工具进行了比较。

表 2-3　　　　　　　　　　　　不同自然语言模型工具的比较

工具名称	优势	劣势	产品性能	擅长领域	接入方式	使用成本
文心一言	语言大模型技术领先，中文处理能力强，有丰富的应用场景和生态	对硬件要求较高，部署和运维成本较高	高性能的自然语言处理能力	语言生成、语言理解、机器翻译等	API 接入，支持多种编程语言	中等
通义千问	有着强大的云计算基础设施，大模型定制化程度高，性能稳定	与外部生态的连接不够丰富，应用场景有限	高性能的自然语言处理和图像处理能力	智能客服、智能推荐等	API 接入，支持多种编程语言	中等
讯飞星火	语音识别与生成技术领先，语音大模型应用广泛	语言大模型技术相对较弱，对文本长度和领域有一定的限制	高性能的语音识别和生成能力	语音交互、语音转换等	API 接入，支持多种编程语言	较高
ChatGPT	在自然语言处理领域具有很高的声誉和技术实力，有广泛的应用场景和生态	对硬件要求较高，部署和运维成本较高	高性能的自然语言处理能力	语言生成、语言理解、机器翻译等	API 接入，支持多种编程语言	较高
AI Lab	擅长语义理解和对话管理，技术支持强大	连接外部生态较少，灵活性稍显不足	高性能的语义理解和对话管理能力	文本生成、问答系统、情感分析等	API 接入，支持多种编程语言	中等

资料来源　AI产品经理Echo. 2万字大模型调研：横向对比文心一言、百川、Minimax、通义千问、讯飞星火、ChatGPT［EB/OL］.［2024-02-23］. http://www.myzaker.com/article/65d80addb15ec07e1d7b5eb8.

█ 本章小结

本章介绍了管理信息系统的主要支撑技术，包括计算机技术、数据库技术、数据挖掘技术、计算机网络技术以及当下流行的云计算、大数据、物联网及人工智能技术等。

计算机系统是管理信息系统重要的组成部分，是管理信息系统运行的载体。计算机硬件由主机和外部设备组成，计算机软件由系统软件与应用软件组成。计算机体系结构按照其发展顺序可分为：单机结构、主机/终端结构、文件服务器/工作站结构、客户机/服务器（C/S）结构及浏览器/服务器（B/S）结构。数据库是管理信息系统的核心，数据库里面存放着管理信息系统所需的各种数据。数据库技术是管理信息系统重要的支撑技术之一。数据库系统由计算机系统、数据库管理系统、数据库及人员构成。数据仓库是由各种数据库组成的，数据仓库里面存放着企业范围内的各种数据。数据仓库与数据库之间既有区别又有联系。数据挖掘是从大量的、不完全的、有噪声的、模糊的、随机的实际应用数据中，提取隐含在其中的、人们事先不知道但又是潜在有用的信息和知识的过程。数据挖掘的应用领域非常广泛。计算机网络是管理信息系统信息传输的纽带，它通过常用的互联设备及传输介质将分布在不同区域的计算机资源连接在一起，实现资源的共享。云计算、大数据、物联网、人工智能正在和管理信息系统相融合，促进管理信息系统飞速发展。

思考题

第 2 章
基础自测题

（1）解释计算机系统的基本构成及其作用。
（2）数据库、数据库管理系统、数据库系统三者有什么区别和联系？
（3）简述数据库与数据仓库的区别。
（4）举例说明数据挖掘技术在生活中的应用。
（5）局域网中常用的拓扑结构有几种？简述其特点。
（6）云计算、大数据和物联网技术如何结合应用于现代企业管理？
（7）人工智能技术在管理信息系统中的主要应用有哪些？

案例分析

案例 1

山西省宏观经济治理数据库建成

作为山西省六大基础信息资源库的核心组成部分，山西省宏观经济治理数据库已于 2023 年 12 月 28 日初步完成建设。

该数据库的建设遵循了《山西省国民经济和社会发展第十四个五年规划和2035 年远景目标纲要》《山西省数字政府建设规划（2023—2025 年）》中的相关要求，充分利用大数据、云计算、人工智能等尖端技术，旨在建立高效的风险识别和预警机制，强化经济监测预测能力，进而优化社会预期管理。

该数据库以山西省发展改革委的宏观经济数据为基础，通过山西省共享交换平台，广泛汇集了政府部门、企事业单位以及互联网企业等提供的 580 余项关键经济运行指标。这些指标融合了投资、消费、就业、财税、物价、金融、统计、能源、进出口等多个经济领域的数据，形成了基础指标库和专题指标库。

其中，基础指标数据库涵盖了经济增长、人口信息、三次产业等 13 个子领域，专题指标数据库聚焦于高频数据监测、重点产业监测、工业绿色化水平等 11 个专题领域。两大数据库相互补充，从宏观到中观层面为经济分析提供了立体化、全局化、动态化的视角，能够实现对经济发展指标的动态监测、趋势研判以及对经济运行的全流程管理，全面反映山西省的经济运行态势，助力政府决策更加科学精准，为深化产业结构调整优化、推动经济社会高质量发展提供强大的数据支撑。

　　未来，该数据库将进一步整合银联、电力、邮政、铁路、文旅等领域的高频次、高质量数据，结合历史宏观经济数据资源，运用先进的混频模型技术，进一步提升对山西省宏观经济预测的精准度和时效性。

资料来源　安晓奕．山西省宏观经济治理数据库建成［N］．山西日报，2024-01-05（2）．

案例思考题：

政府公共服务平台如何通过数据库等相关技术实现数据的高效管理和应用？

案例2

沃尔玛的管理信息系统及其技术应用

　　沃尔玛建立了一个强大的管理信息系统（MIS），该系统整合了人工智能（AI）、机器学习（ML）、大数据和物联网（IoT）等先进技术，支持其广泛的运营网络，包括库存管理、供应链优化和客户服务。

数据库系统

　　沃尔玛使用高度复杂的数据库系统来支持其庞大的运营网络。这些数据库包括关系型数据库和分布式数据库技术，如SQL数据库和NoSQL数据库，以满足不同的数据需求和处理能力。

大数据分析

　　沃尔玛处理大量的客户交易数据和销售数据时，利用大数据分析技术来优化业务运营。例如，沃尔玛的系统可以通过分析在线搜索和店内购买数据，预测产品需求并优化库存，这些数据帮助沃尔玛制定精确的市场策略并进行产品推荐。

人工智能与机器学习

　　沃尔玛广泛应用人工智能和机器学习技术来提升运营效率。例如，AI和ML模型通过分析历史销售数据和实时库存数据，预测产品需求，优化库存水平，减少缺货和过剩库存。此外，AI技术还用于物流和配送路径的优化，提高运输效率，降低运输成本。例如，AI驱动的路径优化技术帮助沃尔玛在配送过程中减少了3 000万英里的不必要行驶，显著降低了二氧化碳排放。

物联网（IoT）

　　物联网技术在沃尔玛的仓储和物流管理中得到了广泛应用。通过在仓库中部署智能传感器和IoT设备，沃尔玛可以实时监控库存状态和环境条件。这些数据被传输到中央数据库进行分析和处理，从而实现对库存的精细管理和实时调整。例如，物联网传感器帮助保持易腐货物的新鲜度，减少损失。

智能替代系统

　　沃尔玛在处理在线杂货订单时，使用AI驱动的智能替代系统。当某个产品缺货时，系统会根据客户的偏好和库存状况，推荐最佳替代产品。该系统利用深度学习分析多个变量，如尺寸、类型、品牌、价格、库存水平等，以提供最优的替代建议，从而提高客户满意度和订单处理效率。

云计算

沃尔玛的大部分数据处理和存储都依赖于云计算平台。云计算提供了灵活的资源管理和强大的计算能力，支持沃尔玛大规模数据处理和实时分析需求。通过云平台，沃尔玛能够快速扩展其IT基础设施，满足不断增长的数据需求。

资料来源　WALMART. Walmart Commerce Technologies Launches AI-Powered Logistics Product［EB/OL］.［2024-03-14］. https：//corporate. walmart. com/news/2024/03/14/walmart-commerce-technologies-launches-ai-powered-logistics-product.

案例思考题：

沃尔玛的管理信息系统（MIS）在应对市场变化和需求波动方面有何优势？

管理信息系统的开发

◄ ►

学习目标

✔ 理解管理信息系统两种开发策略的基本思想；

✔ 掌握结构化开发方法、原型法、面向对象开发方法、CASE法这4种开发方法的基本思想及各自的优缺点；

✔ 了解管理信息系统开发的两种过程模式；

✔ 了解UML工具在面向对象开发方法中的应用。

思政引入

活字印刷术——面向对象思想的胜利

活字印刷术是一种古代印刷方法，是中国古代四大发明之一，是劳动人民经过长期实践和研究才发明的。它的印刷流程是：先制成单字的阳文反文字模，然后按照稿件把单字挑选出来，排列在字盘内，涂墨印刷，印完后再将字模拆出，留待下次排印时再次使用。活字印刷是在雕版印刷基础上的一次创新，它避免了雕版的不足，只要事先准备好足够的单个活字，就可随时拼版，大大地加快了制版速度。活字版印完后，可以拆版，活字可重复使用，且活字比雕版占有的空间小，容易存储和保管。

面向对象的思想是活字印刷思路的体现。面向对象的开发方法避免了面向过程开发方法不容易维护、开发周期长等不足。它将客观世界看作由无数个对象组成，任何对象都有其内部状态与运动规律，具有相同内部状态和运动规律的对象可以抽象成类，对象和类相互作用构成了客观世界中不同的事物与系统。对象和类就好比活字印刷术里的活字，具有可维护性、可复用性、可扩展性、灵活性等特点。可维护性表现在：某些字需要更改，只需替换活字即可。可复用性表现在：所有的活字用完之后都可以在后来的印刷中重复使用。可扩展性表现在：如果未能找到需要的活字，只需要另外刻一个活字加入即可。灵活性表现在：所有字可以自由组合，按照需求排列印刷。

四大发明是中国古代创新的智慧成果和科学技术，包括造纸术、指南针、火药、印刷术。这4种发明对中国古代的政治、经济、文化的发展产生了巨大的推动作用，经各种途径传至西方，对世界文明发展史产生巨大的影响力。

思考：在管理信息系统开发中，面向对象的开发方法如何应对用户需求的变化？面向对象的思想还能用在哪些领域？

管理信息系统开发是根据用户需求，经过一系列过程，实现一个满足用户需求的信息系统。管理信息系统的开发是一个复杂的系统工程，需要多人合作，涉及的学科领域广泛，采用的技术也多种多样，不仅涉及技术问题，还涉及许多管理方法与管理过程。不同的行业之间、同一行业不同企业之间的信息系统都有所不同。为了开发出满足用户需求的管理信息系统，必须使用一些合适的开发方法。本章主要介绍管理信息系统开发中常见的开发策略、开发方法、开发方式以及过程模式。

3.1　管理信息系统的开发概述

管理信息系统建设是一个复杂的过程。有些系统在建成后效益远不如当初的承诺，有些系统在建设过程中甚至半途而废。这主要是因为管理信息系统的建设周期长、投资大、风险大，比一般的技术工程更有难度、更为复杂。

首先，管理信息系统建设的技术手段复杂。管理信息系统试图用先进的技术手段如计算机硬件和软件技术、数据通信和网络技术、人工智能技术和各种决策方法，解决社会经济问题，而掌握这些技术手段并结合用户需求将其合理应用到管理信息系统中，难度非常大。

其次，管理信息系统建设的内容复杂，目标多样。面向管理是管理信息系统最重要的特征。管理信息系统需要的信息量大、面广，形式多样，来源复杂。

最后，一个综合的管理信息系统需要支持各级部门的管理，规模庞大，结构复杂，不是一般的技术工程所能比拟的。企业各部门和管理人员的信息需求不尽相同，甚至相互冲突，因而协调起来困难，难以求得各方面都比较满意的方案。另外，有些需求是模糊的，不易表达清楚，造成系统的目标不够明确，系统建设起来也有难度。

因此，必须有可依循的一套合理的、科学的方法来指导，才能确保所投资建设的系统具有一定的成效。

方法学实质上是一套理解问题、描述问题、解决问题的思路，代表着人们认识世界的一种认知模式。管理信息系统开发的方法学就是一套关于管理信息系统开发的理解系统、描述系统、实现系统的思路，如图3-1所示。

早期的管理信息系统开发方法中存在的主要问题有：

（1）工作阶段的划分原则不明确。

管理信息系统的开发是一项长期的复杂工程，各个工作环节之间有着内在的逻辑关系，超越某个阶段就会出现问题，比如需要返工或者浪费资源。如果不经过深入的系统分析，只是根据对系统的肤浅理解就进行程序设计，结果可能需多次反复，欲速则不达，而且各阶段的工作缺乏规范的流程、方法、表达工具与标准。

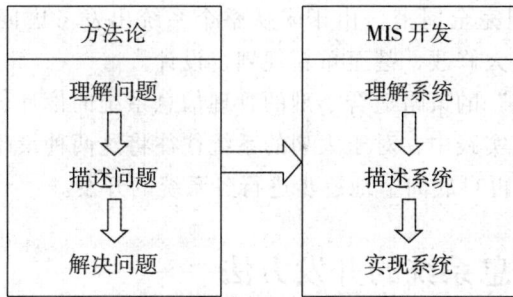

图 3-1　管理信息系统开发思路

（2）在系统建设过程中用户参与程度低。

管理信息系统是为实现用户目标而服务的，但在系统建设过程中用户与专业人员对话缺乏有效的手段，用户参与的情况较少。用户与专业人员之间的对话不深入，双方对系统的目标就很难达成一致，系统建设人员对企业的目标就更没有明确的认识了。如果系统开发人员根据自己的"想当然"来设计系统，最终会造成双方都不满意。

（3）系统开发的工作任务集中在系统实施阶段。

如果对系统的可行性分析、需求分析等系统分析、设计工作不深入，了解不全面，开发人员就着手开发系统、编写程序，就会使工作阶段的时间分配、安排不合理，最终造成系统的失败和资源的浪费。

（4）系统实施阶段的工作采取"自底向上"的方法，系统总体功能与目标的实现难以保证。

3.2　管理信息系统的开发策略

管理信息系统的开发主要有两种策略："自顶向下"的开发策略与"自底向上"的开发策略。

1）"自顶向下"的开发策略

基本思想：从整体上协调和规划，由全面到局部、由长远到近期，从探索合理的信息流出发来设计管理信息系统。

优点：这种开发策略有很强的逻辑性。

缺点：实施难度大。

2）"自底向上"的开发策略

基本思想：从业务系统开始，先实现每个数据处理的基本功能，然后增加管理及控制功能，逐步实现由低级向高级建设。一个组织在各种条件尚不完备的情况下，常常采取这种策略。

优点：这种策略见效快，容易开发，还能避免大规模系统可能出现运行不协调的危险。

缺点：不能做到完全周密，由于未从整个系统出发考虑问题，随着系统的进展，往往要做许多重大修改，甚至重新规划、设计。

通常"自底向上"的策略适合小型的管理信息系统的设计，适用于对开发工作缺乏经验的情况。在实践中，对于大型的系统往往将这两种策略结合，先自顶向下地做好 MIS 的规划，再自底向上地逐步进行各系统的开发。

3.3　管理信息系统的开发方法

开发管理信息系统的方法有很多，常用的有结构化开发方法、原型法、面向对象开发方法以及 CASE 法 4 种方法。

3.3.1　结构化开发方法

1）结构化开发方法的由来

结构化开发方法产生于 20 世纪 70 年代中期。"结构化"一词出自结构化程序设计。

结构化程序设计（structured programming，SP）是指每一个程序都应按照一定的基本结构来组织，这些基本结构包括顺序结构、选择结构和循环结构。

人们从结构化程序设计中受到启发，把模块化的思想引入到系统设计中，将一个系统设计成层次化的程序模块结构。这些模块相对独立，功能单一，每一个模块实现一个功能，也即一个功能子系统。这就是结构化系统设计的基本思想。

结构化系统设计（structured design，SD）是指对一个清楚陈述的问题，选择模块和组织模块结构，从而求得所述问题的最优解。也就是说，结构化系统设计是运用一组标准的准则和工具来帮助系统设计员确定软件系统是由哪些模块组成的，这些模块用什么方法联结在一起才能构成一个最优的软件系统结构。结构化系统设计更强调软件总体结构的设计，是一种自顶向下的设计策略。它把整个系统开发过程分为若干阶段，每个阶段进行若干活动，每项活动应用一系列标准、规范、方法和技术，完成一项或多项任务，形成符合给定规范的产品。

但是，结构化系统设计不能帮助系统设计人员建立一个直观的系统模型，无法使用户在实际得到并使用这个系统之前就得知这个系统是不是所需要的管理信息系统。用户关心的是这个系统的逻辑功能是否满足其需求，是否能解决需要解决的问题。至于这个系统如何实现这些功能，并不是他们最关心的问题。为了使所设计的系统满足用户的需求，设计人员先要正确理解和准确表达用户的需求，这就是系统分析阶段的基本任务。

结构化系统分析（structured analysis，SA）是以过程为中心的、建立系统用户需求模型的技术。它将系统分解为过程、输入、输出和文件，为业务问题建立一种面向"输入—处理—过程—输出"的模型，强调系统分析员与用户一起按照系统的观点对企业活动由表及里地进行分析，调查分析系统的逻辑功能，并用数据流程图等工具把系统功能描述清楚。用户可以判断未来的系统是否满足其功能要求，而系统设计人员根据这种描述进行系统设计，保证系统功能的实现。这就是结构化开发方法的由来。

系统开发过程实际上是从最高级的系统抽象和与设计无关的逻辑实现到系统物理实现的一系列抽象的过程。这期间有多个抽象级，最高级的抽象是用问题环境语言来描述问题和问题的环境，即结构化系统分析。中间级的抽象是用过程化方法和语言描述问题的解法，即结构化系统设计。最低级的抽象是以一种可以直接实现的方式描述问题的解法，即结构化程序设计。这一过程是一个对软件解法的抽象级的逐步求精的过程，如图3-2所示。

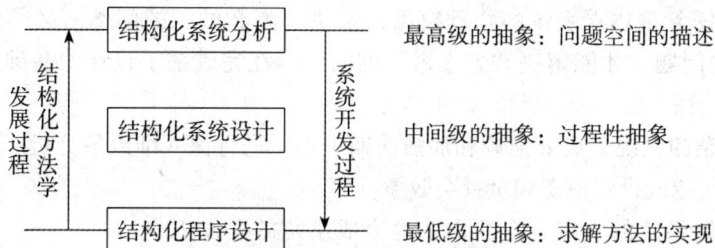

图3-2　系统开发的3个不同抽象级别

结构化系统分析、结构化系统设计和结构化程序设计是一种集成的技术，三者共同组成了结构化开发方法。结构化开发方法已经成为软件工程技术的一个重要组成部分。软件工程运用系统的、规范的和可定量的方法来开发、运行和维护软件，两者关系紧密。软件工程中的工程化原理为结构化开发方法的实施提供了保障。结构化开发方法更强调技术的重要性，软件工程则更强调软件系统开发过程的组织、实施要按照工程学的原理来进行。

2）结构化开发方法的基本原则

（1）模块化原则。

模块化是分解原则在结构化设计中的应用。模块化就是将程序分解成若干个模块，一个模块完成一个子功能，把这些模块集成起来组成一个整体，就可以完成程序指定的功能。

模块化原则实际上是分而治之、逐步求精思想的具体应用。采用模块化原则设计的软件结构清晰，容易操作。由于每个模块都对应单一独立的程序功能，每个模块都可以独立测试，因此按照模块化原则设计的软件容易测试和调试，从而有助于提高软件的可靠性和可维护性。

另外，模块化也有助于软件开发工程的组织管理，一个复杂的程序可以分解为许多模块，这些模块具有一定的独立性，可以由许多程序员分工编写。

（2）用户参与的原则。

用户的需求是系统开发的出发点和归宿。管理信息系统是为用户服务的，最终要交给用户使用。系统的成败取决于它是否符合用户的需求，用户对它是否满意。

因此，必须动员、吸引企业管理人员积极参与系统的开发过程。实践证明，用户的参与，尤其是企业管理人员的参与，是系统成功的关键。在整个开发过程中，系统开发人员应该始终与用户保持联系，从调查研究入手，充分理解用户的信息需求和业务活动，让用户及时了解工作的进展情况，校准工作方向。

（3）严格区分工作阶段，每个阶段有明确的任务和应得的成果。

混淆工作阶段是系统开发工作延期甚至失败的重要教训之一。结构化开发方法强调按时间顺序、工作内容将系统开发划分为几个工作阶段，如系统分析阶段、系统设计阶段、系统实施阶段和运行维护阶段等。

系统分析阶段的任务是建立系统的逻辑模型，解决系统"做什么"的问题。系统设计阶段的任务是建立系统的物理模型，解决"怎么做"的问题。必须先明确系统"做什么"的问题，才能解决"怎么做"的问题。在完成系统设计的基础上，才能进入系统实施阶段。

对于复杂的系统，更要强调和加强前期工作，进行深入细致的分析、设计，以避免后期返工，造成投资浪费和负社会效益。

（4）按照系统的观点，自顶向下地完成系统的开发工作。

在系统分析阶段，按全局的观点对企业进行分析，自上而下、从粗到精、由表及里，将系统逐层逐级进行分解，最后进行逆向综合，构成系统的信息模型。在系统设计阶段，先把系统功能作为一个大模块，然后逐层分解，完成系统模块结构设计。在系统实施阶段，先实现系统的框架，自上而下完善系统的功能。程序的编写遵循结构化程序设计的原则，自顶向下，逐步求精。

（5）工作成果文献化、标准化。

系统开发是一项复杂的系统工程，参加人员多，经历时间长。为保证工作的连续性，每个开发阶段的成果都要用文字、图表表达出来，资料格式要标准化、规范化。这些资料是开发人员在开发过程中与用户交流的工具，在工作结束之后则是系统维护的依据。因此，资料必须简单明确，无二义性，既便于开发人员阅读，又便于用户理解。

3）结构化开发方法的优缺点

结构化开发方法注重开发过程的整体性、全局性，严格地区分各个开发阶段，使用一系列的系统描述工具，采用"自顶向下"的策略，逐步完成系统的分析、设计与实现过程，比较适合开发大型的 MIS。

结构化开发方法虽然克服了传统方法的很多弊端，但也存在很多不足与局限：

（1）开发周期长。一方面，用户在较长时间内不能得到一个可实际运行的物理系统；另一方面，一个规模较大的系统在 3～5 年的开发过程中，其生存环境可能已经发生变化。

（2）早期的结构化方法注重系统功能，在兼顾数据结构方面做得不够。

（3）结构化程度较低的系统在开发初期难以锁定功能要求。

结构化开发方法将系统开发分为系统分析、系统设计、系统实施与运行维护等几个阶段，每个阶段的具体内容将在本书后面对应的章节进行详细介绍。

3.3.2　原型法

原型法（prototyping）是20世纪80年代随着计算机软件技术的发展，特别是在关系数据库系统（relational data base system，RDBS）、第四代程序生成语言（4th generation language，4GL）和各种系统开发生成环境的基础上，提出的一种从设计思想、工具到手段都全新的系统开发方法。

与结构化开发方法相比，它摒弃了那种一步步周密细致地调查分析，然后逐步整理出文字档案，最后才能让用户看到结果的烦琐做法，而是采取"自底向上"的策略，在投入大量的人力、物力之前，通过简单的需求分析快速地开发出系统原型，再不断完善。

1）原型法的基本思路

原型法的基本思路是：设计者在初步了解应用需求的基础上，在限定的时间内，用最经济的方法开发一个应用系统的模型，即原型。用户和设计者在这样的原型基础上共同探讨完善方案，设计者根据完善方案对原型进行修改，得到改进后的原型，再向用户征求意见，直到完全满足用户的需求为止。

2）原型法的开发过程

原型法的开发过程大致可划分为五个阶段，如图3-3所示。

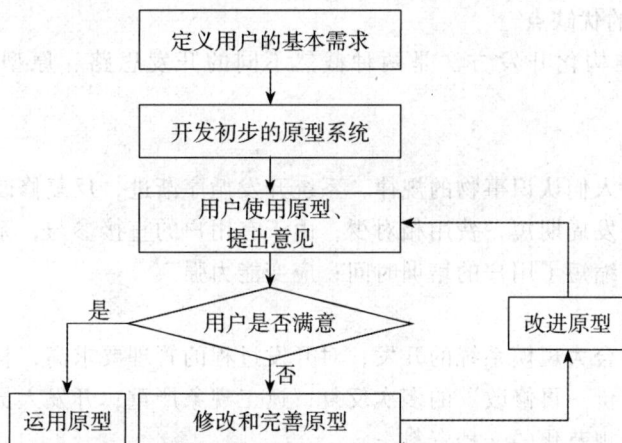

图3-3　原型法的开发过程

（1）定义用户的基本需求。

该阶段主要是确定用户的基本需求及应用范围。这些要求只是对系统的一个基本的了解，不必十分详细，当然这样得到的系统功能是不完全的，也是有缺陷的，需要在下面几个阶段的工作中加以弥补和改正。

（2）开发初步的原型系统。

该阶段根据数据流程图的逻辑关系进行初步的数据库分析和设计，快速建立初始"原型"。这个原型能满足基本要求，是初步的系统。

（3）用户使用原型、提出意见。

设计人员向用户具体地展示所实现的初步原型系统，用户使用后可以明确是否满意并提出意见，让设计人员知道哪些需修改或补充。系统设计人员和用户可以一起对这个模型进行评价。评价内容包括以下几点：

- 模型是否准确地反映了管理信息系统的工作过程；
- 模型是否满足用户的需求；
- 模型的应用环境以及输入、输出形式是否合适；
- 进一步的要求和改进意见。

通过共同评价，用户和设计人员对系统的功能和要求逐渐明确，因此可以具体地提出对原型的修改意见使之更加完善。

（4）修改和完善原型。

设计人员根据用户的具体意见，对用户认可的部分进行程序优化，精益求精，对用户指出的错误或不满意的地方进行修改。经过反复优化，功能逐步扩充完善，直到获得用户满意的系统。在开发过程中，可能要多次制作原型，以得到最终应用系统。

（5）运用原型。

对于比较小的系统，这样得到的原型可能就是实际应用的系统，但对于中型以上的系统，则可能将其作为系统设计的模型（原型）插入到顺序模式中使用。

3）原型法的优缺点

原型法与结构化开发方法是两种截然不同的开发思路，原型法具有以下优缺点：

（1）优点

原型法符合人们认识事物的规律，系统开发循序渐进，反复修改，确保较高的用户满意度；开发周期短，费用相对少；由于有用户的直接参与，系统更加贴近实际；易学易用，缩短了用户的培训时间；应变能力强。

（2）缺点

原型法不适合大规模系统的开发；对开发过程的管理要求高，整个开发过程要经过"修改—评价—再修改"的多次反复；返工现象严重；开发人员易将原型取代系统分析；缺乏规范化的文档资料。

3.3.3　面向对象开发方法

在软件开发过程中，使用者会不断地提出各种更改要求，即使在软件投入使用后，也常常需要对其做出修改。

在采用结构化开发方法的程序中，这种修改往往是很困难的，还会因为计划或考虑不周，既使得旧错误没有得到彻底改正，又引入新的错误。

另外，在过去的程序开发中，代码的重用率很低，使得程序员的效率并不高。为提高软件系统的稳定性、可修改性和可重用性，人们在实践中逐渐创造出软件开发的一种新途径——面向对象开发方法。

面向对象开发方法（object-oriented method，OO法）是一种把面向对象的思想应用于软件开发过程中，指导开发活动的系统方法。

面向对象开发方法是观察和分析问题的一种方法，是由面向对象程序设计（object-oriented programming，OOP）方法发展起来的。

基于这样的方法论，人们可以用自然的方式认识和模拟现实世界，并由此带来软件制造方式的根本变化。

面向对象开发方法解决问题的方式与人类认识世界、解决问题的方式完全一致，从而成为主流的开发方法。面向对象开发方法可以提高软件的质量和开发效率，节约软件开发成本。

1）面向对象的基本思想

面向对象是认识和描述系统的一种方法。

该方法认为，系统是由一系列相互联系、相互作用的对象组成的，对象之间相互联系与相互作用，构成了完整的客观世界。面向对象的基本思想可以归纳为以下四点：

（1）客观世界的任何事物都是对象（object）。它们有一些静态属性和有关的操作。对象作为一个整体，对外不必公开这些属性和操作，这就是对象的封装性。

（2）对象之间有抽象与具体、群体与个体、整体与部分等几种关系，这些关系构成了对象的网络结构。

（3）抽象的、较大的对象所具有的性质自然地成为其子类的性质，这就是继承性（inheritance）。

（4）对象之间可以互送消息（message）。消息可以是一个参数，也可以是让这个对象开始某个操作。

2）面向对象的基本概念

（1）对象。

任何事物都可以称为对象，如一位学生、一本书、一个事件等。对象由属性和作用于数据的操作构成一个独立整体，如图3-4所示。从程序设计者来看，对象是一个程序模块，从用户角度来看，对象为其提供所希望的行为。

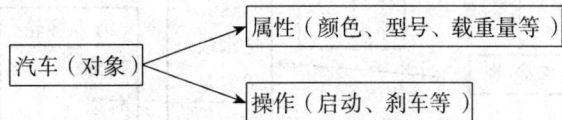

图3-4　对象示例图

（2）类。

类是对一组有相同属性和相同操作的对象的定义。类是在对象之上的抽象，对象则是类的具体化，是类的实例，如图3-5所示。

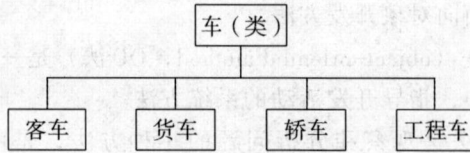

图 3-5　类示例图

（3）消息。

系统由若干个相互关联的对象组成，并通过对象之间的相互联系共同来完成问题的求解。消息是实现对象与对象之间相互合作的通信载体，是连接对象的纽带。假设客户需要查阅订单号为 23161 的订单的状态，则客户对象对订单对象发送的消息请求包括调用行为的名称（显示订单状态）及调用所需的属性（订单号），如图 3-6 所示。

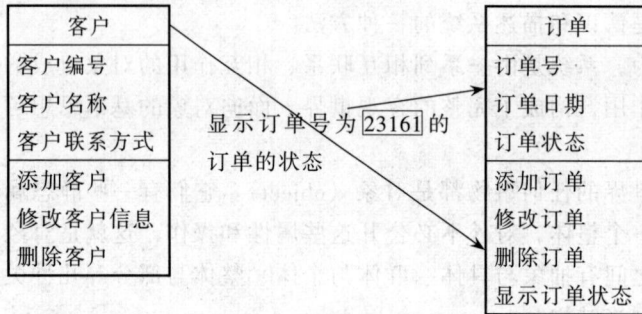

图 3-6　消息示例图

（4）继承。

继承指的是子类会继承父类的属性和操作。继承可以避免由于对象封装而造成数据和操作的冗余，其最大的优点在于支持重用性。如图 3-7 所示，海上客轮会继承客轮类的属性及操作，而客轮类会继承船类的属性及操作。

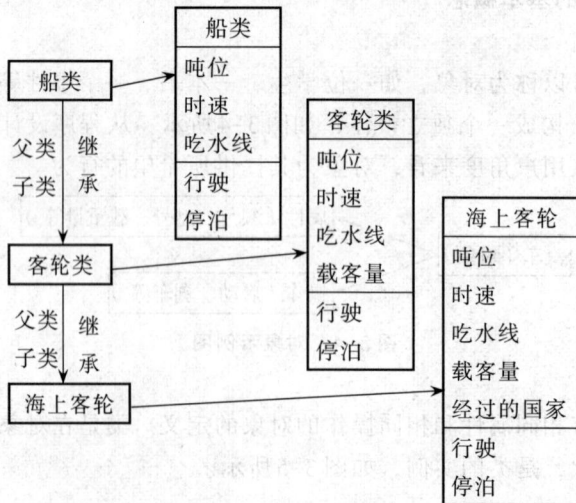

图 3-7　继承示例图

具体来说，面向对象是一种运用对象、类、继承、聚合、消息传递和多态性等概念来构造系统的软件开发方法。

用面向对象开发方法认识和描述系统就是分析系统是由哪些对象组成的，这些对象之间的联系是什么。该方法的高效率来自两个方面：一是用户和开发者之间的语义差别的减少；二是可重用性。

3）面向对象开发方法的开发过程

（1）面向对象的（需求）分析

对系统将要面临的具体管理问题以及用户对系统开发的需求进行调查研究，在繁杂的问题域中抽象地识别出对象及其行为、结构、属性、方法等，这一阶段一般被称为面向对象的分析，简称OOA。

（2）面向对象的设计

对分析的结果做进一步的抽象、归类、整理，并最终以范式的形式将它们确定下来，这一阶段一般被称为面向对象的设计，即OOD。

（3）面向对象的程序

用面向对象的程序设计语言将上一步整理的范式直接映射（直接用程序设计语言来取代）为应用软件，这一阶段一般被称为面向对象的程序，即OOP。

3.3.4 CASE法

CASE法是一种自动化或半自动化的方法，能够全面支持除系统调查外的每一个开发步骤。

严格地讲，CASE只是一种开发环境而不是一种开发方法。它的主要作用在于帮助开发者生成开发过程中的各类图表、程序和说明性文档。它是20世纪80年代末从计算机辅助编程工具、第四代语言（4GL）及绘图工具发展而来的。

目前，CASE仍是一个发展中的概念，各种CASE软件也较多，没有统一的模式和标准。采用CASE工具进行系统开发，必须结合一种具体的开发方法，如结构化系统开发方法、面向对象开发方法或原型法等。CASE法只是为具体的开发方法提供支持的专门工具，因而，CASE法实际上把原先由手工完成的开发过程转变为以自动化工具和支撑环境支持的自动化开发过程。

CASE法的基本思想是：结合系统开发的各种具体方法，在完成对目标系统的规划和详细调查后，如果系统开发过程中的每一步都相对独立且在一定程度上彼此形成对应的关系，则整个系统开发就可以应用专门的软件开发工具和集成开发环境来实现。

CASE法具有下列特点：

（1）实际开发一个系统时，必须根据所采用的开发方法，结合CASE工具和环境进行。

（2）作为一种辅助性的开发方法，CASE法可以为系统开发过程中的具体工作，如各类图表、程序及文档的生成，提供快速自动化的工具和途径。

（3）CASE环境的使用改变了系统开发中的思维方式、工作流程和实现途径，与其他系统开发方法存在很大差别，因而称为一种方法论。

现在，CASE法中集成了多种工具，这些工具既可以单独使用，也可以组合使用。CASE工具主要包括制图工具、描述工具、建立原型工具、质量管理工具、设计与代码生成工具和文档记录工具等。这些工具集成在统一的CASE环境中，通过一个公共接口，就可以实现工具之间数据的可传递性，连接系统开发和维护过程中的各个步骤，最后在统一的软、硬件平台上实现系统的全部开发工作。CASE的组成如图3-8所示。

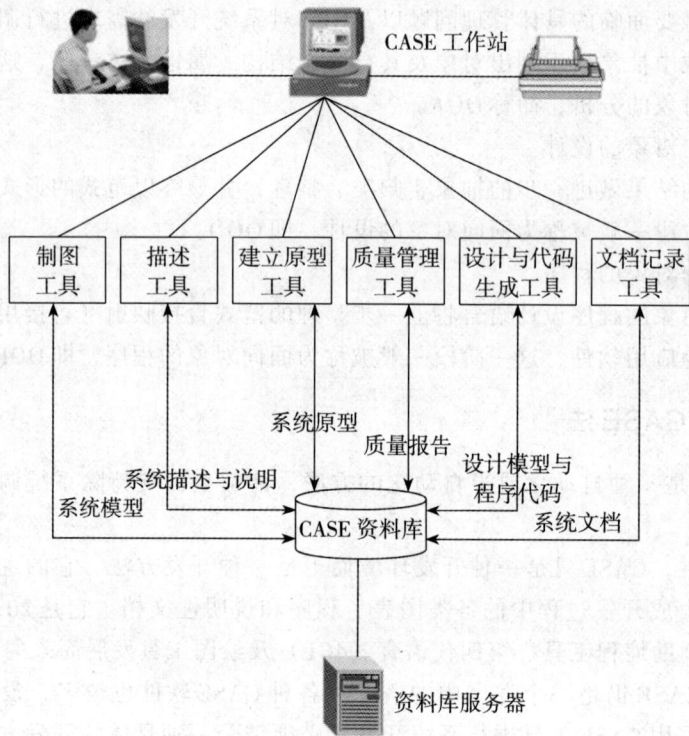

图 3-8　CASE 的组成

应当指出，以上对管理信息系统开发方法的分类是不严密的。由于这些方法间有不少交叉的内容，例如，用结构化开发方法开发时也可能部分采用原型法，用原型法开发时也可能采用结构化分析的内容，而CASE法可以与其他几种方法结合使用。总之，在管理信息系统开发过程中，要根据不同的情况选择不同的开发方法。

3.4　管理信息系统开发的过程模式*

管理信息系统项目包含诸多复杂任务，其中难度最大的任务是识别用户的真正需求。在大多数情况下，用户的需求是在不断变化的。人类认识事物的过程是螺旋式上升、波浪式前进的，必须反复多次才能认识清楚，这对管理信息系统开发来讲可以说是巨大的障碍。如果对用户的需求不清楚，系统的功能目标也就无法确定，系统开发的失败就是必然的了。由此可见，对用户需求的识别与获取以及对用户需求清晰而正确的描述是决定系统成功的关键因素，而"过程"是使管理信息系统真正满足用户需求的有效措施与手段。

这里，"过程"（或"开发过程"）指的是管理信息系统开发进程中的一系列阶段活动，以及与各阶段活动相关联的成果（或称"产品"）。也就是说，管理信息系统开发可分解为一系列的"开发过程"。按"开发过程"来组织系统开发的模式就称为"过程式开发模式"。

管理信息系统开发的过程模式是指管理信息系统开发过程的管理与控制模式。管理信息系统开发是一个复杂的系统工程，需要各个层次的人员紧密合作，各工作过程协调配合才能完成。管理信息系统开发的过程模式有两种典型的模式：顺序模式、迭代模式。

3.4.1　顺序模式

1）信息系统的生命周期

事物的发展都遵循一个由产生、成长、成熟到消亡的过程。按照这种事物发展的一般规律来进行系统的开发与管理的模式称为顺序模式，也称为软件生命周期方法。

从系统观点来看，系统总是在周期性的运动中逐步发展的。一个系统的开发全过程必然是从提出问题、确定目标开始，经过分析设计，直到实施，新系统替代旧系统。也就是说，信息系统的开发过程有一个生命周期的特征（如图3-9所示）。

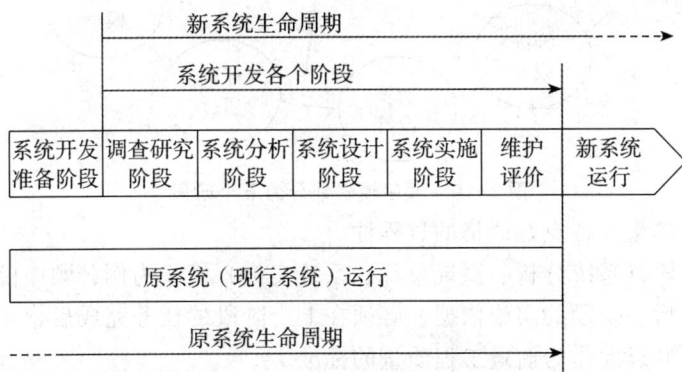

图3-9　信息系统的生命周期

顺序模式将信息系统的开发过程理解为一个完整的周期性活动，从系统开发准备阶段开始，经过系统分析、系统设计、系统实施等阶段，直到系统被淘汰，进入下一个生命周期。

2）顺序模式开发方法

顺序模式遵循系统从产生到消亡的生命周期，强调系统开发的过程性管理。

各种信息系统的业务规则与功能千差万别，对信息系统的开发过程进行分析，一般可将其划分为几个主要的阶段。

目前大多采用的是五个主要阶段的方案（系统规划、系统分析、系统设计、系统实施和系统评价），每个主要阶段包含多个作业过程，如图3-10所示。如果仅仅从项目管理与开发来考察，常常将其简化为3个阶段：系统分析、系统设计与系统实施。

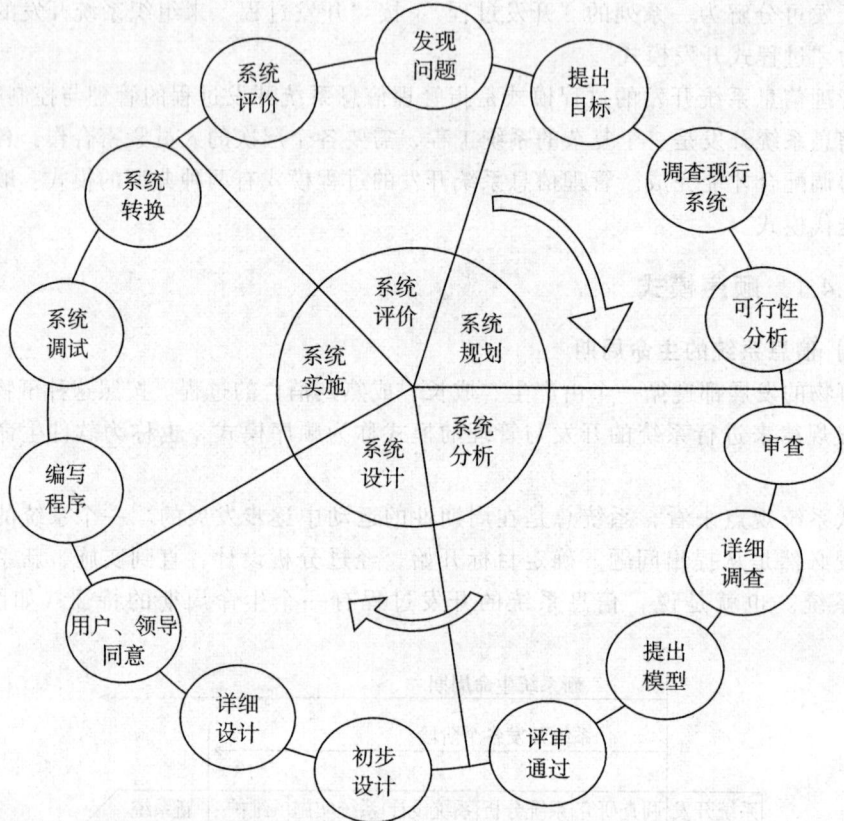

图 3-10　顺序模式划分为五个阶段

顺序模式的最大特点是严格的过程性。

以三大阶段（系统分析、系统设计、系统实施）模式为例，顺序模式将前一阶段的结果作为后一阶段的实施依据，必须在上个阶段的任务完成后，才能开展下一阶段的工程，并以此作为衡量工程质量的标准。

例如，系统设计阶段的任务就是要达到系统分析阶段所提出的功能要求，而系统实施阶段的任务是要实现系统设计阶段制订的物理方案。

3）瀑布模型

顺序模式强调前一阶段工作是后一阶段工作的基础，因为前一阶段产生的错误可能会在后续的开发过程中成倍地放大，所以顺序模式特别重视系统分析的作用。如果在开发过程中发现前一阶段的工作存在错误，就要返回到前一阶段甚至更前一层重新作业，形成如图3-11所示的瀑布模型。瀑布模型是在顺序模式的基础上改进而成的开发方法。

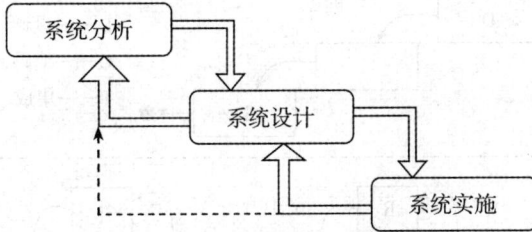

图 3-11 瀑布模型

3.4.2 迭代模式

最初，顺序开发过程（如图3-12所示）被看作一个非常合理的、将开发过程系统化的方法。

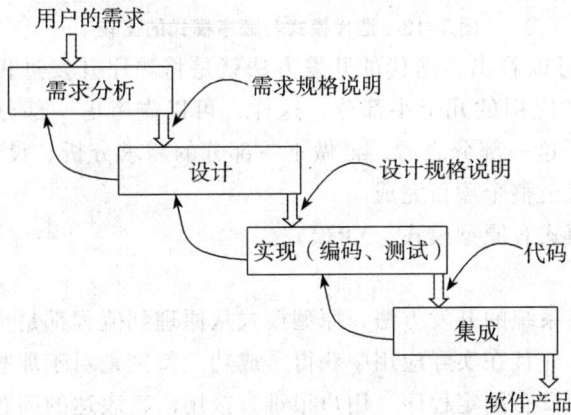

图 3-12 顺序开发过程

实际上，使用顺序过程的确可以解决很多开发过程中的工程问题，特别是对楼房和桥梁的建造来说，这是一个合理的方法。但是，对软件工程来说，越来越多的人认为这种方法存在很多问题。

原因有以下几点：

（1）在顺序开发过程中，一开始就假设已经将所有的需求明确无误地记录下来了，但在软件工程项目中，用户遇到的问题会不断变化，用户需求实际上也在不断变化，因此不可能得到足够详细和精确的用户需求。

（2）顺序开发过程假设所做的设计是正确的解决方案，所以一旦确立了蓝图就严格按照规范去编码实现，有时候最终却发现最初的设计存在严重的缺陷。

解决以上问题的一种方法就是采用迭代的开发模式。

图3-13是迭代模式与顺序模式的比较。

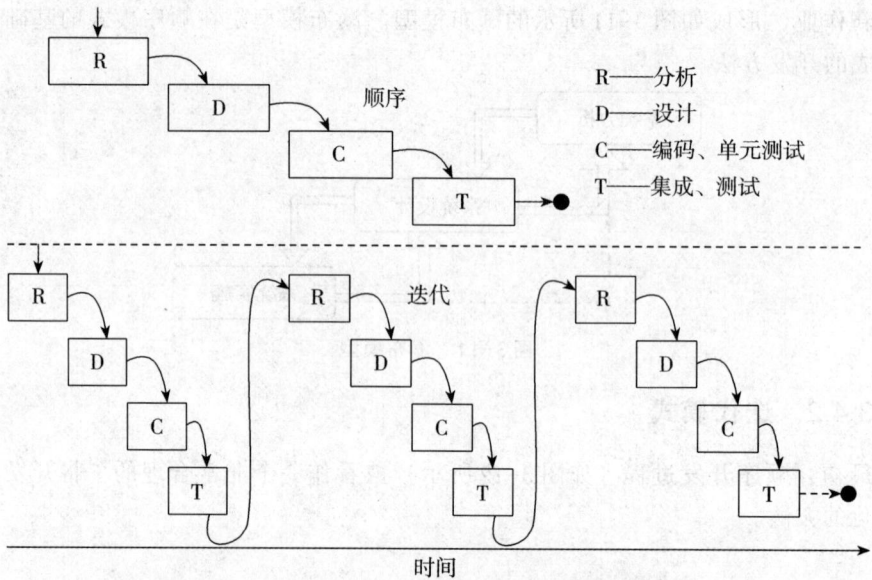

图3-13 迭代模式与顺序模式的比较

从图3-13中可以看出，迭代的开发方法就是将顺序开发过程中的长期、大型项目分解成可连续应用的几个小部分，这样，可以先考虑一部分需求和风险，设计、实现并确认了这一部分之后，再做下一部分的需求分析、设计、实现和确认，依次进行下去，直至整个项目完成。

典型的迭代模式有原型模式、XP模式。

1）原型模式

作为一种信息系统的开发方法，原型模式从原理到流程都是十分简单的，并无任何高深的过程，并且在实际应用中获得了成功。特别是对于那些半结构化的信息处理，即工作过程没有固定程序、用户很难直接用语言表达的问题，原型模式独具特色。原型模式的主要特点是：

（1）开发过程是一个循环往复的反馈过程。

用户和设计者在设计之初对系统的功能要求的认识是不完整的、粗糙的，但在开发过程中通过建立原型、演示原型、修改原型的循环过程，可以确保用户的需求得到较好的满足。

此外，原型模式更多地遵循了人们认识事物的规律，更容易为人们所普遍掌握和接受。

（2）原型模式将模拟的手段引入系统分析的初期阶段。

系统分析人员根据用户的需求模拟出一个系统原型，然后就这个模型展开讨论。它使用户很快得到他们需要的模型系统，接触和使用模型系统，从而缩短用户和系统分析人员之间的距离。

2）XP模式

肯特·贝克（Kent Beck）于1999年提出了XP（Extreme Programming，极限编

程）软件系统开发方法。

XP 是一个解决"满足用户真正的需求"及"适应需求的不断变化"这两个难题的较好方案。

XP 认为系统分析与设计人员很难认清用户的真正需求，它提倡在系统开发过程中，由程序员在编写程序的同时进行系统分析、系统设计等所有的开发工作，每次只做一点，通过多次迭代，逐步形成用户满意的应用系统。XP 力求简单化，强调开发人员多交流与多反馈，并保持极高的工作热情。

3）原型模式与 XP 模式的比较

原型模式和 XP 模式虽然都属于迭代模式，但是存在不同之处。XP 模式是分批交付，先做一个只涵盖一个或者几个功能点的版本，完成后在每个开发周期往现有版本上增加其他功能点。原型模式一般要求做出一个比较完整的、能覆盖主要功能点的粗略的版本，然后在这个版本上不断完善，最终完成系统。

3.5　信息系统模型与描述

在科学理论和工程技术的研究上，对一个研究对象的状态、性质及变化过程进行有效的记录（描述）是深入分析与掌握研究对象的必要条件。描述手段和描述方法对科学研究至关重要，许多的科学研究都可归结为对描述手段和描述方法的研究。

描述本身有两个方面：一是媒体（记录手段）；二是描述方法。描述方法是基于媒体的。以文字作为媒体时，要定义一套术语，如代数体系的变量、函数；以图形作为媒体时，要定义一套图形术语（图例），如几何体系的笛卡尔坐标、点的轨迹。图形媒体包含的信息量大，具有直观、易于理解的特性，但图形媒体很难完整地描述研究对象，通常需要辅以文字说明才能全面地描述对象。例如，工程图纸（机械制图）就是由图形与文字说明构成的。

3.5.1　信息系统模型

1）现实世界与机器世界

信息系统是帮助人们存储数据、处理数据的计算机系统，是人们记忆能力和运算能力的延伸。

通常来讲，信息系统是由人、数据、功能、硬件和软件组成的。从技术的角度看，信息系统的最终形态的主体是软件系统。从功能上讲，信息系统是模拟人们的事务与活动中与数据处理有关的业务过程，即现实世界中某一领域（或局部、问题域）的映像。也就是说，从信息系统理论考察，存在一个现实世界和一个数据世界（或机器世界）。

现实世界是我们直接面对的世界，是一个极其复杂的系统，具有成千上万种状态，是只有人本身才能认识、理解的世界。

数据世界是代码的集合，是由机器代码组成的。目前的数据世界里只有两种状态：0和1。

由此可见，数据世界是极其简单的、有规则的和线性的。数据世界通过0和1的各种组合来为不同的事物编码，从而模拟现实世界的某一领域（或某一部分），如图3-14所示。机器代码只有机器才能认识与理解。

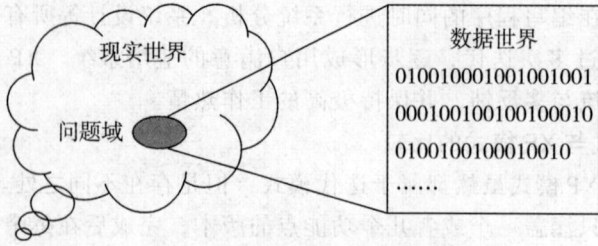

图3-14　现实世界的数据模拟

2）层次映射与模型

信息系统开发人员，一方面要掌握现实世界（数据处理的功能：需求），另一方面要掌握机器世界（软件）。信息系统开发人员的工作任务就是要把现实世界的需求映射到机器世界，并构造出软件来模拟现实世界的功能。

由于现实世界与机器世界的差异太大，目前的技术还无法将现实世界直接映射到机器世界，而是从现实世界（需求）开始，通过几个层次的映射与转换，最后映射到机器世界（软件）（如图3-15所示）。每一层映射的结果都得到信息系统的一个层次的模型。

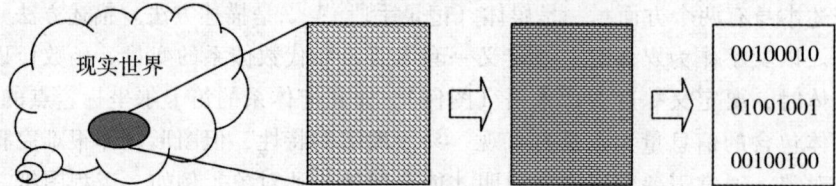

图3-15　层次映射

信息系统各层次模型是跨越现实世界与机器世界的桥梁（如图3-16所示）。

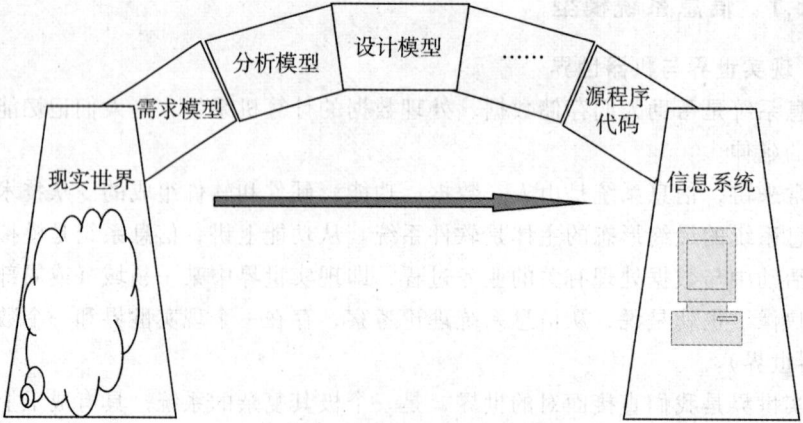

图3-16　映射过程及各层模型

与现实世界连接的一端是"需求模型"，是对用户需求的标准化描述。需求模型最接近现实世界，离机器世界最远。

与机器世界连接的一端是"程序源代码"，这是用高级程序语言描述的软件（机器世界）的行为与功能。程序源代码最接近机器世界，是人们可以理解的机器指令，可以直接翻译成机器码。需求模型与程序源代码之间依次存在着"分析模型""设计模型""实施模型"等。

3.5.2　信息系统描述

1）信息系统描述的特点

（1）信息系统的描述具有多层次性。

现实世界到机器世界的映射，就是在现实与机器之间的鸿沟上架起一座理解的桥梁。这座桥梁是由一系列的模型构成的，每个模型都有相应的描述手段与描述方法。

（2）信息系统的描述具有多侧面、多视图的特性。

机器世界由数据与功能这两大主要类别组成。信息系统各层模型中都包含两大类别的模型，即功能模型与数据模型，而这两大类别的模型又是紧密联系的。在对各层模型进行分析与考察时，这些模型会呈现出不同的形态，即根据用户所关心的问题的重点不同，模型具有不同的视图。因此，对信息系统只能在不同的层次上对各个侧面从不同的视角进行描述。

（3）信息系统的描述要反映系统的静态与动态特性。

静态特性反映系统的组成及结构；动态特性则反映系统的功能，如对用户动作的响应、对数据的处理与变换、对错误的处理等。

（4）信息系统的描述要具有高度的适应性，既要能抽象地描述全局的特性，又要能详细地描述具体对象（类）。

（5）信息系统的描述应该简单易懂，便于交流与沟通。

机械图纸只是供机械工程师和机械加工人员阅读的，而信息系统是为各行各业服务的，信息系统文档的读者是很广泛的，除了开发人员、管理人员外，还有各领域的专家、客户方的用户等。因此，信息系统的描述不能过于"专业化"和"术语化"，要在清晰、完整地表达相关内容的同时，使各类人员都能快速掌握、正确理解。

（6）信息系统的文档本身也具有层次性。

根据这些文档服务的对象不同，其要求也有所不同。例如，描述用户需求的"需求模型"，它服务的对象除了系统分析员和系统设计员外，还有用户。用户包括各行各业的专家、管理人员和使用者。因此，需求模型所用的描述方法就要适合于广大的非信息系统专业人员阅读与理解。而对于主要用于程序设计的文档，就只要求开发人员特别是程序员能清楚地掌握就行了。

2）信息系统描述方法的发展

信息系统描述方法随着计算机科学与技术，特别是软件技术与信息系统开发技术的发展而发展。

20世纪五六十年代，以科学计算为主，描述方法只局限于对程序的算法的描述。在软件危机发生后，出现了软件工程的观点，它把信息系统的开发作为工程来进行，系统开发不是只编写程序，而是如其他类型的工程一样需要进行分析、设计和实现。对信息系统的描述也随之形成了以结构化思想方法为主的系统描述方法。

信息系统是软件系统，是体现脑力的工具产品。与实物类型的机械产品和建筑工程产品相比，信息系统更加复杂，有更多的层次与侧面，对信息系统的描述更难。

信息系统的开发过程实质上是将人的思维即脑力活动，通过几个层次映射到机器语言上，并最终由机器模拟完成功能的过程。

最早提出的系统描述方法是以结构化方法为基础，按照生命周期模式，将信息系统的开发分为系统分析、系统设计、系统实施3个层次进行描述，生成系统分析文档、系统设计文档与系统实施文档。

（1）系统分析。

系统分析是对需求及功能进行分析，实质上是对现实世界进行数据抽象。因此，系统分析的主要任务是建立系统的概念模型（有时也称为概念设计）。概念模型的主要描述工具有数据流程图、数据字典、业务流程图等。

（2）系统设计。

系统设计是更接近机器世界的层次，对软件系统的结构进行设计并对数据的处理进行更详细的描述。系统设计也称物理设计，主要目的是构建系统的物理模型，即如何实现系统。系统设计的主要描述工具有功能结构图、模块结构图、信息系统流程图、E-R图等。

（3）系统实施。

系统实施的描述工具以程序流程图为主。自然语言与文字是一切描述工具的基础，但由于自然语言在记录技术文档时存在歧义性与模糊性，容易造成不准确的理解甚至误解，所以信息系统的描述工具以图形为主，附加语言文字作为说明，目的是通过直观的方式建立系统模型，最终实现系统目标。结构化开发方法常用的描述方法及工具将在后面的系统分析、系统设计等章节详细介绍。

面向对象的开发方法出现以后，人们开始以新的模式认识系统。按照面向对象的方式来识别事物时，不再单纯地从数据流的角度或功能角度来描述系统，而是将事物分门别类，将具有相同属性和行为的对象归纳为一个类。对信息系统的描述也相应地形成了一套以类图为基础的方法。面向对象的开发方法一般用UML描述。

UML是一套描述工具的集合，它几乎包含了对信息系统各个层次、各个侧面的描述工具，是一种标准的统一描述语言。

3.5.3　UML

UML（unified modeling language）又称统一建模语言或标准建模语言，是一种支持模型化和软件系统开发的图形语言，为软件开发的所有阶段提供模型化和可视化支持。

UML 是目前最全面的一种信息系统描述方法，融合了多种描述方法而形成。自 UML1.1 在 1977 年 11 月被对象管理组织（Object Manage Group，OMG）接纳为标准后，UML 一直在发展，是信息系统学科中一个活跃的研究领域。目前，UML 得到了科技界和应用界的广泛支持。

1）UML 的描述工具

UML 主要用图形来描述信息系统，是一种图形语言。它包含了各种各样的图形，将程序流程图（PFD）、面向对象开发方法中用的类图、数据设计中用的 E-R 图等，都吸纳进来用于描述信息系统的某个层次和某个侧面。当然，UML 并不是简单地把其他方法所用的图形集成起来而形成的描述方法，它还创造了一些新的图形表示方法，如"用例图"等。

信息系统具有多层次、多侧面的特性，对信息系统的描述也应适应这一特点。不同的信息系统建设参与者如用户、开发人员、管理人员、程序员等，对文档的要求也不同。因此，要完全、准确地记录信息系统，就需要各层次与各侧面的视图。图形除了具有直观、信息含量大、易于理解的优点以外，还便于形式化及计算机自动处理。

UML 所用的图形可分为五个类型，一共有十种（如图 3-17 所示）。UML 用这些图形及适当的文字说明、数字等其他表达方式，对信息系统的各方面进行描述，可以全面地描述信息系统的静态特性和动态特性。

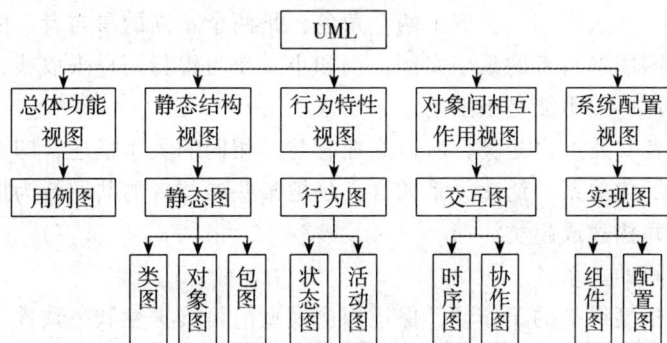

图 3-17　UML 的图形工具

2）各图形工具的用途

（1）总体功能视图——用例图。

用例图是信息系统的简要功能图，即从用户的角度简明扼要地描述系统的功能。

"用例"这个词在这里具有"典型使用实例"的含义，它代表的是某一个具体的使用功能。每个使用功能（用例）都有相应的使用者（或操作者）。

①用例图中的"用例"用一个椭圆形表示，椭圆形旁的文字表示用例的名称，说明用例的功能。

参与者用一个小的稻草人形表示。箭头由参与者指向用例，很形象地表示出参与者与使用功能的关系（如图3-18所示）。一个用例图由一系列的参与者和用例组成，每一个用例表示一个具体的功能（如图3-19所示）。

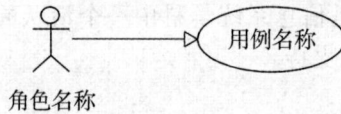

图3-18　参与者与用例的关系

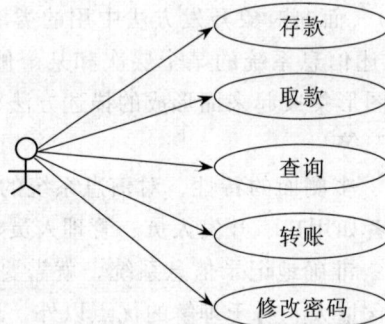

图3-19　ATM系统用例图

需要注意的是，参与者虽然可以代表人或事物，但参与者不是指人或事物本身，而是表示人或事物当时所扮演的角色。例如，小王是银行的工作人员，他参与银行管理系统的交互，这时他既可以作为管理员这个角色参与管理，也可以作为银行用户来取钱，在这里小王扮演了两个角色，是两个不同的参与者。因此不能将参与者的名字表示成参与者的某个实例，例如小王作为银行用户来取钱，参与者的名字还是银行用户，而不能是小王。

由于参与者实质上也是类，所以它拥有与类相同的关系描述，即参与者与参与者之间主要是泛化关系。泛化关系的含义是把某些参与者的共同行为提取出来表示成通用行为，并描述成超类。

②用例之间的关系。

为了减少模型维护的工作量，保证用例模型的可维护性和一致性，可以在用例之间抽象出包含（include）、扩展（extend）和泛化（generalize）这几种关系（如图3-20所示）。

包含关系是指用例可以简单地包含其他用例具有的行为，并把它所包含的用例行为作为自身行为的一部分，通过带箭头的虚线段加<<include>>字样来表示。

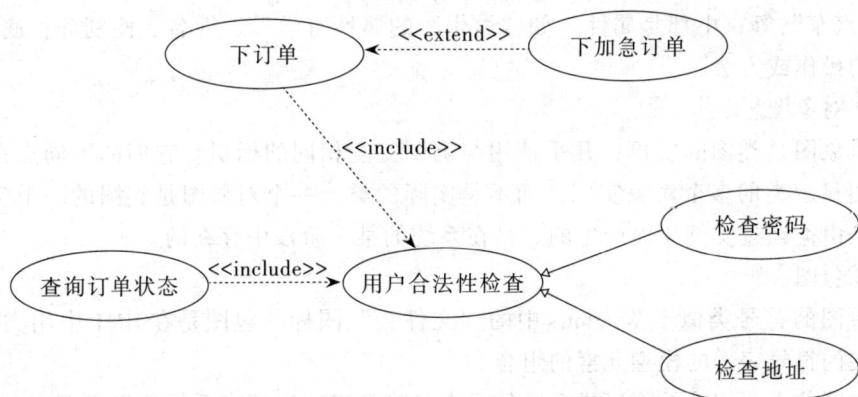

图3-20　用例之间的关系

扩展关系是指在一定条件下，把新的行为加入到已有的用例中，获得的新用例称为扩展用例，通过带箭头的虚线段加<<extend>>字样来表示。

泛化关系是指一个父用例可以被特化形成多个子用例，通过一个从子用例指向父用例的三角箭头来表示。

（2）静态结构视图——静态图。

描述静态结构的图形工具在UML中称为静态图（static diagram）。静态图分为类图（class diagram）、对象图（object diagram）和包图（package diagram），如图3-21所示，它们所描述的都是系统静态特征和结构，包括系统的主要组成部分。

①类图。

类图描述系统中的类、类之间的关系、类的内部结构（属性和方法）等。由于类图描述的是系统的静态结构，这种静态关系在系统的整个生命周期中都相对稳定，因此类图所描述的系统结构在整个生命周期中都是有效的。

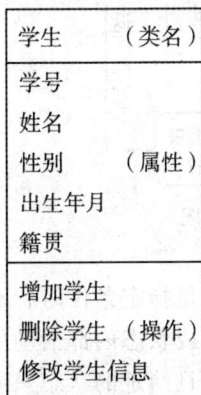 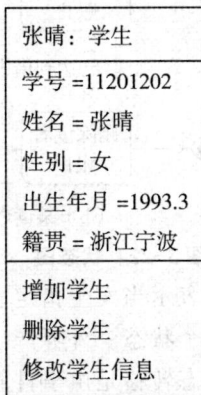 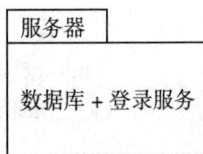

（a）类图　　　　　　（b）对象图　　　　　　（c）包图

图3-21　UML静态结构视图

类的表示符号是一个包含三部分的长方形框：类名写在顶部如"学生""课

程""汽车"等;中部是属性,如"学生"的属性有学号、姓名、性别等;底部列出类的操作或方法。

②对象图。

对象图是类图的实例,几乎使用与类图完全相同的标识。它们的不同点在于,对象图显示类的多个对象实例,而不是实际的类。一个对象图是类图的一个实例。对象是由类经过实例化而产生的,是在系统的某一阶段中存在的。

③包图。

包图的符号类似于 Windows 中的"文件夹"图标。包图是在 UML 中用类似于文件夹的符号表示的模型元素的组合。

包图的主要用途是将组成系统的元素分成几组,以便于系统的组织管理。系统中的每个元素都只能为一个包所有,一个包可嵌套在另一个包中。使用包图可以将相关元素归入一个系统。

(3)行为特性视图——行为图(behavior diagram)。

行为图表达的是系统的动态模型和系统组成对象之间的状态关系。行为图有两种,分别为状态图(state diagram)和活动图(activity diagram)。

①状态图。

状态图描述某一类或对象的状态转化过程。类或对象一般有多个状态,当满足一定条件时,对象的状态会发生变化。类图或对象图无法表示状态以及状态的变化,状态图是类图的补充,对类的行为特性(状态)进行补充描述。

状态图中圆角的长方形表示状态,箭头表示状态的转换,实心圆形(●)表示起始,带圆圈的圆形(◉)表示终止。状态图如图3-22所示。

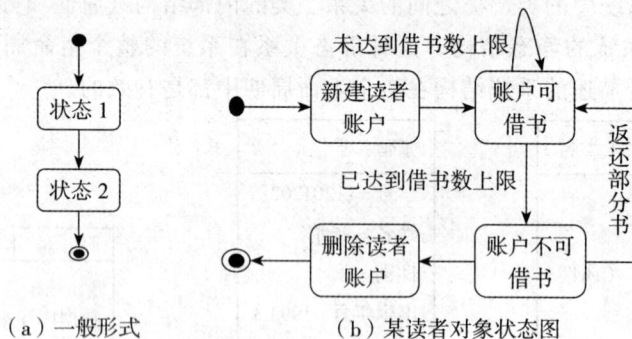

(a)一般形式　　　　　　(b)某读者对象状态图

图3-22　状态图

转移是两个状态之间的关系,表示当发生指定事件或满足指定条件时,对象执行某些操作并由一个状态进入另一个状态。外界产生的事件或状态内部活动的执行完毕都可触发状态转移,但通常状态转移是由事件触发的,且给定的状态只能产生一个转移。

②活动图。

活动图描述某项功能的具体活动以及这些活动之间的关系。

简单来说，它描述系统在执行某一用例时的具体步骤，主要表现的是系统的动作。

活动之间的关系可以是时间顺序关系，也可以是并列关系，还可以是选择关系。

前面提到，每一个用例都是一个具体的功能，但用例图只是简要地表示，活动图可用于对用例进行更深层次的描述。

可以说，活动图是对用例图的细化，是对用例的具体活动的补充描述，帮助开发者理解业务领域。

图 3-23 为某存款功能（用例）的活动图。

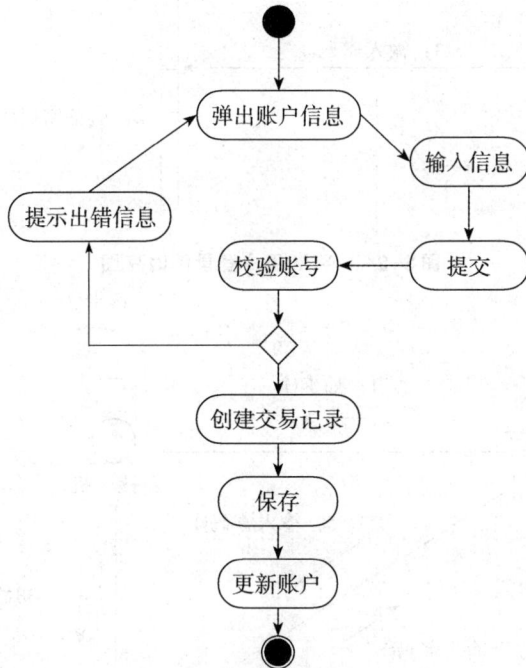

图 3-23　某存款功能（用例）的活动图

（4）对象间相互作用视图——交互图（interaction diagram）。

交互图主要强调的是对象间的交互、消息传递、响应等动态特性。也就是说，交互图可以用于描述对象或类之间的交互关系。

交互图有两种表现形式：一种是强调对象间的消息发送顺序的时序图（sequence diagram）；另一种是强调对象之间的协作情况（如调用关系）的协作图（collaboration diagram）。

时序图和协作图都是描述对象间的动态协作关系（包括互相访问、交互、调用等），从不同的视角表示同一个事物，由此可体现信息系统多个侧面的特性。

图 3-24 为 ATM 用户登录的时序图。

图 3-25 为 ATM 用户登录的协作图。

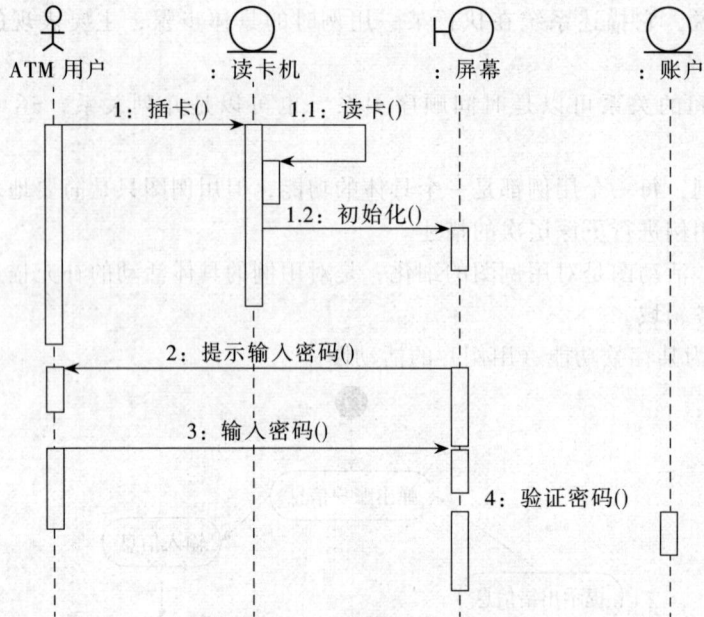

图 3-24　ATM 用户登录的时序图

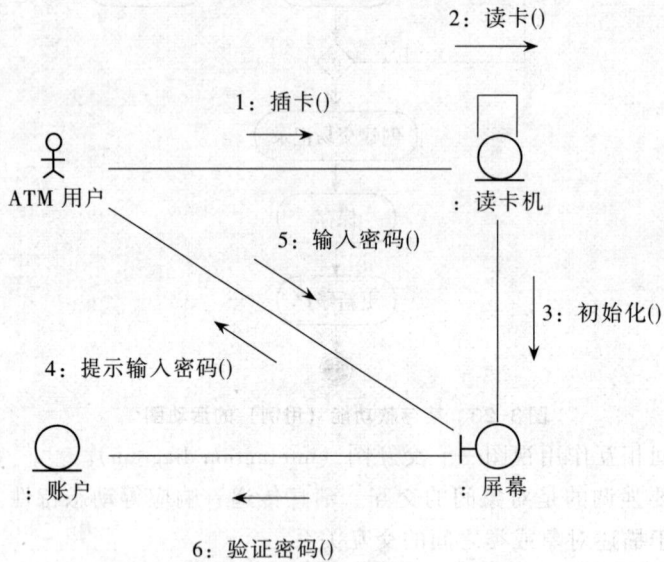

图 3-25　ATM 用户登录的协作图

（5）系统配置视图——实现图（implementation diagram）。

实现图描述系统的组成对象与结构。实现图有两种：组件图（component diagram）和配置图（deployment diagram）。

①组件图。

组件图描述代码构件的物理结构和各构件间的依赖关系，如图 3-26 所示。组件图有助于分析和理解组件之间的影响。

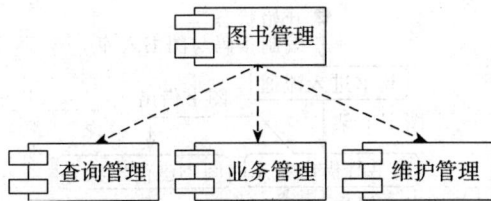

图 3-26　组件图

②配置图（或称部署图）。

配置图描述了运行软件的系统中硬件和软件的物理结构，如图 3-27 所示。它表示计算机与设备之间的连接关系。每个"连接"表示出相互连接的两个硬件的依赖（耦合）关系。

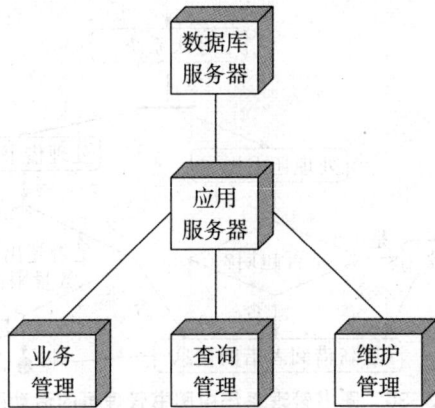

图 3-27　配置图

3）UML 在图书管理系统中的应用举例

UML 在图书管理系统中的应用举例如图 3-28 至图 3-33 所示。

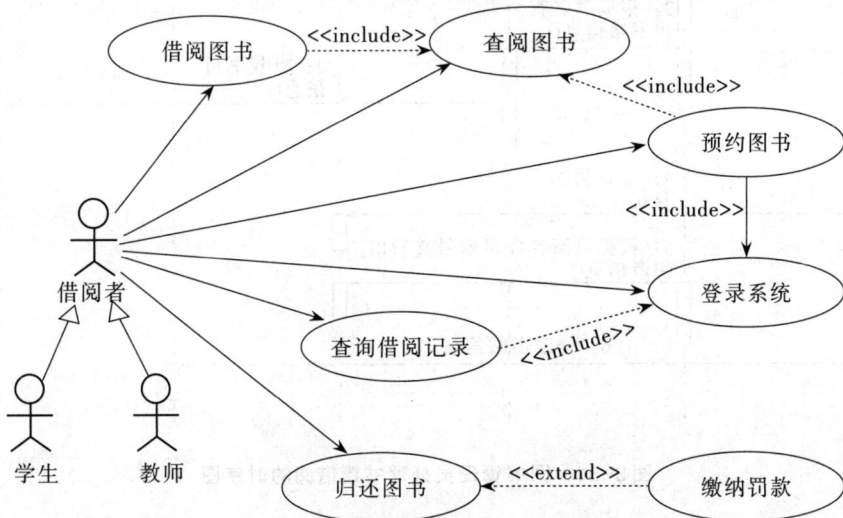

图 3-28　图书管理系统中借阅者请求服务的用例图

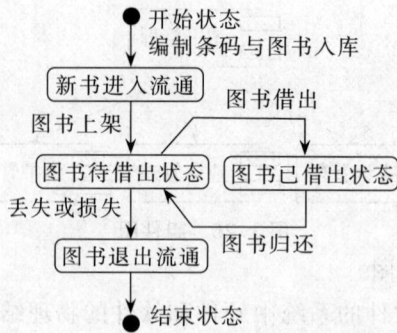

图 3-29 图书管理系统中书籍类的状态图

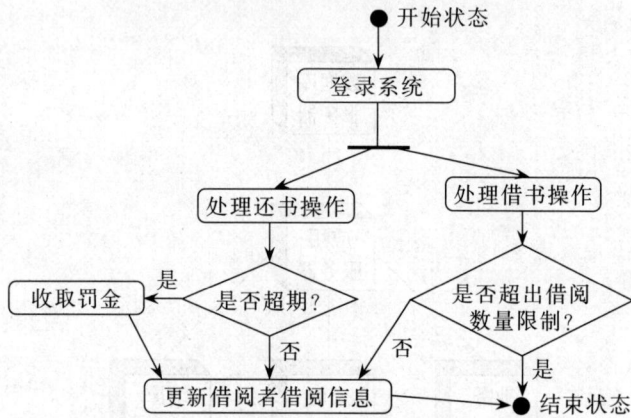

图 3-30 图书管理系统中图书管理员的活动图

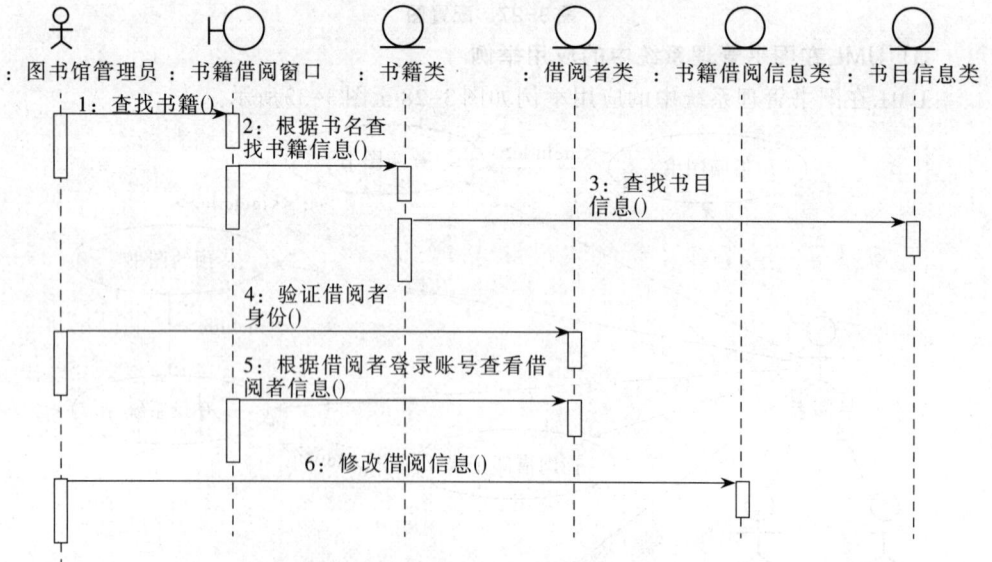

图 3-31 图书管理员处理书籍借阅的时序图

书目信息　借阅信息　借阅者信息

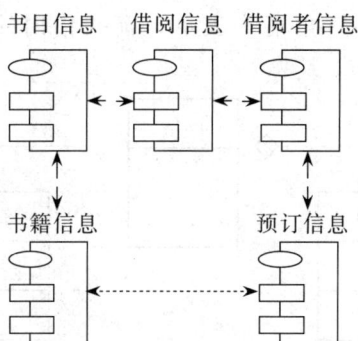

图 3-32　图书管理系统的业务对象组件图

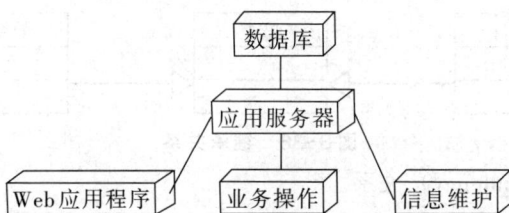

图 3-33　图书管理系统的配置图

4）联系与关联的描述

联系与关联是各种图的重要组成部分，如用例图中的"使用者"与"用例"之间的箭头就是一种联系，说明使用者操作用例。再如，状态图中状态之间的转换也是用箭头表示的关联。联系与关联一般用直线（折线）箭头表示。

联系与关联有多种类型。以下列出常见的一些类型：

（1）关联（association）关系。

关联关系表示对象间的一般性的关联，如"使用者"与"用例"之间就是一种关联关系（在这里是"操作"）。关联关系所连接的两个对象不存在依赖关系，即两个对象是相互独立的。关联关系是对象之间的一种通信途径。关联关系在图中一般用直线（折线）箭头表示，如图 3-34 所示。

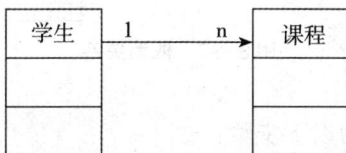

图 3-34　关联关系

（2）聚集（aggregation）关系。

聚集关系表示部分与整体的关系。由其他类组成（聚集而成）的类一般称聚集类（或聚合类）。聚集关系在图中用一个尾部带有菱形的箭头表示，菱形端表示聚集类，箭头指向的是组成聚集类的"部分类"（如图 3-35 所示）。

（3）继承（generalization）关系。

继承关系表示子类（派生类）自动拥有超类（父类）中定义的属性与行为。继承关系在图中用一个空心三角箭头表示，箭头指向的一端是超类（如图 3-36 所示）。

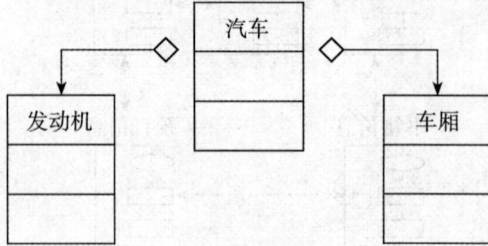

图 3-35　聚集关系

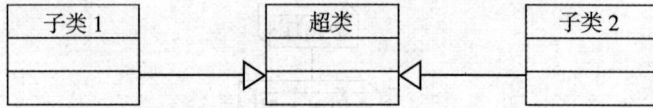

图 3-36　继承关系

（4）依赖（dependency）关系。

依赖关系表示模型中的两个元素是相互依赖的，如对其中一个元素进行修改，另一个元素将受到影响。依赖关系在图中用一个虚线箭头表示，箭头指向的一端是被依赖的元素（如图 3-37 所示）。

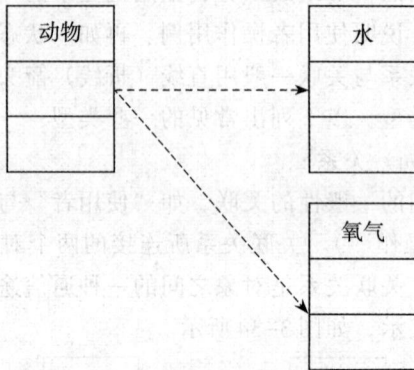

图 3-37　依赖关系

5）UML 建模过程

使用 UML 建模大致分为以下步骤：

（1）建立需求模型。

从功能需求出发建立用例模型，得到系统的功能。

（2）建立对象模型。

对象模型包括静态模型与动态模型。

静态模式使用类图、对象图、包图描述系统中对象和对象之间的静态关系，得到系统的整体结构。

动态模型使用状态图、活动图、时序图、协作图描述对象的状态和状态之间的转换条件、各个对象之间的交互关系。

（3）建立系统的实现模型。

使用配置图定义系统的软、硬件结构及通信机制，表示软、硬件系统之间的合作关系；使用组件图描述系统由哪些构件组成。

（4）检查模型之间的一致性。这个过程需要反复多次才能完整地描述系统。

（5）在组件图的基础上生成开发语言的代码框架。

本章小结

本章主要介绍了管理信息系统的两种开发策略、4 种开发方法、两种典型开发过程模式以及信息系统的模型描述方法等。

管理信息系统的开发按照开发策略可分为自顶向下与自底向上两种，按照开发方法可分为结构化开发方法、原型法、面向对象开发方法及 CASE 法。这 4 种方法各有优缺点，在实际的开发过程中经常将多种方法结合使用。管理信息系统的开发还有两种典型的过程模式：顺序模式与迭代模式。管理信息系统要经过从现实世界到机器世界的映像，这需要各种模型作为桥梁，各种模型又有其各自的描述方法。面向对象的开发方法主要使用 UML 语言来描述。UML 语言由总体功能视图、静态结构视图、行为特性视图、对象间相互作用视图及系统配置视图组成。

思考题

第3章
基础自测题

（1）简述 MIS 的两种开发策略各有何优缺点。

（2）简述原型法的基本思想及其特点。

（3）试举例描述面向对象开发方法的继承性。

（4）简述顺序模式和迭代模式的适用范围。

（5）类图由哪几个部分构成？它和对象图有何关联？

案例分析

基于 UML 的本科生学位信息管理系统分析与设计

1）需求描述

开发本科生学位信息管理系统的目的是实现学位申请人基本数据远程提交及院系、本科生部答辩资格审查网络化，以提高工作效率。

系统主要业务流程包括学位申请人可以提交课程学习成绩及学位论文信息、提交论文评阅专家及答辩委员信息、提交论文评阅结果、提交论文答辩结果和打印相关表格等，在所有申请工作完成后，向校学术委员会申请学位。本科生导师在学位申请人提交完基本信息后，可以在网上依次审核论文信息、论文评阅专家资格及答辩委员资格等。

系部管理员负责审核学位申请课程成绩、论文评阅专家资格及答辩委员资格情况。

学科点负责人主要审核论文评阅专家资格、答辩委员资格、学位申请人答辩情况等。

院管理员（系统管理员）主要负责导入学位申请人的课程成绩、抽查送审论文、提交论文送审结果，最终审核学位申请，决定是否授予学位。

下面重点介绍如何运用面向对象开发方法对系统进行分析与设计，并借助UML实现建模。

2）系统分析

（1）功能分析。

根据本系统的需求，参与者之间的泛化关系如图3-38所示，学位申请人用例图如图3-39所示。

图3-38　参与者之间的泛化关系

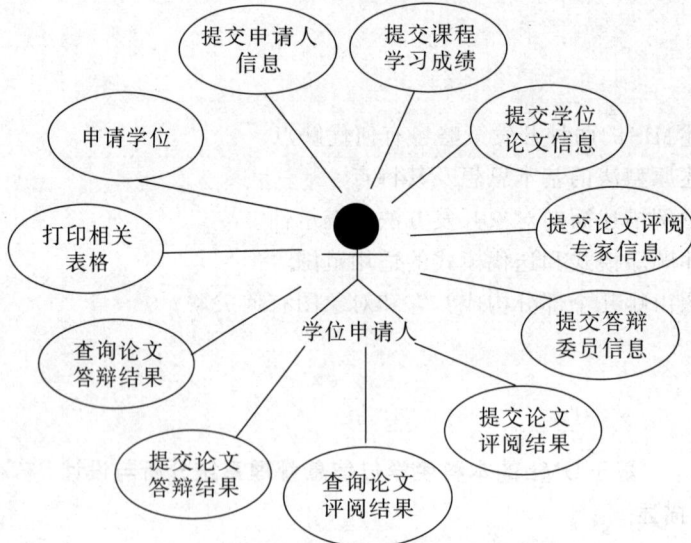

图3-39　学位申请人用例图

（2）对象模型。

采用自底向上方法抽象出现有类之间的共同性质，泛化出父类；采用自顶向下方法细化现有类，派生出具体的子类，得到包含继承关系的类图，如图3-40所示。

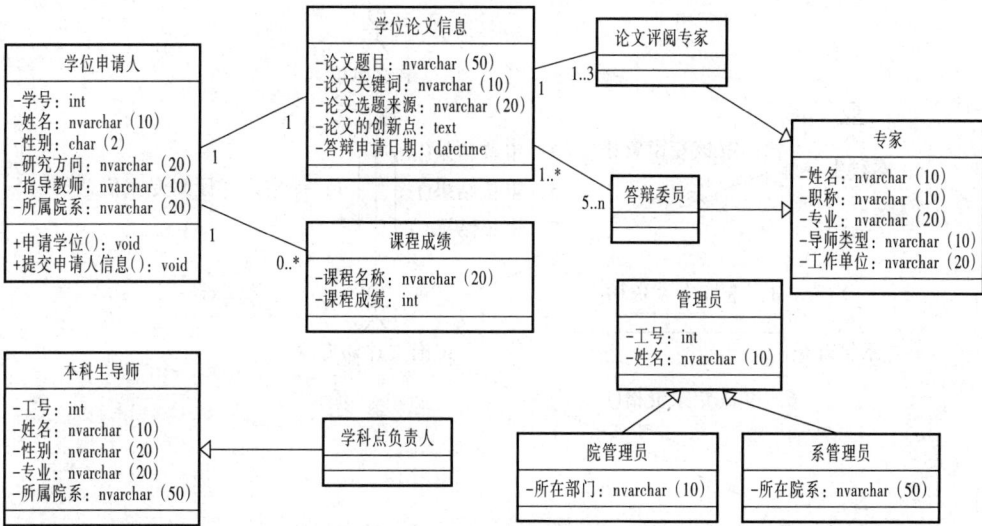

图3-40 包含继承关系的类图

（3）动态模型。

采用UML时序图、协作图和状态图建立对象模型对应的动态模型。学位申请人在提交论文评阅专家的信息后，本科生导师、系管理员和学科点负责人依次审核论文评阅专家的信息，确定论文评阅专家的资格，并将审核结果返回给学位申请人，时序图和协作图如图3-41、图3-42所示。

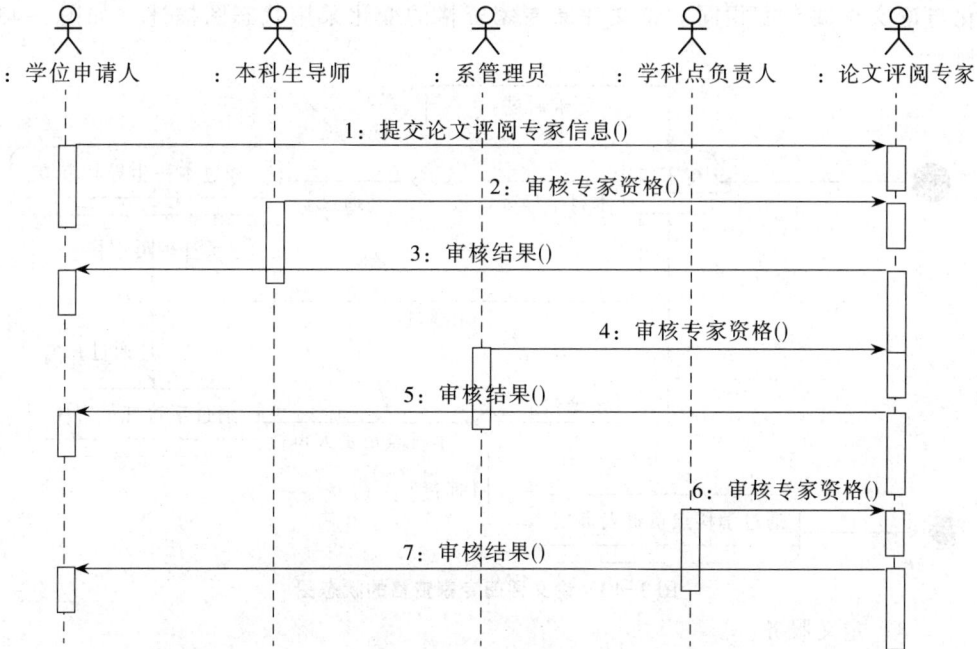

图3-41 审核论文评阅专家资格的时序图

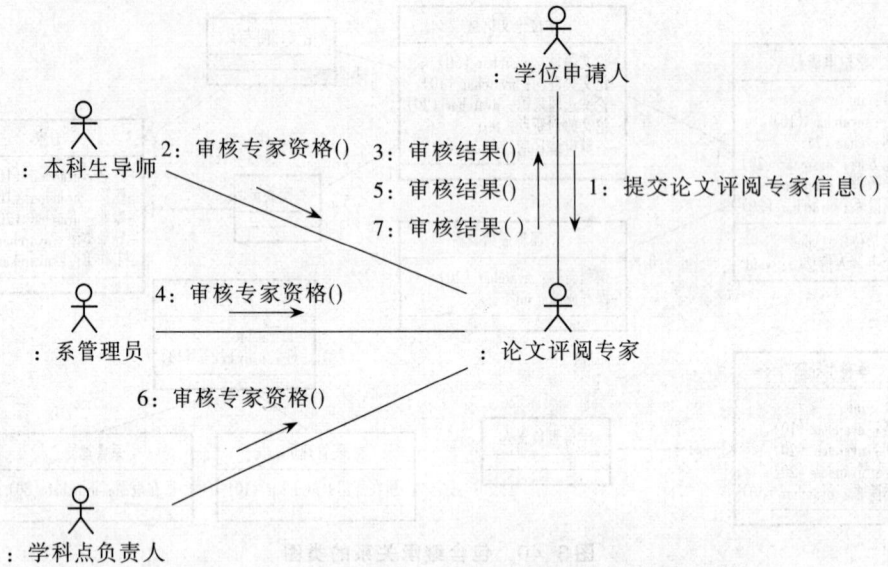

图3-42　审核论文评阅专家资格的协作图

　　学位申请人在获得导师提名的论文评阅专家信息后，向系统提交论文评阅专家信息，论文评阅专家的资格状态变为"待审核"，然后由本科生导师、系管理员和学科点负责人依次审核，最终通过审核。若其中任何一个不通过审核，则对象状态变为"待审核"，交由学位申请人重新提交。答辩委员资格的状态变化与论文评阅专家相同。论文评阅专家资格的变化采用状态图描述，如图3-43所示。

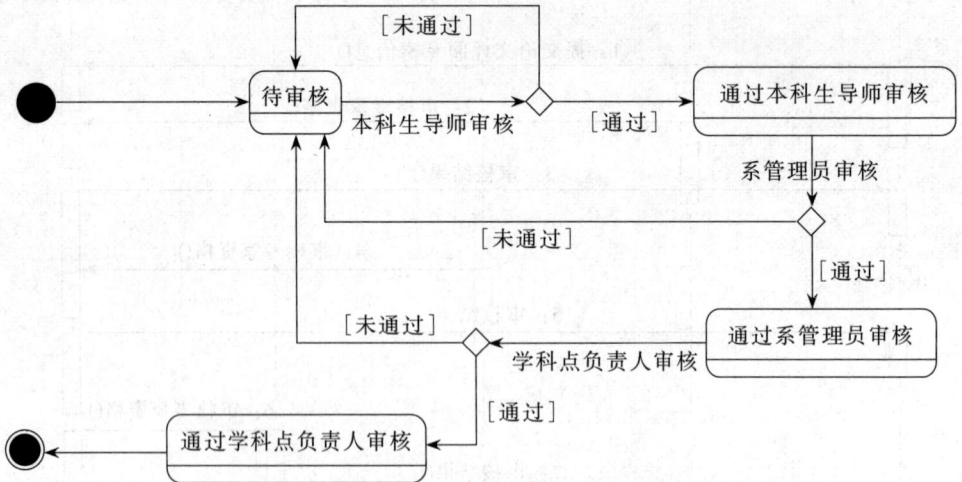

图3-43　论文评阅专家资格的状态图

　　（4）定义服务。

　　基于系统的对象模型和动态模型确定类的服务，例如从审核论文评阅专家资格的时序图中，可以定义类"论文评阅专家"的服务有：提交论文评阅专家信息、本

科生导师审核论文评阅专家资格、系管理员审核论文评阅专家资格、学科点负责人
审核论文评阅专家资格，如图 3-44 所示。

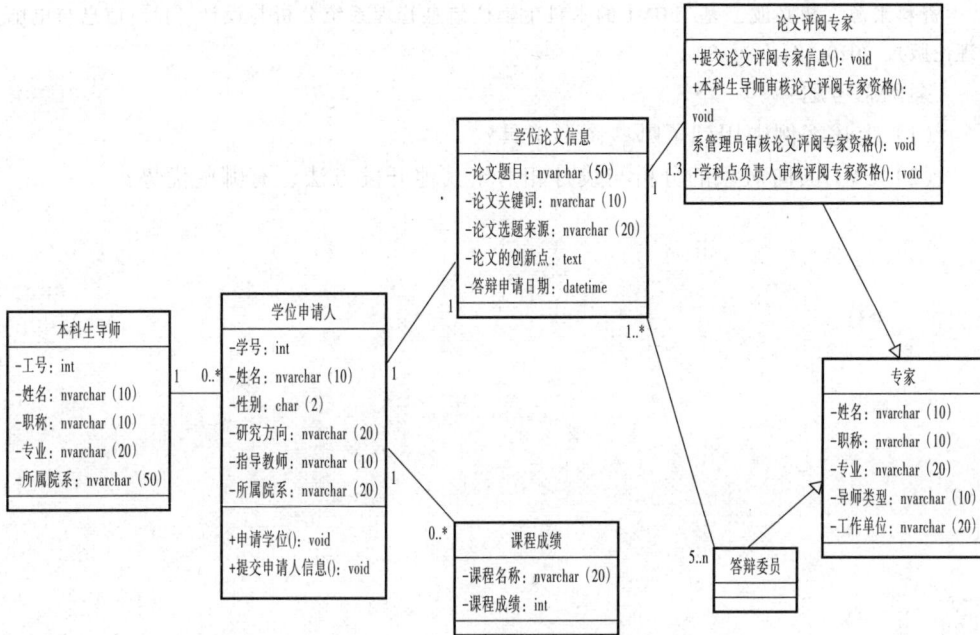

图 3-44　显示服务的类图

3）系统设计

（1）总体设计。

根据系统的功能，将系统按参与者划分为五个不同的子功能模块：学位申请人
子模块、本科生导师子模块、学科点负责人子模块、系管理员子模块、院管理员子
模块。

（2）详细设计。

数据库的设计可以采用类图描述数据库模式，用类描述数据库表，用类的操作
描述触发器和存储过程。本系统的数据库表主要包含学位申请人表、课程成绩表
等。模块设计可以参照模块编号、模块名称、初始化、输入、处理、算法描述和输
出等格式来描述。对象设计可在面向对象分析阶段的对象模型基础上，进一步扩
充、完善和细化完成。

面向对象分析就是获取和分析用户需求并建立问题域精确模型的过程。该过程
主要进行理解、表达和验证工作，生成主要由功能模型、动态模型和对象模型组成
的软件需求规格说明书。面向对象分析不是一次就能达到理想效果的，需要反复理
解、表达和验证，最终建立简洁、精确、可理解的正确模型。面向对象设计就是将
面向对象分析的问题域转换为符合成本和质量域的设计模型。该阶段包括系统设计
和对象设计。系统设计确定实现系统的策略，进行系统功能结构设计、体系架构设
计、技术方案选择、数据库设计、人机界面设计和模块设计；对象设计确定设计模

型中的类、关联、接口和实现服务的算法。面向对象设计与面向对象分析是一个多次反复迭代的过程,二者的界限模糊。

资料来源　胡必波.基于 UML 的本科生学位信息管理系统分析与设计 [J].信息与电脑(理论版),2020(4):80-82.

案例思考题:

(1)上述案例中用到了哪些图形工具?

(2)UML 面向对象的分析与设计相对于其他开发方法,有哪些优势?

第4章

管理信息系统的系统规划

学习目标

✔ 理解管理信息系统系统规划的重要性；

✔ 掌握管理信息系统系统规划三种方法的基本思路；

✔ 重点掌握企业系统规划法的规划步骤、U/C 矩阵的使用方法；

✔ 了解业务流程重组的步骤及重要性。

思政引入

系统性思维的重要性

系统规划是管理信息系统开发的第一个阶段，也是系统开发过程的第一步，其质量直接影响着系统开发的成败。信息系统规划是将组织目标、支持组织目标所必需的信息、提供这些必需信息的信息系统，以及这些信息系统的实施等诸要素集成在一起形成的信息系统方案，是面向组织中信息系统发展远景的系统开发计划。系统性思维是一种逻辑抽象能力，也可以称为整体观、全局观。党的二十大报告指出："必须坚持系统观念。万事万物是相互联系、相互依存的。只有用普遍联系的、全面系统的、发展变化的观点观察事物，才能把握事物发展规律。"因此，只有运用系统性思维，才能抓住整体，抓住要害，才能不失原则地采取灵活有效的方法处置事务。客观事物是多方面相互联系、发展变化的有机整体。系统性思维就是人们运用系统观点，认识对象的互相联系的各个方面及其结构和功能的一种思维方法。整体性原则是系统性思维方式的核心。这一原则要求人们无论干什么事都要立足整体，从整体与部分、整体与环境的相互作用过程来认识和把握整体。

系统规划是站在整体的角度，运用系统性思维，放眼全局，对将要开发的管理信息系统进行总体的规划，确定系统目标、信息结构、资源分配、关键成功因素、战略集合等，为后续工作指明方向。

思考：在系统规划中，如何应用系统性思维？

通过前面的介绍，我们已经了解，软件的生命周期（software/system development life cycle，SDLC）可分为几个阶段：系统规划、系统分析、系统设计、系统实施、系统的维护与管理。本章主要介绍系统规划阶段的内容。

在一个管理信息系统中，如果规划错误可能会导致巨大的损失。为尽可能地避免损失，在系统开发之初，应首先进行科学的系统规划。

4.1 系统规划概述

规划是指全面的、长远的发展计划。

管理信息系统的系统规划是关于管理信息系统的长远发展计划，是信息系统开发的结构化生命周期法的第一阶段，也是信息系统开发的第一步，直接影响系统开发的成败。这一阶段的主要目标是明确系统整个生命周期内的发展方向、系统的规模和开发计划等。因此，系统规划阶段应该实现3个主要目标：

（1）保证管理信息系统的系统规划与组织战略的一致性；

（2）为组织设计出一个管理信息系统的总体结构，作为设计、开发管理信息系统的基础；

（3）为组织选择开发管理信息系统的设计方法论。

4.1.1 系统规划的任务

系统规划阶段的主要任务是制定信息系统的发展战略、信息系统的总体方案和系统建设的资源分配计划等。

信息系统服务于企业，其发展战略必须与整个企业的战略目标协调一致。

制定信息系统的发展战略，首先要调查分析企业的目标和发展战略，评价现行信息系统的功能、环境和应用状况，在此基础上确定信息系统的使命，制定信息系统的战略目标及相关的政策。

然后，在调查分析企业信息需求的基础上，提出信息系统的总体结构方案。根据发展战略和总体结构方案，确定系统和应用项目开发次序及时间安排，提出实现开发计划所需的硬件、软件、技术人员、资金等条件，以及建设整个系统的预算，进行可行性分析。

4.1.2 系统规划的特点

系统规划阶段是概念系统形成的时期。

系统规划是企业规划的一部分，是面向全局、面向长远的关键问题，是高层次的系统分析，是一个管理决策的过程，具有较强的不确定性，结构化程度较低。

系统规划的目的是为整个系统确定发展战略、总体结构和资源计划，而不是解决系统开发中的具体问题。因此，系统规划不宜过细，它要给后续工作以指导而不是替代后续工作。

4.1.3 系统规划的主要内容

管理信息系统系统规划的主要内容包括：

（1）信息系统的目标、约束及总体结构。

其中，信息系统的目标确定了管理信息系统应实现的功能；信息系统的约束包括管理信息系统实现的环境、条件（如管理的规章制度、人力、财务等）；信息系统的总体结构指明了信息的主要类型和主要的子系统。

（2）组织（企业、部门）的状况，包括计算机软件及硬件情况、应用系统及现有人员的配备情况以及开发费用的投入情况。

（3）业务流程的现状、存在的问题和不足，以及流程在新技术条件下的重组。

（4）对影响规划的信息技术发展的预测。

这些信息技术主要包括计算机硬件技术、网络技术及数据处理技术等。这些技术的不断更新将给管理信息系统的开发带来深刻的影响（如处理效率、响应时间等），与管理信息系统的性能有着密切的联系，决定着管理信息系统性能的优劣。因此，在规划过程中需要吸收相关技术的最新发展成果，从而使所开发的管理信息系统具有更强大的生命力。

4.1.4　系统规划的基本步骤

不同领域和不同规模的信息系统，制定其规划要做的工作肯定会有所不同，但大体都遵循以下步骤（如图4-1所示）：

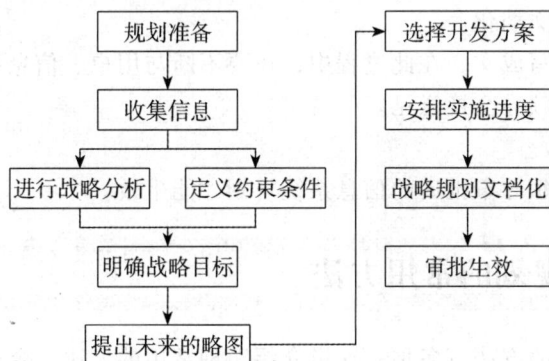

图4-1　信息系统规划的基本步骤

（1）规划准备。

规划准备包括确定规划的年限、规划的方法，确定是集中式还是分散式的规划，是进取还是保守的规划，邀请专家，组织规划小组，落实规划工作环境，启动规划等工作。

（2）收集信息。

进行必要的初步调查，内容包括：企业发展战略，企业产品，市场定位，企业技术，设备和生产能力，企业综合实力，组织机构和管理，企业员工素质，企业面临的机遇和挑战，企业现行信息系统建设水平、管理水平和信息技术现状。

（3）进行战略分析。

对信息系统的目标、开发方法、功能结构、计划活动、信息部门的情况、财务情况、风险程度和政策等进行分析。

（4）定义约束条件。

根据单位的财务资源、人力及物力等方面的限制，定义信息系统的约束条件和政策。

（5）明确战略目标。

确定整个企业的目标、信息系统的开发目标，明确信息系统应具有的功能、服务范围和质量等。

（6）提出未来的略图。

给出系统的总体框架、信息系统总体技术路线、信息系统建设路线，以及各个子系统的划分等。

（7）选择开发方案。

由于资源有限，不可能所有项目同时进行，只有选择一些好处最大、企业需求最为紧迫、风险适中的项目先进行。在确定优先开发的项目之后，还要确定总体开发的顺序、开发策略和开发方法。

（8）提出实施进度。

估计项目成本和人员要求，并依次编制项目的实施进度计划。

（9）战略规划文档化。

将战略规划书写成文，在此过程中，还要不断与用户、信息系统工作人员以及信息系统委员会的领导交换意见。

（10）审批生效。

只有经过高层领导审批后的信息系统规划才能生效。

4.2 系统规划的常用方法

信息系统规划的方法有多种，这里介绍三种常用的方法：企业系统规划法、关键成功因素法和战略集合转移法。其他方法还有企业信息分析与集成技术、投资回报率法、征费法和零线预算法等。这些方法一般用于特殊情况，或作为整体规划的一部分使用。

4.2.1 企业系统规划法

企业系统规划（business system planning，BSP）法是 IBM 公司在 20 世纪 70 年代开始采用的一种信息系统规划方法，至今仍被较为广泛地应用。其基本思想是：信息系统是为企业目标服务的，应能满足企业各个管理层次的信息要求，并向企业提供一致的信息。信息系统由多个相互联系又相对独立的子系统以集成的方式构成，并具有相对稳定的系统结构。BSP 的基本思路是，首先自上而下识别企业目标，识别业务流程，识别数据，再自下而上设计系统目标，最后把企业目标转化为信息系统规划的全过程，如图4-2所示。

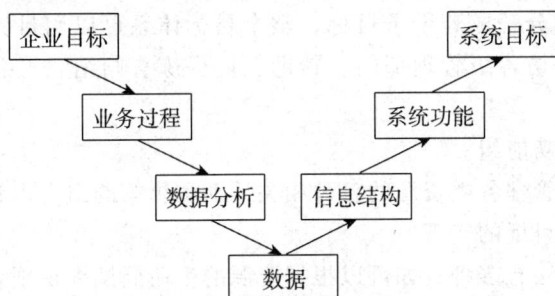

```
企业目标                          系统目标
   ↓                               ↑
业务过程                          系统功能
   ↓                               ↑
数据分析        信息结构
        ↘        ↗
          数据
```

图4-2　BSP的基本思路

企业系统规划法通过全面调查，分析企业的信息需求，将企业目标转化为管理信息系统战略的总体方案，其基本工作流程如图4-3所示。

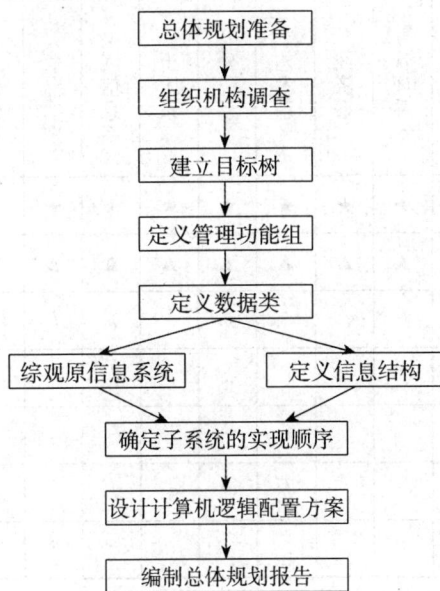

```
总体规划准备
     ↓
组织机构调查
     ↓
建立目标树
     ↓
定义管理功能组
     ↓
定义数据类
     ↓
综观原信息系统      定义信息结构
          ↘        ↙
      确定子系统的实现顺序
             ↓
      设计计算机逻辑配置方案
             ↓
      编制总体规划报告
```

图4-3　BSP的工作流程

（1）总体规划准备。

总体规划涉及较高的管理层次，其成功在很大程度上取决于管理部门的支持和对总体规划队伍的信任。主要的准备工作包括确定总体规划的范围，收集关于企业的一般情况、现行系统的情况等基本数据，准备好各种调查表和调查提纲，开好动员大会，然后制订计划，画出总体规划工作的PERT图或甘特图。

（2）组织机构调查。

现行组织机构是了解企业基本活动的切入点，进行组织机构调查时要注意切实了解各部门的职责，并在组织机构图中重点画出与信息系统有关的那部分。

（3）建立目标树。

为了确定拟建的信息系统的目标，需要调查了解企业的目标和为达到这个目标所采取的经营方针以及实现目标的约束条件。一个组织的目标一般包括若干方面，每个目标可以分解成若干子目标，整个目标体系可以用目标树来表达。目标调查就是要通过采访各级管理部门，帮助它们提炼、归纳、汇总目标，绘制出目标树。

（4）定义管理功能组。

管理功能组是管理各类资源的各种相关活动和决策的组合。管理人员通过管理这些资源支持管理目标的实现。

识别功能的方法有多种，如可以根据资源的生命周期来识别管理功能。识别功能以后，把功能和组织之间的关系画在一张表上，得到组织/功能矩阵。这张表表达了组织与功能之间的合理关系，见表4-1。

表4-1　　　　　　　　　　某学校组织/功能矩阵

业务（功能）＼组织	教务处	教材科	管理系	经济系	艺术系	外语系	土木系	电气信息系	公共课部	人事处	保卫科	现代教育中心	网络中心	设备科
教学	▲		★	★	★	★	★	★	★			▲	▲	
教学管理	★		▲	▲	▲	▲	▲	▲	▲			★	★	▲
教学保障			√	√	√	√	√	√	√					
教材供应		★	√	√	√	√	√	√						
设备采购														★
人事			√	√	√	√	√	√	√	★		√	√	
保卫											★			

★表示该项业务是对应组织的主要业务；

▲表示该单位是参与、协调该项业务的辅助单位；

√表示该单位是实施该项业务的相关单位。

（5）定义数据类。

在总体规划中，把系统中密切相关的信息归为一类，称为数据类，如产品、客户、合同等。

对数据分类是按业务过程进行的，即分别从各项业务过程的角度将与该业务过程有关的输入数据和输出数据按逻辑相关性整理出来归纳成数据类。识别数据类的目的在于了解企业目前的数据状况和数据要求，查明数据共享的关系，建立数据类/功能矩阵，为设计出管理信息系统的体系结构提供基本依据。定义数据类的步骤包括识别数据类、给出数据类定义、建立数据类与过程的关系。

识别企业数据类的方法有两种：一种是企业实体法；另一种是企业过程法。

企业实体法：企业的实体有客户、产品、材料供应商等客观存在的人和事物，每个实体在不同的生命周期阶段都有各种数据。数据有4种类型，分别为计划类数据、统计类数据、存档类数据以及事务类数据。

各种数据的关系如图4-4所示。将实体与数据类描述出来得到表4-2。

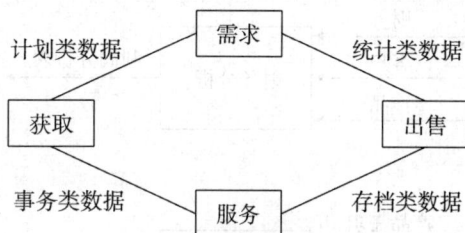

图4-4　定义数据类

表4-2　　　　　　　　　　　　　**实体/数据类表**

数据类 ＼ 实体	产品	客户	设备	材料	供货商	现金	人员
计划	产品计划	销售领域市场计划	能力计划设备计划	材料需求生产调度		预算	人员计划
统计	产品需求	销售历史	设备运行、利用情况	材料使用情况	供货商行为	财务统计	劳动生产率历史业绩
存档	产品成本零件	客户	设备机器负荷	原材料成本材料单	供货商	财务报表会计总账	工资待遇技术等级
事务	订货	运输		采购订货	接收材料	接收支付	

企业过程法：它利用以前识别的企业过程，分析每一个过程利用什么数据、产生什么数据，或者说每一过程的输入和输出数据是什么。它可用输入-处理-输出图来表达，如图4-5所示。

（6）定义信息结构。

定义信息结构即划分子系统，利用功能/数据类（U/C）矩阵可以定义信息结构。

①U/C矩阵的定义。

U/C矩阵是用来表达过程与数据两者之间关系的描述工具。矩阵中横向表示数据类，纵向表示业务过程（功能），并以字母U（use）和C（create）来表示过程对数据类的使用和创造。

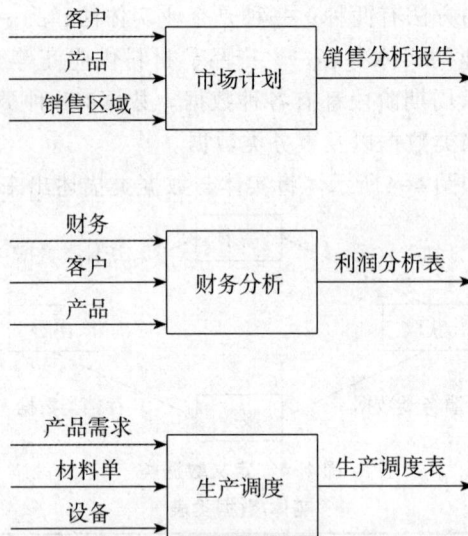

图 4-5 输入-处理-输出图

表 4-3 就是一个 U/C 矩阵，其中横向的客户、订货、产品等表示数据类，纵向的经营计划、财务计划等表示业务过程（功能）。从表 4-3 中可以看出，"客户"数据是由"销售区域管理"业务过程创造（create）出来的，对应的地方填上"C"，而"产品设计开发"业务过程会使用（use）"客户"数据，对应的地方填上"U"。

表 4-3   功能/数据类矩阵

功能 \ 数据类	客户	订货	产品	操作顺序	材料表	成本	零件规格	原材料库存	成品库存	员工	销售区域	财务	计划	机器负荷	材料供应	工作令	行号
经营计划				U								U	C				1
财务计划				U						U		U	U				2
资产规模												C					3
产品预测	U	U									U		U				4
产品设计开发	U		C	U		C											5
产品工艺			U	C	U												6
库存计划							C	C							U	U	7
调度		U												U		C	8
生产能力计划		U												C	U		9
材料需求		U	U												C		10
操作顺序			C											U	U	U	11

续表

功能＼数据类	客户	订货	产品	操作顺序	材料表	成本	零件规格	原材料库存	成品库存	员工	销售区域	财务	计划	机器负荷	材料供应	工作令	行号
销售区域管理	C	U	U														12
销售	U	U	U								C						13
订货服务	U	C	U														14
发运		U	U						U								15
通用会计	U		U							U							16
成本会计		U				C											17
人员计划											C						18
人员招聘/考核											U						19
列号	1	2	3	4	5	6	7	8	9	10	11	12	13	14	15	16	

②U/C矩阵的正确性检验。

根据数据守恒原则，数据必定有一个产生的源，而且必定有一个或多个用途，因此，U/C矩阵的正确性可从三方面来检验：

第一，完备性检验。这是指每一个数据类必须有一个产生者（即"C"）和至少一个使用者（即"U"），每个功能必须产生或者使用数据类；否则，这个U/C矩阵是不完备的。

第二，一致性检验。这是指每一个数据类仅有一个产生者，即在矩阵中每个数据类只有一个"C"。如果有多个产生者，则会出现数据不一致的现象。

第三，无冗余性检验。这是指每一行或每一列必须有"U"或"C"，即不允许有空行空列。若存在空行空列，则说明该功能或数据类的划分是没有必要的、冗余的。

③U/C矩阵的使用步骤。

绘制好功能/数据类矩阵之后，就可以定义信息结构了。

首先，通过调查列举企业涉及的所有业务过程（功能）和数据类，填入U/C矩阵对应的位置。

其次，分析数据类与功能之间的关系，将"U"和"C"填在矩阵中功能与数据类的交叉点上，其中"C"表示这类数据由相应功能产生，"U"表示这类功能使用相应的数据类。

再次，对矩阵进行重新排列，把功能按功能组排列，然后调换"数据类"的横向位置，使得矩阵中"C"尽可能靠近对角线。

最后，将"C"和"U"比较密集的地方框起来，形成一个子系统。由于功能的分组并不绝对，因此在不破坏逻辑性的基础上，可以适当调整功能分组，使得"U"也尽可能靠近对角线。

表4-3中的功能/数据类矩阵经过上述调整后，可以得到表4-4中的功能/数据类矩阵。画出功能组对应的方框，并起个名字，就是子系统，见表4-5。再用箭头把落在框外的"U"与子系统联系起来，表示子系统之间的数据流。这样，就把子系统划分出来了。

表4-4　　　　　　　　　　调整后的功能/数据类矩阵

数据类／功能	计划	财务	产品	零件规格	材料表	原材料库存	成品库存	工作令	机器负荷	材料供应	操作顺序	客户	销售区域	订货	成本	员工	行号
经营计划	C	U													U		1
财务计划	U	U													U	U	2
资产规模		C															3
产品预测	U		U									U	U				4
产品设计开发			C	C	U							U					5
产品工艺			U	U	C	U											6
库存计划					C	C	U			U							7
调度			U					C	U								8
生产能力计划								C	U	U							9
材料需求			U		U					C							10
操作顺序								U	U	U	C						11
销售区域管理			U									C	U				12
销售			U									U	C	U			13
订货服务			U									U		C			14
发运			U				U										15
通用会计			U									U				U	16
成本会计														U	C		17
人员计划															C		18
人员招聘/考核																U	19
列号	13	12	3	7	5	8	9	16	14	15	4	1	11	2	6	10	

表 4-5　　　　　　　　　　　　　　　划分子系统

功能	数据类	计划	财务	产品	零件规格	材料表	原材料库存	成品库存	工作令	机器负荷	材料供应	操作顺序	客户	销售区域	订货	成本	员工	行号
经营	经营计划	C	U													U		1
	财务计划	U	U													U	U	2
	资产规模		C															3
技术准备	产品预测	U		U									U	U				4
	产品设计开发			C	C	U							U					5
	产品工艺			U	U	C	U											6
生产制造	库存计划						C	C	U		U							7
	调度			U					C	U								8
	生产能力计划									C	U	U						9
	材料需求			U		U					C							10
	操作顺序								U	U	U	C						11
销售	销售区域管理			U									C		U			12
	销售			U									U	C	U			13
	订货服务			U									U		C			14
	发运			U				U							U			15
财会	通用会计			U									U				U	16
	成本会计														U	C		17
人事	人员计划																C	18
	员工招聘/考核																U	19
列号		13	12	3	7	5	8	9	16	14	15	4	1	11	2	6	10	

（7）确定子系统的实现顺序。

划分子系统之后，根据企业的目标和技术约束确定子系统实现的优先次序。一般来讲，对企业贡献大、需求迫切、易开发的子系统，优先开发。

（8）设计计算机逻辑配置方案。

总体规划后期，要考虑计算机逻辑配置方案。

这是从系统需求的角度提出的对计算机配置的基本要求，而不涉及具体硬件型号。配置方案的设计要考虑客观的条件约束，如资金、原有计算机系统、技术力量等。

（9）编制总体规划报告。

进行可行性研究，完成BSP研究报告，提交建议书和开发计划。

4.2.2 关键成功因素法

关键成功因素（critical success factor，CSF）法是1970年由哈佛大学教授威廉·泽尼（William Zani）提出，1980年被约翰·罗查尔特（John Rochart）教授用于确定信息系统战略的一种方法。该方法并不是一个制定信息系统规划的完整方法，而是从企业目标中找出关键因素，并且在信息系统战略中予以重点考虑，是制定信息系统规划的辅助方法。

关键成功因素指一个组织中的若干能够决定组织在竞争中成败的任务（区域或部门）。如果这些任务的运行结果令人满意，组织就能在竞争中获胜；否则，组织在这一时期的努力将达不到预期的效果。

CSF的主要思想是"抓主要矛盾"，在实现企业目标所需的浩瀚的信息中，找出关键的重要信息集合，从而建立信息系统。

关键成功因素是少量的、易于识别的、可操作的因素，可确保企业的成功，可用于决定组织的信息需求。

关键成功因素法的主要步骤（如图4-6所示）如下：

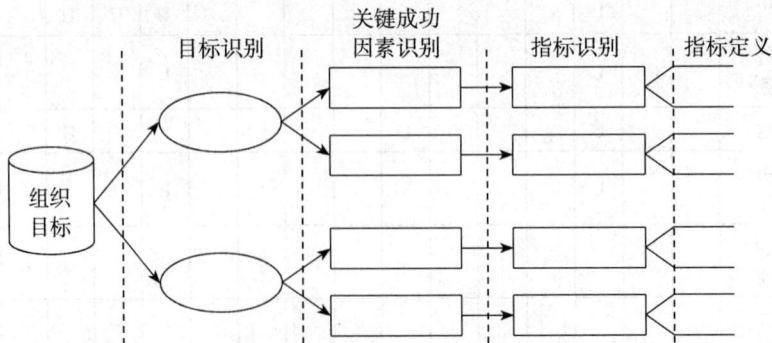

图4-6 关键成功因素法的步骤

（1）了解企业（或信息系统）的战略目标；

（2）识别所有的成功因素；

（3）确定关键成功因素（用树枝图表达）；

（4）明确各关键成功因素的性能指标和评估标准。

识别关键成功因素是关键成功因素法的一个重要环节。首先要了解企业的目标，从这个目标出发，找出哪些因素与之相关，哪些与之无关。在与之相关的因素中，又可以进一步识别出哪些是直接相关的，是实现目标的主要影响因素，哪些只是间接相关的。通常采用树枝图作为识别的工具，如图4-7所示。

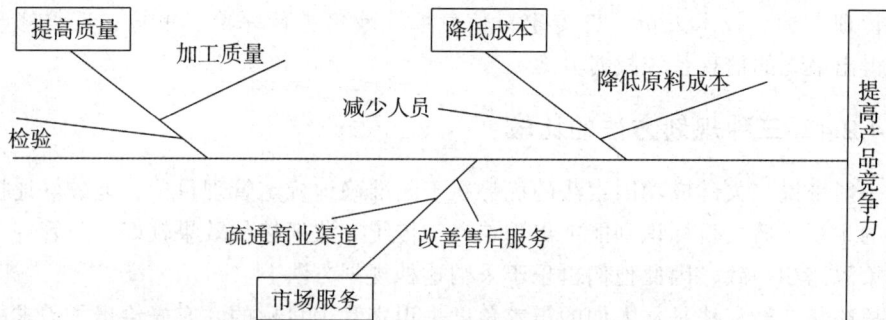

图4-7　用树枝图确定关键成功因素

不同的企业评价关键成功因素的方式不同。对于一个习惯由高层人员个人做决策的企业来说，其关键成功因素也是由这个高层人员在树枝图中选择的。而对于习惯群体决策的企业来说，则倾向于采用德尔菲法把各人所设想的关键成功因素综合起来分析。

4.2.3　战略集合转移法

战略集合转移（strategy set transformation，SST）法是1978年由威廉·金（William King）提出的一种确定信息系统战略目标的方法。系统规划的一个最重要的任务就是确定信息系统的战略和目标，使它们与组织总的战略和目标保持一致。SST将组织的战略目标、信息系统的战略目标分别看成"信息集合"，系统规划的过程就是将组织的战略集转化为信息系统的战略集的过程，如图4-8所示。

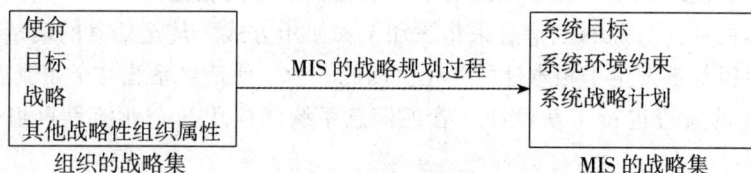

图4-8　信息系统战略规划过程

战略集合转移法的应用包括以下3个基本步骤：

（1）识别组织的战略集。

组织的战略集应该在组织的战略及长期计划的基础上进一步归纳形成。组织战略集的构造过程是，首先要刻画组织的利益相关者，如客户、股东、员工、管理者、供应商等，然后要确定利益相关者的要求，定义组织要完成的任务和战略，通过识别企业内外部环境、识别企业业务需求、识别企业的使命和战略形成并验证企业的战略集等。

（2）将组织的战略集转化成信息系统的战略集。

这个转化的过程包括明确信息系统的整体目标、约束条件、设计策略，提出信息系统整体架构等。

（3）将转化后的战略集送交相关人员审阅。

管理人员、技术人员、IT专家对信息系统战略进行评价、审核，反复修改完善，得出最终的信息系统战略方案。

4.2.4 三种规划方法的比较

一般来说，关键成功因素法的优势在于能准确地确定管理目标，能较好地抓住企业的主要矛盾，目标识别能突出重点，与传统方法衔接的效果较好，与管理者们的决策思路相一致，因此他们也乐于采纳这种规划方法。

战略集合转移法是从人们的需求角度去识别管理目标的，它先给出了需求的层次，再转化为信息系统的目标。它能保证目标的全面性，疏漏较少，但在突出重点方面不具有优势。

企业系统规划法虽然也首先强调目标，但它没有直接从目标引出过程，而是通过管理人员识别过程引出系统目标的。从企业目标到系统目标的转化也是通过对组织/系统、组织/功能和功能/数据类矩阵的分析得到的。这样可以定义出新的系统以支持企业过程，也就把企业的目标转化为系统的目标。

当然，为扬长避短，有时可以将三种方法结合起来。先用关键成功因素法来确定企业的目标，然后用战略集合转移法补充完善企业的目标，并将其转化为系统目标，再用企业系统规划法校验这两个目标，从而确定信息系统的结构。

4.3 企业流程重组

在手工管理方式下，企业已经有了一套比较成形的企业流程和管理方法，但随着信息技术的应用，原有的信息采集、加工和使用方式，甚至信息的质量、获取途径和传递手段等都发生了根本性的变化。因此，为了使信息系统与企业流程相适应，必须对企业的流程进行重新设计。管理信息系统的应用与企业流程重组是密不可分的。

4.3.1 企业流程重组概述

20世纪80年代以来，在学术界和企业界兴起了管理改革的热潮。首先兴起的是业务流程改善（business process improvement，BPI），寻求对企业的业务流程的连续、渐进的改善。然而，许多企业发现渐进的改善不能从根本上解决企业面临的挑战。

20世纪90年代初，美国的迈克尔·哈默（Michael Hammer）和詹姆斯·钱皮

（James Champy）把"重组（再造）"（reengineering）的思想引入管理领域，提出了业务流程重组（business process reengineering，BPR，也译为企业流程重组、企业流程再造）的概念。

企业的业务流程是指企业为完成某一目标或任务而进行的一系列逻辑相关的跨越时间和空间的活动的有序集合。例如，医院取药的业务流程可能是：病人拿着处方单到财务处划价缴费，再拿着缴费凭证去药房取药。业务流程重组是指对企业的业务流程进行根本性的再思考和彻底的再设计，从而使企业的关键绩效指标获得极大的提高。

企业的业务流程直接体现了企业的核心竞争能力。传统的企业管理模式下的业务流程，非增值的环节比较多，信息传递较为缓慢，流程中各环节的关系混乱。一个完整的业务流程经常被不同的职能部门分割开来，降低了流程的效率和效益，致使整个企业对市场形势与用户需求的变化反应迟钝，应变能力差，难以及时获得迅速变化的市场机会，最终导致企业的效率低下，竞争力减弱。因此，企业必须采用现代信息技术与管理方法，对业务流程进行改造与创新，才能在新的环境与市场形势下得以生存与发展。

BPR被应用于如福特汽车、通用汽车、IBM等大型企业，均获得了巨大的成功。

企业流程重组不等于自动化，它关注的是如何利用信息技术实现全新的目标，如何用新的信息技术"做好当前和过去没做过的工作"。为此，需要研究新的开发方法，创造性地应用信息技术。

企业要充分认识信息作为战略性竞争资源的潜能，创造性地对现有业务流程进行分析，找出现有业务流程中存在的问题及产生问题的原因，分析每一项活动的必要性，去发现正确的业务流程，如在信息技术的支持下，有些工作可以合并，组织管理层次可以减少，有些工作可以取消等。

信息技术是企业流程重组的推动力。正是信息技术的发展与应用，使企业能够破除陈旧的制度，创建全新的过程模式。

企业流程与企业的运行方式、组织的协调合作、人的组织管理、新技术的应用与融合等紧密相关，因而，企业流程重组不仅仅涉及技术，也涉及人文因素，包括观念的重组、业务流程的重组和组织的重组，以新型企业文化代替老的企业文化，以新的业务流程代替原有的业务流程，以扁平化的企业组织代替金字塔形的企业组织。其中，信息技术的应用是企业流程重组的核心，信息技术既是企业流程重组的出发点，又体现了企业流程重组的最终目标。

4.3.2 企业流程重组的原则

企业流程重组是从信息的角度出发，对企业的业务流程进行重新的思考与再设计，它是一个系统工程，存在于系统规划、系统分析、系统设计、系统实施与评价等整个规划与开发过程中。流程设计的好坏在很大程度上取决于设计者对信息技术潜能的把握以及对现有业务流程、运行环境、客户需求等因素的熟悉程度。BPR的实施要根据企业所面临的问题和环境而定，因此，企业实施BPR时应遵循以下原则：

1）有着明确的、具有启发性的流程愿景

企业流程重组的重要任务之一是调整组织结构以适应组织的战略目标。企业的业务流程是企业战略规划的对象，把流程和企业战略联系起来是BPR的必要条件。流程愿景是连接企业战略和企业业务流程的桥梁，企业的流程创新也应从企业的战略开始，企业的战略定位和流程愿景是BPR的起点。

2）充分考虑客户的价值

客户的满意度和企业的竞争力之间存在密切的联系，企业实施BPR时，只有充分考虑现实客户和潜在客户的价值，才能对市场急剧变化的环境快速地做出反应，并有效地提供令客户满意的产品和服务。

3）服从统一指挥

BPR既是一个自上而下的过程，又是一个跨部门的全新的综合性工程。为确保BPR得到有序推进，必须使员工服从统一指挥。同时，实施BPR的领导必须是企业的高层管理人员或在企业中具有威望的核心人员，他们负责向员工传达为什么要实施BPR以及如何实施BPR，使员工理解BPR的方法和目标，做好沟通和协调的工作。

4）同时注重信息技术（IT）的应用和人员的组织管理

IT和人员是BPR的两大要素，是对企业流程进行彻底革新的使能器，是企业流程创新的源泉。两者相辅相成，缺一不可。IT的应用是使业务流程发生根本改变的一个关键手段。

大多数传统方法在提高速度和增加准确性的过程中无法同时降低成本，IT却由于能够大大减少整个业务流程中的环节或活动而产生惊人的效果。

5）选择适当的重组对象

在一般情况下，企业有许多不同的业务部门，一次性重组所有业务可能会超出企业的承受能力，所以，在实施BPR之前，企业要选择好重组的对象：应该选择那些能获得阶段性收益或者对实现企业战略目标有重要影响的关键流程作为重组对象，使企业尽早地看到成果，使员工树立信心，方便日后进一步实施重组。

4.3.3 企业流程重组的实施步骤

企业流程重组主要分为发现准备阶段、重新设计阶段与具体实施阶段。

1）发现准备阶段

① 进行企业定位，确定可能开展的项目和可能再造的流程范围，同时提出再造要求与目标；

② 进行初步的影响分析，在前项的基础上对项目加以审议；

③ 选择第一项目，明确范围，树立BPR的典范。

2）重新设计阶段

① 开展业务流程的再造工作，特别是要弄清楚现有业务流程中存在的问题；

② 界定新的业务流程备选方案；

③ 评估每一个备选方案可能需要的投入及产生的效益，最终提出一个可以实施的方案。

3）具体实施阶段

① 确定最适宜的方案；

② 实施方案，更新模型及其他资料，为其他BPR的开展提供参考。

4.3.4 业务流程的识别

采用权重选择法选择有限的核心业务流程来进行重组，再用同样的方法选择下一个或几个关键业务流程进行重组。

在选择流程重组的对象时，一般要选择客户满意度低、成本高、周期长、管理效果差的业务流程。

选择这样的流程进行重组，一方面有利于凸显出流程重组的成效，在企业内部留下较好的印象，增强信心，促进流程重组工作的进一步开展；另一方面也证明业务运转较好的流程效率较高，不需要进行较大幅度的重组。

表4-6是采用权重选择法在经营计划、商品配送、人力资源管理、资金管理4个流程中选择核心业务流程的例子。

表中，先由管理者对关键业务流程从5个方面进行评估，并给出相应的权重（取值1～5）作为评估值，再综合每个流程的5个方面的评估值，就得到一个总的权重。总的权重最大的流程，就被优先列为业务流程重组的对象。

表4-6　　　　　　　　　　　　　　　**某企业流程重组对象权重分析**

指标　　权重 ＼ 流程	可变化性	流程绩效	对企业竞争力的影响	对客户的影响	信息技术的潜能	总计
经营计划	4	4	4	3	4	19
商品配送	4	5	5	5	5	24
人力资源管理	3	4	3	3	3	16
资金管理	2	3	4	2	3	14

其中，5个方面的评估指标分别表述如下：

（1）可变化性：表示一个业务流程实施重组的难易程度，反映实施重组的阻力的大小。权重1～5依次表示可变化程度由难到易。

（2）流程绩效：一般来说，管理者不会认为一个经营绩效较好的流程需要实施重组。有些流程成本高、周期长、客户十分不满甚至抱怨不断，则表明其中的运营存在众多问题。对这样的流程实施重组，将取得显著的效益，因此选择这种流程进行重组的可能性较大。权重 1~5 依次表示流程重组的机会由小到大。

（3）对企业竞争力的影响：将业务流程对企业经营目标和竞争力的影响作为选择流程重组对象的依据。影响大的流程是实施重组的主要对象。权重 1~5 依次表示影响从小到大。

（4）对客户的影响：以业务流程对客户影响的大小作为选择流程重组对象的依据，优先考虑影响大的流程。因此，必须首先了解客户的需求，分析客户对企业提供的产品和服务有什么特定的要求，然后进一步分析为满足这些需求要涉及企业的哪些业务流程，通过评估哪些流程有直接影响，哪些有间接影响，确定流程对客户的影响。权重 1~5 表示影响依次从小到大。

（5）信息技术的潜能：一个业务流程应用信息技术重组后能产生的战略优势的大小也直接影响到它被选择为重组对象的机会的大小。一个业务流程在应用先进的信息技术后能获得的战略优势越大，就越能成为流程重组的首选目标。权重 1~5 依次表示潜能由小到大。

4.3.5　企业信息系统建设中的业务流程重组

企业信息化是国民经济信息化的基础，要广泛运用现代信息技术开发和利用企业信息资源，从而使企业更好、更及时地与客户共同创新，取得最大的整体效益。信息系统建设是企业信息化的中心工作。

建立管理信息系统是企业摆脱落后的管理方式，实现管理手段现代化的有效途径。管理信息系统的开发和利用已成为现代企业信息化建设的主要内容之一。

目前，许多企业已投入了大量的人力、物力和财力建成了管理信息系统。但是，从实施的效果上看，很多管理信息系统并未达到预期目的，大多是在原有管理方式和组织结构上，利用计算机模仿手工管理，无法发挥应有的作用。因此，为了更好地发挥管理信息系统在企业中的作用，就要将管理信息系统与企业的组织结构、业务流程融合。

企业流程重组（BPR）是企业根据市场环境和客户需要，对其业务流程进行"根本的重新思考"和"彻底的重新设计"，以求在速度、质量、成本、服务等各项绩效考核的关键指标上取得显著的改善。

当今时代，信息技术飞速发展，企业利用信息技术快速处理和传递信息，可以实现全方位的信息共享、异地控制及分配工作的协调，为建设管理信息系统提供服务，为流程重组提供技术基础。

美国的 IBM 和福特公司、日本的富士通公司、意大利的菲亚特公司利用 BPR 及现代信息技术取得了巨大的成效。

基于业务流程重组的管理信息系统开发过程如图 4-9 所示。总体来说，开发过程为：针对业务流程调查结果，以企业整体为对象重组业务流程，全面制订业务流程重组的战略方案，再根据业务流程重组方案，打破旧模式，重组企业组织结构，据此设计系统的逻辑方案。

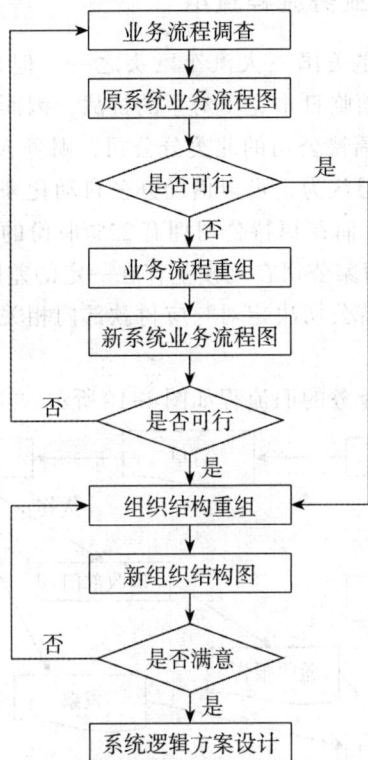

图 4-9 基于业务流程重组的管理信息系统开发过程

基于 BPR 的管理信息系统开发要求人们更新传统观念和做法，是一场针对思维方式和行为方式的革命。

为了取得应有的成效，管理信息系统开发过程中的业务流程重组应保证以下两个方面：

（1）领导重视并亲自主持。

BPR 涉及企业当前及未来发展的全局，其全局性和战略性要求企业领导高度重视和亲自主持。

企业领导应配合管理信息系统开发小组，为企业的发展及管理信息系统的构建确立一个整体的、切实可行的构想，然后义无反顾地付诸行动，革新业务流程，重构组织结构，最终实现 BPR 的目标。

（2）加强与业务部门的沟通。

BPR 将改变企业员工多年习以为常的工作方式，并影响其权力和利益，因此，它的实施必然会遇到较大的阻力，企业领导要对职能部门和有关人员进行教育和培训，使他们明确 BPR 的重要性和必要性；在争取员工理解的同时，应充分授权，最大限度地发挥员工的创意，从而减少或消除阻力，进一步调动全体员工的积极

拓展阅读 4-1

企业流程再造
的经典案例

性，为BPR的顺利实施奠定坚实的群众基础。

4.3.6　福特公司的业务流程重组

福特（Ford）公司曾是美国三大汽车巨头之一，但是到了20世纪80年代初，它像许多美国大企业一样面临日本竞争对手的挑战，因而想方设法削减管理费用和各种行政开支。当时仅在福特公司的北美分公司，财务人员就超过500人。为了减少开支，福特公司的管理层认为，可以借助办公自动化来减少两成的间接成本，并把财务人员缩减为400人。而在福特公司拥有22%股份的日本马自达公司，做同样工作的人只有5个。尽管两家公司在规模上存在一定的差距，但5∶500的差距让福特公司震惊了。为此，福特公司决定对与应付款部门相关的整个业务流程进行彻底再造。

福特公司财务部采购业务的旧流程如图4-10所示。

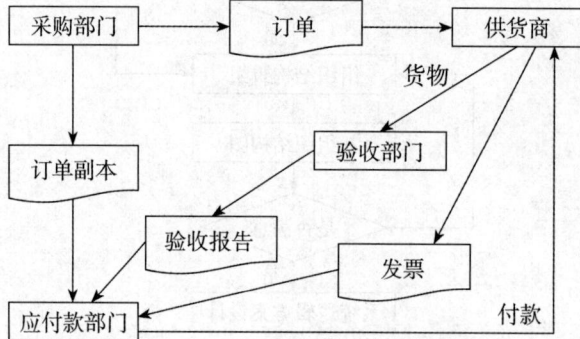

图4-10　福特公司财务部采购业务的旧流程

（1）采购部门向供货商发出订单，并将订单的副本送往应付款部门。

（2）供货商发货后，福特的验收部门收检，并将验收报告送到应付款部门。

（3）供货商将产品发票送至应付款部门，只有当订单、验收报告、发票三者一致时，应付款部门才能付款，其中涉及14项数据的核对。该部门的大部分时间都花费在这14项数据的核对中，从而造成了人员、资金和时间的浪费。

通过业务流程重组，新的业务流程如图4-11所示。

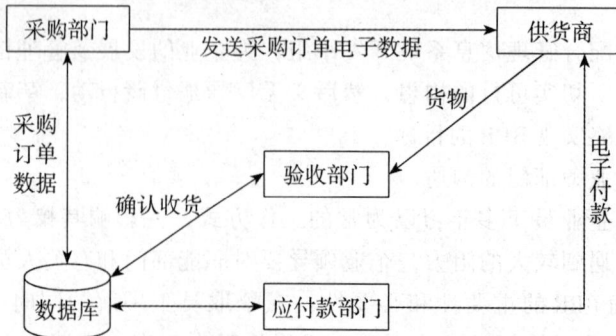

图4-11　福特公司财务部采购业务的新流程

（1）采购部门发出订单，同时将订单内容输入数据库；

（2）供货商发货，验收部门核查来货是否与数据库中的内容相吻合，如果吻合就收货并将收货情况输入数据库，应付款部门根据数据库信息按时付款。

福特公司的新流程采用的是"无发票"制度，大大地简化了工作环节：

（1）以往应付款部门需在订单、验收报告和发票中核查14项内容，而如今只需核查3项内容（零件名称、数量和供货商代码）；

（2）实现裁员75%，而非原定的20%；

（3）订单和验收报告的自然吻合，使得付款变得更及时、更准确，从而简化了物料管理工作，并使得财务信息更加准确。

经过再造，福特汽车公司的财务人员减少75%，财务人员需要核对的数据从14项减少到3项，缩短了处理时间，大幅度提高了效率。

拓展阅读 4-2

新 AI 浪潮下的
新业务流程
重组

4.3.7 面向流程重组的系统规划[*]

BSP 方法为信息系统的规划提供了规范的步骤和方法，但随着企业经营环境的变化以及管理信息系统的发展，BSP 方法的不足也逐渐显露出来了。这主要是因为 BSP 方法是在企业现有流程的基础上开展的，在定义企业流程时并没有面向流程的创新、再造及规范化设计，这样规划的信息系统很难适应环境的变化。因此，人们在 BSP 方法的基础上，提出了面向流程重组的信息系统规划方法。

信息化的发展为企业与企业之间、企业与客户之间提供了数据交换和信息共享的平台，也为企业的发展提供了更加广阔的空间。因此，在新形势下，企业一定要突破以现有职能部门为基础的分工式流程的局限，从供应商、本企业及客户所组成的供应链的全局出发，着眼于企业创新，特别是流程创新，来规划企业的信息系统，确定企业信息化的长远目标，在企业业务流程创新及规范化的基础上进行系统规划。

在系统规划的过程中，应以流程为主线，先进行流程规划，再进行系统的数据规划与功能规划。面向流程重组的信息系统规划的要点如下：

（1）正确把握信息系统建设、流程重组和企业战略之间的关系。

战略是一个关系到组织生存发展的全局性、关键性和长期性的问题。管理信息系统的战略规划应该被看作企业战略规划下的一个专门性规划或者是企业战略规划的一个重要组成部分。

一个企业在制定或调整战略规划时，可以借助已有的管理信息系统，因为管理信息系统能提供各种必要的信息来支持企业制定战略规划，而管理信息系统的建设应当为企业战略目标的实现提供保障。因此，在进行管理信息系统规划的过程中，应保持管理信息系统的战略规划与企业的战略规划相协调，使管理信息系统的战略规划与组织本身的发展战略保持一致。

只有把流程与企业战略联系起来，才能保证流程重组的成功，因此，应当把企业流程看作企业战略规划的对象。连接企业战略和企业流程的桥梁便是流程愿景。

流程愿景是对未来流程应该如何运行以及运行程度如何的具体描述。企业流程创新从企业的战略开始，企业的战略定位和流程愿景是企业流程重组的起点。

（2）使信息系统规划与流程重组互为前提，互相作用。

一方面，企业管理信息系统的建设是一个面向客户的、不断变化的作业流程。企业流程重组的深入，要求企业信息系统不断提高其集成化、智能化和网络化的程度，促使企业信息化不断登上新的高度。面向流程重组的信息系统规划适应了企业当前或未来的发展需要，将使信息系统的建设更具有效性和灵活性。因此，信息系统规划要以流程重组为前提，并在系统规划的整个过程中以业务流程为主线。

另一方面，面向流程重组的信息系统规划驱动了企业的业务流程重组。信息系统的科学规划，使得信息的收集、存储、整理、利用和共享更为方便和快捷，使同一产品的市场调查、产品构想、工程设计、生产制造、销售服务等环节的同时进行成为可能，从而打破了企业传统的专业化分工，为企业战略的实现设计了新业务流程或改造了已有流程。

信息系统的规划与最终实施能够推动企业业务流程的重组。

（3）选择合适的流程重组类型。

流程重组按照其推行的深度和广度可以分为4种类型：

① 局部的流程重组：选择一个或几个关键流程实施重组。

目前许多流程重组项目都是这种类型，一般能在风险不大的情况下，取得可观的效益。IBM旗下的某公司所推行的信贷流程重组，就属于局部的流程重组。

② 全部的流程重组：选择一定的范围，对所有主要流程实施重组。

这种类型强调流程相关部门之间的紧密协作和及时反馈，以提高部门的工作效率和效果，但仍保持企业现有机制和部门的职能划分，保持部门状态或边界不变。如柯达公司在其开发一次性照相机流程中所进行的流程革新就属于全部的流程重组。

③ 全局的流程重组。

这是一种激烈、彻底的流程重组，其最终目标是建立一个完全面向流程的企业运作模式，包括组织机构的重组。

它强调流程本身的跨功能特性，通过采用强有力的信息系统将职能部门虚拟化而实现企业的纯流程化。这是众多流程重组项目追求的比较理想的目标，但由于它的难度和风险较大，以及技术尚未成熟，目前还很难获得成功。

④ 扩散性的流程重组。

这种重组是指企业供应链上的所有厂商全面彻底地推行流程创新，是一种最为广泛、最为深入的流程重组。它给企业带来的收益是革命性的，但它要求整个供应链上的企业像一个整体一样运作，范围大、程度深、牵扯面广，难度最大。

可见，上述4种类型的流程重组可能给企业带来的收益及相应的风险不同，这也直接决定了面向流程重组的信息系统规划的广度和深度。

选择合适的流程重组的类型，进行正确的定位，对于企业的流程重组和信息系统规划都是至关重要的。

（4）选择核心业务流程作为流程重组的突破口，并逐步地扩展。

核心业务流程对企业效益的影响极大，同时可能直接决定了其他相关流程的设计。因此，企业无论选择哪一种重组类型，都应先选择核心业务流程作为突破口，然后逐步推进，为信息系统的科学规划与实施奠定基础。

（5）以业务流程为主线，进行系统规划。

企业的流程规划好了，其信息系统规划工作也就有据可依了。业务流程可以使信息系统大大独立于组织机构的变化，可以帮助人们理解企业如何完成它的总使命和目标，为制定战略规划和实施管理控制提供依据，为明确所需的信息结构和范围、分解模块、建立开发的优先次序等提供依据，整个规划工作强调以流程为主线。

业务流程一般分为计划与控制过程、产品与服务过程和支持资源过程（如人员、资金、设备、材料等）。其中产品与服务过程往往含有需要重组的核心业务流程。

（6）在流程规划的基础上进行系统的数据规划与功能规划。

业务流程一旦规范化了，就可以识别和分类由这些过程所产生、控制和使用的数据，进一步识别其中的关键数据、基础数据、动态数据和共享数据，从而为整个管理信息系统建设过程中的数据管理提供依据。

在了解数据类和业务流程的基础上，再对它们的关系进行综述，如利用U/C矩阵定义系统的总体结构，识别出管理信息系统的功能模块，进行功能规划，并安排开发进程。

根据上述信息系统规划策略，本章引用图4-12所示的信息系统规划模型。

该模型结合了业务流程重组的思想，将系统规划分为5个阶段进行。

在完成系统规划的同时，提出组织改革与流程重组方案，以指导企业流程重组与管理信息系统建设同步进行。

① 系统战略规划阶段。

这一阶段，为了进行信息系统的战略规划，首先要定义企业的战略目标，然后要进行业务流程调查，认清企业的发展方向，了解企业的运营模式，确定实施企业战略的成功因素，并在此基础上定义企业流程愿景和信息系统战略规划，以保证流程重组、信息系统目标与企业的目标相一致，为后续工作的进行提供战略指导。

② 系统流程规划阶段。

这个阶段是面向流程重组的信息系统规划的重点，是数据规划和功能规划的基础，其工作的好坏直接决定了信息系统规划的成败。因此，其主要任务是选择核心业务流程，并进行流程分析，画出关键流程的业务流程图。对于需要重组的流程，经过重组后再画出业务流程图，直到流程重组完毕，形成系统的流程规划方案。

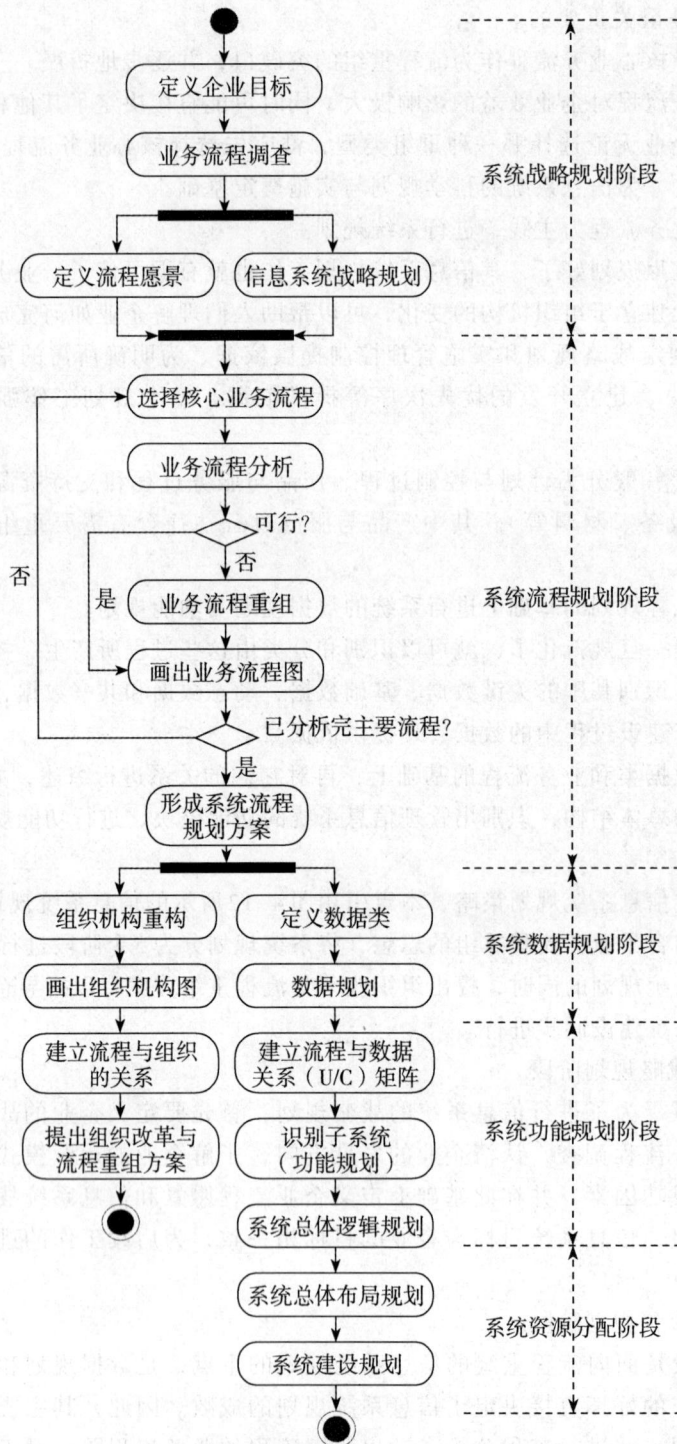

图 4-12　面向流程重组的信息系统规划模型

③ 系统数据规划阶段。

企业主要业务流程被识别出来并经过重组后，接下来就是要识别和分类由这些过程所产生、控制和使用的数据。首先定义数据类，然后进行数据的规划。按时间长短可以将数据分为历史数据、年报数据、季报数据、月报数据、日报数据等；按数据是否共享可以将数据分为共享数据和部门内部使用数据；按数据的用途可以将数据分为系统数据（如系统代码等）、基础数据和综合数据等。

④ 系统功能规划阶段。

在这一阶段，建立数据类与过程的关系矩阵（U/C矩阵），对它们的关系进行综合，并通过U/C矩阵识别出子系统，进一步进行系统总体逻辑规划，即功能规划，识别功能模块。

⑤ 系统资源分配阶段。

在最后阶段，进行系统的总体布局，并针对这些应用项目的优先顺序给予资源上的合理分配。例如，有些项目往往是其他一些项目的前提，那么对于这样的项目就应该优先实施，再按信息系统的建设规划来安排。

本章小结

本章主要介绍了系统规划阶段的主要内容、步骤及常用方法，并对企业系统规划法、战略集合转移法和关键成功因素法三种规划方法进行了比较。最后介绍了管理信息系统开发中企业流程重组的重要性、原则及步骤。

管理信息系统的系统规划是管理信息系统开发的第一个阶段，也是非常重要的一个阶段，系统规划的好坏直接影响到管理信息系统的后续开发。管理信息系统有三种常用的规划方法：企业系统规划法、战略集合转移法和关键成功因素法。企业系统规划法独立于组织机构，以企业目标作为信息系统目标；战略集合转移法将企业战略转换为信息系统战略，考虑得较全面；关键成功因素法抓主要矛盾，保证企业成功。这三种方法各有优缺点。企业流程重组是管理信息系统开发中非常重要的一个环节，当原有的企业活动加入了信息技术等手段后，为了使信息系统与企业流程相适应，必须对企业的流程进行重新设计。

思考题

（1）简述系统规划的特点及基本步骤。
（2）简述企业系统规划法的基本思想。
（3）建立U/C矩阵的主要目的是什么？它的正确性如何检验？
（4）什么是关键成功因素？如何应用关键成功因素法？
（5）简述战略集合转移法的应用过程。
（6）简述企业流程重组的原则及实施步骤。

第4章
基础自测题

案例分析

案例1

青岛钢铁集团管理信息系统的系统规划

青岛钢铁集团（以下简称"青钢"）的杨总上任后发现，青钢在信息管理手段上较为落后，信息管理方面的工作绝大部分是手工进行的。即便是有些单项业务使用了计算机，如生产经营日报的汇总打印，也极具形式化的特征。例如，生产经营日报的汇总打印实际上是管理人员手工将经营日报的各项数据计算出来后再录入计算机并打印出来的。杨总与高层领导们商量以后，决定拨出相应经费建立企业管理信息系统。

杨总指派协调能力很强的宣传部部长傅希岭组织协调这项工作的开展。傅部长接手这项任务后的第一项工作就是组建青钢信息中心，并亲自担任信息中心主任。信息中心还有一位懂技术、讲原则、能全身心投入工作的马副主任，熟悉计算机硬件及系统软件的小范及其他人员，共10人。

傅部长及马副主任接手这项工作以后，找到了北京科技大学（以下简称"北科大"）管理学院的李教授。他们向李教授咨询后决定：为了使企业中高层领导对企业管理自动化有一个知识性的了解并配合企业管理信息系统的开发工作，邀请李教授及其他北科大相关专家在青钢举办针对处级以上领导的企业管理及其信息化培训班。

这之后，北科大李教授组织北科大管理学院及信息工程学院管理信息系统方面的专家到青钢收集相关资料，了解目前的业务情况，并分别与各部门的主要管理人员面谈，以了解青钢管理信息系统的需求范围与内容。

几周后，李教授及各位专家根据收集来的资料及对其他企业的管理信息系统的了解（这之前青钢信息中心马副主任带领其中心成员曾到已有管理信息系统的企业参观考察），列出了青钢管理信息系统的主要功能需求及信息需求，应用一些方法对各项功能进行了整理分析，得到了青钢管理信息系统的总体功能结构，并据此与计算机及网络公司初步进行了经费估算，规划了人力分配、工作进度。最后经杨总同意，决定将整个系统的建设分为三期工程来完成。第一期工程开发建设物资管理、销售管理、技术管理、生产计划管理、生产调度、财务管理及总经理综合信息服务7个子系统。李教授的课题组经过几周的工作制作了《青钢管理信息系统可行性研究报告》。

青钢随后组织了一次研讨会，由李教授及其他专家向青钢的各级主管领导和外请专家针对青钢管理信息系统的系统规划工作做了一个详细的报告。

外请专家及青钢各级领导确认了报告的内容并对一些问题提出了修改意见与建议。

随后杨总指派青钢信息中心与李教授的课题组就经费与完成时间进行了谈判，

最后双方同意以350万元的经费及一年半的时间完成这个系统的第一期工程并签署了合作协议。

这之后在李教授的组织下，由北科大专家和青钢信息中心工作人员组成的联合项目组启动了建立青钢管理信息系统的第二阶段——系统分析阶段。

资料来源　佚名.青钢管理信息系统的系统规划［EB/OL］.［2024-08-04］.http://www.doc88.com/p-14752840480.html.

案例思考题：

（1）根据案例内容进行分析，为了完成系统规划阶段的任务，需要进行哪些工作？

（2）思考系统规划在整个管理信息系统开发中的重要性。

案例2

某化纤公司营销部门流程重组方案

我国某化纤公司的销售业务涉及售后服务科、业务科、计划科、财务科、仓库等部门，其工作内容包括从签订合同开始到发货、实现销售收入等一系列过程。在管理水平不断提高和拟采用新的信息技术加以支持的条件下，该公司与复旦大学管理学院合作，对原有销售流程（如图4-13所示）进行了全面分析，提出了流程重组的新方案。

这一销售流程是目前我国大多数企业采用的运行模式，具有一定的代表性。这种销售流程简单、分工明确、职责清楚、易于管理，但存在不少弊端，具体如下：

1）效率低下

由于每个部门只完成某一项任务或某一环节，整个流程的运转必须通过多种单据的频繁传递来实现，工作人员多数时间处于等待状态，因而效率不高。

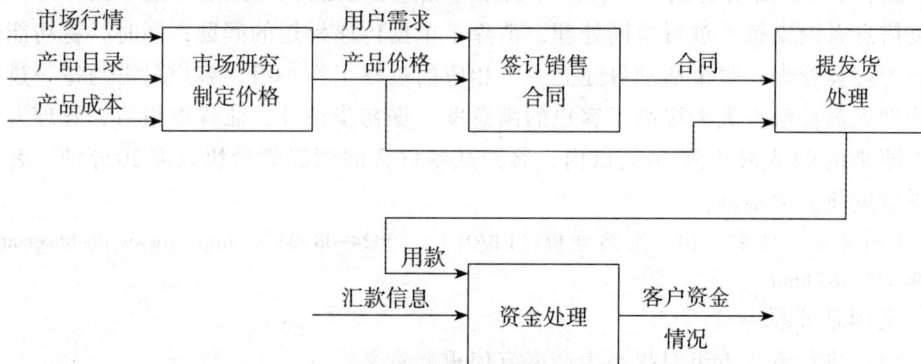

图4-13　销售流程示意图

2）无人对整个流程负责

每个员工只负责流程中的某一环节，各科室管理人员也只对本科室的业务负责，整个流程的工作质量无人负责，无从监督。

3）对客户满意度重视不够

在这种流程中，客户需和不同的部门频繁接触，如与业务科签订合同、到计划科开提货单和发票、在财务科进行单据的审核等，客户实际上担当了传递单据的任务，颠倒了服务与被服务的关系。

此外，这种业务流程中还存在机构庞大、组织僵化等弊端。

图 4-14 是该公司的管理水平和信息技术达到一定条件时，有可能实现的一种并行结构的营销过程。

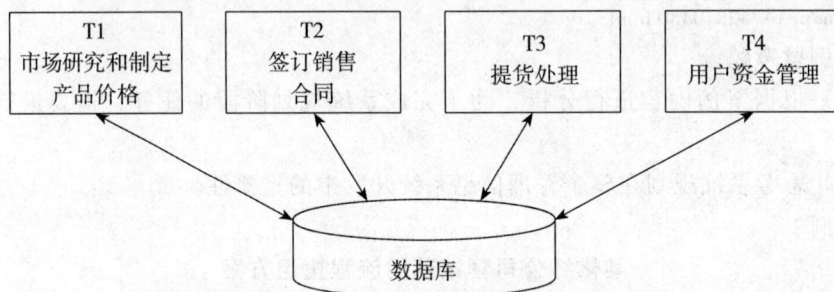

图 4-14　并行结构的营销过程

在图 4-14 中：

T1 根据市场信息和产品成本制定出产品的价格，输入到数据库中；

T2 根据用户的需求和数据库中关于产品价格的信息签订销售合同，并录入到数据库中；

T3 根据数据库中未提货的销售合同信息、用户的提货要求以及用户资金情况给予提货处理，开出发票，并在数据库中输入未结账的用款信息；

T4 查询数据库中有无未结账的用款信息，若有则要予以结账，若有用户到款信息，也应及时输入到数据库中，并对用户资金的情况做出调整。

这样，4 个活动的执行都直接和数据库相连，彼此相对独立。这一流程可在计算机信息系统支持下进行协同处理，消除了单据传递延迟的问题；同时，将功能管理转为过程管理，每个活动可建立一个相应的过程工作小组，客户只需与每一过程的管理人员接触，大大提高了客户的满意度。据初步估计，流程重组后，管理人员可由原来的 84 人减少到 30 人以内，客户从签订合同到提货最快只需 20 分钟，客户的满意度将大大提高。

资料来源　佚名. BPR 案例分析［EB/OL］.［2024-08-04］. http://www.doc88.com/p-300948788363.html.

案例思考题：

（1）进行流程重组对提高生产率有何重要意义？

（2）讨论企业流程重组对企业组织结构的影响。

第 5 章

管理信息系统的系统分析

学习目标

✔ 了解管理信息系统系统分析阶段的任务及主要内容；

✔ 掌握可行性分析的内容；

✔ 了解管理信息系统系统分析阶段的常用描述工具；

✔ 重点掌握业务流程图、数据流程图、数据字典、判断树、判断表等工具的使用方法；

✔ 掌握系统分析阶段逻辑方案的确定。

思政引入

实事求是及团队协作观在系统分析中的体现

系统分析是管理信息系统开发的第二个阶段，也是至关重要的一个阶段。系统分析是要根据用户需求，解决"做什么"的问题。在这个过程中，分析企业实际情况及用户的需求非常关键，必须以实事求是的态度客观地进行调查与分析，不能依据个人经验凭空想象，要从实际对象出发，探求事物的内部联系及其发展的规律性。

系统分析最重要的是用户参与。在系统分析的过程中，系统开发人员及企业管理人员、业务人员要共同参与，要注重团队协作，各方要以实现信息系统目标为主要方向，群策群力、取长补短，充分听取其他方的意见，给出最合理的系统逻辑方案。

思考：用户需求分析的好坏如何影响最终系统的成败？

系统分析作为管理信息系统开发过程中的一个重要环节，在某种程度上决定了管理信息系统建设的成败。系统分析是在系统规划的指导下，对现有系统进行深入详细的调查，确定新系统的逻辑方案，解决系统"做什么"的问题。完成这个阶段任务的关键问题是开发人员与用户之间的沟通，系统分析员通过系统分析全面深入了解现行系统的业务流程以及数据流动情况，并使用一系列分析工具与技术，绘制出一组描述系统总体逻辑方案的图表，再根据用户的实际需求，对某些业务环节进行完善与优化，最终得到拟开发的新系统的逻辑方案。

5.1 系统分析概述

系统分析是管理信息系统开发过程中的第二个阶段，也是最重要、难度最大的一个阶段。该阶段相当于工程建设中的初步方案设计，主要依靠对现行系统的详细调查，了解整个系统的现行状况，特别是对业务及数据两大部分进行详细分析，得到一份满足用户需求的信息系统"蓝图"。

系统分析在整个管理信息系统开发过程中，起到承上启下的作用。它根据系统规划阶段的指导方向，对现行系统进行详细的调查，对调查的结果使用一系列的分析工具，分析优化后回答"做什么"的问题，以此作为下一个阶段即系统设计阶段"怎么做"的主要依据。

5.1.1 系统分析的主要任务

1）初步调查并了解用户的需求

在系统开发过程中，只有充分了解用户需求，才能回答"做什么"的问题。系统分析的一项重要任务就是建立起系统分析员与用户之间的"桥梁"。在实际工作中常常有这种情形，即业务人员认为信息系统的开发只是技术人员的事，没有与技术人员有效地配合、沟通，而技术人员对用户的需求缺乏深刻的理解，当系统交付用户使用时才发现不满足用户的需求，最终导致系统开发失败。为了避免这种情况的出现，在系统分析阶段一定要明确用户在功能及性能方面的需求，强调用户的参与，只有这样才能开发出满足用户需求的信息系统。

2）对现行系统进行详细调查

要通过各种方式和方法对现行系统进行充分和全面的调查，弄清现行系统的边界、组织机构、人员分工、业务流程、各种计划、单据和报表的格式、处理过程、企业资源及约束情况等，使系统开发人员对现行系统有一个比较深刻的认识，为新系统开发做好原始的资料准备工作。

3）进行管理业务与数据流程分析

管理业务与数据流程是系统分析的主要对象。在系统分析阶段，要采用各种调查方法明确组织的业务过程，并使用业务流程图、表格分配图等工具，确定组织的业务流程中各环节处理业务及信息的来龙去脉。在分析业务流程的基础上，找到所有涉及的数据，分析数据的流动、传递、处理及存储过程，并使用数据流程图、数据字典等工具，明确组织的信息需求，为下一个阶段的数据库设计奠定基础。

4）分析处理逻辑及确定管理模型

这是对业务过程中所涉及的处理逻辑使用相关的工具，如判断树、判定表等，来确定表达条件、决策规则和应采取的行动之间的逻辑关系，方便用户与系统分析员直接沟通。对于新系统所涉及的管理模型要在分析阶段予以明确，通过对处理逻辑与管理模型的分析，为程序设计提供指导方向。

5) 建立新系统的逻辑模型

这是在系统调查和分析的基础上建立新系统的逻辑模型，采用一组图表工具表达和描述新系统的逻辑模型，使得新系统的概貌清晰地呈现在用户面前，方便分析人员和用户针对模型进行交流讨论，最终得到满足用户需求的逻辑方案。

6) 编写系统分析报告

根据逻辑模型编写系统分析报告。该报告可以作为系统分析阶段的成果和总结，也可作为下一个阶段系统设计的依据。

5.1.2　系统分析的主要内容

系统分析的主要内容包括初步调查与可行性分析、详细调查、组织结构与管理功能分析、管理业务分析、数据流程分析、数据字典、处理逻辑分析、管理模型确定，从而最终确定新系统的逻辑方案。

简单来说，系统分析就是通过各种直观的图表架起系统设计者与用户之间的"桥梁"，最终目的是让设计者理解用户的需求，从而确定"做什么"的问题。

5.2　初步调查与可行性分析

5.2.1　初步调查的目标、内容

1) 系统初步调查的目标

系统的初步调查是系统分析阶段的第一项活动，也是整个系统开发的第一项活动。系统开发工作一般是根据系统规划确定的拟建系统总体方案进行的。由于开发管理信息系统的需求一般是由用户提出的，而用户通常缺乏对管理信息系统的全面认识，且他们不能提出定量的目标，因此，为了避免开发工作的盲目性和风险性，必须首先对用户进行调查、识别问题、确定系统的目标，并进行可行性分析。系统调查阶段的主要目标就是要明确系统开发要解决的主要问题和目标，论证系统开发的必要性和可行性。

2) 系统初步调查的内容

系统初步调查的内容包括组织全貌和组织信息需求情况两个方面。

（1）组织全貌包括组织概况、组织目标、现行系统情况、简单历史、人员基本情况、面临的问题、中长期计划及主要困难等。

（2）组织信息需求情况指各职能机构所要处理的数据，各机构产生的数据及频度等。另外，还要调查组织内外部环境的信息及信息源。

5.2.2　可行性分析的内容

可行性分析的任务是明确应用项目开发的必要性和可行性。它的作用是避免盲目投资，减少损失。这项工作要建立在初步调查的基础上。必要性来自实现开发任务的迫切性，而可行性则取决于实现应用系统的资源和条件。如果管理人员对信息系统的需求不很迫切或者条件尚不具备，就不可行。可行性分析的内容包括：

1）技术上的可行性

根据新系统的目标，要考虑系统的软硬件设备、计算机联网能力、网络及数据安全保护设施、输入输出设备、大容量存储设备等。在软件方面应重点考虑操作系统、数据库管理系统等配置和功能；在技术力量方面要考虑技术人员的经验和水平。在进行技术可行性分析时，还要考虑该单位业务人员的文化素质，其经过培训后胜任系统使用和维护工作的可能性。

在进行技术可行性分析时，应注意以下几个方面的问题：

（1）全面考虑信息系统开发过程中所涉及的所有技术问题。

信息系统开发过程会涉及多种开发方法、软硬件平台、网络结构、系统布局和结构、输入输出等系统相关技术，所以要对这些技术问题进行全面考虑。

（2）尽可能采用成熟技术。

成熟技术是被多方面采用并被反复证明行之有效的技术，一般具有较高的成功率。另外，成熟技术经过长时间、大范围使用，不断补充和优化，其精细程度、可操作性、经济性要比新技术好。因此，在开发信息系统的过程中，在成本允许的条件下，应尽可能采用成熟技术。

（3）慎重引入新技术。

一般新技术、前沿技术只是理论上具有可行性，在实际操作中还是处于试验阶段，其实用性和适应性没有得到保证，所以应慎重引入，以免造成不必要的损失。

（4）着眼于具体的开发环境和开发人员。

技术的可行性不仅取决于总体技术的成熟度，还取决于开发队伍中是否有人掌握这种技术，以及成员对这种技术是否具有较强的学习接受能力。

2）经济上的可行性

经济可行性分析是指估算新系统开发和运行所需的费用，以及新系统的效益，将投资和效益进行比较，说明项目在经济上是否可行。新系统开发和运行所需的费用包括设备费用、人员费用、材料费用、其他费用等。

如果不能提高企业的利润、一定时期内不能收回投资，就不应该开发该项目。企业所追求的就是效益和利润，因此，经济可行性是可行性分析中最重要的内容。总的来说，经济可行性要解决成本和效益这两个问题。

（1）信息系统的成本。

信息系统的成本包括系统的开发成本和运行成本。开发成本是指信息系统从立项到投入运行所花费的费用，运行成本则是指信息系统投入使用之后，系统运行、管理和维护所花费的费用。

（2）信息系统的效益。

信息系统的效益包括直接经济效益和间接社会效益。

直接经济效益是指信息系统能够直接获取的、能用资金来度量的效益，如降低的成本、提高的资金周转率、减少的资源消耗等。

间接社会效益是指能够整体提升企业信誉和形象、企业的管理水平，不能简单地或无法用资金来衡量的那部分效益，它常常需要系统分析员根据本企业的状况和不同企业之间的类比进行估计。

3）管理上的可行性

管理可行性分析主要考虑当前系统的管理体制是否有条件提供新系统所需的各种数据，企业最高层领导及各级管理人员对开发建设一个新系统来替代现有系统的需求是否迫切，当前系统的业务人员对新系统的适应能力如何等因素。

4）开发环境的可行性

开发环境可行性分析的内容包括企业领导意见是否一致，有无资金，能否抽出骨干力量参与新系统开发等。

简单地说，就是企业能否为新系统的开发建设提供一个长期良好的环境，这是项目可行性分析阶段要考虑的问题。

5.2.3　可行性分析报告

可行性分析报告是将可行性分析的结果用报告的形式编写出来。

可行性分析报告的内容包括：

（1）系统简述；

（2）项目的目标；

（3）所需资源、预算和期望效益；

（4）项目可行性分析结论。

可行性分析结论应明确指出以下内容之一：

（1）可以立即开发；

（2）改进原系统；

（3）目前不可行，或者要推迟到某些条件具备以后再进行。

可行性分析报告要尽量取得有关管理人员的一致认可，并得到主管部门的批准。

5.3　详细调查

在可行性分析阶段得到可行的结果后，就要进入详细调查阶段。详细调查的对象是现行系统。现行系统既包括原有的手工系统，也包括目前正在运行的管理信息系统。详细调查的目的在于完整地掌握现行系统的状况，理清现行系统处理业务的流程，发现存在的问题和组织业务的薄弱环节，详细收集资料，为提出新系统的逻辑方案做好准备。

详细调查一定要强调用户的参与，用户一般应该包括使用系统的业务人员及部门领导，开发系统的系统分析人员、系统设计人员。

5.3.1 详细调查的方法

详细调查的方法比较多，主要有召开调查会、访谈、发放调查表、参加业务实践等，如图5-1所示。

召开调查会　　　　访谈

参加业务实践　　　发放调查表

图5-1　详细调查的方法

（1）召开调查会。

召开调查会是一种集中征集意见的方法，适合对系统进行定性调查。开调查会有两种方法：一种是按职能部门召开座谈会；另一种是各类人员联合座谈。

（2）访谈。

调查会由于时间限制等其他因素，不能完全反映每个人的意见，因此有必要对关键的业务人员进行访谈。

业务人员是将来直接接触系统的人，也是工作中对业务流程最熟悉的人，因此对业务人员进行访谈能够最真实地了解组织中业务活动的细节。访谈的问题一般涉及以下内容：

① 你所在的工作岗位是什么？

② 你的工作任务是什么？

③ 你每天怎么安排工作时间？

④ 你的工作同前/后续工作是如何联系的？

⑤ 你所接触的报表、数据有哪些？

⑥ 从企业全局考虑，你认为企业的哪些管理业务可以改进？

⑦ 你认为新的信息系统应该重点解决哪些问题？

（3）参加业务实践。

在实际调查中，许多用户虽然精通自己的业务，但往往不善于把业务过程明确地表达出来，不知道该向系统分析人员介绍些什么。因此，参加业务实践是了解系统的一种很好的形式。

通过业务实践，用户可以较深入地了解现行系统的数据产生、传递、加工、存储、输出等环节的工作内容。这种方法一般用于了解业务中的不规范处理情况和处理细节。

（4）发放调查表。

根据系统的特点设计调查表，用调查表收集相关的信息，通过对调查结果的分析，能更深入地了解组织中相关信息的具体情况，见表5-1。

表5-1　　　　　　　　　　　　　　　报表/文件调查表

报表/文件名称：		编制人：		使用频率：		输出方式：	
传送部门：		份数：		保留期：		其他：	

数据项说明

序号	数据项名称	描述	取值范围	备注

表单编号：		填表人：		填表日期：	

5.3.2　详细调查的主要内容

详细调查的主要内容包括系统的组织结构、管理功能、业务流程、数据流程、处理逻辑等。

表5-2是详细调查内容及相关工具。具体工具的使用在后面小节将详细说明。

表5-2　　　　　　　　　　　　　　详细调查内容及相关工具

详细调查内容	主要分析工具	主要目的
组织结构	组织结构图	描述一个组织部门之间的隶属关系
管理功能	管理功能图	描述从系统目标到各项功能的层次关系
业务流程	业务流程图 表格分配图	描述组织中各项业务的发生过程以及系统中各种单据、表格都与哪些部门有关系
数据流程	数据流程图 数据字典	描述业务过程中所涉及的各种数据的来源、去向、加工过程及存储
处理逻辑	判断树、判定表等	描述系统中所涉及的比较复杂的逻辑处理过程

5.4　组织结构与管理功能分析

详细调查的第一步就是要对组织结构以及管理功能进行详细的调查，根据调查的结果绘制出组织结构图与管理功能图。

组织结构调查主要分析组织中部门的划分，以及部门之间的隶属关系。通过了解组织结构，可以掌握各平行部门之间、各上下级部门之间的业务关系和信息流关系。

管理功能调查主要分析各部门的工作内容与职责，为后续系统设计的功能划分打好基础。

5.4.1 组织结构图

现行系统的信息管理功能是通过企业的组织运作来实现的，因此对现行组织机构及其任务的描述是系统分析工作的切入点。组织结构图是一种用于描述组织内部各部门之间的隶属关系及相互联系的树状图形。图 5-2 就是一个简单的组织结构图。

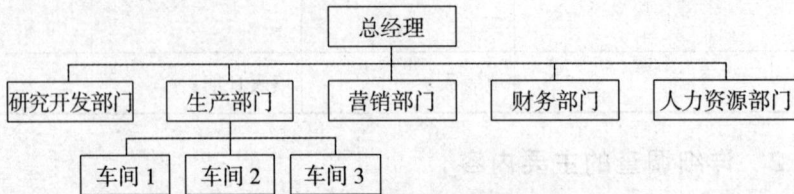

图 5-2 简单的组织结构图

每个组织都有其特点，组织结构图要根据组织的实际情况，在详细调查的基础上描述出来。例如，某学校教学管理系统主要涉及学校的教务处，对该部门的结构情况进行详细调查，得出其组织结构图如图 5-3 所示。

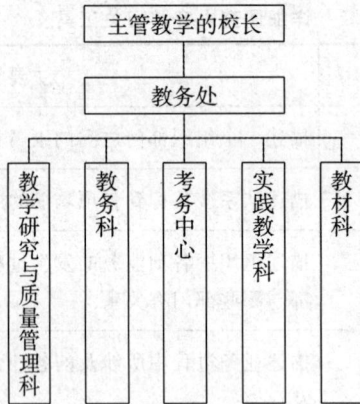

图 5-3 某学校教学管理组织结构图

为了更好地表示部门间的业务联系，作为业务调查所画出的组织结构图与一般的组织结构图存在以下区别：

（1）除标明部门之间的领导与被领导的关系外，还要标明资料、物资、资金的流动关系。

（2）图中各部门、各种关系的详细程度以突出重点为标准，即那些与系统目标明显关系不大的部分，可以简略或省去。

某企业详细的组织结构图如图 5-4 所示。

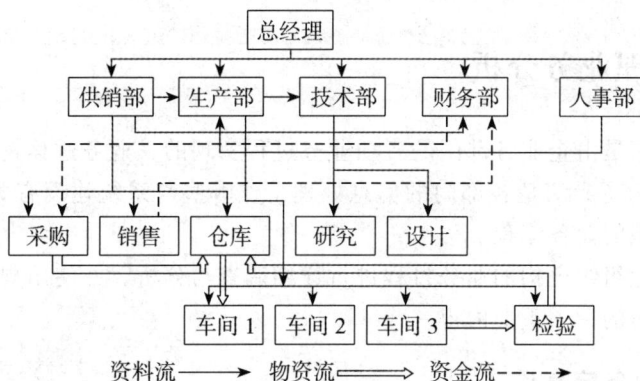

图 5-4 某企业详细的组织结构图

5.4.2 管理功能图

功能和组织是紧密联系的。

以组织结构图为背景分析清楚各部门的功能后，可以分层次将其归纳、整理，形成各层次的管理功能图。

管理功能图能描述从系统目标到各项业务功能的层次关系，如图 5-5、图 5-6 所示。

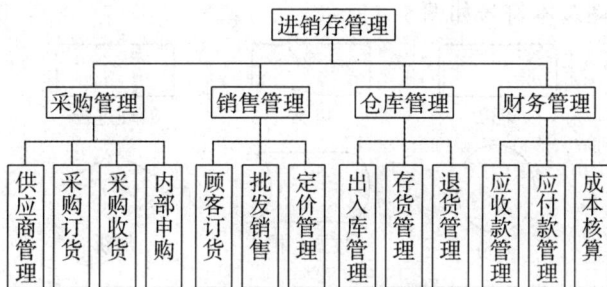

图 5-5 进销存管理的管理功能图

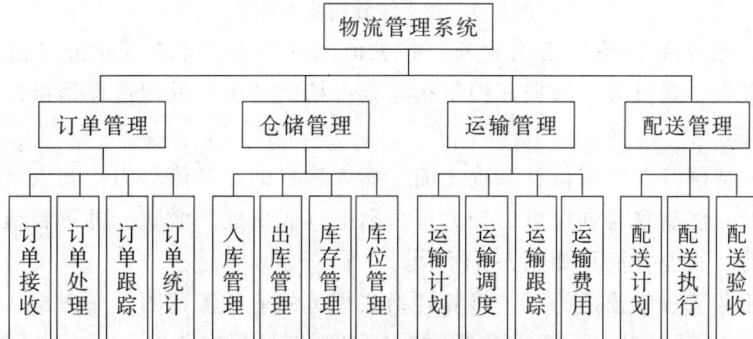

图 5-6 物流管理系统管理功能图

5.5 管理业务分析

企业的运作是由企业各部门的各项业务过程实现的，业务过程是由一系列业务活动构成的，为了弄清楚各部门的信息处理工作哪些与系统建设有关，哪些无关，就必须了解组织的业务流程。

对现行企业组织机构的业务过程进行详细调查与分析，并使用规范的图形予以描述是系统分析的一项重要内容。

5.5.1 业务流程图

业务流程图（transaction flow diagram，TFD）是使用一些规定的符号及连线来表示某个具体的业务处理过程。

业务流程图是描述组织业务流程的一个重要工具，主要描述系统内各单位、人员之间的业务关系、作业顺序和管理信息流向，可以帮助分析人员找出业务流程中的不合理流向。

有关业务流程图的画法，目前尚未统一，但也大同小异，只是在一些具体的规定和所用的图形符号上面有些不同，其目标都是准确明了地反映组织的业务流程。常用的业务流程图基本符号如图5-7所示。

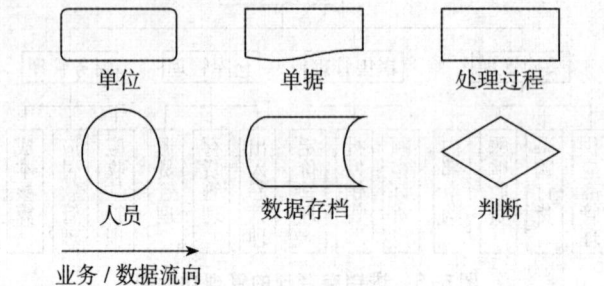

图5-7 业务流程图基本符号

其中，业务/数据流向表明业务、数据流动的方向。单据表示业务过程中涉及的单据、报表、账目等。数据存档是指需要存档的数据。处理过程是指系统中业务处理的操作。

例如，某医院在使用信息系统之前，病人领药的业务流程为：病人拿着处方单去药房划价，然后拿着划价后的处方单去财务（收费处）缴费，再拿着缴费的凭证去药房拿药。其业务流程如图5-8所示。

使用业务流程图描述符号，将其转换成规范的业务流程图，如图5-9所示。

从图5-10可以看出，病人拿药这个过程要经过两次药房：一次去划价，一次去领药。显然，这个业务流程存在不合理性。那么，为什么会存在这种不合理的业务流程呢？因为在医院实施信息化之前，划价这项工作是由药房来完成的，只有药房的药剂师才知道药品的库存情况以及药品的价格，而财务人员无法完成划价这个

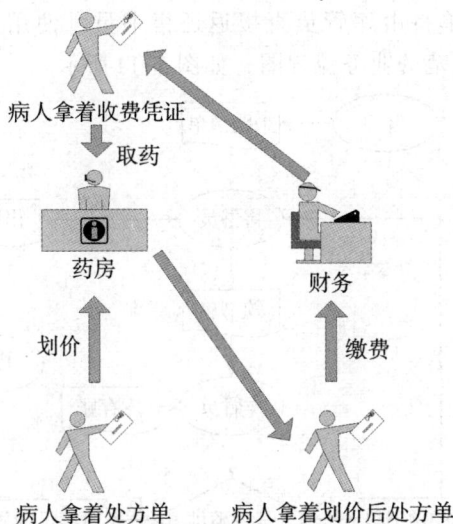

图 5-8　使用信息系统前病人领药业务流程

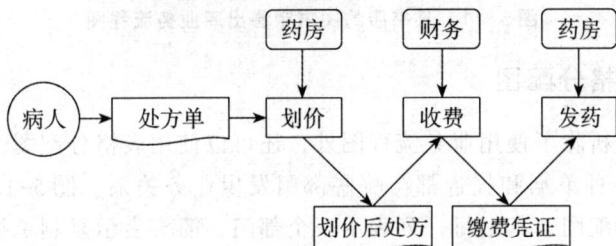

图 5-9　使用信息系统前病人领药业务流程图

业务过程。考虑到信息系统的作用，可以对该流程进行改进与重组，将"划价"与"收费"这两个业务处理过程合并在一起变成"划价收费"，由财务人员利用数据库与信息系统来完成"划价"这个业务过程。事实上目前大多数医院已经实施了这种业务流程重组，重组后的业务流程图如图 5-10 所示。

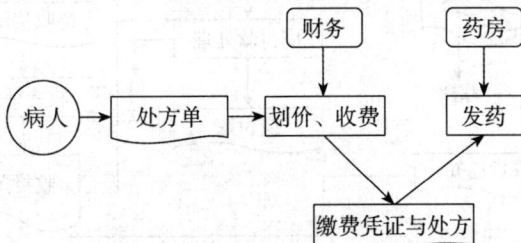

图 5-10　重组后的病人领药业务流程图

　　因此，业务流程图的主要目的：一是方便业务人员与系统开发人员的有效沟通；二是直观分析业务流程的合理性。

　　某书店的图书销售出库业务流程包括：售书员根据客户提供的采购清单制作领书单并交库管员；库管员根据库存账核对领书单，若所领书目和数量可以满足，则将领书单提交库工办理图书出库；库工将图书与出库单交付售书员；不能满足出库要求的领书单将由库管员直接返还售书员。使用业务流程图描述符号，将其业务流程转换成规范的业务流程图，如图5-11所示。

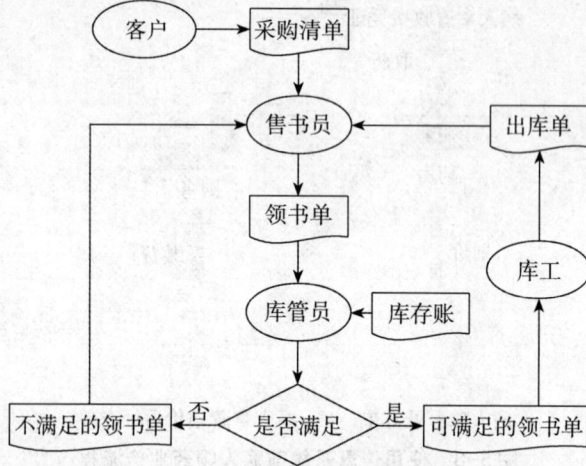

图5-11　某书店的图书销售出库业务流程图

5.5.2　表格分配图

业务流程分析除了使用业务流程图外，还可以使用表格分配图。表格分配图可以显示系统中各种单据和报告都与哪些部门发生业务关系。图5-12是一张反映采购过程的表格分配图，其中每一列表示一个部门，箭头表示复制单据的流向，每张复制单据上都标有号码，以示区别。

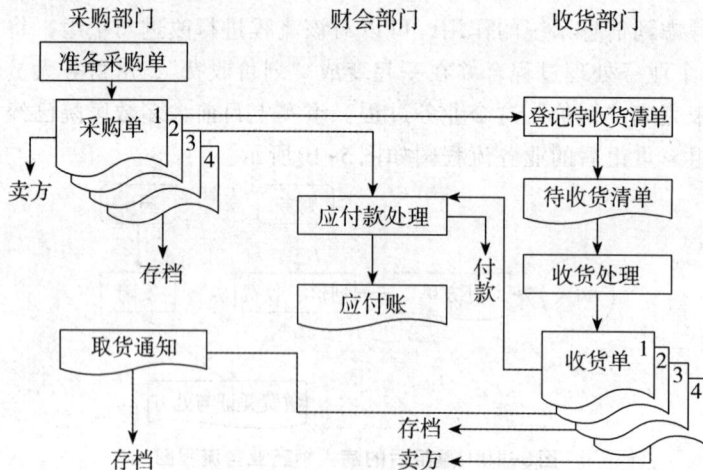

图5-12　表格分配图

由图5-12可见，采购单一式4张：第一张交给卖方；第二张交到收货部门，用来登记待收货清单；第三张交给财会部门，登记应付账；第四张存档。到货时，收货部门按待收货清单核对货物后填写收货单（四张）：第一张交给财会部门，通知付款；第二张交给采购部门，取货时使用；第三张存档；第四张交给卖方。

5.6　数据流程分析

在管理业务分析过程中绘制的管理业务流程图和表格分配图虽然形象地表达了管理中信息的流动和存储过程，但仍没有完全脱离一些物质要素（如货物、产品等）。管理信息系统主要的功能是对信息进行加工处理以及存储，而不考虑物资、资金等其他元素。因此，在系统分析阶段除了要进行管理业务分析外，还要进行一项非常重要的工作——数据流程分析。数据流程分析是把数据组织或原系统内部的流动情况抽象地独立出来，舍去具体组织机构、信息载体、处理工具、物资、材料等，单从数据流动过程来考察实际业务的数据处理模式。

5.6.1　数据流程图的基本符号与含义

数据流程分析用到的主要工具是数据流程图（data flow diagram，DFD）。数据流程图是一种能全面地描述管理信息系统逻辑模型的主要工具，它可以用少数几种符号综合反映出信息在系统中的流动、处理和存储情况。数据流程图将数据从数据流程中抽象出来，通过图形方式描述信息的来龙去脉和实际流程。

数据流程图有4种基本元素：数据提供者或使用者（外部实体）、数据流（流动着的数据）、处理过程、数据存储。这几种元素的表示符号如图5-13所示。

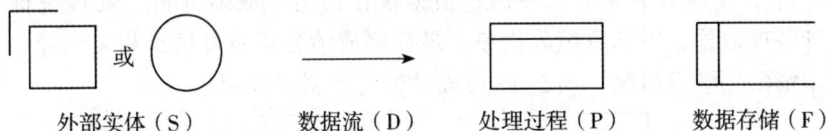

外部实体（S）　　　数据流（D）　　　处理过程（P）　　　数据存储（F）

图5-13　数据流程图的基本符号

1）外部实体

外部实体指系统之外的人或单位，它们和本系统有信息传递关系。在数据流程图中通常用正方形框或圆形表示外部实体，框中或圆形中写上外部实体名称。为了避免在一张数据流程图中线条的交叉，同一外部实体可在一张数据流程图中出现多次。图5-14是外部实体的描述。

教师　　或　　教师

图5-14　外部实体的描述

2）数据流

数据流表示流动着的数据，它可以是一项数据或一组数据（如学生成绩单、统计报表等），也可用来表示对数据文件的存储操作。通常在数据流符号的上方标明数据流的名称。图5-15是数据流的描述。

学生成绩单　　　　　　统计报表

图5-15　数据流的描述

3）处理过程

处理又称功能，一般用一个长方形来表示处理逻辑，图形下部填写处理的名字（如成绩分析、打印课表等），上部填写唯一标识该处理的标志（如 P1，P1.1，P1.1.1 等）。

图 5-16 是处理过程的描述。

P
成绩分析

P
打印课表

图 5-16 处理过程的描述

4）数据存储

数据存储是指通过数据文件、文件夹或账本等存储数据，用一个右边开口的长方形条表示。

图形右部填写存储的数据和数据集的名字，左部填写该数据存储的标志。图5-17 是数据存储的描述。

F	学生成绩

图 5-17 数据存储的描述

例如，某大学学籍管理系统的成绩管理子系统中，教师根据学生成绩单登记期末成绩，并形成"学生成绩"存档，根据该存档由"成绩分析"处理进行成绩分析，统计各项数据，得到成绩分析单，最后将成绩分析单发送给相关领导，相关领导据此了解学生学习情况。图 5-18 是该过程的数据流程图。

图 5-18 某成绩管理子系统的数据流程图

5.6.2 数据流程图的绘制方法与步骤

绘制数据流程图时，应按照"自顶向下，逐层求精"的方法进行，也就是将整个系统当成一个处理功能，画出它和周围实体的数据联系过程，即一个粗略的数据流程图（顶层图），然后逐层向下分析，直到把系统分解为详细的、低层次的数据流程图。

逐层分解的目的是让数据流程图更详细，这类似于全国地图与各省（自治区、直辖市）地图的关系。

在全国地图上标出主要的铁路、河流，在各省（自治区、直辖市）地图上标记得更详细，除了有全国地图上与该省（自治区、直辖市）相关的铁路、河流之外，还有一些次要的铁路、公路、河流等。

数据流程图的绘制要遵循业务处理的全过程。其绘制的过程也是一个发现问题的过程，在这个过程中能够发现处理过程不合理、数据不匹配、数据不通畅等问题。

数据流程图是一个如图5-19所示的分层结构。

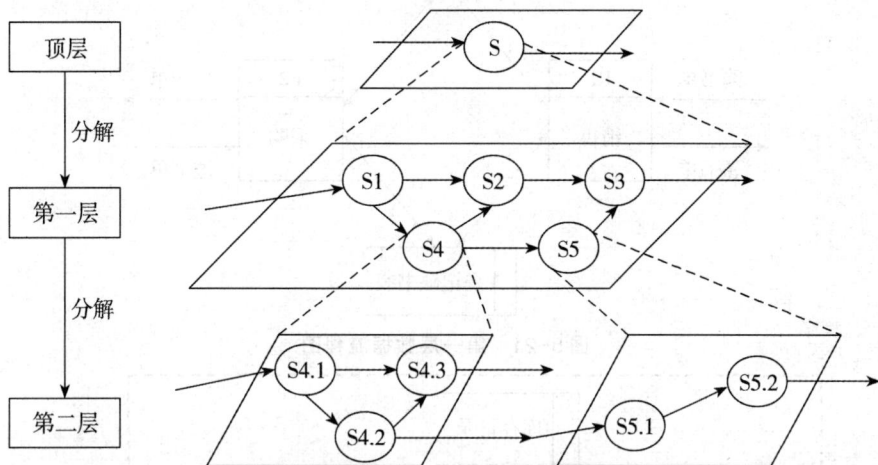

图5-19　数据流程分解图

下面以某学校教材销售系统为例，介绍数据流程图分层画法的步骤。

该业务过程为：学生填写购书单，如果书库中有所需教材，则开发票，登记并开领书单，学生凭领书单到书库领书；如果书库中该教材脱销，则填写缺书登记表，生成一张采购单，由教材采购员根据采购单采购教材，新教材入库后，将进书单返回给系统。

（1）首先画出顶层数据流程图。

顶层数据流程图只有一张，它说明系统总的处理功能以及输入和输出，如图5-20所示。

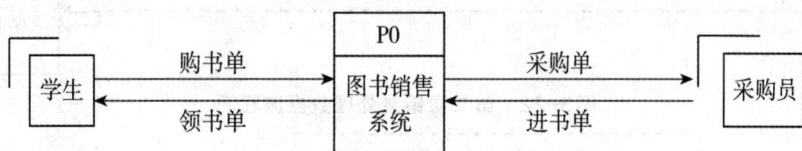

图5-20　顶层数据流程图

顶层数据流程图是一张对数据输入输出粗略描述的图形。

（2）下一步是对顶层数据流程图中的"处理"进行分解，也就是将"P0图书销售系统"分解为"销售"与"采购"两大功能，得到第一层数据流程图，如图5-21所示。

（3）对第一层中"P1销售"功能和"P2采购"功能进行再次分解，得到第二层数据流程图，如图5-22和图5-23所示。

（4）合并后第二层的数据流程图如图5-24所示。

如果第二层中的处理还能继续分解，就继续分解为第三层数据流程图；如果不需要再细分，就得到最终的数据流程图。

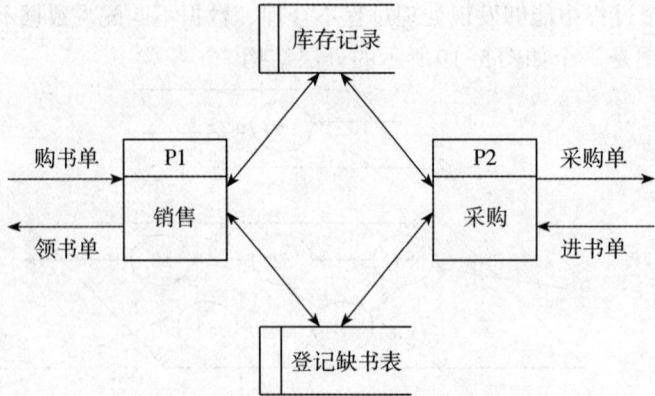

图 5-21　第一层数据流程图

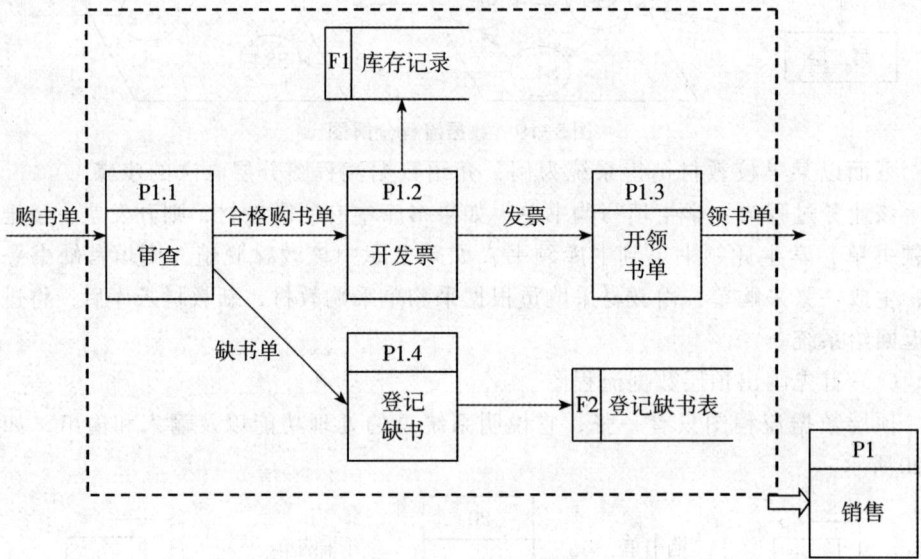

图 5-22　第二层销售处理数据流程图

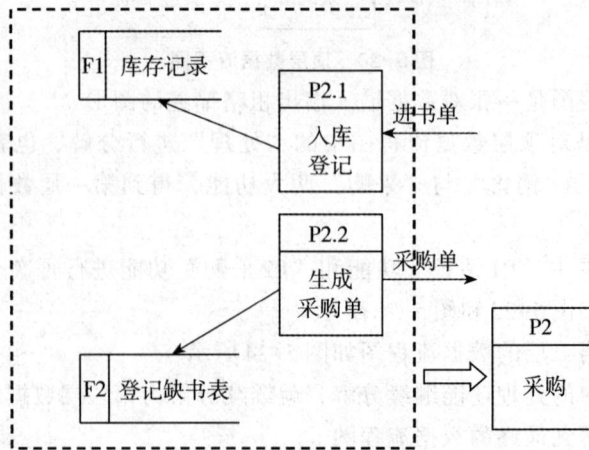

图 5-23　第二层采购处理数据流程图

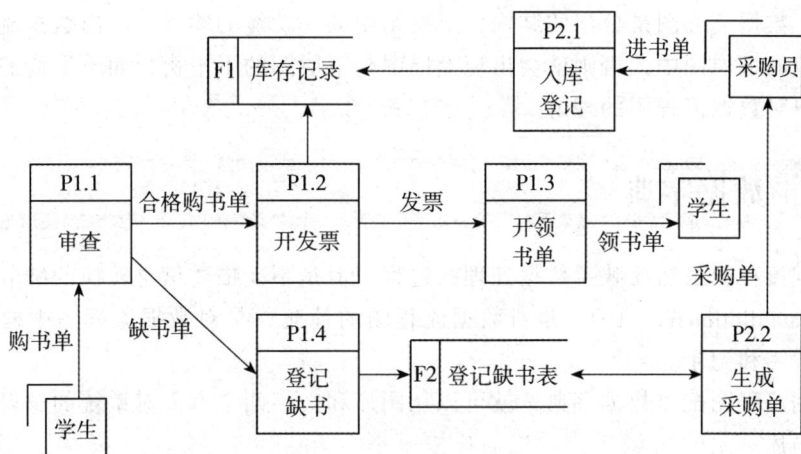

图 5-24　第二层数据流程图

5.6.3　数据流程图的正确性检验

数据流程图是系统分析阶段非常重要的描述工具，通过数据流程图可以清楚描述数据的流动关系，方便系统分析人员与用户沟通交流，但是在绘制过程中需要确保其正确性。

数据流程图的正确性是保证软件逻辑模型正确性的基础。通常可以从以下几个方面检查数据流程图的正确性：

（1）数据守恒，即输入数据与输出数据匹配。

数据不守恒有两种情况：一种是漏掉了某些输入数据，比如某个处理过程用以产生输出的数据没有输入给这个处理过程；另一种是某些输入数据流在处理环节内部没有被使用，这不一定是一个错误，但产生这种情况的原因以及是否可以简化值得思考。

（2）文件使用。

画数据流程图时，应注意处理框与数据存储之间数据流的方向。一个处理过程，若是读文件，则数据流的箭头指向处理框，若是写文件，则箭头指向数据存储。

在一张数据流程图中，任何一个数据存储，必定有流入的数据流和流出的数据流，即写文件和读文件的过程，缺少任何一种都意味着遗漏了某些数据流。

（3）任何一个数据流至少有一端是处理框。

换言之，数据流不能从外部实体直接到数据存储，或是从数据存储直接到外部实体，也不能在外部实体之间或数据存储之间流动。数据流程图不正确的画法举例如图 5-25 所示。

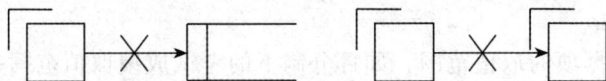

图 5-25　数据流程图不正确的画法举例

（4）数据流程图是分层的结构，上层图中某一功能的输入、输出数据流必须出现在相应的下层图中，否则就会出现上层图与下层图的不平衡，而不平衡的分层会影响用户对数据流程图的理解。

5.7 数据字典

数据流程图虽然反映了数据处理的过程，但是不能描述信息转换的细节。数据字典（data dictionary，DD）是对数据流程图的补充，是对数据流程图中构成元素的细节说明和记录。

数据流程图配以数据字典，就可以从图形和文字两个方面对系统的逻辑模型进行完整描述。

数据字典描述的主要内容有：数据项、数据流、数据存储、数据处理和外部实体等。

其中，数据项是组成数据流、数据存储的基本成分。一般来说，系统分析员应把不便在数据流程图上注明，但对系统分析很重要，对整体系统开发以至将来系统运行与维护很必要的信息尽可能放入数据字典中。

下面以图5-18所示的数据流程图为例，介绍数据字典的编制方法。

5.7.1 数据项的定义

数据项又称数据元素，是数据的最小单位，是数据流的基本组成项。有关数据项的数据字典编写只要求描述它静态的特征，具体包括：

1）数据项的名称、编号

为了方便检索与管理，数据字典的每一个组成部分都有一个唯一的编号。数据项的编号以大写的英文字母I开头，后面加上顺序号。

2）别名

有些数据项的名称有多个，如产品编号、产品代码都表示同一个意思，可选择其中之一作为正式名称，其他的作为别名。当然，不是所有的数据项都有别名。

3）简述

有时候名称采用缩写或简写形式不能完全表达其所代表的含义，这时就需要对其进行简单的描述来说明名称的含义。

4）长度、类型

需要注明数据项的类型（数值型、字符型、逻辑型、日期型等）以及所占存储空间的大小，以字节为单位。

5）取值范围

需要描述数据项的取值范围，如百分制下的考试成绩取值范围是0～100。

数据项的数据字典举例见表5-3。

表 5-3　　　　　　　　　　　数据项的数据字典举例

数据项编号：I02	数据项名称：课程号	别名：课程编号
类型：字符型	长度：4	取值范围：0001～9999
简述：课程的编号，用来唯一标识每门课程		

编制人：_____　　　　　　　　　日期：_____

5.7.2　数据流

一个数据流可以由一个或多个数据项组成，如"学生基本情况"数据流包含学号、姓名、性别、出生年月、家庭住址、入学成绩、政治面貌等数据项。数据流的数据字典主要包括：（1）数据流编号（一般以大写字母 D 开头）、名称；（2）简述；（3）组成；（4）数据来源；（5）数据去向等。数据流的数据字典举例见表 5-4。

表 5-4　　　　　　　　　　　数据流的数据字典举例

数据流编号：D1	数据流名称：学生成绩单	别名：成绩通知单
简述：学生的考试成绩		
组成：学号+学生姓名+课程名称+平时成绩+考试成绩		
数据来源：外部实体教师		
数据去向：登记期末成绩		
备注：		

编制人：_____　　　　　　　　　日期：_____

5.7.3　数据存储

数据存储和数据流类似，由若干数据项组成。在数据字典中，只描述数据存储的逻辑结构，而不涉及具体物理位置和存储介质。数据存储的数据字典主要包括：（1）数据存储编号（一般用大写字母 F 开头）、名称；（2）简述；（3）组成；（4）关键字；（5）相关处理。

数据存储的数据字典举例见表 5-5。

表 5-5　　　　　　　　　　　数据存储的数据字典举例

数据存储编号：F1	数据存储名称：学生成绩	别名：
简述：学生的考试成绩存档		
组成：学号+学生姓名+课程名称+平时成绩+考试成绩+总成绩		
关键字：学号+课程名称		
相关处理：登记期末成绩、成绩分析		
备注：		

编制人：_____　　　　　　　　　日期：_____

5.7.4 数据处理

在数据字典中，只对数据流程图中最底层的处理进行描述。

数据处理的数据字典主要包括：（1）数据处理编号（一般用大写字母P开头）、名称；（2）简述；（3）输入数据流；（4）输出数据流；（5）处理等。数据处理的数据字典举例见表5-6。

表5-6　　　　　　　　　　**数据处理的数据字典举例**

数据处理编号：P5.2	数据处理名称：成绩分析	别名：
简述：对学生成绩进行统计分析		
输入数据流：学生成绩存储		
处理：按照分数段进行统计，得出每个分数段的学生人数 统计平均分、标准差等参数 汇总各项数据		
输出数据流：成绩分析单		
处理频率：1~2次/学期		
编制人：_____	日期：_____	

5.7.5 外部实体

外部实体的数据字典主要包括：（1）外部实体编号、名称；（2）简述；（3）输入数据流；（4）输出数据流。

外部实体的数据字典举例见表5-7。

表5-7　　　　　　　　　　**外部实体的数据字典举例**

外部实体编号：S2	外部实体名称：领导	别名：
简述：教务处的相关领导		
输入数据流：成绩分析单		
输出数据流：		
备注：		
编制人：_____	日期：_____	

拓展阅读5-1

业务流程图（TFD）和数据流程图（DFD）的区别

5.8　处理逻辑分析

数据字典虽然对数据流程图中的处理进行了说明，但对一些复杂的处理逻辑无法描述清楚。

为了简洁地表达处理逻辑中的一些难以说明的逻辑判断功能，一般可以采用多种逻辑判断工具。

5.8.1　结构化语言

结构化语言是由结构化程序设计思想启发而来的，是介于自然语言和计算机语言之间的一种较为简洁的语言。

结构化语言有三种基本语句：简单祈使语句、判断语句、循环语句。与计算机程序设计语言相比，结构化语言没有严格的语法规定；与自然语言相比，结构化语言比较简洁明了。

这类语言常用祈使句描述处理，用动词表示处理的动作，用名称表示被处理的对象。

1）简单祈使语句

祈使句一般指明要做的事情，即一个处理。

例如，人们到书店买书这件事用自然语言描述如下：某人到书店首先选择一本自己满意的书，然后携带该书到服务柜台，请服务员开票，并到收银台交款，再回到服务台，盖付款标记后携带该书离开书店。

用结构式语言描述如下：

（1）选择书籍。

（2）携带该书到服务柜台。

（3）开票。

（4）交款。

（5）盖付款标记。

（6）离开。

2）判断语句

判断结构是复杂处理中最常见的一种结构，其基本语句结构描述如下：

如果　条件（成立）

　　　则　处理1

否则（条件不成立）

　　　就　处理2

例如，到图书馆借书，关于可借数量的判断语言如下：

如果　借阅书的数量≤最大限额

　　　则　处理借书

否则

　　　就　提示超出限额

3）循环语句

循环语句指在某种条件下连续执行相同的动作，直到这个条件不成立为止。其基本语句结构描述如下：

当　条件　成立时

执行动作1

例如，判断用户身份时，关于密码确认的循环语句如下：

当　输入密码的次数≤3时

要求重新输入

例：某装饰公司每个季度会对营业额大于A万元的店面的员工进行奖励，其中店长奖励5 000元、店员奖励1 000元，则与之对应的结构化语言为：

对每一个店面

　　　　计算本季度营业额　　　　（祈使语句）

　　　　如果　季度营业额大于A万元　　　　（判断语句）

　　　　则

　　　　　　对于该店面中每一个员工

　　　　　　如果该店员为店长

　　　　　　则　奖励5 000元

　　　　　　否则

　　　　　　　　奖励1 000元

　　　否则

　　　　　　无奖励

5.8.2　判断树

当处理逻辑比较复杂的时候，结构化语言就显得冗长且不直观，因此对复杂的逻辑处理通常不用结构化语言描述，而是用更为直观的判断树来描述。

判断树（decision tree）又称决策树，是一种描述处理逻辑的直观表述方法。判断树类似于"树"的形状，左边是树根，是决策序列的条件取值状态；右边是树叶，表示应该采取的动作。

例如，某公司规定推销员的工资与经济效益挂钩，按推销的产品收入提成，其判断规则如下：

每月推销额在15万元以上（含15万元，下同），若付款比例在80%以上，新产品在50%以上，则按推销额的6%提成，新产品不足50%则按5%提成。

若付款比例在40%~80%，新产品在50%以上，则按推销额的5%提成，新产品不足50%则按4%提成；若付款比例低于40%，则按推销额的3%提成。

每月推销额不足15万元，若付款比例在80%以上，则按4%提成。

若付款比例在40%~80%，则按3%提成；若付款比例不足40%，则按2%提成。

该处理逻辑如果用结构化语言描述就显得比较复杂且不直观，但是用判断树表示就直观明了。

推销的产品收入提成的判断树如图5-26所示。

处理方案

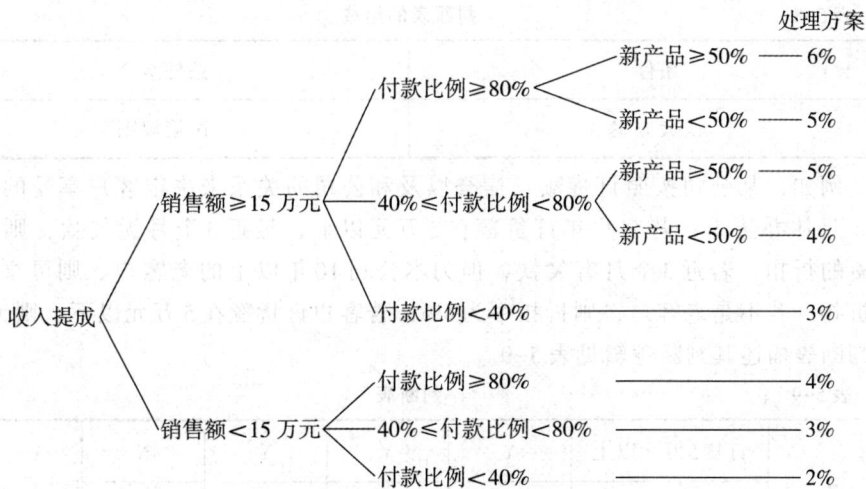

图 5-26　推销的产品收入提成判断树

由上例可知，判断树的优点是直观和明确，可以清楚表述各种条件和不同取值状态下应当采取的行动，以及根据条件的优先级别逐步判断决策的过程。

下面再举一例。

某公司货运收费标准为：本地货运运费为 10 元/吨千米，距离 500 千米（含）以上加运费 5 元/吨千米。外地货运运费为 20 元/吨千米，外地货运量 100 吨（含）以上时运费增加 5%。

用判断树表示运费的计算方法如图 5-27 所示。

（注：货运量、距离和运费分别用 N、L、W 表示）

处理方案

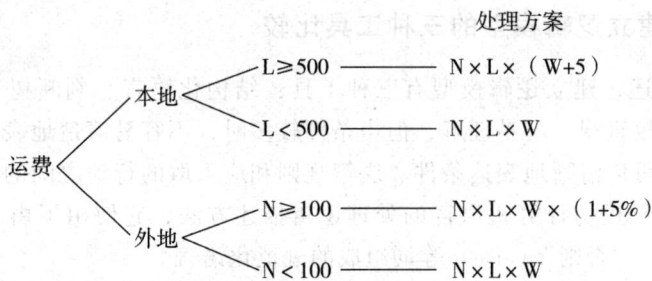

图 5-27　运费的计算方法判断树

5.8.3　判断表

判断表又称决策表，也是一种表达逻辑判断的工具。它以表格的形式给出各种条件的全部组合以及在各种组合下应采取的行动。当条件的个数较多时，各种条件相互组合，相应的决策方案就会较多，在这种情况下使用判断表比判断树更加有效和清晰。

判断表由四大部分组成，见表 5-8。表中左上角为各种条件，左下角为各种决策方案，右上角为条件组合，右下角为决策规则（决策行动）。

表5-8   判断表的组成

条件	条件组合
决策方案	决策规则

例如，某公司按照订货额、信誉以及和公司的关系来决定客户享受的优惠程度，具体办法为：若客户年订货额在5万元以上，最近3个月无欠款，则可享受15%的折扣，若近3个月有欠款，但为本公司10年以上的老客户，则可享受10%的折扣，若不是老客户，则折扣率为5%；若客户订货额在5万元以下，则无折扣。用判断表描述其判断逻辑见表5-9。

表5-9   判断表

条件	订货5万元以上	Y	Y	Y	N	状态
	近3个月有欠款	N	Y	Y		
	老客户		Y	N		
折扣方案	15%	×				行动规则
	10%		×			
	5%			×		
	0				×	

5.8.4 建立逻辑模型的三种工具比较

如前文所述，建立逻辑模型有三种工具：结构化语言、判断树、判断表。其中，判断树比较直观，容易理解，但当条件较多时，不容易清楚地表达出整个判别过程；决策表可以清晰地表达条件、决策规则和应采取的行动之间的逻辑关系；结构化语言是一种模仿计算机语言的处理逻辑描述方法，它使用了由"如果"（if）、"那么"（then）、"否则"（else）等词组成的规范化语言。

5.9　管理模型确定

管理模型是系统在每个具体管理环节所采用的管理方法。在过去的手工系统中，由于受信息获取、传递和处理手段的限制，只能采用一些简单的管理模型，而在计算机技术的支持下，许多复杂的计算在瞬间即可完成。

在管理信息系统的系统分析中，要根据业务和数据流程的分析结果，对每个处理过程进行认真分析，研究每个管理过程的信息处理特点，找出相适应的管理模型，这是使管理信息系统充分发挥作用的前提。随着管理科学的发展，在管理活动的各个层次、各个环节都形成了较为成熟的管理方法和定量化的管理模型，这为管理信息系统的应用创造了条件，但在一个具体系统中应当采用的模型则必须由前一阶段的分析结果和有关管理科学的状况决定，因而并无固定模式。下面介绍一些常用的管理模型。

5.9.1　综合计划模型

综合计划是企业生产、经营活动的总规划。常用的综合计划模型有两类：

1）综合发展模型

这是企业的近期发展目标模型，内容包括盈利指标、生产规模等。

常用模型有：企业中长期计划模型、厂长任期目标分解模型、新产品开发和生产结构调整模型、中长期计划滚动模型等。

2）资源限制模型

资源限制模型反映了企业各种资源对企业发展模型的制约。

常用模型有：数学规划模型、资源分配限制模型。

5.9.2　生产计划管理模型

生产计划包括生产计划大纲和生产作业计划两类。

1）生产计划大纲

生产计划大纲主要安排与综合生产计划有关的生产指标。

常用模型有：数学规划模型（如优化生产计划模型）、物料需求计划模型、能力需求计划模型、投入产出模型等。

2）生产作业计划

生产作业计划具体安排生产产品数量、加工路线、加工进度、材料供应、能力平衡等。常用模型有投入产出矩阵、网络计划、关键路径模型、排序模型、物料需求、设备能力平衡、滚动作业计划、甘特图等。

5.9.3　库存管理模型

常用的程序化库存管理模型有库存物资分类法、库存管理模型等，此外还有最佳经济批量模型等。

5.9.4　财务成本管理模型

1）成本核算模型

成本核算模型包括直接生产过程的消耗和间接费用的分配，常用的方法有：

（1）品种法、分步法、逐步结转法、平行结转法、定额差异法等，用于直接生产过程消耗的计算。

（2）完全成本法和变动成本法，用于间接费用的分配。

2）成本预测模型

成本预测模型包括数量经济模型、投入产出模型、回归分析模型、指数平滑模型等。

3）成本分析模型

成本分析模型主要包括实际成本与定额成本比较模型、本期成本与历史同期可比产品成本比较模型、产品成本与计划指标比较模型、产品成本差额管理模型和量本利分析模型等。

5.9.5　统计分析与预测模型

统计分析与预测模型一般用来反映销售、市场、质量、财务状况等的变化情况及未来发展的趋势，内容包括市场占有率分析、消费变化趋势分析、利润变化情况分析、质量状况与指标分布分析、综合经济效益指标分析等。常用的预测模型有：多元回归预测模型、时间序列预测模型和普通类比外推模型等。

由于管理模型是一个广义的概念，涉及管理的方方面面，同时不同单位由于环境条件各不相同，对管理模型也会有不同的要求，在系统分析阶段，分析人员必须与用户协商，共同决定采用哪些模型。

5.10　提出新系统的逻辑方案

系统分析的最后任务是提出新系统的逻辑方案。系统分析阶段的详细调查、系统化分析都是为建立新系统的逻辑方案做准备。逻辑方案是系统分析阶段的最终成果，也是之后系统设计和实施的依据。逻辑方案的内容包括：

（1）新系统的业务流程。这是业务流程分析和业务流程优化重组后的结果，包括以下内容：原系统业务流程的不足及优化过程、新系统的业务流程、新系统业务流程中的人机界面划分。

（2）新系统的数据流程。这是数据流程分析的结果，包括原系统数据流程的不合理之处及优化过程、新系统的数据流程、新系统数据流程中的人机界面划分。

（3）新系统的逻辑结构。这是指新系统中的子系统划分。

（4）新系统中数据资源的分布。这是指确定数据资源如何分布在服务器或主机中。

（5）新系统中的管理模型。这是指确定在某一具体管理业务中采用的管理模型和处理方法。

系统分析报告参考写法

一、引言

1.摘要：系统名称、目标和主要功能。

2.背景：项目的承担者、用户及本系统与其他系统或机构的关系和联系。

3.引用资料及术语定义解释。

二、现行系统概况

1.现行系统现状调查说明：现行系统流程和概况图表及说明，包括现行系统的规模、界限、主要功能、组织结构、业务流程、数据流和数据存储以及存在的薄弱环节等。

2.系统需求说明：主要问题分析与用户的需求等。

三、新系统逻辑设计

1.新系统目标：根据企业新的需求，提出更加明确和具体的新系统目标。

2.新系统逻辑模型：各个层次的数据流图、概况表、数据字典、处理逻辑表达工具及其他有关的图表和说明。

3.新系统功能分析：与现行系统比较，在各种处理功能上的加强和扩充，重点阐述新系统相应处理的优越性。

4.新系统数据分析：

（1）系统输入输出的变化，体现在与系统环境接口的变化上；

（2）系统数据流和流程的变化，指出比现行系统优越之处；

（3）系统数据存储的变化，重点突出计算机数据存储的组织形式、效率及共享性等；

（4）新系统数据流量、数据存储量的初步估算，并初步确定有关数据流和数据存储的数据结构与容量。

5.系统逻辑设计方案的讨论情况及修改、改进之处。

6.根据目前条件，若有暂时无法满足的某些用户的需求或设想，应提出今后解决的措施和方法。

四、系统设计与实施的初步计划

1.工作任务的分解：根据资源及其他条件，确定子系统开发的优先顺序，在此基础上分解工作任务，具体落实。

2.时间进度安排。

3.资源补充：包括人员、资金、设备等方面。

4.预算：对开发费用的进一步预估。

本章小结

本章主要介绍了系统分析阶段的主要任务及内容，重点介绍了系统分析阶段所涉及的一些描述工具的使用方法。

系统分析是管理信息系统开发的第二个阶段，也是非常重要的一个阶段。通过系统分析，可以确定"做什么"的问题，最终确定系统的逻辑方案（模型），作为下一个阶段系统设计的依据。系统分析阶段主要通过详细调查，分析组织的组织结构、管理功能、管理业务、数据流程、处理逻辑及所涉及的管理模型，然后利用组织结构图、管理功能图、业务流程图、表格分配图、数据流程图、数据字典、判断树、判断表等描述工具，将调查的结果描述出来，整理后形成管理信息系统开发的逻辑方案。

思考题

（1）开发管理信息系统之前为什么要进行可行性分析？

（2）系统分析中常用的详细调查方法有哪些？

（3）试比较判断树、判断表、结构化语言三者的特点及适用范围。

（4）某物资销售业务流程如下：

用户将订货单交给某企业的业务经理，业务经理填写出库单交给仓库保管员，仓库保管员查阅库存台账，如果有货则向用户发货，如果缺货则通知车间。

试画出以上过程的业务流程图。

（5）若库房里的货品由于自然或其他原因而破损且不可用，则需进行报损处理，将这些货品清除出库房。具体报损流程如下：由库房相关人员定期按库存计划编制需要对货物进行报损处理的报损清单，交给主管确认、审核。主管审核后确定清单上的货品必须报损，则进行报损处理，并根据报损清单登记流水账，同时修改库存台账；若报损清单上的货品不符合报损要求，则将报损清单退回库房。试根据上述背景提供的信息，绘制出"报损"的业务流程图、数据流程图。

（6）某仓库管理系统按以下步骤进行信息处理，试画出数据流程图：

① 保管员根据当日的出库单和入库单通过出库处理和入库处理分别将数据输入到"出库流水账"和"入库流水账"，并修改"库存台账"。

② 根据库存台账由统计、打印程序输出库存月报表。

③ 需要查询时，可利用查询程序，在输入查询条件后，到库存台账去查找，显示出查询结果。

（7）下列是某商场的购物折扣政策，试用决策树描述该逻辑过程。

① 购物 1 000 元（含）以上且为会员，优惠折扣为 15%；

② 购物 1 000 元（含）以上但非会员，优惠折扣为 10%；

③ 购物 1 000 元以下，无折扣。

（8）某航空公司规定，乘客可以免费托运重量不超过 30 千克的行李。当行李重量超过 30 千克时，对头等舱的国内乘客超重部分每千克收费 4 元，对其他舱的国内乘客超重部分每千克收费 6 元，对外国乘客超重部分每千克收费比国内乘客多 1 倍。请根据以上描述绘制出判定表。

案例分析

医院就诊管理系统的业务流程和数据流程分析

在当今这个知识大爆炸的年代，计算机的应用已经渗透到各行各业，计算机科学知识的发展可以说是日新月异。门诊管理系统作为一个重要的医院管理系统，如果采用手工方式，重复工作多，工作效率低，会影响医疗质量。一个高质量的门诊管理系统能够解决老百姓"看病难"的问题，有助于建立良好的医患关系。

（1）医院就诊管理系统的业务描述

患者在就医时首先需要预约挂号，可以在医院的就诊管理系统平台进行在线挂号。患者初次登录系统时需要输入自己的相关信息（包括身份证号、联系方式，有些医院还要求提供以前就医过的就诊号）进行注册，建立患者档案。注册成功后，患者可以登录，选择就医的诊室、医生、时间段，提交生成订单。下一步是支付订单，支付成功后，生成就诊凭证。

患者持就诊凭证在约定的时间到指定的科室就医，医生诊断后开具检验单。患者成功支付后，接受抽血或者其他仪器检验，等待报告单。出具报告单以后，患者交给主治医生，主治医生根据报告结果制订治疗方案。患者在支付后，需要去药房取药或者接受注射和其他治疗，病情严重的患者会被收治入院。

（2）就诊管理系统业务流程分析

业务流程分析是对业务功能分析的进一步细化，从而得到业务流程图，它是一个反映企业业务处理过程的"流水账本"。业务流程分析的目的是形成科学合理的业务流程，在分析现有业务流程的基础上进行业务流程重组，产生更为合理的业务流程。业务流程图的符号如图 5-28 所示。

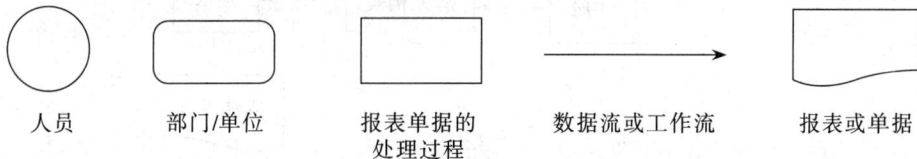

| 人员 | 部门/单位 | 报表单据的
处理过程 | 数据流或工作流 | 报表或单据 |

图 5-28　业务流程图的符号

按照"由上到下、由粗到细"的原则，应该先画高层业务流程图，然后再对每个处理逻辑进行细分，画出每个处理逻辑的业务流程图。

就诊管理系统的高层业务流程图如图 5-29 所示。

预约挂号的业务流程如图 5-30 所示。

（3）就诊管理系统数据流程分析

数据流程分析的任务是在业务流程分析的基础上，进一步抽象出发生在相关业务中的数据及其流动路径，并构造信息系统的逻辑模型。

数据流程分析的描述工具有数据流程图、数据字典、判断树/判断表、结构化语言。

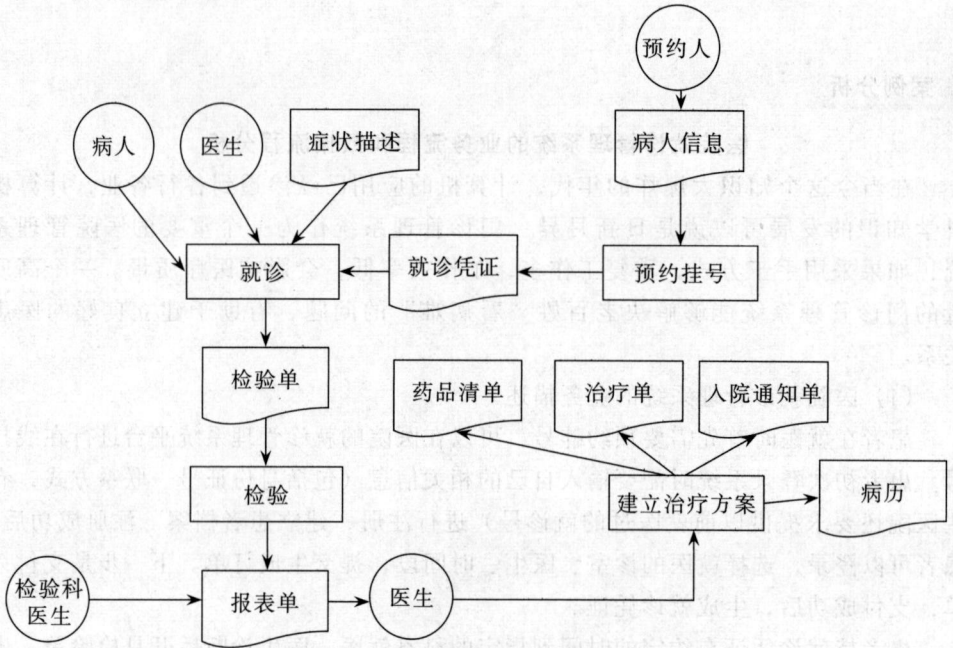

图5-29　就诊管理系统的高层业务流程图

数据流程图的符号如图5-31所示。

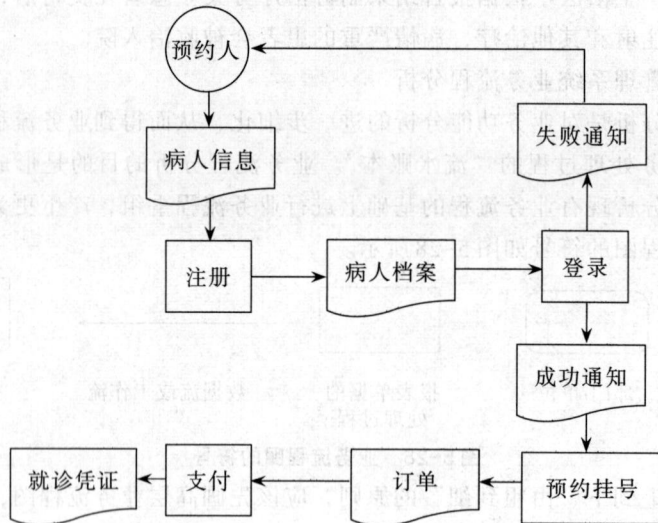

图5-30　预约挂号的业务流程

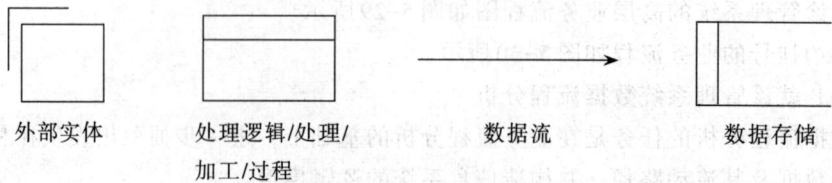

外部实体　　　处理逻辑/处理/　　　数据流　　　数据存储
　　　　　　　加工/过程

图5-31　数据流程图的符号

数据流程图应该先画顶图，将整个系统的全部处理功能概括为一个处理逻辑，并起一个意义准确、内容概括的名字，然后标出全部外部实体，给出外部实体与处理逻辑间的数据联系——数据流。就诊管理系统的顶图如图 5-32 所示。

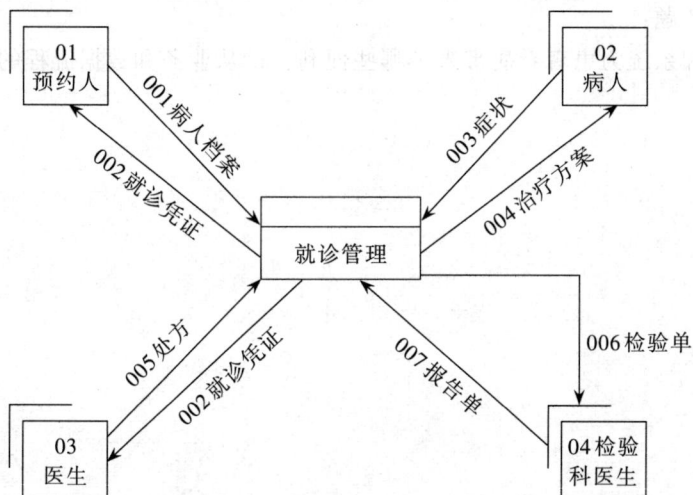

图 5-32　就诊管理系统的顶图

对顶图中的处理逻辑进行分解，产生零图，把唯一的处理逻辑分解成多个相对简单的处理逻辑（可参阅业务流程图中的各业务过程），标出分解后各处理逻辑间的数据流和数据存储，可不再标出其外部实体。

就诊管理系统的零图如图 5-33 所示。

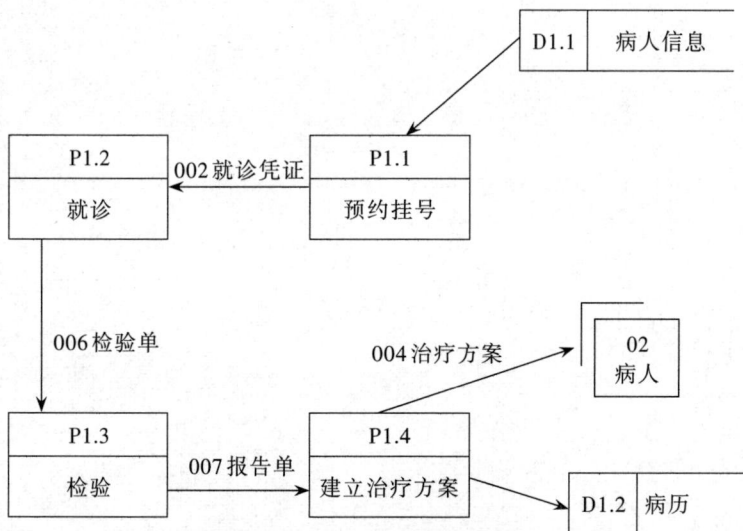

图 5-33　就诊管理系统的零图

结构化系统开发是基于信息系统生命周期的原理，对新系统的逻辑结构进行系统分析，紧接着进行系统设计工作，建立系统的物理模型，然后通过编程将其变成可以运行的实际系统。结构化的系统分析只有严格按照各个阶段执行，才能保证系统开发的效率和质量。

资料来源 曲翠玉，李亚津. 医院就诊管理系统的业务流程和数据流程分析［J］. 信息与电脑（理论版），2020（21）：142-143.

案例思考题：

门诊管理系统为患者看病带来了哪些便利？试从业务和数据流程的角度分析。

第6章 管理信息系统的系统设计

学习目标

✔ 了解管理信息系统设计阶段的主要内容及目标；
✔ 掌握系统设计阶段涉及的各种工具的使用方法，如功能结构图、模块结构图等；
✔ 重点掌握数据库设计及代码设计的方法；
✔ 掌握如何根据逻辑模型构建系统的物理模型。

思政引入

系统化思维、以人为本思想以及创新驱动理念在系统设计中的应用

系统设计是管理信息系统开发的第三个阶段，也是非常重要的阶段。系统设计应该符合事物发展的一般规律，依据系统分析的结果，进行总体设计及详细设计。进行总体设计时，要运用系统化思维，确定软、硬件总体结构。在详细设计中，代码设计要满足行业规范、具有规律性及通用性；数据库设计要注意数据的规范性及安全性设计，理解信息安全的重要性；人机界面设计要体现以人为本的思想，以用户为中心，提高界面的友好性及易操作性，要依据人的行动特性设计计算机系统的操作，使计算机系统的操作符合人的心理特性。

党的二十大报告强调了创新的重要性，提出了创新驱动发展战略。管理信息系统系统设计中要运用技术创新、业务流程创新、用户体验创新等。系统设计者需要关注最新的技术趋势和市场需求，将创新元素融入系统设计中，以提升系统的竞争力。比如在系统设计过程中，可以积极引入人工智能、大数据、云计算等新技术，以提升系统的智能化水平、数据处理能力和可扩展性。这些新技术的引入将使得系统能够更好地适应复杂多变的市场环境，满足用户多样化的需求。

思考：对于使用管理信息系统的用户来说，什么样的系统能让其感觉很舒适？

在系统分析阶段，得到了系统的逻辑模型，提出了"做什么"的问题，接着就要根据逻辑模型来进行系统设计，解决"怎么做"的问题，最终得到系统的物理模型。结构化系统设计是按照规则，利用标准工具和图表分析手段，确定系统的模块、连接方式、结构，并进行系统输入、输出、数据处理、数据存储等环节的详细设计，同时选择经济、合理的技术手段。

6.1 系统设计概述

系统设计过程可以分为两个层次：一是总体设计；二是细节设计（详细设计）。系统设计阶段的基础是分析阶段形成的文档和模型，这些文档和模型详细描述了用户的需求和要解决的问题。设计阶段就要将需求模型（逻辑模型）转换为计算机系统的解决方案（物理模型），如图6-1所示。

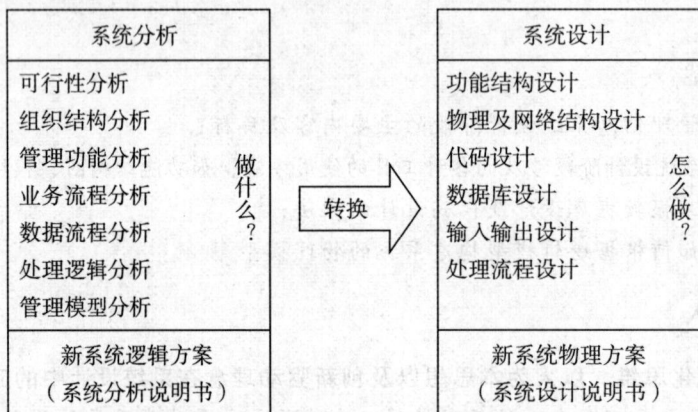

图6-1 系统分析与系统设计的关系

6.1.1 系统设计的目标

一般来说，企业建立信息系统是为了提高信息处理的效率和增强信息处理功能。系统设计的优劣直接影响新系统的质量和经济效益。可以采用以下设计目标来评价一个设计方案的优劣：

1）系统的整体性

系统是作为统一整体而存在的，因此在系统设计中，要从整个系统的角度来考虑，系统的代码要统一，数据存储要统一、共享，设计规范要标准，设计语言要尽量一致。

2）系统的效率性

系统的处理速度、响应时间、处理能力等是衡量系统运行效率的指标。影响系统效率的因素有很多，如系统的硬件及其组织结构、人机接口设计的合理性、计算机处理过程的设计质量、程序的编写质量等。

3）系统的灵活性

在设计过程中，一般要求系统具有良好的环境适应性，以便延长系统的生命周期。为此，系统应具有较好的开放性和结构的可变性。在设计系统的时候，要尽量采用模块化结构，提高各模块的独立性，降低各模块间的数据依赖性，做到"高内聚、低耦合"，以便于系统维护与改进。

4）系统的可靠性

系统可靠性指系统在运行过程中抵御各种干扰、保证正常工作的能力，包括检查错误、纠正错误的能力，抗病毒能力，以及系统发生故障后重新恢复、启动的能力。系统在运行过程中难免遇到各种干扰，这些干扰有人为的，如病毒入侵、无意的错误操作；也有自然的，如自然灾害或突然断电等。提高系统可靠性有很多途径，如选择可靠性较高的设备，设置故障检测与诊断、恢复处理等各种安全措施。

5）系统的经济性

系统的经济性指系统的收益应大于系统支出的总费用。在满足系统需求的前提下，要尽可能减少系统的开销。在设计系统时，应根据系统的具体情况有所侧重：对于可靠性要求高的系统，如财务或某些高度机密信息的系统，要保证可靠性，在一定程度上降低效率；对于实时性要求高的系统，如机票预订系统，首先要保证效率，可以增加存储空间的开销。

6.1.2　系统设计的内容

系统设计通常分为两个阶段进行：首先是总体设计，其主要任务是完成对系统总体结构和基本框架的设计；其次是在总体设计的基础上进行详细设计。系统设计的主要内容如下：

1）系统总体设计

总体设计主要是设计系统的总体框架，其主要任务包括：

（1）功能结构设计：确定系统的功能模块划分。

（2）系统软、硬件及其网络配置方案设计。

2）系统详细设计

详细设计主要是根据总体设计的要求，为各个具体任务选择适当的技术手段和处理方法，主要包括以下内容：

（1）代码设计。

（2）数据库设计。

（3）输入/输出设计。

（4）处理流程设计。

3）系统设计说明书的编写

系统设计说明书是系统设计阶段的成果，是系统的物理方案。它从系统设计的主要方面说明系统设计的指导思想、采用的技术方法以及设计结果，是系统实施阶段工作的主要依据。

6.2　系统的总体设计

6.2.1　功能结构图

每个系统都有一个总的目标，为了实现这个目标，必须完成各子系统的功能，而各子系统功能的完成，又依赖于各子系统下具体功能的执行。系统功能分解的过程就是一个由抽象到具体、由复杂到简单的过程。通常，将按功能从属关系绘制的图表称为功能结构图。图中每个方框称为一个功能块，在方框中标明功能的名称。功能的名称既要高度抽象，又要反映该功能的内容。功能结构图通常是在系统分析阶段对业务流程的分析和系统划分的结果的基础上得出的。系统功能结构图不仅表达了系统和各子系统的功能，而且表达了系统和各子系统功能之间的隶属关系。功能结构图的一般形式如图6-2所示。

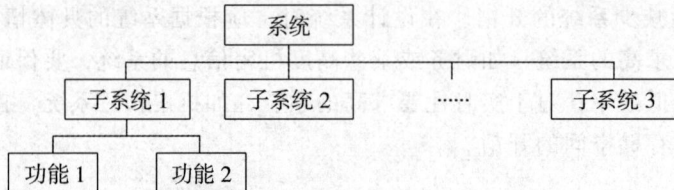

图6-2　功能结构图的一般形式

某学籍管理系统的功能结构图如图6-3所示。

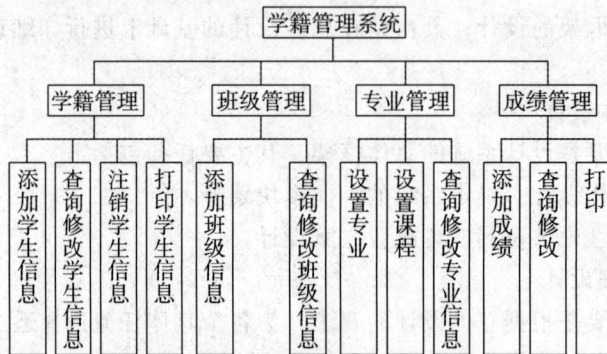

图6-3　某学籍管理系统的功能结构图

某图书管理系统的功能结构图如图6-4所示。

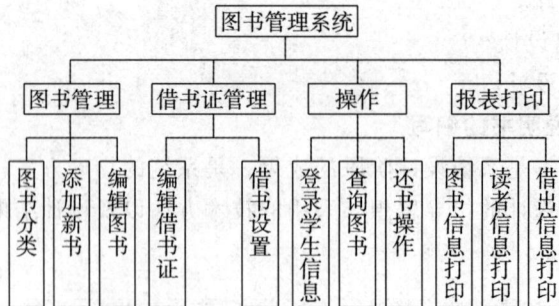

图6-4　某图书管理系统的功能结构图

6.2.2　模块及模块结构图

模块结构图就是将一个复杂的系统逐层分解为多个功能较为单一的功能模块，这种将信息系统设计为若干模块的方法叫作模块化。模块化是一种重要的设计思想。

1）模块

把一个系统分解成若干个彼此独立又具有一定联系、能够完成某个特定任务的组成部分，这些组成部分就是功能模块，简称模块。模块是按照结构化系统设计的思想分解出来的，可以将它理解为类似于"子程序"的概念，可以是程序、函数、过程、子程序。

模块一般具备4个要素：

（1）输入与输出：模块需要的数据和产生的信息。

（2）处理功能：将输入加工成输出的功能。

（3）内部数据：属于模块自己内部的数据。

（4）程序代码：实现模块的功能的程序代码。

前两个要素是模块的外部特性，反映了模块的外貌。后两个要素是模块的内部特性。在结构化设计中，主要考虑的是模块的外部特性，对其内部特性只进行必要了解，具体的实现过程将在系统实施阶段完成。

2）模块结构图

模块结构图是用于描述系统模块结构的图形工具。它不仅描述了系统的子系统结构与分层的模块结构，还清楚地表示了每个模块的功能，而且直观地反映了块内联系和块间联系等特性。作为一种文档，它必须严格定义模块的名字、功能和接口，还应当在模块结构图上反映结构化设计的思想。模块结构图由模块、调用、数据、控制信息和转接符号这些基本符号组成，如图6-5所示。

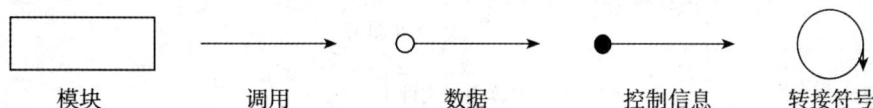

| 模块 | 调用 | 数据 | 控制信息 | 转接符号 |

图6-5　模块结构图的常用符号

（1）模块。在模块结构图中，用长方形框表示一个模块，方框里面写上模块的名称。模块名通常由一个动词和一个作为宾语的名词组成。模块示例如图6-6所示。

| 计算工资 | 计算电费 |

图6-6　模块示例

（2）调用。调用是模块结构图中模块间的联系方式，用连接两个模块的箭头表示，箭头总是由调用模块指向被调用模块，被调用模块执行后又返回到调用模块。

模块间的调用关系分为三种（如图6-7所示）：直接调用、判断调用、循环调用。

直接调用　　　判断调用　　　循环调用

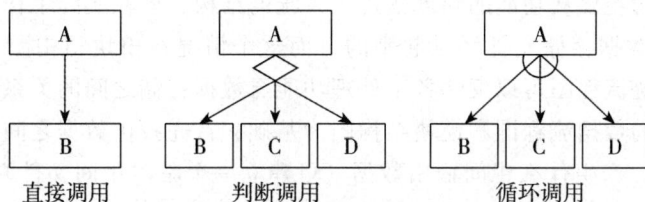

图6-7　模块间三种调用关系

直接调用是最简单的一种调用关系，指 A 不需要满足任何条件，直接调用 B。判断调用是 A 调用 B 或 C 或 D，取决于某个条件，根据条件满足情况决定调用哪个模块。循环调用是 A 对 B、C、D 反复调用，指上层模块对下层模块的多次反复的调用。

（3）数据。当一个模块调用另一个模块时，调用模块可以把数据传送到被调用模块进行处理，而被调用模块又可以将处理的结果数据送回到调用模块。在模块之间传送的数据，使用带空心圆的箭头表示，并在箭头旁边注明数据名，如图 6-8 所示。

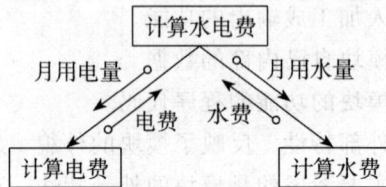

图 6-8　数据调用

（4）控制信息。为了指导程序下一步的执行，模块间有时还必须传送某些控制信息，例如"无此记录""文件结束"等，用尾部有实心圆的小箭头表示。

控制信息如图 6-9 所示，"无此图书"即为控制信息。

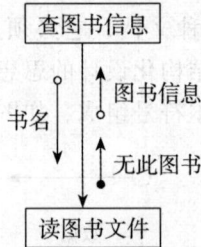

图 6-9　控制信息

（5）转接符号。如果模块结构图在一张纸上画不下，需要转接到另外一张纸上，或者为了避免图上线条交叉，就可以使用转接符号。

模块结构图是系统设计阶段非常重要的一种表达工具。这种图应当简明易用，既要便于设计人员表达自己的设想，又要便于编程人员了解现实要求。

图 6-10 是一个工资计算程序的模块结构图。

6.2.3　信息系统流程图

模块结构图主要从功能的角度描述了系统的结构，但在实际工作中许多业务和功能都是通过数据存储文件联系起来的，而这个情况在模块结构图中未能得到反映，而信息系统流程图可以反映各个处理功能与数据存储之间的关系。信息系统流程图以新系统的数据流程图和模块结构图为基础，首先找出数据之间的关系，即由什么输入数据，产生什么中间输出数据（可建立一个临时中间文件），最后又得到什么输出数据，然后把各个处理功能与数据关系结合起来，形成整个系统的信息系统流程图。

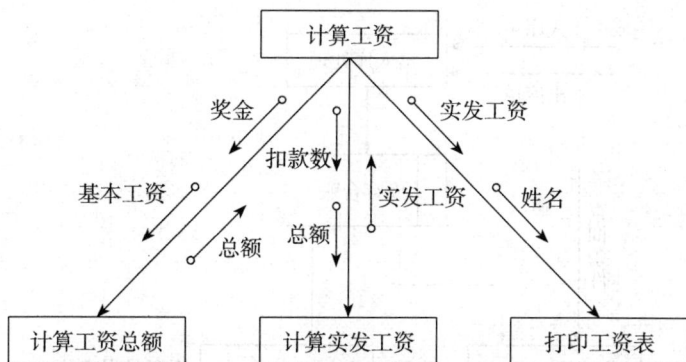

图 6-10　工资计算程序的模块结构图

1）信息系统流程图的符号

绘制信息系统流程图应当使用统一符号。目前国际上所用的符号日趋统一，我国国家标准《信息处理——数据流程图，程序流程图，系统流程图，程序网络图和系统资源图的文件编制符号及约定》（GB1526—1989）与国际标准化组织标准以及美国国家标准协会 ANSI 的图形符号大致相同，常用的符号如图 6-11 所示。

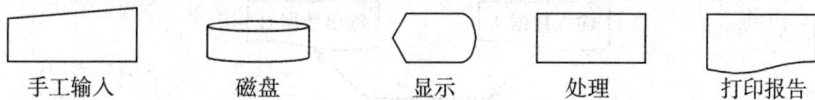

图 6-11　信息系统流程图常用符号

2）信息系统流程图的绘制方法

信息系统流程图是以新系统的数据流程图为基础绘制的。下面以某仓库管理系统为例，介绍信息系统流程图的绘制方法。

某仓库管理系统按以下步骤进行信息处理：

（1）保管员根据当日的出库单和入库单通过出入库处理去修改库存台账。

（2）根据库存台账由统计打印程序输出库存月报表。

（3）有必要进行查询时，可利用查询程序，在输入查询条件后，到库存台账去查找，并显示出查询结果。

根据以上的信息处理过程描述，结合上一章中数据流程图的绘制方法，得到该仓库管理系统的数据流程图（如图 6-12 所示）。

（1）根据数据流程图绘制数据关系图。数据关系图反映了数据之间的关系，即输入数据、中间数据和输出数据之间的关系。图 6-13 是数据关系图的一般形式。

由图 6-12 可知，仓库管理系统中涉及 3 个处理功能，分别为"出入库处理""统计打印""查询处理"。对这 3 个处理功能分别画出数据关系图，如图 6-14 至图 6-16 所示。

（2）把各处理功能的数据关系图综合，形成信息系统流程图。将上述 3 个数据关系图以库存台账为重合点连接得到仓库管理信息系统的信息系统流程图，如图 6-17 所示。

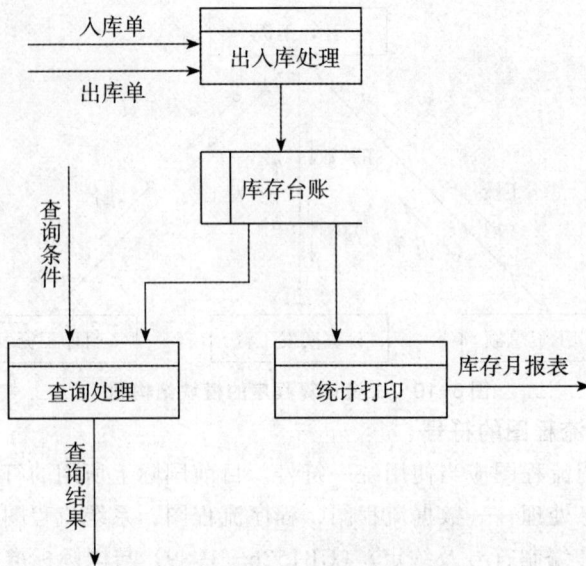

图6-12 仓库管理系统的数据流程图

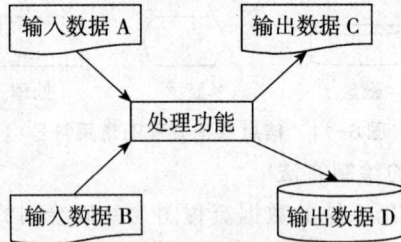

图6-13 数据关系图的一般形式

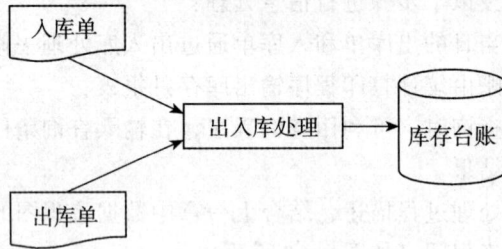

图6-14 出入库处理数据关系图

图6-15 统计打印数据关系图

某采购管理系统的信息系统流程图如图6-18所示。

该系统有3个主要功能模块：首先是"建立材料需求计划"模块，从"产量计划"文件和"单台产品需求材料"文件读取数据，形成材料"需求计划文件"；其次是"建立采购计划"模块，它读取材料"需求计划文件"和材料"库存台账"的

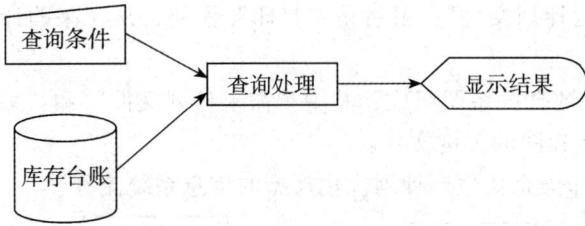

图 6-16　查询处理数据关系图

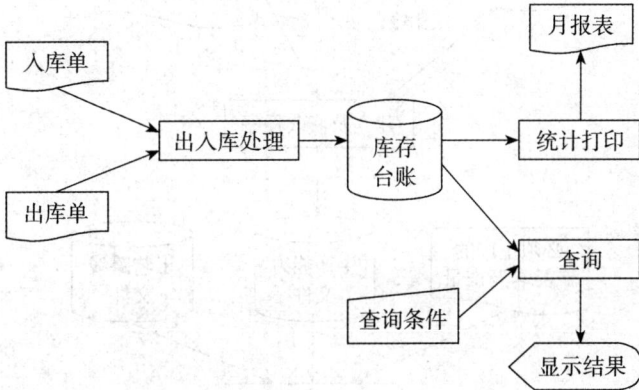

图 6-17　合并后的信息系统流程图

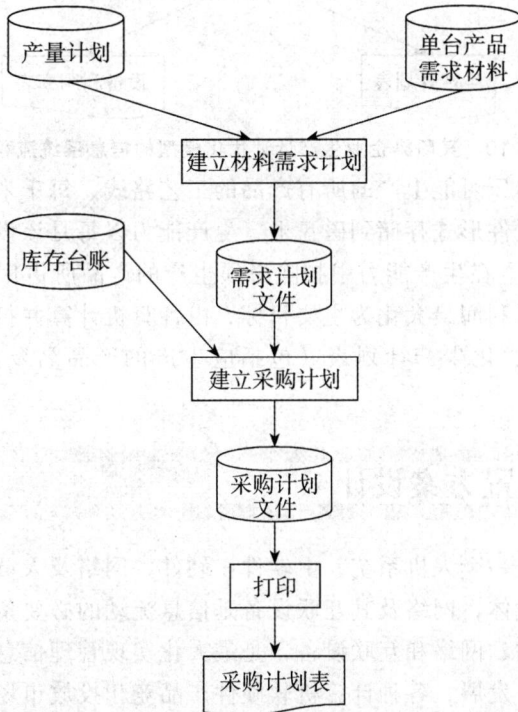

图 6-18　某采购管理系统的信息系统流程图

数据，形成"采购计划文件"；最后是"打印"模块，从"采购计划文件"输出打印"采购计划表"。

该系统由3个数据关系图组成，其中"需求计划文件"和"采购计划文件"是综合成信息系统流程图的关键文件。

图6-19是某印染企业生产计划优化模型的信息系统流程图。

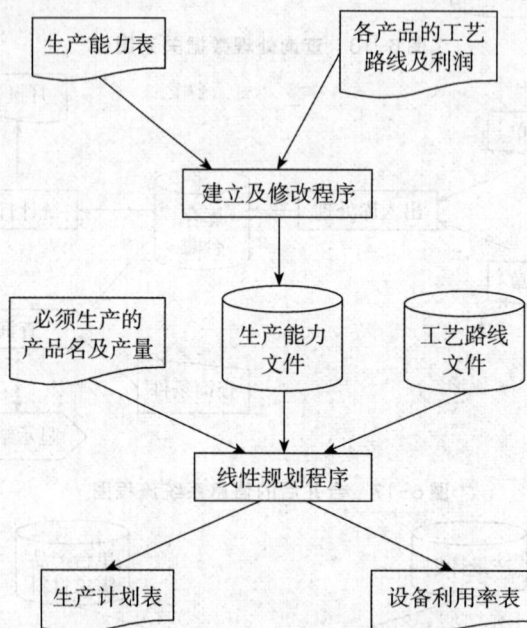

图6-19　某印染企业生产计划优化模型的信息系统流程图

该模型首先把本厂可能生产的所有产品的工艺路线、每千米的利润和所有设备的生产能力数据以文件形式存储到磁盘上（生产能力以每月该设备能加工的布匹的千米数表示）。然后，在生产能力中扣除必须生产的产品所占用的生产能力后，通过线性规划运算，以利润最大化为主要目标，由计算机计算并打印出在现有生产能力的约束条件下的优化生产计划表（包括应生产的产品名及产量）和设备利用率表。

6.3　物理配置方案设计

管理信息系统是一个人机系统，由软件、硬件、网络及人员组成。计算机是管理信息系统运行的载体，网络及其互联设备是信息流动的必要条件。合理选择与配置计算机软件及硬件、网络和互联设备，是最大化实现管理信息系统功能的前提条件。随着信息技术的发展，各种计算机软硬件产品竞相投放市场，这为信息系统的建设提供了极大的灵活性，但为系统设计工作带来了新的困难。如何从众多的产品中选择性价比最高的配置是系统设计中需要考虑的问题。

6.3.1　设计依据

1）系统的吞吐量

每秒钟执行的作业数称为系统的吞吐量。系统的吞吐量越大，系统的处理能力就越强。系统的吞吐量与系统硬件、软件的选择有着直接的关系。如果要求系统具有较大的吞吐量，就应当选择具有较高性能的计算机硬件、软件和网络系统等。

2）系统的响应时间

从用户向系统发出一个作业请求开始，经系统处理后，给出应答结果的时间称为系统的响应时间。如果要求系统具有较短的响应时间（如电子商务交易系统），就应当选择中央处理器运算速度较快的计算机及具有较高传送速率的通信线路。

3）系统的可靠性

系统的可靠性可以用连续工作时间表示。例如，对每天需要24小时连续工作的系统来说，其可靠性就应该很高，如银行的交易系统。

4）集中式还是分布式

集中式系统，指一个主机带多个终端，终端没有数据处理能力，运算全部在主机上进行。分布式系统，指利用计算机网络将分布在不同地点的计算机信息资源连接在一起，服务于一个共同的目标，达到资源共享。

如果一个系统的处理方式是集中式的，则既可以采取主机系统，也可以采取网络系统；若一个系统的处理方式是分布式的，则采用网络系统将更能有效地发挥系统的性能。

5）地域范围

根据系统覆盖的地域范围选择采用局域网还是广域网。

6）数据管理方式

如果数据管理方式为文件系统，则操作系统应具备文件管理功能；如果数据管理方式为数据库管理方式，系统中应配备相应的数据库管理系统。

6.3.2　计算机软硬件设计

1）软件设计

软件设计主要包括操作系统的选择、数据库管理系统的选择。

（1）操作系统的选择。

操作系统是统一管理计算机软、硬件资源的系统软件，当前流行的操作系统有Unix、Windows等。

（2）数据库管理系统的选择。

选择数据库管理系统时，应从系统的总体角度出发，使选用的数据库管理系统既能满足系统总体设计的要求，又能实现数据存储设计的目标。不同的数据库管理系统适用于不同的软、硬件和应用环境。在数据库的选择上，还要注意数据库软件的行业占有率。如果在某一行业中企业采用某种数据库的比例很高，那么同一行业其他企业建立信息系统时，一般也应采用相应的数据库管理系统，这样有利于数据的相互转换。目前常用的数据库管理系统有 Oracle、Sybase、Informix、Microsoft SQL Server、Microsoft Access、Visual FoxPro、DB2、MySQL等。

2）硬件设计

计算机硬件的选择取决于数据的处理方式和要运行的软件。管理对计算机的基本要求是速度快、容量大、通道能力强、操作灵活方便，但计算机的性能越高其价格也就越昂贵，因此在计算机硬件的选择上应全面考虑。

在计算机机型的选择上，主要考虑应用软件对计算机处理能力的需求，包括：①计算机主存；②中央处理器频率；③输入、输出和通信的通道数目；④显示方式；⑤外接转储设备及其类型。

6.3.3 计算机网络设计

1）网络拓扑结构

网络拓扑结构一般有总线结构、星形结构、环形结构、混合结构等。在网络选择上应根据应用系统的地域分布、信息流量进行综合考虑。图6-20就是某KTV管理系统的网络拓扑结构。

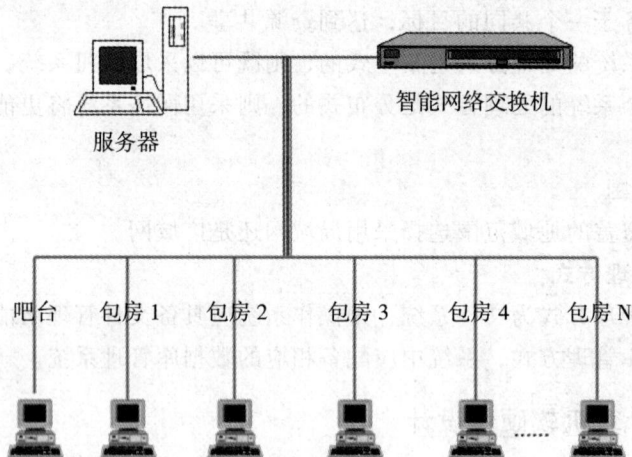

图6-20 某KTV管理系统的网络拓扑结构

2）网络的逻辑设计

通常首先按软件将系统从逻辑上分为各个分系统或子系统，然后按需要配备设备，如主服务器、主交换机、分系统交换机、子系统集线器（HUB）、通信服务器、路由器和调制解调器等，并考虑各设备之间的连接结构。图6-21为某企业的网络逻辑结构图。

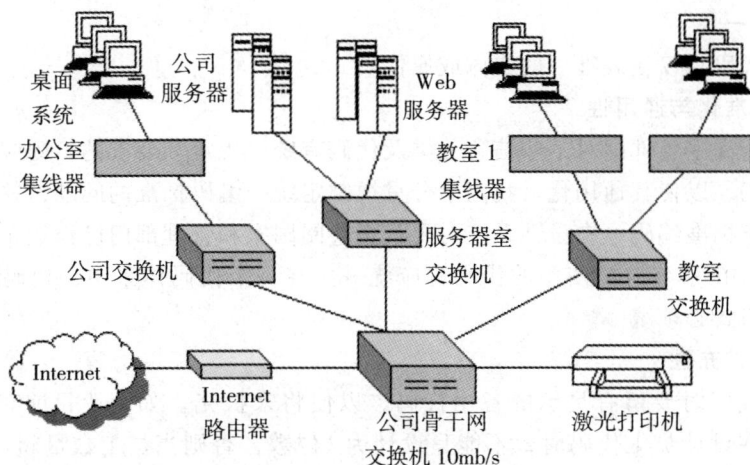

图6-21 某企业的网络逻辑结构图

6.4 代码设计

在系统设计中，为了唯一标识实体某一方面的属性，通常要对其进行代码的设计，从而便于对数据的处理和存储。代码是代表事物的名称、属性、状态等的符号，为了方便计算机的处理，通常用数字、字母或它们的组合来表示。例如，20050603表示一位同学的学号，140088表示一名员工的员工号，这里学号与员工号就是代码。将管理对象数字化或字符化，就是代码设计。需要注意的是，代码并不是计算机信息系统特有的，在手工信息管理中也常常使用代码来辅助管理。

6.4.1 代码的作用

1）唯一标识实体对象及其属性

在同一个班级中可能出现同名的学生，在同一个企业中可能出现同名的员工。为了避免二义性，唯一标识每个人，可以使用代码来进行区分。

2）便于进行各种分析处理

使用代码可以更好、更快地进行数据的分类、排序、汇总与检索。

3）方便计算机的处理与存储

计算机无法识别客观世界中的任何一种具体的事物，只能识别ASCII码代表的256个基本字符和数字，因此使用代码能提高计算机信息处理的效率。

6.4.2 代码设计的原则

合理的代码结构能够充分发挥信息系统的作用，在设计代码时，必须遵循以下基本原则：

1）唯一性

每个代码都仅代表唯一的实体或属性。

2）标准化与通用性

凡国家和主管部门对某些信息分类及代码有统一规定和要求的，则应采用标准形式的代码，以使其通用化。我国十分重视制定统一编码标准的问题，并已公布了一系列国家标准编码，在设计系统时要认真查阅国家和管理部门已经颁布的各类标准。此外，在系统内部使用的代码也应统一，在一个代码体系中，代码结构、类型、编写格式必须统一。

3）可扩充性

设计代码时要留有足够的备用代码，以便将来扩充。如企业目前有900名员工，那么在设计员工代码时，不能只设计为3位数，否则当员工数量超过千人后，就无法满足需要了。

4）简单性

代码的长度会影响所占据的内存空间、处理速度以及输入时的出错概率，因此在设计代码时结构要尽量简单，尽可能缩短代码长度，这不仅有助于识别与记忆，还有利于数据的统计与分析。

5）具有规律性，便于编码和识别

代码应具有逻辑性强、直观性好的特点，便于用户识别和记忆。

除了以上的基本原则外，在代码设计上还要注意以下几点：

（1）要注意避免引起误解，不要使用易于混淆的字符，如 O、Z、I、S、V 与 0、2、1、5、U 易混；不要把空格作为代码；要使用双小时制表示时间等。

（2）要注意尽量采用不易出错的代码结构，例如，字母–字母–数字的结构（如WW2）比字母–数字–字母的结构（如W2W）发生错误的概率要小一些。

（3）当代码长于4个字母或5个数字字符时，应分成小段。这样人们读写时不易发生错误，如 726-499-6135 比 7264996135 易于记忆，并能更精确地记录下来。

6.4.3　代码的种类

1）顺序码

顺序码是一种最简单、最常用的编码。它是一种用连续数字代表编码对象的码，如流水号、各票据的编号等都是顺序码。但是在信息系统的设计中，纯粹的顺序码很少使用，一般都是与其他类型的码结合使用。例如，通常学号的最后2位是学生所在班级的顺序码，但是整个学号不是顺序码。

某学校的各系编码就是一个典型的顺序码（见表6-1）。这种编码的优点是结构简单、代码长度短、设计与管理较容易；缺点是代码本身不能表达实体的某些特征，一旦确定后没有什么弹性，当删除中间某个代码时，会造成代码的不连续。

表 6-1　　　　　　　　　　　　　顺序码举例

代码	表示对象
01	管理系
02	土木系
03	信息系
04	艺术系
05	经济系

2）区间码

区间码把数据项分成若干组，每一区间代表一个组，码中数字的值和位置都代表一定意义，典型的例子是邮政编码。国家标准化管理委员会编写的中华人民共和国行政区划代码，每个一共 6 位数（结构如图 6-22 所示）。区间码的优点是便于分类、汇总等分析处理；缺点是代码结构复杂，有时可能造成很长的码。在许多情况下，这种码有多余的数。同时，这种码的维护比较困难。

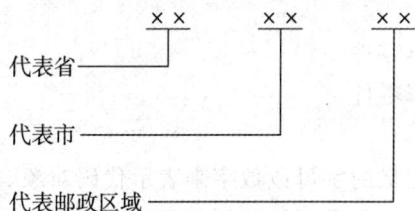

图 6-22　邮政编码

区间码又可分为以下几种类型：

（1）多面码。

一个数据项可能具有多方面的特性。如果在码的结构中，为这些特性各规定一个位置，就形成多面码。例如，对于机制螺钉，可进行如表 6-2 所示的规定，代码"3241"表示材料为钢的 φ1.0 毫米方形头表面未处理的螺钉。

表 6-2　　　　　　　　　　　　　多面码

材料	螺钉直径（毫米）	螺钉头形状	表面处理
1—不锈钢	1—φ0.5	1—圆头	1—未处理
2—黄钢	2—φ1.0	2—平头	2—镀铬
3—钢	3—φ1.5	3—六角形头	3—镀锌
		4—方形头	4—上漆

（2）上下关联区间码。

上下关联区间码由几个意义上相互有关的区间码组成，其结构一般由左向右排列。例如，会计核算方面，用最左位代表核算种类，下一位代表会计核算项目，如表6-3中劳保支出的会计科目代码可写成"6110501"。

表6-3　　　　　　　　　　　会计科目代码举例

一级科目	二级科目	三级科目
611	05	01
利润	营业外支出	劳保支出

（3）十进位码。

这是世界各地的图书馆常用的分类法。它先把整体分成十份，进而把每一份再分成十份，这样继续不断。它是由上下关联区间码发展而成的。例如，《国际十进分类法》中，"621.396.9"表示"雷达类的书籍"就是采用的这种代码。其中，"621"表示"机械工程总论、核技术、电气工程、机械制造大类"；"396"表示"621"大类中的"无线电通信设备和方法"小类。再如，用十进位码表示小汽车零件的属性如下：

631　　汽车零件

631.1　　小汽车零件

631.1.1　　国产小汽车零件

631.1.2　　进口小汽车零件

3）助忆码

助忆码用可以帮助记忆的字母或数字来表示代码对象，将代码对象的名称、规格等作为代码的一部分，以帮助记忆。例如：

TVC20　　　　　20寸彩色电视机

GHF　　　　　挂号费

BLSC　　　　　病历手册

DFI1×8×20　　规格为1mm×8mm×20mm的国产热轧平板钢

助忆码的优点是简单、直观、方便记忆；缺点是当数据项数目较多时，容易引起联想而出错。

6.4.4　代码的校验位

代码作为信息的一个组成部分，是系统中重要的输入内容之一。代码输入的正确性决定了信息处理结果的正确性，但是代码不像汉字那么容易理解，在手工输入的过程中很容易出错。

为了保证关键代码输入的正确性，尽可能减少输入的错误，可以采用校验位作为一种控制手段，即在设计代码结构时，在原有代码基础上另外加上一个校验位，使其成为代码的一个组成部分，校验值通过事先规定的数学方法计算出来。当代码输入后，计算机会以同样的数学方法按输入的代码计算出校验值，并将它与输入的校验值进行比较，以证实是否有错。

校验位可以发现以下几种错误：

① 抄写错误，如 1653（正）——7653（误）。

② 移位错，如 1234（正）——1324（误）。

③ 双移位错，如 26913（正）——21963（误）。

④ 其他随机错误。

产生校验值的方法有许多种，各有不同的优缺点。下面介绍较适用于管理信息系统的一种方法——"加权取余"校验方法。具体计算步骤如下：

第一步，对原代码的每一位对应选取加权因子 P_1，P_2，P_3，…，P_n。加权因子的取法有很多种，可以选自然数 1，2，3，4，…，几何级数 2，4，8，16，32，…，质数 3，5，7，11，…等。

第二步，对原代码的每一位加权求和。

假设原代码为 C_1，C_2，C_3，…，C_n，选取加权因子 P_1，P_2，P_3，…，P_n，加权和为 S，则

$$S = C_1 \times P_1 + C_2 \times P_2 + C_3 \times P_3 + \cdots + C_n \times P_n = \sum_{i=1}^{n} C_i \times P_i$$

第三步，取模数 M，用和 S 除以模数 M，得到余数 R，即 S/M=Q……R（Q 为商数）。其中，模数 M 也可任意选取，同样以提高错误发生率为基础。常用的模数为 9、10 和 11。

第四步，将 R 作为校验位放在原代码的最后面就得到了带有校验位的代码，即 $C_1 C_2 C_3 \cdots C_n R$。

举例：原代码为 2346，采用的加权因子为质数 3，5，7，11，模数取 11，其校验位算法如下：

原代码	2	3	4	6
加权因子	3	5	7	11

加权求和　　　6 + 15 + 28 + 66=115

模数取 11　　　115/11=10……5

R　　　　　　5

加上校验位的代码为 23465。

举例：身份证校验位的算法。

我国的居民身份证号码的编码规则就是典型的区间码中的一种（如图 6-23 所示）。它一共有 18 位，由 17 位数字本体码和 1 位数字校验码组成。排列顺序从左至右依次为：6 位数字地址码，8 位数字出生日期码，3 位数字顺序码和 1 位数字校验码。顺序码表示在同一地址码所标识的区域范围内，对同年、同月、同日出生的人员编定的顺序号。顺序码的奇数分给男性，偶数分给女性。另外还特殊规定，最后 3 位数为 996、997、998、999 的号码为百岁老人的代码，这 4 个号码将不再分配给任何派出所。校验码是根据前面 17 位数字码，按照 ISO 7064：1983.MOD 11-2 校验码算法计算出来的。

现在以某男性身份证号为 34052419800101001X 为例看看校验位是如何计算的。

某男性公民身份号码本体码为 34052419800101001。首先，按照公式计算：

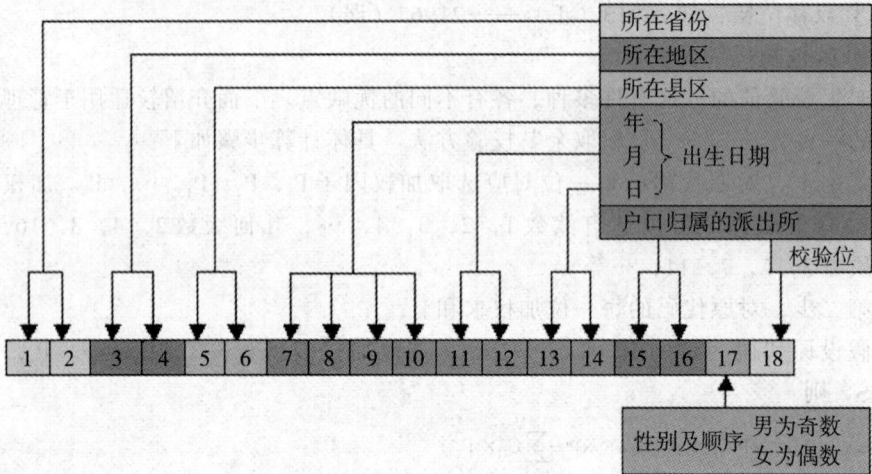

图6-23 我国居民身份证代码示例

$$\sum(a_i \times W_i)\bmod 11$$

其中：i 表示号码字符从右至左包括校验码在内的位置序号；a_i 表示第 i 位置上的号码字符值；W_i 表示第 i 位置上的加权因子，其数值依据公式 $W_i = 2^{(i-1)}\bmod 11$ 计算得出。

身份证校验位计算表见表6-4。

表6-4 　　　　　　　　　　身份证校验位计算表

a_i	3	4	0	5	2	4	1	9	8	0	0	1	0	1	0	0	1	?
i	18	17	16	15	14	13	12	11	10	9	8	7	6	5	4	3	2	1
W_i	7	9	10	5	8	4	2	1	6	3	7	9	10	5	8	4	2	1
$a_i \times W_i$	21	36	0	25	16	16	2	9	48	0	0	9	0	5	0	0	2	?

根据公式：

$$\sum(a_i \times W_i)\bmod 11 = （21+36+0+25+16+16+2+9+48+0+0+9+0+5+0+0+2）\bmod 11$$
$$= 189 \bmod 11 = 2$$

再根据计算结果与校验位的对照表，得到校验位为 X。

计算结果与校验位对照表见表6-5。

表6-5 　　　　　　　　　　计算结果与校验位对照表

$\sum(a_i \times W_i)\bmod 11$	0	1	2	3	4	5	6	7	8	9	10
校验码	1	0	X	9	8	7	6	5	4	3	2

6.4.5　代码设计举例

下面以某学院教学管理系统为例，设计学号、课程编号、教师代码、教室代码等内容。根据系统分析阶段的调查结果，该学院有8个系，包括本、专科共计36个专业，设计代码如下：

1）学号

学号即学生编号，包括入学时间、本专科标识、所在系、所在专业、所在班级、性别、班级顺序号等内容，因此采取区间码，划分规则如图6-24所示。

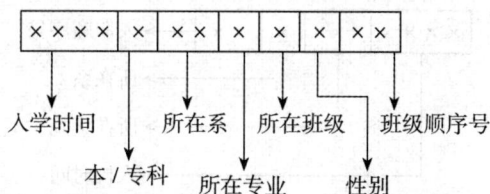

图6-24　某学校学号区间码划分规则

具体编号规则：代码分为7个区间，分别表示入学时间、本专科标识、所在系、所在专业、所在班级、性别以及班级顺序号。其中，第一区间代表入学时间，采用4位数字表示，如"2011"表示2011年入学的学生；第二区间代表本专科标识，采用1位数字表示，"1"表示本科，"2"表示专科；第三区间代表所在系，采用2位数字表示，按照所在系规模的大小将8个系从大到小进行排序，赋予顺序号，考虑到日后学院系部扩充，采用2位数字编码，如"06"代表管理系；第四区间代表所在专业，采用1位数字编码，每个系的专业代码按照专业开设时间赋予顺序码，如"4"代表信息管理与信息系统专业；第五区间代表所在班级，采用1位数字编码，按照班级数量赋予顺序码；第六区间代表性别码，采用1位数字编码，"1"表示男生，"2"表示女生；第七区间代表学生在所在班级的顺序码，采用2位数字编码。

例如，"201110642106"表示2011年入学的管理系信息管理与信息系统专业本科2班06号的一名男性学生。

2）课程编号

课程编号即课程编码，包括必修选修标识、开课系、开课专业、课程顺序号等内容，因此采取区间码，划分规则如图6-25所示。

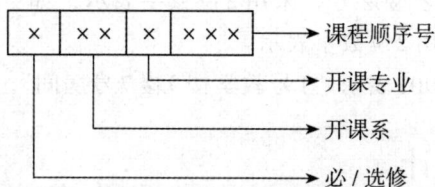

图6-25　某学校课程编号区间码划分规则

具体编号规则：代码分为4个区间，分别表示必修选修标识、开课系、开课专业、课程顺序号。其中，第一区间代表必修选修标识，采用1位数字表示，"1"表示必修，"2"表示选修；第二区间代表开课系，采用2位数字表示，编码规则与学号里的系部编码相同；第三区间代表开课专业，采用1位数字表示，编码规则与学号里的专业编码相同；第四区间代表课程顺序号，采用3位数字表示，按照课程目录顺序编号。

3）教师代号

教师代号按照入校时间、所在学院、所在系、入职顺序号等内容采取区间码，划分规则如图6-26所示。

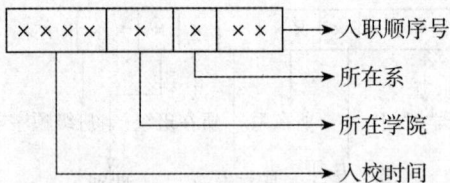

图6-26　某学校教师代号区间码划分规则

具体编号规则：代码分为4个区间，分别表示入校时间、所在学院、所在系、入职顺序号。其中，第一区间代表入校时间，采用4位数字表示，如"2008"表示2008年入校的教师；第二区间代表所在学院，采用1位数字表示，按照院系规模赋予顺序码；第三区间代表所在系，采用1位数字表示，按照所在学院中系部规模赋予顺序码；第四区间代表入职顺序号，采用2位数字表示，按照入职顺序编号。

4）教室代码

教室代码按照所在教学楼号、楼层号、教室顺序号等内容采取区间码，具体划分规则如图6-27所示。

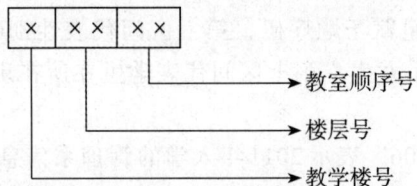

图6-27　某学校教室代码区间码划分规则

具体编号规则：代码分为3个区间，分别表示所在教学楼号、楼层号、教室顺序号。其中，第一区间代表教室所在教学楼号，采用1位数字表示，如"1"表示1号教学楼；第二区间代表楼层号，采用2位数字表示，如"09"表示9楼；第三区间代表教室顺序号，采用2位数字表示。

例如，教室代码10907表示"1号教学楼9楼7号房间"。

6.5　数据库设计

数据库是信息系统的核心和基础。它把信息系统中大量的数据按一定的模型组织起来，提供存储、维护、检索数据的功能，使信息可以方便、及时、准确地从数据库中获得。数据库设计是在选定了操作系统、数据库管理系统的基础上，准确地表达用户需求，并将其转换为有效存储数据的数据模型的过程。数据库设计的依据是上一个阶段（系统分析）的数据流程图（DFD）与数据字典（DD）。数据库设计包括概念结构设计、逻辑结构设计和物理结构设计。数据库设计是信息系统设计阶段的重要组成部分。

6.5.1　概念模型

如何对现实世界（可能是一家工厂、一家商场或者一所学校等）进行抽象，将其转变成信息世界可以接受的形式呢？这时候需要一个不依赖于任何数据库管理系统的中间层次，这就是概念模型。数据库设计首先将现实世界中的事物及其联系抽象为概念模型的实体、属性与联系，再将概念模型转化为数据库管理系统支持的数据模型。

概念模型最常用的表示方法就是实体（entity）-联系（relation）模型，即E-R模型。

在E-R模型中涉及3个主要的概论：实体、属性和联系。

（1）"实体"是描述客观事物的概念。它可以是一个具体的人或者物（如一名学生、一件产品等），也可以是抽象的事物或概念。在E-R模型中，用矩形表示实体，在矩形框内写上实体名。

（2）"属性"指实体具有的某种特性（如学生实体具有学号、姓名、出生年月、所在班级等属性）。在E-R模型中，用椭圆形表示实体的属性，椭圆形内写上属性名，并用无向边与其实体集相连。

（3）"联系"是指实体与实体之间的关系。例如，学生实体与课程实体之间的选修关系等。

在E-R模型中，用菱形表示联系，联系名写在菱形框中，用无向边将参加联系的实体矩形框分别与菱形框相连，并在连线上标明联系的类型。实体间的联系的类型有三种：一对一联系（1∶1）、一对多联系（1∶n）和多对多联系（m∶n）。

设A、B为两个包含若干个体的总体，其建立了某种联系。

① 一对一联系。如果对于A中的一个实体，B中至多有一个实体与其发生联系；反之，B中的每一实体至多对应A中一个实体，则称A与B是一对一联系，如图6-28（a）所示。

② 一对多联系。如果对于A中的每一个实体，实体B中有一个以上实体与之发生联系；反之，B中的每一实体至多只能对应于A中的一个实体，则称A与B是一对多联系，如图6-28（b）所示。

③ 多对多联系。如果A中至少有一个实体对应B中一个以上的实体，B中也至少有一个实体对应A中一个以上的实体，则称A与B为多对多联系，如图6-28（c）所示。

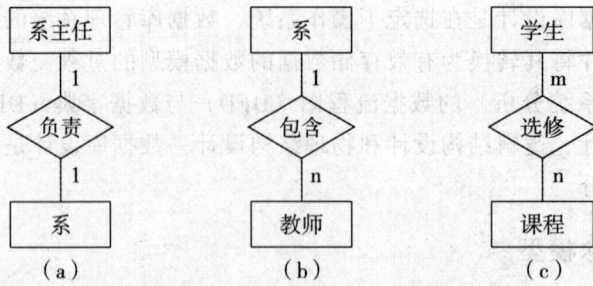

图6-28　实体间联系的类型

6.5.2　E-R模型应用举例

（1）某图书管理系统有图书、读者、出版社3个实体：

① 图书：ISBN、图书名称、作者、图书价格。

② 读者：读者编号、读者姓名、读者年龄、读者单位 。

③ 出版社：出版社编号、出版社名称、出版社地址、联系电话。

实体间的联系包括：

① 读书：一名读者可以读多本图书，一本图书可以被多名读者阅读，为m：n关系。

② 出版：一个出版社可以出多本图书，一本图书只能被一个出版社出版，出版社与图书之间为1：n关系。

根据实体与实体之间的关系，绘制出该图书管理系统的E-R图，如图6-29所示。

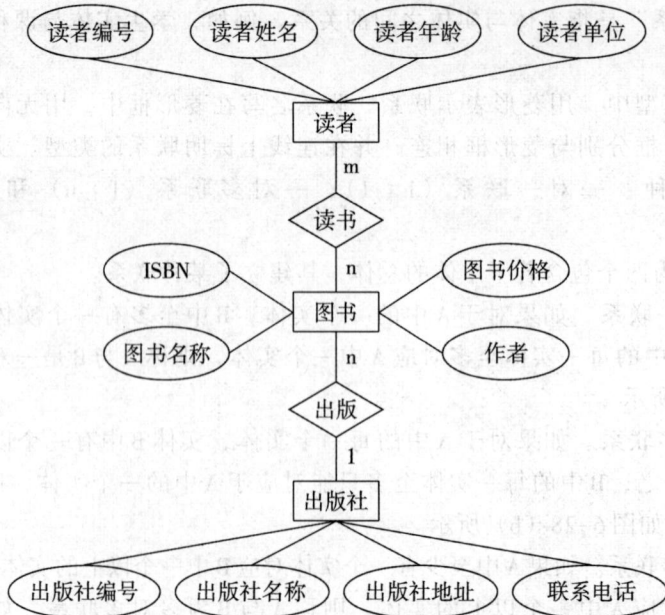

图6-29　某图书管理系统E-R图

（2）某项目管理系统有部门、职员、工程3个实体。

① 企业各部门有许多职员，但一个职员仅属于一个部门；

② 每个职员可在多项工程中承担工作或负责管理，每项工程可有多个职员做工；

③ 部门拥有4个属性，分别是部门号、部门名、部门负责人、电话；

④ 职员拥有3个属性，分别是职工号、职工名、性别；

⑤ 工程拥有3个属性，分别是工程号、工程名、项目负责人；

⑥ 部门和职员之间的联系是"拥有"，职员和工程之间的联系是"工作"，"工作"拥有一个属性，是工种。

根据实体之间的关系，绘制出该项目管理系统的E-R图，如图6-30所示。

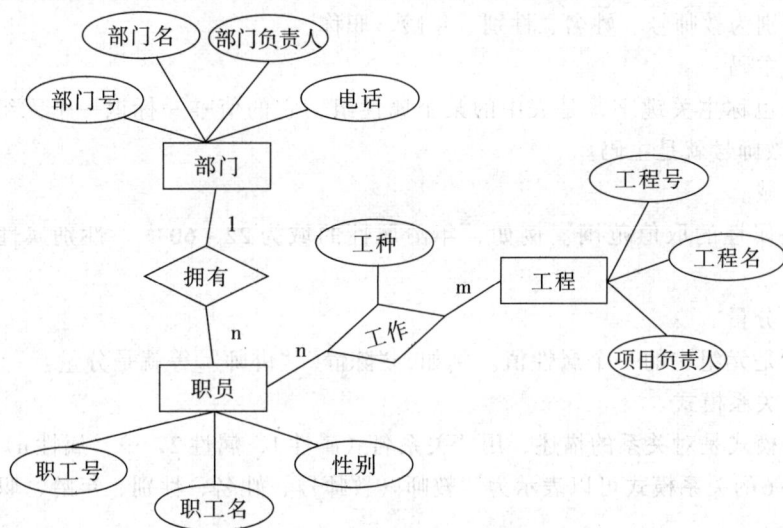

图6-30 某项目管理系统E-R图

6.5.3 关系模型

概念模型设计完成后，要将其转换为数据库管理系统能支持的数据模型。

目前，在实际中数据库管理系统支持的数据模型主要有4种：层次模型、网状模型、关系模型和面向对象模型。

其中，关系模型是4种数据模型中使用最广泛、技术最成熟的模型。关系模型是用二维表的形式表示实体和实体间联系的数据模型。

关系模型中的主要术语有：

（1）关系。

一个关系对应一张二维表，描述一个实体集中各类数据的集合。例如，教师基本情况表（见表6-6）就是一个关系。

（2）元组。

表中一行称为一个元组。例如，表6-6中"132001"所在这一行的信息就是一个元组。

表6-6   教师基本情况表

教师号	姓名	性别	年龄	职称
132001	陈静	女	31	讲师
132002	刘凯	男	45	副教授
132003	周力	男	29	讲师

（3）属性。

表中一列称为一个属性，给每列起一个名即为属性名。例如，表6-6中有5个属性，分别为教师号、姓名、性别、年龄、职称。

（4）主码。

主码也称主关键字，是表中的某个属性组，它的值唯一标识一个元组，如表6-6中，教师号就是主码。

（5）域。

域是属性的取值范围。例如，年龄属性的域为22~60岁，性别属性的域为男、女。

（6）分量。

分量是元组中的一个属性值。例如，"陈静""讲师"等就是分量。

（7）关系模式。

关系模式是对关系的描述，用"关系名（属性1，属性2，…，属性n）"来表示。表6-6的关系模式可以表示为"教师（教师号、姓名、性别、年龄、职称）"。

6.5.4 关系的规范化

为了便于关系模型中数据的操作，需要用一定的规则来规范关系模型的建立。满足规范化要求的关系存入数据库，能减少数据冗余以及更新异常、插入异常、删除异常等现象。

规范化理论是埃德加·弗兰克·科德在1971年提出的，研究关系模式中各属性之间的依赖关系及其对关系模式性能的影响，探讨关系模式应该具备的性质和设计方法的理论。

该理论将数据结构定义为5种规范化模式（normal form，简称范式）。满足最低要求的，为第一范式；符合第一范式而又进一步满足一些约束条件的，为第二范式；以此类推。在5种范式中，通常只使用前三种，下面仅介绍这3种范式。

1）第一范式（first normal form，1NF）

第一范式指在同一表中没有重复项出现，或元组中的每一个分量都必须是不可分割的数据项。一般来说，大部分的关系都满足第一范式。不符合第一范式的关系见表6-7。

表6-7　　　　　　　　　　　　不符合第一范式的关系

学号	姓名	成绩		
		平时成绩	期末成绩	总评成绩
2009020101	刘丽	90	81	84
2009020102	陈星	84	80	81
2009020103	张兰	75	76	76

符合第一范式的关系见表6-8。

表6-8　　　　　　　　　　　符合第一范式的关系

学号	姓名	平时成绩	期末成绩	总评成绩
2009020101	刘丽	90	81	84
2009020102	陈星	84	80	81
2009020103	张兰	75	76	76

2）第二范式（second normal form，2NF）

所谓第二范式，指的是这种关系不仅满足第一范式，而且所有非主属性完全依赖于其主码。如表6-9所示，关系虽满足1NF，但不满足2NF，因为它的非主属性不完全依赖于由教师代码和课题代码组成的主关键字（主码），其中，姓名和职称只依赖于主关键字的一个分量——教师号，研究课题名只依赖于主关键字的另一个分量——研究课题号。这种关系会引起数据冗余和更新异常：当要插入新的研究课题数据时，往往缺少相应的教师号，以致无法插入；当删除某位教师的信息时，常会丢失有关研究课题信息。解决的方法是将一个非2NF的关系模式分解为多个2NF的关系模式。

表6-9　　　　　　　　　　不满足第二范式的关系

教师号	姓名	性别	职称	研究课题号	研究课题名称
132001	陈静	女	讲师	K0024	信息存储研究
132002	刘凯	男	副教授	K0020	数据库技术研究
132003	周力	男	讲师	K0032	数据结构应用研究

在本例中，可将表关系分解为如下3个关系：

教师关系（教师号、姓名、性别、职称）

课题关系（研究课题号、研究课题名称）

教师与课题关系（教师号、研究课题号）

3）第三范式（third normal form，3NF）

所谓第三范式，指的是这种关系不仅满足第二范式，而且它的任何一个非主属性都不传递依赖于任何主关键字（主码）。如表6-10所示的关系属于第二范式，但不是第三范式。因为"系联系电话"依赖于"所在系"（所在系唯一地确定系联系电话），"所在系"又依赖于"教师号"，所以"系联系电话"这个非主属性传递依赖于"教师号"这个主属性。这样的关系同样存在高度冗余和更新异常问题。

表6-10   不满足第三范式的关系

教师号	姓名	性别	职称	所在系	系联系电话
132001	陈静	女	讲师	管理系	88439292
132002	刘凯	男	副教授	外语系	88439261
132003	周力	男	讲师	经济系	88439215

6.5.5 概念模型向关系模型的转换举例

数据库设计是系统设计中非常重要的一个环节，数据库设计的好坏直接影响到系统的质量。

数据库设计主要根据需求分析从现实世界中抽取数据，建立概念模型，再将概念模型转换为数据模型（最常用的数据模型为关系模型），然后通过数据库管理系统（DBMS）将数据模型输入到数据库中。

概念模型向关系模型转换时，根据不同的联系类型，有不同的转换原则。E-R模型向关系模型的转换，实际上就是把E-R图转换成关系模式的集合，其转换规则如下：

（1）规则1（实体类型的转换）：将每个实体类型转换成一个关系模式，实体的属性即为关系模式的属性，实体标识符即为关系模式的键。

（2）规则2（联系类型的转换）。

①若实体间的联系是1∶1，则可以将两个实体转换成两个关系模式，将任意一个实体的主键和联系类型的属性加入另一个实体中。

假设有工厂、厂长两个实体，一家工厂只有一个厂长，一个厂长只能管理一家工厂，厂长有厂长号、姓名及年龄3个属性，工厂有厂号、厂名和地点3个属性，其E-R图如图6-31所示。

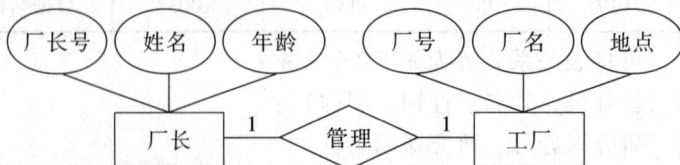

图6-31 某厂长与工厂关系的E-R图

根据以上规则，将图6-31的关系转换为以下关系模式：

厂长（厂长号，姓名，年龄，厂号）

工厂（厂号，厂名，地点）

或者，

厂长（厂长号，姓名，年龄）

工厂（厂号，厂名，地点，厂长号）

②若实体间的联系是 1：n，则将"1"端实体的主键和联系类型的属性加入到"n"端实体中。

假设有仓库、产品两个实体，一个仓库可以存放多个产品，一个产品只能在一个仓库储存，仓库和产品之间是存放关系，仓库有仓库号、地点、面积3个属性，产品有货号、产品名、价格、计量单位4个属性，其E-R图如图6-32所示。

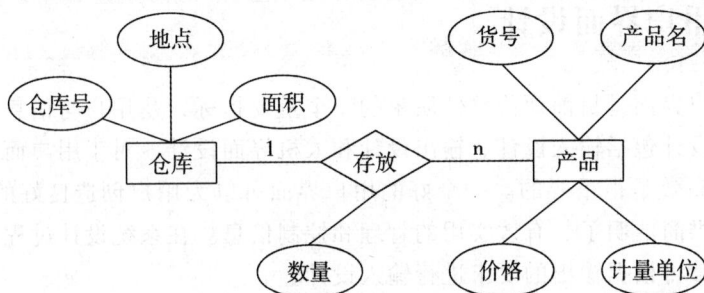

图6-32　某仓库与产品关系的E-R图

根据以上规则将图6-32的关系转换为以下关系模式：

仓库（仓库号，地点，面积）

产品（货号，产品名，价格，计量单位，仓库号，数量）

③若实体间的联系是 m：n，则除了将"m"端与"n"端都转换成关系模式外，还要将联系类型转换成关系模式，其属性为两端实体类型的主键加上联系类型的属性，而主键为两端实体键的组合。

假设有课程、学生两个实体，一位学生可以选多门课程，一门课程可以被多个学生选，课程与学生之间是选修的关系，课程有课程号、课程名、学分3个属性，学生有学生号、姓名、年龄3个属性，其E-R图如图6-33所示。

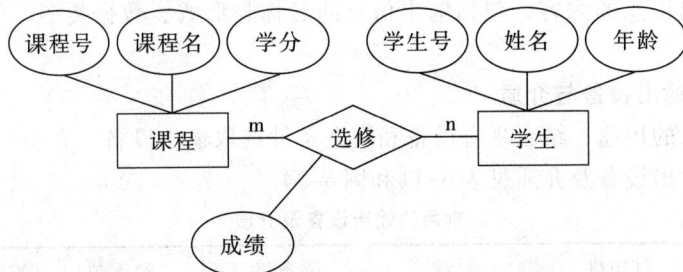

图6-33　某课程与学生关系的E-R图

根据以上规则将图6-33的关系转换为以下关系模式：

课程（课程号，课程名，学分）

学生（学生号，姓名，年龄）

成绩（课程号，学生号，成绩）

6.5.6　物理结构设计

拓展阅读 6-1

智能制造 UI
设计

物理结构设计是为数据模型在可用的硬件设备上确定适当的存储结构和存取方法，并建立索引等。物理结构设计以逻辑结构设计结果（关系模型）作为输入，结合具体的 DBMS 功能、DBMS 所提供的物理环境和工具、应用环境和数据存储设备，进行数据存储组织和方法的设计，主要包括确定数据的存储结构、选择和调整存取路径、确定数据存放位置和存储分配等。

6.6　用户界面设计

系统用户界面是目前评价软件质量的一个重要指标，是用户与信息系统交互的接口，它的设计包括输入设计、输出设计和人机界面设计。对于用户而言，界面简单、美观和高效是很重要的。一个好的用户界面可以为用户创造良好的工作环境，为管理者提供简洁明了、有效实用的管理和控制信息。在系统设计过程中，应先进行输出设计，再根据输出的要求进行输入设计。

6.6.1　输出设计

输出的内容一般是用户最为关心的，输出的目的也是呈现对用户有用的信息。在设计过程中，开发人员必须深入了解用户的需求，设计出用户满意的输出信息。输出设计的主要工作包括确定输出内容、选择输出设备与介质、确定输出格式等。

1）确定输出内容

用户是输出信息的主要使用者，设计输出内容时主要从两个方面考虑：

（1）有关输出信息使用方面的内容，包括信息的使用者、使用目的、报告数量、使用周期、有效期、保管方法和需要份数等。

（2）输出信息的内容，包括输出信息的名称与形式、数据类型、位数、精度、数据来源等。

2）选择输出设备与介质

根据信息的用途，结合现有设备和资金条件选取输出设备、介质。

常用的输出设备及介质见表 6-11 和图 6-34。

表 6-11　　　　　　　　　　常用的输出设备及介质

输出设备	打印机	终端	磁盘机	绘图仪	缩微胶卷输出机
介质	打印纸	屏幕	磁盘	图纸	缩微胶卷
用途和特点	便于保存，费用低	人机对话，响应灵活	容量大，方便存取、更新	精度高、功能全	体积小、易保存

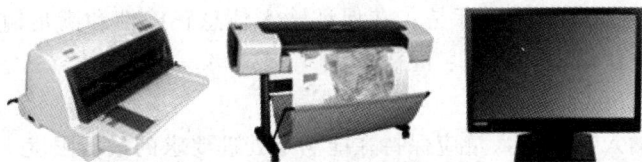

图6-34 常用的输出设备

针对需要传递或长期保持的数据，应该使用打印机输出；针对需要以后处理使用的数据，应使用磁盘或光盘存储；针对临时查询的数据，可以使用屏幕显示。

3）确定输出格式

输出格式是指打印输出或显示输出中各数据项的安排情况，见表6-12。输出格式的好坏直接影响用户使用的便利性。

表6-12 学生成绩表

考号	姓名	笔试成绩			面试	总分
		主试	复试	笔试分数		

第 页（共 页）　　　　　制表人：　　　　时间：　　　年 月 日

对输出格式设计的基本要求主要包括：

（1）规格标准化，文字和术语统一；

（2）使用方便，符合用户的习惯；

（3）美观大方，界面漂亮；

（4）便于计算机实现；

（5）能适当考虑系统发展的需要。

设计屏幕输出格式时，除了合理安排数据项的显示位置外，还应注意适当的色彩搭配，美观的屏幕格式能给人以享受，容易获得用户的好感。

设计纸质报表的格式时，要先了解打印机的特性，对各种制表符号、打印字体大小、换页走纸命令要熟悉，因为一些打印机的控制方式往往有独特之处。

为了提高系统的规范化程度和编程效率，在输出设计上应尽量保持输出内容和格式的一致性，也就是说，同一内容的输出，对于显示器、打印机、文本文件和数据库文件应具有一致的形式。

6.6.2 输入设计

输出设计完成以后，就可进行输入设计。系统开发人员中流行着一句话："进去的是垃圾，出来的也还是垃圾！"这说明要输出高质量的信息，首先就要输入高质量的信息。输入设计的目标是：在保证输入信息正确性和满足输出需要的前提下，做到输入方法简便、迅速、经济。

1）输入设计的原则

（1）减少输入量：输入量应保持在能满足处理要求的最低限度。输入的数据越多，则可能产生的错误也越多。

（2）减少输入错误：输入设计中应采用多种输入校验方法和有效性验证技术，减少输入错误。

（3）简化输入过程：输入设计在为用户提供纠错和输入校验的同时，要保证输入过程简单易用，不能因为查错、纠错而使输入复杂化，增加用户负担。

（4）减少转换：输入数据应尽量用其所需形式记录，以避免数据转换介质时发生错误。

2）输入设备的选择

减少输入错误，提高输入效率的有效方法就是尽量采取数据自动输入和避免手工输入。选择合适的输入设备可以减少人工的输入。目前常用的输入设备有以下几种（见图6-35）：

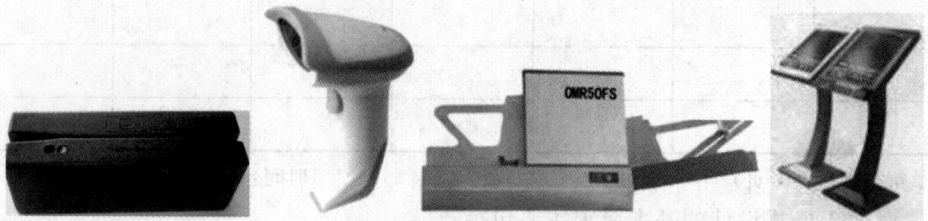

图6-35 常用的输入设备

（1）磁卡阅读器：如会员卡、电子货币卡、银行卡等可通过磁卡阅读器读取数据。

（2）条形码阅读器：如超市里可通过条形码阅读器将各种商品信息输入到系统中。

（3）光电阅读器和扫描仪：许多原始单据可以通过扫描仪结合文字识别技术将数据输入到系统中。

（4）触摸屏：如ATM取款机或KTV点歌台可通过触摸屏进行数据输入。

（5）键盘-磁盘输入装置：由数据录入人员通过工作站录入，经拼写检查、可靠性验证后存入磁记录介质（如磁带、磁盘等）。这种方法成本低、速度快，易于携带，适用于大量数据输入。

3）输入格式的设计

输入格式应该针对输入设备的特点进行设计。若选用键盘方式人机交互输入数据，则输入格式的编排应尽量做到计算机屏幕显示格式与单据格式一致。

输入数据的形式一般可采用"填表式"，由用户逐项输入数据，输入完毕后系统应具有要求"确认"输入数据是否正确无误的功能。

输入格式的设计包括输入的数据项名称、位数、排列方式等内容，如图 6-36 所示。

图 6-36　输入格式举例

4）输入数据的校验

数据的校验方法有很多，下面介绍几种常用的方法，这些方法可单独使用，也可组合使用。

（1）重复校验。这种方法是将同一数据先后输入两次，然后由计算机程序自动予以对比校验，如果两次输入的不一致，会提示错误，如图 6-37 所示。

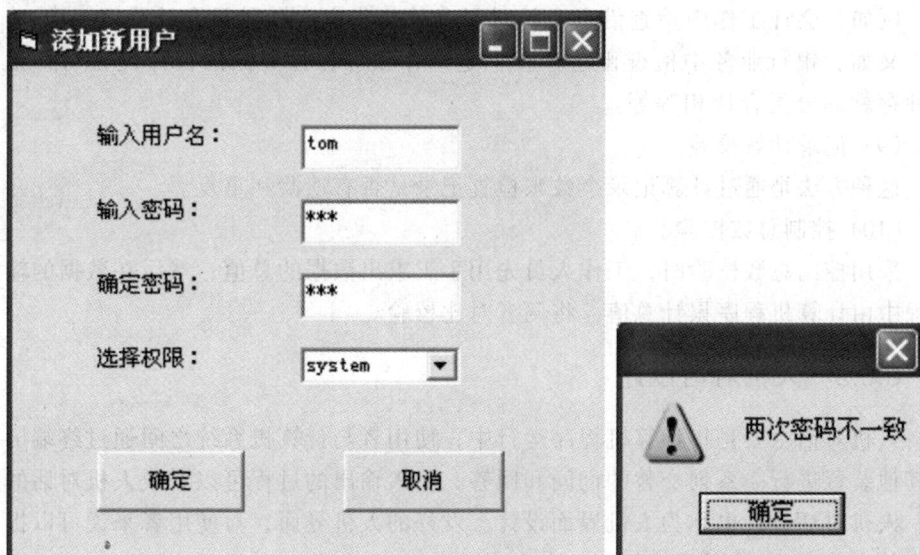

图 6-37　重复校验

（2）校验位校验。使用校验位判断数据输入的正确性，减少输入错误，提高输入效率。（详见 6.4.4 节）

（3）视觉校验。将输入的数据与原始单据进行比较，找出异同。视觉校验不可能查出所有的差错，其查错率为 75%～85%。

（4）数据类型校验。校验数据是数字型还是字母型。（5）格式校验。

这是校验数据记录中各数据项的位数和位置是否符合预先规定的格式，如图6-38所示。

图6-38　格式校验

（6）界限校验。

这是检查某项输入数据的内容是否位于规定范围之内。如规定考试成绩范围是0～100分，如果输入的数据不在这个范围内，就判断输入有误。

（7）逻辑校验。

这是根据业务上各种数据的逻辑性，检查有无矛盾。例如，日期不应该超过31。

（8）平衡校验。

平衡校验的目的在于检查相反项目间是否平衡。

例如，会计工作中检查借方会计科目合计与贷方会计科目合计是否一致。

又如，银行业务中检查普通存款、定期存款等各种数据的合计是否与日报表各种存款的分类合计相等等。

（9）记录计数校验。

这种方法是通过计算记录个数来检查记录是否有遗漏和重复。

（10）控制总数校验。

采用控制总数校验时，工作人员先用手工求出数据的总值，然后在数据的输入过程中由计算机程序累计总值，将两者对比校验。

6.6.3　人机对话设计

人机对话主要是指计算机程序运行中，使用者与计算机系统之间通过终端屏幕或其他装置进行一系列交替的询问和回答，输入输出的过程可以看成人机对话的过程，人机对话设计也称为人机界面设计。友好的人机界面，对使用者来说可以提高工作效率。

常用的人机对话的方式主要有三种：填表式、菜单式、问答式。

如图6-39所示，学号、姓名等的输入采用的就是填表式；政治面貌、出生日期等的输入采用的就是菜单式，可以避免手工输入，直接在下拉菜单中选择。而图6-40就是问答式输入，在用户进行一些比较重要又容易出错的操作前，系统给予提示。

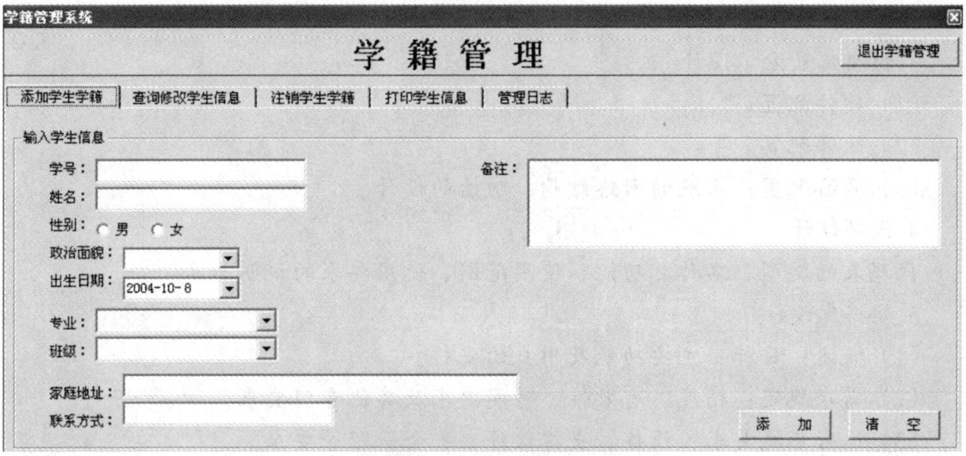

图 6-39 人机对话界面

图 6-40 问答式提示框

6.7 系统设计说明书

系统设计阶段的最后一项工作是编写系统设计说明书（又称系统设计报告）。它是对系统设计阶段工作的总结，也是系统的物理模型，是下一个阶段系统实施的重要依据。系统设计说明书主要包括引言、系统总体技术方案、实施方案说明书等。

系统设计报告（参考格式）

一、引言

1.摘要

说明所涉及的系统名称、目标和功能。

2.背景

项目的承担者；用户；本项目与其他系统或机构的关系和联系。

3.工作条件与限制

4.参考和引用资料

5.专门术语定义

二、系统总体技术方案

1.信息系统功能结构图

2.各模块 IPO 图

3.物理配置方案设计

（1）硬件配置。

（2）软件配置。

（3）网络配置：系统的网络结构、功能的设计。

4.代码设计

代码表的类型、名称、功能、使用范围、使用要求的说明等。

5.数据库设计

（1）概述：目标、主要功能及用户的安排。

（2）需求规定：精度、有效性、时间要求及其他专门要求。

（3）运行环境要求：设备、支撑软件、安全保密等要求。

（4）逻辑结构设计：本系统内所使用的数据结构中有关数据项、记录、文件的标识、定义、长度及它们之间的关系。

（5）物理结构设计：本系统内所使用的数据结构中有关数据项的存储要求、访问方法、存取单位、存取的物理关系、设计考虑和保密处理。

6.输入设计

（1）输入项目。

（2）输入的承担者：对输入工作承担者的安排，指出操作人员的水平与技术专长，说明与输入数据有关的接口软件的来源。

（3）主要功能要求：从满足正确、迅速、简单、经济、方便使用者等方面的要求去说明。

（4）输入要求：主要输入数据类型、来源、所用设备、介质、格式、数值范围、精度等。

（5）输入校验。校验方法和效果。

7.输出设计

（1）输出项目。

（2）输出接收者。

（3）主要功能。

（4）输出要求：输出数据类型、所用设备介质、格式、数值范围、精度等。

8.安全保密设计

三、实施方案说明书

1.实施方案说明

（1）项目的说明：系统名称、子系统名称、程序名称、程序语言及使用的设备等。

（2）数据项目的说明。

（3）处理内容的说明。

2.实施的总计划

（1）工作任务的分解：对于项目开发中需要完成的各项工作，包括文件编制、审批、打印、用户培训工作、使用设备的安排工作，按层次进行分解，指明每项任务的要求。

（2）进度：给予每项工作任务的预定开始日期和完成日期，规定各项工作完成的先后顺序以及每项工作任务完成的标志。

（3）预算：逐项列出本开发项目所需要的费用，如办公费、差旅费、机时费、资料费、通信设备和专用设备的租金等。

3. 实施方案的审批

说明经审批的实施方案概况和审批人员名称。

本章小结

本章主要介绍了系统设计阶段的主要内容及目标；重点介绍了系统设计过程中所涉及的各种工具及使用方法，并举例说明了代码设计及数据库设计的方法。

系统设计是管理信息系统开发的第三个阶段，它是在系统分析的基础上，根据系统的逻辑模型来设计物理模型，解决"怎么做"的问题。

系统设计与系统分析同样重要，系统设计的结果将作为下一个阶段系统实施的依据。系统设计包括总体设计与详细设计，总体设计包括功能结构设计、模块结构设计、信息系统流程设计及物理配置方案设计。详细设计包括代码设计、数据库设计、用户界面设计等内容。系统设计的结果将形成系统的物理模型。

思考题

（1）简述信息系统流程图的绘制依据及步骤。

（2）身份证号属于哪种代码？它的编码规则是什么？

（3）输入设计的原则是什么？输入数据如何进行校验？

（4）某学生的学号是20210628，从左到右取权数1，3，5，7，9，2，4，8；对乘积和以9为模取余数作为校验码。试问该学号的校验值应是多少？

（5）表6-13是某汽车公司的配件信息一览表。试把它化为符合3NF的关系模式。

表6-13　　　　　　　　某汽车公司的配件信息一览表

配件编号	配件名称	型号规格	单价	库存量	供应商名称	供应商地址

（6）某企业集团有若干工厂，每个工厂生产多种产品，且每一种产品可以在多个工厂生产，每个工厂按照固定的计划数量生产产品；每个工厂聘用多名职工，且每名职工只能在一个工厂工作，工厂聘用职工有聘期和工资。工厂的属性有工厂编号、厂

第6章
基础自测题

名、地址，产品的属性有产品编号、产品名、规格，职工的属性有职工号、姓名。

① 根据上述语义画出 E-R 图，在 E-R 图中要注明实体的属性、联系的类型及实体的标识符。

② 将 E-R 模型转换成关系模型，并指出每个关系模式的主键。

③ 分析每个关系模式已经达到第几范式。

（7）某学校管理系统中有 3 个部门：后勤部、教务处和财务处。

后勤部管理学生的住宿；教务处管理学生选课和教师任课；财务处管理教师的工资发放。

后勤部涉及的实体及实体之间的联系如下：

学生：属性有学号、姓名、性别、年龄、专业和入学时间。

宿舍：属性楼号、房间、档次。

学生与宿舍的联系是一个学生只能住在一个宿舍，一个宿舍能住多个学生，学生住宿要交租金。

教务处涉及的实体及实体之间的联系如下：

学生：属性有学号、姓名、性别、年龄、专业和入学时间。

教师：属性有教师号、姓名、性别、职称、专业。

课程：属性有课程号、课程名、学时数、专业。

各实体关系描述如下：一个学生可以选多门课，一门课可以由多个学生选修；一个教师可以教多门课，一门课也可以由多个教师教；学生选修某门课有一个成绩；教师教某门课有一个工作量。

财务处涉及的实体及实体之间的联系如下：

教师：属性有教师号、姓名、性别、职称、专业。

工资：属性有基本工资、加班工资、扣税、工资编号。

教师和工资的联系是：一个教师只能领一份工资，一份工资只能由一个教师领，领工资时应注明是某月工资。

① 根据上述语义画出 E-R 图，注明实体的属性、联系的类型及实体的标识符。

② 将 E-R 模型转换成关系模型，并用下划线指出每个关系模式的主键。

案例分析

案例 1

某汽车修理厂管理信息系统数据库设计

某汽车修理厂根据业务发展的需要，决定建立一个以数据库为基础的管理信息系统，以代替单一的人工管理。目标系统取名为"汽车修理管理信息系统"。通过用户调查，初步整理出以下结果：

1）系统的数据需求分析

通过实地调查，对该汽车修理厂的需求进行了详细分析，得到该厂在业务管理上共涉及 5 种单据，4 种账册和三种主要报表。

现分述如下：

（1）5 种单据。

5 种单据包括修车登记单、汽车修理单、零件领用单、零件入库单、修车发票，它们的相关信息见表 6-14，格式如图 6-41 所示。

表 6-14　　　　　　　　　　　　5 种单据的相关信息

编号	名称	填写人
D1	修车登记单	送修人
D2	汽车修理单	修理派工员和修理工
D3	零件领用单	修理工
D4	零件入库单	仓库管理员
D5	修车发票	财务人员

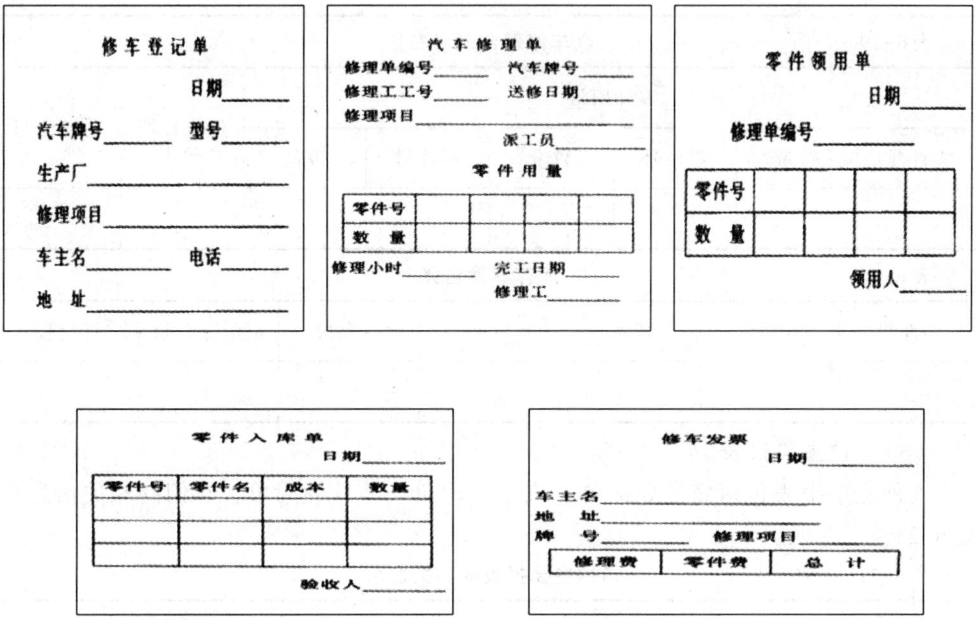

图 6-41　5 种单据的格式

（2）4 种账册。

4 种账册包括汽车登记册、修理工名册、汽车修理台账、库存零件台账，它们的相关信息见表 6-15，格式见表 6-16 至表 6-20。

表 6-15　　　　　　　　　　　　4 种账册的相关信息

编号	名称	建账根据
Z1	汽车登记册	送修人
Z2	修理工名册	修理派工员和修理工
Z3	汽车修理台账	修理工
Z4	库存零件台账	仓库管理员

表 6-16 汽车登记册

牌号	型号	生产厂	车主名	地址	电话

表 6-17 修理工名册

工号	姓名	小时工资	出生日期	进厂日期	地址	电话

表 6-18 汽车修理台账（左）

编号	牌号	修理项目	修理工工号	修理小时	修理费	零件费	总计

表 6-19 汽车修理台账（右）

零件用量						送修日期	完工日期
零件号	数量	零件号	数量	零件号	数量		

表 6-20 库存零件台账

零件号	零件名	成本	价格	库存量	最低库存量	订货量

（3）3种主要报表。

3种主要报表包括修车登记单、汽车修理单、零件领用单，它们的相关信息见表 6-21。

表 6-21 3种主要报表的相关信息

编号	名称	数据来源
B1	修车登记单	Z3，Z4
B2	汽车修理单	Z3，Z2
B3	零件领用单	Z4

修车登记单的格式见表 6-22。

表 6-22 修车登记单

零件名	数量	价格	零件费	利润

汽车修理单的格式见表6-23。

零件领用单的格式见表6-24。

表6-23 汽车修理单

工号	姓名	修理小时	小时工资	月工资

表6-24 零件领用单

零件名	订货量	成本	总计

2）对目标系统的功能需求

通过对当前系统的调查和与用户的共同讨论，对将要开发的目标系统提出了如下总体需求：

（1）用数据文件代替现用的全部账册。

（2）具有对各种数据文件装入和修改数据的功能。

（3）能计算修车费用和开发票。其中，修车费用按下列各式计算：

零件费 = $\sum$ 零件价格 × 耗用数量

修理费 = 小时工资 × 修理工时 × 3

修车费用总计 = 零件费 + 修理费

（4）能找出需要订货的零件，编制并打印零件订货计划。

订货条件：零件库存量 < 最低库存量

订货数量：额定订货量

（5）按现行格式与内容编制、打印零件耗用月报表和修理工资月报表。

（6）有多种查询和统计功能。

为了简化讨论，具体需求从略。

3）概念设计：用E-R图描述概念模型

（1）确定E-R模型应包含的实体：汽车、修理工、修理单和零件。

（2）建立对应的局部E-R图（略）。

（3）将局部E-R图综合为系统的总体E-R图，如图6-42所示。

（4）改进总体E-R图：实现最小数据冗余，如图6-43所示。

① 删去修理单中的3个属性："零件费""修理费""总计"。

这3个属性数据均可从其他数据计算得出。

通常把这类数据称为"衍生数据"，以区别于不能从推导得到的"基本数据"。

把它们删去可以减少冗余。

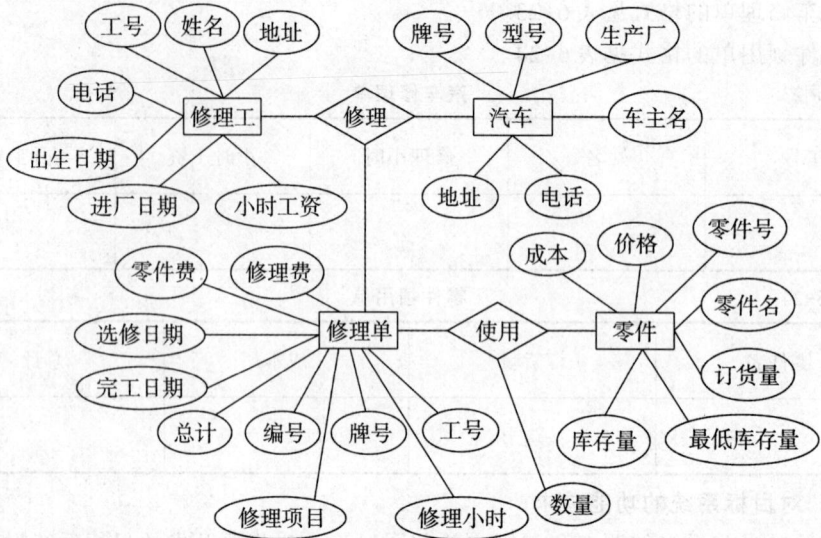

图 6-42　初始的总体 E-R 图

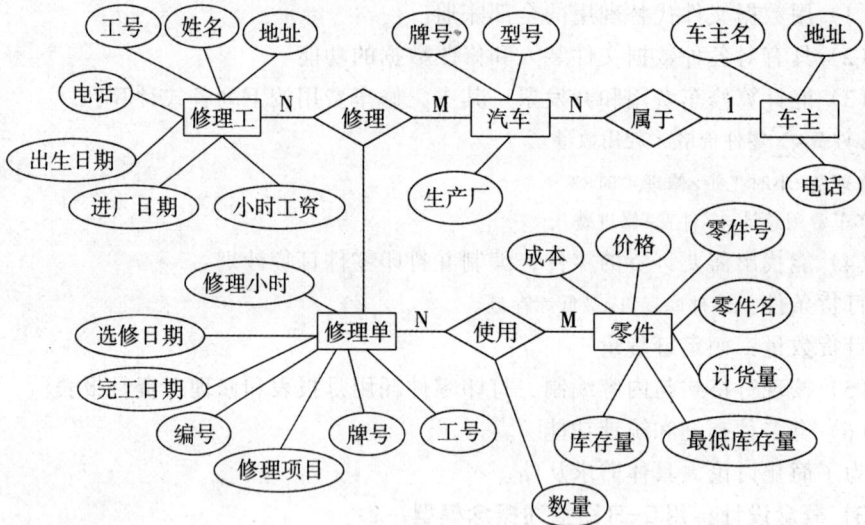

图 6-43　改进后的总体 E-R 图

② 将实体"汽车"分解为"汽车"和"车主",因为汽车属性集中含有汽车与车主两方面的信息。

如果车主送修 N 辆汽车,则关于车主名、地址、电话等的信息会重复存储 N 次,造成数据冗余。

4) 逻辑设计

将 E-R 模型转换为关系模型,且进行规范化处理。

(1) 每个实体转换为一个关系。

(2) 把每个联系转换为关系。

（3）根据转换规则得到以下几个数据关系：

修理工（工号，姓名，地址，电话，出生日期，进厂日期，小时工资）

修理单（编号，牌号，工号，修理项目，修理小时，送修日期，完工日期）

汽车（牌号，型号，生产厂）

车主（车主名，地址，电话）

零件（零件号，零件名，成本，价格，库存量，最低库存量，订货量）

资料来源　佚名. 信息系统分析与设计案例集［EB/OL］.［2024-09-04］. http://www.doc88.com/p-315622006701.html.

案例思考题：

（1）数据库设计需要经过哪些步骤？

（2）将最终得到的五个数据关系与当前人工系统的 4 种账册比较，可以发现当前系统的"汽车登记册"在新系统中一分为二，变成"汽车"和"车主"两个关系，为什么要经过这样的处理？

案例 2

高校图书管理系统的数据库设计

高校图书管理系统是对图书馆的藏书及借阅者进行统一管理的系统。通过实地考察，与图书馆管理人员进行深入交谈，我们发现图书管理系统的使用者主要有管理员和图书借阅者，而管理员根据其工作内容又分为两种类型：图书管理员和系统管理员。

1）图书管理系统使用者功能划分

图书管理员主要使用图书管理系统借出图书、归还图书、续借图书、查询信息等，也可以修改密码，以合法身份登录系统，管理图书类型、借阅者类型、出版社数据、藏书地点、部门数据等基础数据，编制和打印图书条码，办理图书入库，管理书目信息，维护借阅者信息，办理借书证等。

系统管理员主要负责管理用户，为用户分配权限，设置系统参数，备份数据，保证数据完整，保证网络畅通和清除计算机病毒等。

图书借阅者可以查询书目信息、借阅信息和罚款信息等。

2）系统功能设计

分析完系统的需求后，接下来要做的就是设计系统的功能。高校图书管理系统的使用者由图书借阅者、图书管理员和系统管理员三类人员组成。

根据对高校图书管理系统的需求分析和操作要求，该系统主要包括下面几个模块：

（1）系统设置模块。

系统设置模块主要进行系统管理工作，包括数据库数据的备份和恢复、用户信息的管理和用户密码的管理等操作。

（2）类型管理模块。

类型管理模块主要进行各种类型的管理工作，包括图书类型、借阅者类型及罚款类型的管理等操作。

（3）业务数据管理模块。

业务数据管理模块主要进行系统的各种业务的管理工作，包括图书信息管理、图书条码编制、图书入库、借阅者信息管理及办理借书证等操作。

（4）图书借出与归还管理模块。

借阅管理模块主要进行图书的借阅管理工作，包括图书的借出、图书的归还和图书的续借等操作。

（5）罚款管理模块。

罚款管理模块主要进行罚款的处理，包括图书超期罚款、图书损坏罚款和图书丢失罚款等操作。

（6）数据查询模块。

数据查询模块主要进行一些基础数据的查询操作，包括书目信息查询、借阅者信息查询、借阅信息查询和超期图书查询等查询操作。

（7）报表打印模块。

报表打印模块主要进行相关报表的打印和管理操作，包括书目报表打印、借阅者报表打印和借阅报表打印等报表打印操作。

（8）基础数据管理模块。

基础数据管理模块主要进行一些基础性的数据管理和维护操作。这些基础性的数据主要包括各部门数据、出版社数据和馆藏地点数据。

该系统的模块结构图如图6-44所示。

3）系统数据库概念设计

（1）确定实体。

实体对应于现实世界中可区别的客观对象或抽象概念。根据前面的业务需求分析可知，高校图书管理系统主要对图书、借阅者等对象进行有效管理，实现借书、还书、罚款等操作，对图书及借阅情况进行查询分析。通过需求分析，我们确定该系统涉及的实体主要有图书、借阅者、出版社、部门、图书借阅及图书罚款等。

（2）确定属性。

属性是实体具有的特征或性质。例如，书目信息的主要属性有书目编号、图书名称、作者、出版社、ISBN、出版日期、图书页数、价格、图书类型、总藏书数量、现存数量、馆藏地点和简介等。

（3）确定实体联系的类型。

实体联系是指不同实体之间的相互关系。实体联系的类型有3种：第一种是一对一的关系（1:1），如借书证和借阅者的关系，一本借书证只属于一个借阅者，而一个借阅者只能办理一本借书证；第二种是一对多的关系（1:n），如出版社和图书的关系，一个出版社可出版多本图书，但是一本图书只能由一个出版社出版；第三种是多对多的关系（m:n），在该系统中，没有这种多对多的关系。

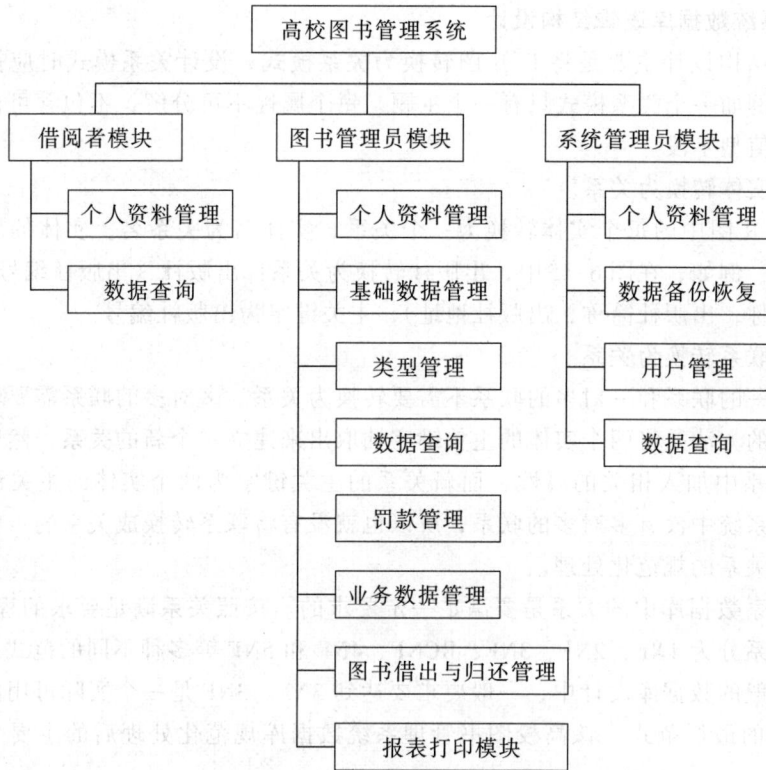

图 6-44　高校图书管理系统模块结构图

（4）绘制系统 E-R 图。

概念设计的结果就体现在系统 E-R 图上。该高校图书管理系统的总体 E-R 图如图 6-45 所示。

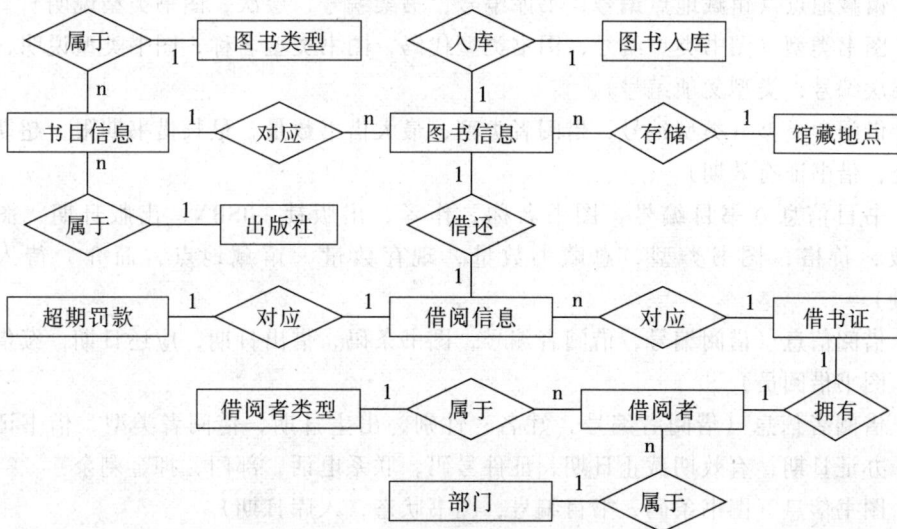

图 6-45　高校图书管理系统总体 E-R 图

4）系统数据库逻辑结构设计

逻辑结构设计主要是将 E-R 图转换为关系模式，设计关系模式时应符合规范化要求，例如一个关系模式只有一个主题，每个属性不可分解，不包含可推导或可计算的数值型字段。

（1）实体转换为关系。

将 E-R 图中的每个实体转换为一个关系，实体名为关系名，实体的属性为关系的属性。例如，在图 6-45 中，出版社转换为关系：出版社（出版社编号，ISBN，出版社名称，出版社简称，出版社地址），主关键字为出版社编号。

（2）联系转换为关系。

一对一的联系和一对多的联系不需要转换为关系。多对多的联系需要转换为关系，转换的方法是将两个实体的主关键字抽取出来建立一个新的关系，然后根据需要在新关系中加入相关的属性，而新关系的主关键字为两个实体的主关键字的组合。在该系统中没有多对多的联系，所以也就没有将联系转换成关系的步骤。

（3）关系的规范化处理。

在关系数据库中的关系是要满足一定要求的。按照关系满足要求的程度不同，可以把关系分为 1NF、2NF、3NF、BCNF、4NF 和 5NF 等多种不同的范式。

在一般的数据库设计中，一般要求要达到 3NF。3NF 是一个实际可用的关系模式应满足的最低范式。该高校图书管理系统数据库规范化处理后的主要关系模式如下：

用户信息（用户编号，用户名，密码，用户类型，启用日期，是否停用）

出版社（出版社编号，ISBN，出版社名称，出版社简称，出版社地址）

部门（部门编号，部门名称，部门负责人，联系人，联系电话）

馆藏地点（馆藏地点编号，书库编号，书架编号，层次，图书类型说明）

图书类型（图书类型编号，图书类型代码，图书类型名称，图书类型说明，类型层次编号，类型父项编号）

借阅者类型（类型编号，借阅者类型，最大借书数量，最长借书期限，超期日罚金，借书证有效期）

书目信息（书目编号，图书名称，作者，出版社，ISBN，出版日期，图书页数，价格，图书类型，总藏书数量，现存数量，馆藏地点，简介，待入库数量）

借阅信息（借阅编号，借阅者编号，图书条码，借出日期，应还日期，续借次数，图书借阅员）

借阅者信息（借阅者编号，姓名，性别，出生日期，借阅者类型，借书证状态，办证日期，有效期截止日期，证件号码，联系电话，部门，押金剩余）

图书信息（图书条码，书目编号，图书状态，入库日期）

罚款类型（罚款类型编号，罚款种类，罚款原因，罚款基数，罚款倍率）

罚款信息（罚款编号，借阅者编号，借阅者姓名，图书条码，图书名称，罚款

原因，罚款方法，罚款金额，罚款日期，操作员）

待罚款信息（罚款编号，借阅者编号，借阅者姓名，图书条码，图书名称，罚款原因，罚款方法，罚款金额，登记日期，操作员）

在得到关系模式后，就要进行数据表结构的设计，由于篇幅关系，这里就以用户信息数据表为例进行说明。设计数据表时，要设计列名、数据类型、长度及相关的约束条件等。用户信息数据表的结构信息见表6-25。

表6-25 用户信息数据表的结构信息

列名	数据类型	长度	约束条件	说明
UserID	int	4	主键、不允许空、标志列	用户编号
UserName	varchar	20	不允许空、唯一	用户名
UserPWD	varchar	20	允许空	用户密码
UserType	varchar	20	允许空	用户类型
UserDate	datetime	8	允许空	启用日期
UserFlog	bit	1	允许空	是否停用

资料来源 吴锋珍. 高校图书管理系统的数据库设计［J］. 长沙通信职业技术学院学报，2016（2）：32-35.

案例思考题：

（1）数据库设计需要经过哪些步骤？

（2）上述案例中出现了几种联系类型？试结合生活中的实际应用举例说明。

第7章 管理信息系统的系统实施

◀▶

✔ 了解管理信息系统实施的主要任务及内容；

✔ 了解物理系统实施及程序设计的内容；

✔ 掌握系统调试及测试的方法；

✔ 理解系统切换的3种方法及适用范围；

✔ 了解人员培训的基本内容。

思政引入

程序员的工匠精神

工匠精神，指的是工匠们对自己的产品精雕细琢、精益求精的精神。对程序开发人员来说，工匠精神体现在对自己程序的精雕细琢、对自己的程序负责及对程序的敬畏心态等方面。

很多时候，程序之所以出bug（漏洞），往往是细节没有做好。如何做好细节？比如，在实现菜单点击按钮的时候，一般设计为点击后就弹出子菜单，然后点击子菜单可以进行相应操作，但如果带着工匠精神去做，应该要考虑用户在长按的时候会不会有其他操作，用户按下去之后，颜色是否需要改变，点击后加载菜单的底层应该如何实现更快更高效，是否需要验证权限等，从细节方面进行深入的思考。

除了注重细节，还应该对程序抱有一种敬畏的心态。如果你敬畏它，那么你就能更好地发现问题，发现自己的不足之处，更加小心谨慎。比如，即使是写一个你经常写的功能，你也要做一下测试，看是否达到预期的效果，因为你写的时候可能会大意，造成语法错误，或者由于环境配置问题甚至是版本不一样而造成错误等。在工作中，出错了，先思考，然后寻找解决方案，进行总结，形成笔记，记录详细的错误表现和解决方案。如果把笔记分享出来，一方面能帮助别人，另一方面自己可以得到更好的建议。因为敬畏，所以认真。

资料来源 佚名. 程序员的工匠精神［EB/OL］.［2024-12-10］. https://www.cnblogs.com/aksir/p/6773653.html.

思考：在程序设计上，工匠精神主要体现在哪些方面？

管理信息系统设计完成之后，就进入了系统实施阶段。系统实施是开发信息系统的最后一个阶段，也是成功实现新系统、取得用户对系统的信任的关键阶段。

7.1　系统实施的主要任务

系统实施阶段的总体任务是实现系统设计阶段提出的物理模型，按照实施方案完成一个可以实际运行的信息系统，交付用户使用。系统实施阶段是一个非常重要的阶段，此阶段工作是否顺利，关系到整个系统的前期投入是否成功。

系统实施的过程如图 7-1 所示。

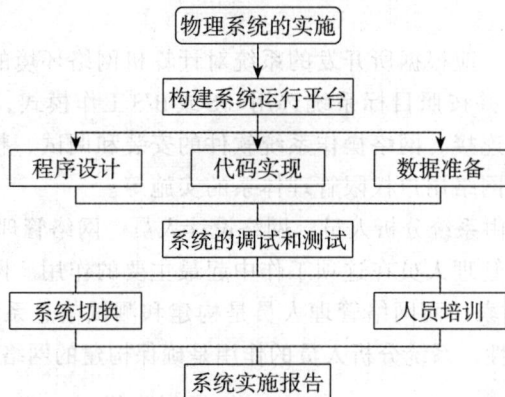

图 7-1　系统实施的过程

系统实施阶段的目标就是把系统设计阶段得到的物理模型切换成可实际运行的新系统。

一般来说，系统实施包括的主要任务有物理系统的实施、程序设计、系统测试和调试、系统切换以及人员培训等。这个阶段的工作是一项复杂的工程，管理信息系统的规模越大，实施阶段的任务就越复杂。

7.2　物理系统的实施

物理系统的实施包括硬件环境、网络环境和软件环境的建立等方面的工作。

7.2.1　硬件环境

按照系统物理配置方案的要求，选择购置该系统所必需的硬件设备（计算机系统）和软件系统。

硬件设备包括主机、外围设备、稳压电源、空调装置、机房的配套设施以及通信设备等。

软件系统包括操作系统、数据库管理系统、各种应用软件和工具软件等。计算机硬件设备选择的基本原则是在功能、容量和性能等方面能够满足所开发的管理信息系统的设计要求。

值得注意的是，选择计算机系统时要充分进行市场调查，了解设备运行情况及厂商所能提供的服务等。

7.2.2　网络环境

计算机网络是现代管理信息系统建设的基础，是创建和测试数据库、编写和测试程序的平台。

在许多情况下，所开发的信息系统是基于已有的网络架构，因此可以跳过这项工作。如果新开发的信息系统要求创建新网络或修改已有的旧网络，那么就必须建立和测试新网络。

建立网络环境时，应根据所开发的系统对计算机网络环境的要求，选择合适的网络操作系统产品，并按照目标系统选用 C/S 或 B/S 工作模式，进行网络通信设备与通信线路的架构和连接、网络操作系统软件的安装和调试、整个网络系统的运行性能与安全性测试及网络用户权限管理体系的实施等。

本项任务的工作由系统分析人员、网络设计人员、网络管理人员等共同来完成。网络设计人员和网络管理人员在这项工作中起最主要的作用。网络设计人员应该是局域网和广域网的专家，而网络管理人员是构建和测试信息系统网络的专业人员，并且负责网络的安全性。系统分析人员的作用是确保构建的网络满足用户的需求。

7.2.3　软件环境

在建立硬件环境的基础上，还要建立适合系统运行的软件环境，包括购置系统软件和应用软件包。

需要配置的系统软件包括操作系统、数据库管理系统、程序设计语言处理系统等。在企业管理系统中，有些模块有商品化软件可供选择，可以提前购置，其他则要自行编写。在购买或配置这些软件前应先了解其功能、适用范围、接口及运行环境等。

计算机硬件和软件环境的配置，应当与计算机技术发展的趋势相一致，硬件选择要兼顾升级和维护的要求；数据库管理系统等软件，应选择 C/S 或 B/S 模式下的主流软件产品，为提高系统的可扩展性奠定基础。

7.3　程序设计

7.3.1　程序设计的目标

随着计算机产业的发展，硬件的价格不断下降，而软件则越来越复杂，费用呈上升趋势，因此对程序设计的要求也相应地发生了变化。小型程序设计强调程序的正确和效率，而大型程序设计首先考虑程序的可维护性、可靠性和可理解性，然后才是效率。

1）可维护性

虽然系统分析阶段分析和确定了组织目前的信息需求，并且估计了未来一段时期内的信息需求，但是未来信息系统的需求会随着环境的变化而变化，相应地，系统功能必须不断地完善和调整。因此，在系统实施过程中，要不断地对程序进行补充或修改，进行系统维护和数据管理。另外，计算机软硬件的更新换代促使应用软件和应用程序进行相应的升级。

管理信息系统的寿命一般在 3~10 年，软件系统和程序的维护工作量相当大。一个不易维护的软件系统或程序，用不了多久就会因为不能满足应用需要而被淘汰，所以可维护性是对程序设计工作的一个重要的要求。

2）可靠性

程序应具有较强的容错能力，不仅在正常情况下能正确工作，而且要在意外情况下便于处理，以免造成严重损失。

3）可理解性

程序不仅要逻辑正确，计算机能够执行，而且应当层次清楚，可读性强。这是因为程序的维护工作量很大，程序维护人员经常要维护他人编写的程序，一个不易理解的程序会给程序维护工作带来困难。因此，有必要在程序中加入简明扼要的程序功能与变量说明。

4）效率

本节所讨论的效率有两种：程序效率和人工效率。程序效率指程序能否有效地利用计算机资源。

由于硬件的性能价格比不断提高，程序效率即软件效率在很大程度上由计算机硬件性能及效率来实现。同时，程序设计人员的工作效率日益显得重要，因为人工成本相对提高，提高人工效率不仅能降低软件开发成本，还可以明显降低程序的出错率，进而减轻维护人员的工作负担。程序效率与可维护性、可理解性通常是矛盾的。

在实际编程过程中，要尽量提高系统的可理解性和可维护性。片面地追求程序的运行效率反而不利于程序设计质量的全面提高。应充分利用各种软件开发工具，如管理信息系统生成器等来提高程序设计效率。

7.3.2　软件工具的选择

随着计算机在信息系统中的广泛应用，对各种软件工具的研究如火如荼，各种各样的软件及程序的自动设计、生成工具日新月异，为各种信息系统的开发提供了强有力的技术支持和方便、实用的手段。

利用这些软件生成工具，可以大量减少手工编程环节的工作量，避免出现各种编程错误，极大地提高系统的开发效率。

选择适当的程序开发工具应考虑：用户的需求，语言的人机交互能力，丰富的软件支持工具，软件的可移植性，以及开发人员的以往经验与熟练程度。

选择开发工具时，首先要依据信息系统的总体结构进行。目前管理信息系统主要有两种结构：一种是B/S结构；另一种是C/S结构。B/S结构在开发过程中所产生的文件都放在服务器端，使用时，用户使用浏览器访问服务器进行相关操作；C/S结构则是开发一个客户端软件，用户使用这个专用的客户端软件访问服务器，从而完成相关的操作。基于B/C结构的开发工具有ASP、C#、PHP、JSP等。基于C/S结构的开发工具有Delphi、VC++、Visual Basic等。

除了以上常用的开发工具外，还有面向对象的统一建模语言（UML）。可直接利用可视化建模工具（如Rational Rose，Prosa等），在计算机上生成UML模型并将其转换为多种程序设计语言（如C++，Visual C++，Visual Basic，Java，Python等）代码，大大提高系统的开发效率。

此外，还可以运用集成开发环境。集成开发环境（integrated development environment，IDE）是用于提供程序开发环境的应用程序，一般包括代码编辑器、编译器、调试器和图形用户界面工具，集成了代码编写功能、分析功能、编译功能、调试功能等功能。例如，微软的Visual Studio系列，Borland的C++ Builder、Delphi系列等，以及开源的集成开发环境Eclipse等。IDE多被用于开发HTML应用软件。

7.3.3 数据准备

数据的收集、整理、录入是一项既烦琐劳动量又大的工作。没有一定基础数据的准备，系统调试就不能很好地进行。一般说来，确定数据库物理模型之后，就应进行数据的整理、录入。这样既分散了工作量，又可以为系统调试提供真实的数据。

实践证明，这方面的工作往往容易被忽视，甚至系统完成后只能作为摆设放在那里而不能真正运行。这等于工厂建好了，但缺乏原料而不能投产。因此，要特别强调，不能把系统的实现仅仅归结为编写程序或购买机器，这几方面的任务是相互联系、彼此制约的。

数据准备的内容包括经营资料和编码资料。

需要者准备的经营资料包括：

（1）各种物品资料目录、商品资料目录；

（2）现有客户资料；

（3）现有供应商资料；

（4）存货资料；

（5）商品价格资料；

（6）财务、出纳资料。

准备编码资料时首先要确定编码规则，然后对下列资料进行编码：

（1）对企业所有物料进行编码，由生产部门确保物料编码的准确性；

（2）由销售部门对所有客户进行编码，整理出客户清单；

（3）由采购部门对所有供应商进行编码，整理出供应商清单；

（4）由仓管部门对所有仓库进行编码；

（5）由仓管部门对每个仓库进行货位编码；

（6）由财务部门整理会计基础资料、期初余额、期初收付款；

（7）由行政部门整理员工资料、部门资料；

（8）由企业管理人员对操作员权限进行划分。

数据准备要注意以下几个方面：

1）数据收集的前期准备工作

首先要确定需要收集什么数据，然后按照这些数据的特征来确定其来源（即该数据的提供部门或确认部门）。同时，不能忽视收集数据时由现在使用的数据库进行转化这一途径。

这一阶段的工作主要是进行调查研究，全面了解本企业自动化管理的情况，掌握其计算机应用现状、已存在的数据资源等，并结合系统功能与数据要求确定本企业收集数据的最佳方案。

2）数据格式的标准化和规范化

在准备数据前，首先要对录入人员进行培训，使录入人员基本掌握数据的标准和规范录入格式，初步掌握其录入规则。

其次，对大信息量、应分组录入数据的数据表单要保证数据的质量和合并的正确。

在引进软件和准备其所需数据库（表）时，一定要注意数据格式的标准化和规范化，尽可能依据系统的数据说明和要求去准备；描述项目要尽可能完善准确，避免二意性；要制定数据录入规则，保证录入数据的质量。

3）统一组织、严密分工

数据准备强调的是系统应用，涉及数据的内在联系和数据的一致与协调，因此准备数据应在统一的组织指挥下，在总体规划的基础上进行，注重各个方面的统一。

按各部门准备的数据量的大小和难易程度，按人员对准备数据的熟练程度进行合理搭配，以保证整个系统数据准备的同步。

4）统一准备数据的平台

尽可能采用统一的数据库平台，以保证数据格式的一致性，避免过多的数据接口和数据转换，避免过多的培训，以提高工作效率。

7.4 系统测试与调试

在经过系统分析、系统设计、系统实施等阶段后，便形成了一个完整的应用程序。设计过程所做的全部工作都是为了系统能够正常运行，且运行结果正确，满足用户需求。

在实施阶段，程序人员使用程序设计语言开发出来的系统，虽然在语法上已经没有错误，但是可能在逻辑上存在问题，以致无法实现某些功能。因此，在系统投入运行之前，必须对系统进行必要的测试与调试，以发现系统存在的错误和缺陷，避免造成巨大的损失。

7.4.1　系统测试的原则

系统测试就是在系统投入运行前，对系统需求分析、设计规格说明和编码的最终复审，是系统质量保证的关键步骤。

系统测试是在假定系统中有错误的前提下进行的，通过测试来尽可能地发现在系统分析、系统设计和系统实施中存在的错误。

系统测试的目的是发现和解决系统中可能存在的错误。测试包括对系统的基本功能、系统的效率、系统的可靠性和可操作性等问题所进行的测试。系统测试的目的体现在系统调试的各个步骤中：程序测试，是为了发现程序设计中的错误；联合测试，是为了发现系统设计中的错误；系统测试，主要是为了发现系统分析中的错误。越是早期的错误，往往越是到最后才能发现。

在系统测试中，应遵循以下基本原则：

（1）测试工作应避免由系统开发人员或小组本身来承担。开发者往往难以发现自己程序编写中的问题，并且会不自觉地认为自己是对的。

（2）设计测试用例不仅要包括合法的或有效的输入数据，还要包括无效的或不合法的各种输入数据形式。

（3）不仅要检验程序是否执行了规定的操作，还要检查它是否同时执行了不该做的操作。

（4）保留测试用例，为今后进行重新测试和追加测试等提供方便。

拓展阅读7-1

人工智能系统
测试和传统软
件测试有何
不同

7.4.2　系统测试的方法

系统测试的方法主要有两种：黑盒测试与白盒测试。

1）黑盒测试

黑盒测试又叫功能测试或数据驱动测试，是指测试人员不考虑模块的内部结构如何，而只用测试数据来验证程序是否符合功能的要求，是否会发生异常现象。

黑盒测试是在程序接口上进行测试，测试者把被测试的程序看成一个黑盒子，完全不需要考虑程序的内部结构和特性，只需要知道该程序输入和输出之间的关系或程序功能，依靠能够反映这一关系和程序功能的需求规格说明书，来自行确定测试用例和推断测试结果的正确性。

2）白盒测试

白盒测试又称结构测试或逻辑驱动测试。白盒测试是指测试人员根据模块内部的结构来导出测试数据，使模块中的所有测试路径都被测试到。测试者把被测程序看成一个盒子，而这个盒子是打开的，以程序的内容来设计测试数据。测试人员利用程序内部的逻辑结构及有关信息，设计或选择测试用例，对程序所有逻辑路径进行测试，通过在不同点检查程序的状态，确定实际的状态是否与预期的状态一致。

在系统的测试中，程序测试要用白盒测试法，统调测试要用黑盒测试法。

7.4.3　系统调试

系统调试是在程序编制完成以后所进行的调试工作。为了保证新系统运行的正确性和有效性，将一切可能发生的问题和错误尽量排除在正式运行之前，就需要进行系统调试工作。

它与系统测试不同，测试的目的是尽可能多地发现系统中的错误，而调试的任务是进一步诊断和改正程序中潜在的错误。对系统调试工作要事先准备好调试方案，以提高工作效率，压缩时间，降低费用。

调试一个系统的过程可以分为程序代码调试、程序调试、联合调试和系统调试几个主要步骤。

系统调试步骤示意图如图7-2所示。

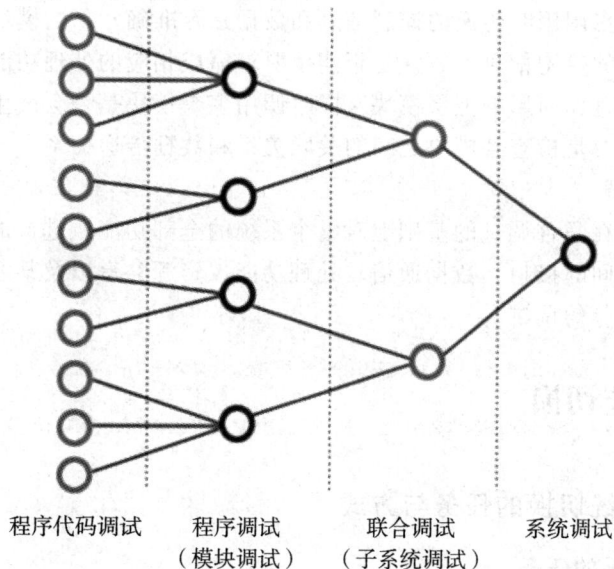

图7-2　系统调试步骤示意图

1）程序代码调试

程序代码调试的内容包括程序的语法调试和逻辑检查。在逻辑检查之前，需要编造正常数据、异常数据以及错误数据，来考验程序的正确性和可靠性。

（1）用正常数据调试。

调试的内容包括：程序能否完成系统所要求的各种功能；写入文件的各项记录是否正确；输出的数据是否正确，是否有遗漏；各项检验测试是否正确。

（2）用异常数据调试。

除了正常数据外，各种主观及客观原因也可能导致异常数据的输入，因此还要使用异常数据来调试，如用空数据文件去进行测试，检查程序能否正确运行。

（3）用错误数据调试。

经过正常及异常数据调试后，还要使用错误数据进行调试，检查输入错误数据时系统能否及时查出或提示出错信息，并允许修改，操作错误时能否及时查出或发出警告信号，并允许修改。

2）程序调试

程序调试也称模块调试，是指对一些具有独立功能的程序所进行的调试工作。系统的应用软件是按处理功能划分成模块的，一个处理功能模块由一个或多个程序段组成。所以，在单个程序段调试成功后，还需要对其功能模块进行调试，即将一个功能模块包含的所有程序段按逻辑次序串联起来调试。这种测试的目的主要是保证内部控制关系和数据内容正确，同时测试模块的运转效率。

3）联合调试

联合调试是对若干个程序或某一子系统的调试。它是在程序调试的基础上，对系统中某些程序之间的调用关系和数据传输关系进行的调试。例如，上层模块如何调用下层模块？在调用时传递的控制信息和数据是否准确？下层模块是否能正确接收上层模块传递的控制信息参数？是否能按要求完成相应的处理功能？下层模块出现问题时反馈信息如何影响上层模块？同时调用多个模块是否会产生锁机现象？联合调试的目的主要是检查各模块之间的关联关系和数据传递关系。

4）系统统调

系统统调是在联合调试的基础上对整个系统的全部功能所进行的调试工作。它包括对子系统之间的接口、数据通信、处理功能、资源共享以及某系统遭到破坏后能否按要求恢复等的调试。

7.5 系统切换

7.5.1 系统切换的任务与方式

1）系统切换的任务

系统切换指由原来的系统运行模式过渡为新开发的管理信息系统的过程。新系统通过系统测试后，必须通过系统切换才能正式交付使用。因此，系统切换的任务就是完成新老系统的平稳过渡，这个过程需要开发人员、系统操作员、用户单位领导和业务部门的协作才能顺利完成。

2）系统切换的方式

在进行系统切换时，可以采用以下几种方式：

（1）直接切换。

直接切换是指在确认新系统准确无误后，确定一个时刻，停止原系统的运行，并用新系统取代它投入正常运行。

这种切换方式过程简单快捷，费用低，但风险很大，一旦因新系统发生严重错误而不能正常运行将导致业务工作的混乱，造成巨大的损失。因此，必须采取一定的预防性措施，充分做好各种准备，制订严密的切换计划。这种切换方式仅适用于小型管理信息系统的切换。

（2）并行切换。

并行切换是指完成系统测试后，一方面原系统继续运行，另一方面新系统同时投入运行，待新老系统并行运行一段时间后再停止原系统的工作，让新系统单独运行。

这种方式安全保险，但费用高。切换过程中需要投入两倍的工作量，不过用户可以通过新老系统平行运行的过程，熟悉新系统，确保业务工作平稳有序。这种切换方法适用于银行和某些企业的核心系统的切换过程。

（3）分段切换（试点过渡）。

分段切换是指在新系统投入正常运行前，将新系统分阶段、分批次逐步代替原系统的各部分，最后完全取代原系统。

这种方式实际上是上述两种方式的折中方案，既可以保证切换过程的平稳和安全，降低风险，又可以避免较高的费用，但存在新老系统对应部分的衔接不平滑的问题。大多数的管理信息系统的切换采用这种方式。

系统切换的 3 种方式如图 7-3 所示。

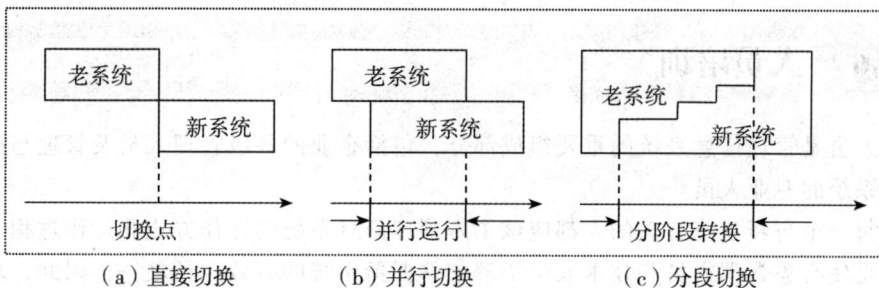

图 7-3　系统切换的 3 种方式

7.5.2　系统切换的主要工作

系统切换过程中，除了确定系统切换的方式外，数据整理及系统初始化也是最基础的工作之一。

数据整理是从原系统中整理出新系统运行所必需的基础数据和资料，即把原系统中的数据加工处理为符合新系统所要求的格式，具体工作包括历史数据的整理、数据资料的格式化、分类和编码、个别数据及项目的调整等。对于原来采用人工方式处理的信息系统，这部分工作量巨大，应当提前进行准备，否则会影响系统切换的正常实施。

系统初始化是新系统投入运行之前必须完成的工作。所谓系统初始化，是指对系统的运行环境和资源进行设置，对系统运行和控制参数进行设定，进行数据加载，同步调整系统与业务工作。

其中，数据加载是工作量最大且时间最紧迫的重要环节，因为需要在运行之前将大量的原始数据一次性输入到系统中。另外，在正常的业务活动中会不断产生新的数据信息，它们也必须在新系统正式运行前存入系统，因此在系统初始化过程中，数据加载是新系统启动的先决条件，应突击完成并确保输入数据的正确性。

在系统切换过程中，可能会发现一些系统的错误和功能缺陷。对于这些问题，应对照系统目标决定是否进行系统修改。

一般来说，对于程序的错误和漏洞必须改正，但若是超出目标和设计方案的其他问题，应视影响的范围、程度和工作量的大小而定，不可一概而论。在新系统中应允许存在某些不足，可通过在运行过程中的系统维护和系统更新等方式来逐步解决。

在系统切换过程中，应注意以下问题，以保证系统切换的顺利进行：

（1）新系统的投入运行需要大量的基础数据，这些数据的整理与录入工作量特别大，应及早准备、尽快完成。

（2）系统运行时会出现一些局部性的问题，这是正常现象。系统工作人员对此应有足够的准备，并做好记录。

（3）系统切换不仅是机器的转换、程序的转换，更重要的是人工的转换，应提前做好人员的培训工作。

7.6 人员培训

人员是管理信息系统的重要组成部分，包括企业的各级管理人员及管理与维护信息系统的专业人员。

每一个与新系统有关的人都应该了解管理信息系统的运作方式和运作过程。培训就是使有关管理人员和技术人员了解与掌握新系统的有效途径之一。因此，培训工作关系到新系统的成败。

7.6.1 人员培训的意义

人员培训工作的意义非常重大，可以从以下几个方面进行理解：

（1）如果管理人员对即将使用的新系统的管理过程不了解，不能确定新系统是否适用于自己的工作，那么就有可能消极地对待新系统，甚至阻碍新系统的推广应用。

（2）管理信息系统的开发与应用不仅是信息系统在企业中的应用，也是一种企业变革。

由于企业管理的传统思想及方法与管理信息系统的要求之间有着巨大的差异，

企业管理人员对这种新的管理思想和管理方法有一个熟悉、适应与转变观念的过程。

（3）对于自行开发管理信息系统的企业来说，通过系统开发过程来培养一批既懂管理业务又懂信息系统的企业专业人员，也应是企业开发信息系统的主要目标之一。

7.6.2　人员培训的内容

信息系统的知识非常广泛，企业管理人员与企业信息系统专业人员的培训内容应各有侧重点。

管理人员的培训重点应该是信息技术基本概念与一些具体项目相结合的基础知识。

（1）信息系统的基本概念包括信息的概念、性质与作用，系统的概念与特点，信息系统开发方法与开发过程等。

（2）计算机基本知识包括计算机硬件与软件基础知识、常用管理软件的功能与人机界面、网络与通信基本概念等。

（3）管理方法，包括现代管理的基本思想、数据分析与管理决策的基本概念与常用方法。

（4）本企业信息系统介绍包括信息系统的目标、功能及总体描述、开发计划、主要事项与配合要求等。

（5）本企业信息系统的操作方法。

对企业信息管理专业人员的培养应把重点放在系统知识与系统规范方面，培养方法除了强调在实践中学习外，还应采取委托培养、进修与外聘专家进行系统授课等方法。

7.6.3　培训管理

为了保证培训能真正获得成效，培训工作应与管理人员的工作绩效评定结合起来，对培训的效果进行考核。

具体操作可以分阶段地在培训后进行考试，也可以采用竞争上岗等方式，促使管理人员处理好当前工作与未来知识储备的关系。

本章小结

本章主要介绍了管理信息系统实施的主要任务及内容，包括物理系统实施的内容、程序设计的主要工具、系统的测试与调试的方法、系统切换的方法以及人员培训的内容等。

系统实施是管理信息系统开发的第四个阶段，主要是根据系统设计阶段得到的物理方案（模型），选择合适的程序开发工具及数据库软件，实现系统功能的过程。系统实施包括物理系统的实施、程序设计、系统测试与调试、系统切换以及人员的培训等内容。

思考题

第7章
基础自测题

（1）什么是系统实施？它的工作任务有哪些？

（2）白盒测试与黑盒测试的区别有哪些？

（3）系统切换有哪几种方式？财务管理系统适合选用哪种切换方式？

（4）简述人员培训的必要性。

（5）如何理解管理信息系统的成功取决于"三分技术，七分实施，十二分数据"？

案例分析

医院排队叫号管理系统的设计与实施

在大型综合医院，无论是挂号收费窗口，还是门诊检查区域，最常见的都是长短不一的队列，患者只能站着排队候诊，不敢离队，让本来因病带来的不良情绪更加严重，患者诊疗体验大打折扣。插队、围诊现象经常发生，院方不得不增加人力来维护秩序，增加了管理成本。医生接诊效率、质量降低，整体氛围较差。

为解决传统排队管理存在的混乱、无序等问题，提升医院的整体服务质量，可以设计一个医院排队叫号管理系统来解决以上问题。该系统不仅能很好地解决患者在就诊中遇到的各种排队、拥挤和混乱等现象，做到公正有序，还能对患者等候和就诊情况及医务人员的工作状况做出各种统计，为管理层进一步决策提供依据。

1）排队叫号系统设计

（1）整体规划设计。

某三甲医院的新院区结合院区建筑结构布局及各区域功能特点，统一规划，确定该院区排队叫号区域及排队叫号方式，共划分4类排队叫号方式。

①收费类：门诊挂号缴费排队叫号和住出院处缴费排队叫号。

②门诊就诊类：门诊排队叫号。

③影像类：PACS影像排队叫号、B超排队叫号、内镜中心排队叫号和心电图排队叫号。

④取药类：门诊药房取药排队叫号。

（2）就诊流程再造。

在确定排队需求区域及类别的基础上，对各区域就诊流程再造。该案例以门诊就诊、药房取药为例对就诊流程再造进行分析。

在门诊就诊区域，对就诊流程进行仔细梳理，采用二次分诊的排队叫号方式。首先，患者挂号时不产生序号，患者挂号后不是直接到内厅诊室前候诊，而是先到护士站吧台自助签到或由护士签到。

该系统与医院信息系统（HIS）相连，直接提取挂号信息，自动排到挂号科室队列，同时将排队信息显示在护士站两侧的液晶电视上。显示屏下半部显示的患者在就诊外厅一次等候区候诊，当患者排队信息显示在上半部时即可到内厅二次候诊区候诊。

诊室医生通过虚拟叫号器叫号，在综合显示屏闪烁显示当前可就诊患者，同时诊室门口显示屏显示当前就诊患者和下一位等候患者及医生照片，使患者一目了然，真正做到一患一室，改善就诊环境，保护患者隐私，缓解患者的焦虑情绪，优化就医体验和感受。

在门诊药房取药区域，患者缴费后首先在药房前落地式自助签到机上扫描就诊码或输入就诊号签到，签到机自动打印排队号码并进行语音提示。控制软件读取HIS接口和自动发药机软件接口信息，对读取到的配药窗口信息、病人信息进行后台融合处理，并将处理好的排队信息按分配好的窗口号传送给叫号软件。药师叫号后自动发药机自动配送患者药品，患者根据窗口上方显示屏显示的当前取药序号前去取药。

（3）硬件组成及布局。

结合医院环境布局对各个区域的所需硬件设备进行选型，既要做到满足功能需求，又要做到科学美观。

以门诊区域为例，在护士站吧台放置一台主控电脑作为本区域的总控台，吧台两侧各放一台座式签到机用于患者签到，吧台两侧上方偏向两侧一次等候区域吊装信息显示屏，显示患者一次、二次就诊信息。各诊室靠开门侧离地 175 cm、离门边框 25 cm 的地方安装 22 寸显示屏，显示当前就诊患者及下一位等候患者，还有坐诊医生照片及简介；在二次候诊区放置一块患者信息显示屏。呼叫器选用虚拟呼叫器，安装在医生的工作电脑上，这样不占用物理空间，同时能减少硬件维护的费用。一次及二次候诊区域不单独放吸顶喇叭，通过带语音网络控制盒利用排队显示屏的喇叭提供声音喊号。

2）排队叫号系统实施

（1）综合布线。

综合布线涉及强电和弱电部分，排队叫号系统的各个硬件均通过内网进行通信、数据传输，因此在需要放置排队叫号系统硬件的地方均需要提供信息网口，同时配置 220V 强电。为方便维护排队叫号系统，弱电布线统一集中到各区域环境相对安全的房间，配置 48 口交换机吊装于墙上，按照就近原则从离此区域最近的弱电井引入两根非屏蔽六类线（一主一备）接入医院的内部主干网，划出固定 IP 地址段供排队叫号系统使用。

（2）软件安装调试与设置。

该系统基于 .NET 技术平台采用多层结构设计思想进行开发设计，系统稳定可靠，为系统进行升级扩展提供坚实的基础。

　　主控电脑安装 SQL 2000 个人版数据库、Microsoft.NET Framework 2.0、医院护士站管理软件，通过与 HIS、PACS、自动发药机接口软件融合，排队管理系统可以共享医院信息系统的就诊或检查登记数据，在保证 HIS 安全性的同时避免数据重复输入。

　　该系统可以和 SQL Server、Oracle、Sysbase 等数据库进行网络连接和信息交换，通过该系统可导入医院 HIS 中的医生信息、科室信息、挂号信息等资源。

　　①护士站管理软件。

　　A.对系统进行设置。

　　第一次使用该管理软件前，首先对系统进行设置。点击"系统设置"，出现如图 7-4 所示的界面。

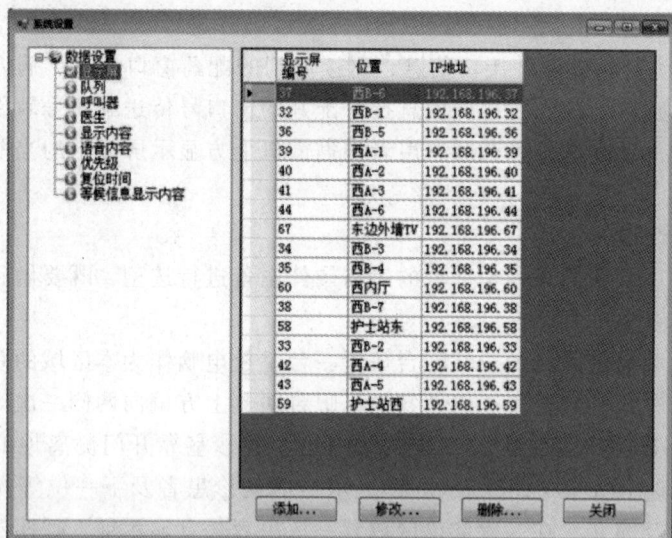

图 7-4　"系统设置"界面

　　其中，"队列"是把不同的就诊单元定义为队列，每个科室就是一个队列。"队列号"指队列的唯一编号，与 HIS 的挂号系统相连接，该编号必须和 HIS 的挂号科室编码一致，不允许重号。这样患者签到时可以自动对应相关的问诊科室，并自动打印排队序号。

　　呼叫器的"终端 ID"指终端编号，本系统中的所有硬件 ID 都不允许重复，一般与"房间号"设置相同的号码，方便调试与维护。如果该呼叫终端是固定某医生的，填入员工工号后则不需要每次都在呼叫终端登录，直接可以呼叫。"呼叫顺序"指允许该呼叫终端呼叫的科室队列，可以输入 8 个队列，优先级由高到低。"医生"是指设置该护士站服务区域的所有出诊医生。"优先级"是根据需要可以对有优先级的病人进行适当照顾。"复位"就是清除上一时段的数据，否则上一时间段的病人会出现在下一时段中，一般在选项设置中勾选自动复位。

　　B.选项设置。

　　点击工具进入选项，输入密码后进入选项设置，如图 7-5 所示。

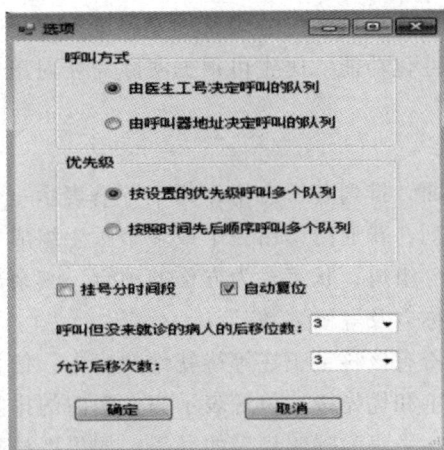

图7-5　"选项"设置界面

一般在门诊区域呼叫方式选择第一项"由医生工号决定呼叫的队列"，优先级选择"按设置的优先级呼叫多个队列"；在放射检查、取药等区域选择第二项"由呼叫器地址决定呼叫的队列"，同时勾选"自动复位"，护士站设定好自动复位时间。

C.取号方式设置。

点击工具进行取号方式设置，输入密码后便进入取号方式设置，如图7-6所示。

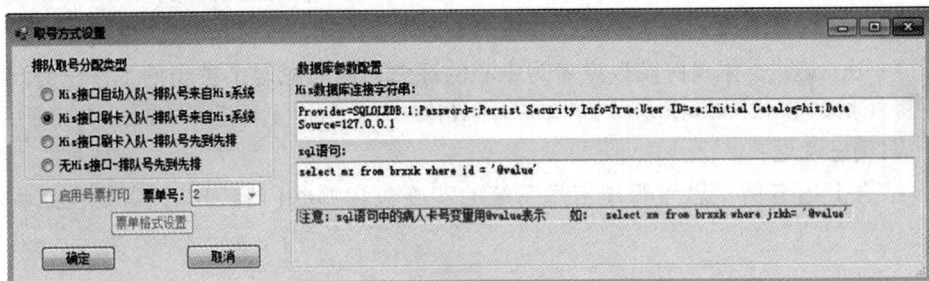

图7-6　"取号方式设置"界面

根据各个医院的具体需求确定病人取号入队方式。根据单位的实际情况，门诊挂号收费及住院收费处选择"无 HIS 接口-排队号先到先排"；其他区域选择第三项"HIS 接口刷卡入队-排队号先到先排"并选择"启用号票打印"。管理软件使用者可根据当前患者的需求在排队管理系统中对患者号码进行重排、队列转移等操作。

②虚拟呼叫软件。

虚拟呼叫软件是医生对号码处理时代替物理呼叫器使用的。在启动软件后，点击软件界面上的"设置"，弹出"系统设置"对话框，输入呼叫器的地址和护士站控制电脑 IP 地址（其他选项保持默认就好）；在整个排队系统中，各个呼叫器的地址要设置不同。

该软件适用于当前主流操作系统。该软件除可进行号码呼叫外，还具有查看号码和号码转移等其他人性化功能。医生可根据实际需要对患者进行顺呼、复呼、选呼、队列转移等操作。

3）护士站系统操作

在护士站系统主界面，排列若干方格，每个方格表示一个排队队列，专家门诊由单独专家一人组成队列，普通门诊由一个或多个医生组成一个队列。每个方格由等待队列和状态栏两部分组成，状态栏为方格的顶行，其余部分为等待队列。在状态栏中能够显示队列名称以及等候人数。

等待队列部分显示所有该科室正在等待就诊的病人，信息包括位置、号码、病人姓名、挂号时间、医生和优先级。位置表示病人当前的排队位置，数字为几就表示该病人当前是第几位。号码为呼叫病人的号码，如果以挂号号码为呼叫号码，则该号码为挂号号码，如果以取号号码为呼叫号码，则该号码为取号号码。笔者所在单位主要采用取号码，时间为签到时取得叫号号码的时间，如果是复诊，则由病人点击"医生"，在医生栏填写医生姓名。在等待队列选中某个病人点击鼠标右键，弹出快捷菜单，可以进行各项日常操作。

4）排队叫号系统应用效果

在实施排队叫号系统后，医生可针对剩余患者数量进行工作时间安排，避免患者因等待时间过长而对服务质量不满意，医生因患者过多而疲乏诊治，在诊疗效果差的同时易造成误诊，对医患双方而言皆存在负面影响。医院使用排队叫号系统后可有效改善患者围诊、插队现象，使患者就诊时具备私人空间，真正做到"一人一室""一医一患"，体现医院以患者为中心的理念，同时减轻了护士的工作压力。

资料来源　陈伟. 医院排队叫号管理系统的设计与实施［J］. 软件开发与应用，2020（13）.

案例思考题：

结合上述案例，思考管理信息系统的实施包含哪些内容，并且需要注意哪些问题。

第8章 基于互联网信息系统的开发技术

◀ ▶

学习目标

✔ 了解Web开发技术的基础知识；

✔ 理解Web前端开发的框架；

✔ 掌握HTML的基本结构及简单应用；

✔ 了解Web数据库及其操作；

✔ 了解移动终端技术。

思政引入

无私奉献

英国科学家蒂姆·伯纳斯·李（Tim Berners-Lee）是"千年技术奖"的首位获奖者，被誉为"互联网之父"。

在伦敦奥运会开幕式上，舞台上的他独自一人坐在电脑前，接受来自全世界人民感谢的掌声，这位彻底改变人类生活和工作方式的发明者，用一句"This is for everyone"完美诠释了他将万维网（World Wide Web）无私贡献给世界人民的初衷——他的发明是献给生活在地球上的每个人的。同时，他也用自己的发明，将这个世界彻底连为一体。

有人说，蒂姆是一个极具浪漫主义情怀的科学家。在这个很多人狂热追求金钱的时代，作为一个轻易就可以用自己的发明获得财富的发明者，他却"头脑发热"，放弃了这个暴富的绝好机会，将万维网无偿向全世界开放。据说，如果他当时肯为万维网申请专利，他就有机会与比尔·盖茨在财富上一决雌雄。他的"奉献"比他的发明本身更让人感动，因为这个举动不仅为互联网的全球化普及翻开了里程碑式的篇章，更让全世界人民免费享受到了这项伟大发明为生活带来的美妙乐趣。

蒂姆的这一发明，彻底改变了全球信息化的传统模式，打破了信息存取的壁垒，带来了一个信息交流的全新时代，同时，也使互联网由少数精英使用的信息传输渠道，变成了供全世界人使用的"知识百科全书"。正如《时代》周刊所言：很难用语言来形容他的发明在信息全球化的发展中有多大的意义，这就像古印刷术一样，谁又能说得清楚它为全世界带来了怎样的影响。

尽管取得了如此巨大的成功，蒂姆还是坚持过着清贫的生活。人们说他是一位僧侣式学者，他用自己的发明创造了大批百万富翁，自己却没有得到一分一毫。他拒绝了送到他面前的任何一次暴富机会，只要听到有人说他应该从互联网上发财，他就恼怒地说："如果成功和幸福的标准只以钱财来衡量，那就有问题了。"

对于已经取得的成就，蒂姆看得很淡，他认为自己只不过是"碰巧在合适的地方，合适的时间，做了合适的技术综合"。

资料来源　加五. 万维网之父蒂姆·伯纳斯·李 [J]. 科学家，2013（1）.

思考：从蒂姆·伯纳斯·李身上，我们能学到哪些品质？

8.1　Web 开发技术

8.1.1　Web 开发技术基础

随着信息技术的发展，网络对我们的社会生活产生了无法忽视的影响，而 Web 技术则是展示网页的一种技术手段，对于网络环境的信息开发非常重要。

Web 技术主要包括以下几种：

1）HTML（Hyper Text Markup Language）

HTML 是 1990 年创立出来的一种超文本标记语言，每一个 HTML 文档都是一个静态的网页文件，通过指令代码将图片、音频、视频、文字、动画等内容排版出来。这些指令会告诉浏览器如何在用户的屏幕上展示数据，浏览器会按照顺序解读网页文件，将页面效果呈现给用户。

2）PHP（Hypertext Preprocessor）

PHP 是在服务器端执行的脚本语言，能让 Web 开发人员快速编写动态网页。PHP 解释器的源代码是公开的，运行环境也可免费使用。PHP 语法结合了 C、Java 和 Perl，语法规则易懂、可操作性强，数据传送处理水平及输出水平较高，并且可与各种主流数据库相连，缓解数据查询、存储与维护的压力。

3）ASP（Active Server Pages）

ASP 作为服务器端脚本环境，可用来创建动态交互式网页并建立强大的 Web 应用程序。ASP 文件包含在 HTML 代码所组成的文件中，便于修改和测试，用户不需编译或链接即可解释执行。ASP 所设计出的是动态主页，可接收用户提交的信息并给予反应，其中的数据可随实际情况改变，使客户端的网页信息时刻保持最新的状态。

4）JSP（Java Server Pages）

JSP 是一种动态网页开发技术，将 Java 代码和特定变动内容嵌入静态页面中，实现了以静态页面为模板动态生成其中的部分内容。

JSP 标签有多种功能，比如访问数据库、记录用户选择信息等，还可在不同的网页中传递控制信息和共享信息。与 ASP 相比，它基于的 Java 语言更加强大易用。

5）AJAX（Asynchronous JavaScript and XML）

AJAX 在浏览器与 Web 服务器之间使用异步数据传输（HTTP 请求），这意味着可以在不重新加载整个网页的情况下，对网页的某部分内容进行更新，更快地对用户请求进行回应。而传统的网页（不使用 AJAX），如果需要更新内容，必须重载整个页面。AJAX 工作原理如图 8-1 所示。

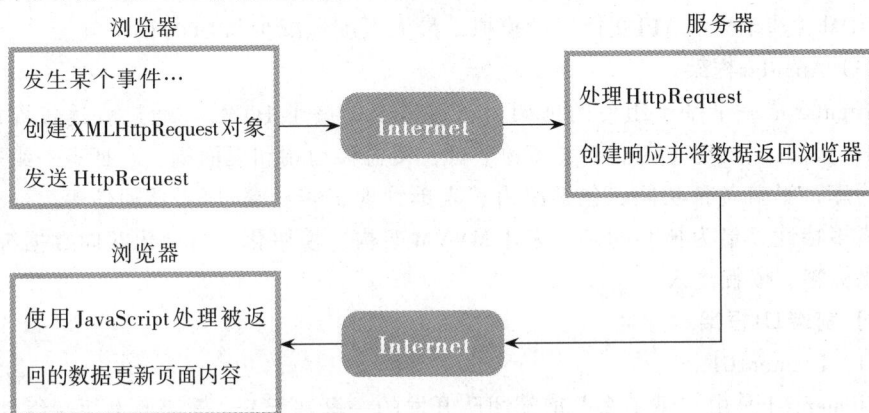

图 8-1　AJAX 工作原理

8.1.2　Web 前端开发常用工具

1）常用的代码编辑工具

（1）Visual Studio Code（VScode）

Visual Studio Code 是微软开发的免费、开源代码编辑器，适用于 Windows、macOS 和 Linux。它以智能代码补全（IntelliSense）、内置 Git 支持、强大的调试功能和丰富的扩展插件市场而著称。VSCode 提供内置终端、远程开发支持和高度自定义配置，适用于各种编程语言和开发需求，是许多开发者的首选工具。

（2）HBuilderX

HBuilderX 是一款由 DCloud 开发的快速高效的前端开发工具，支持 HTML5、CSS3、JavaScript 等多种编程语言。它以简洁的界面设计、强大的代码编辑和调试功能以及集成的 uni-app 框架支持而受到开发者的青睐，特别适用于移动应用开发。

HBuilderX 提供高效的代码提示、智能代码补全和丰富的插件扩展，大幅提升了开发效率和体验。

2）前端三大框架

（1）Vue 框架

Vue 是一套构建用户界面的渐进式框架。与其他重量级框架不同的是，Vue 采用自底向上增量开发的设计，通过尽可能简单的 API 实现响应的数据绑定。它的核心库只关注视图层，非常容易与第三方库或已有项目整合。它的渐进式表现为：声明式渲染—组件系统—客户端路由—大数据状态管理—构建工具。

（2）React框架

React是Facebook用来架设Instagram网站的Web开发框架，使创建交互式UI变得轻而易举。

它可以给每一个状态设计简洁的视图，当数据变动时能高效更新并渲染合适的组件。由于组件逻辑使用JavaScript编写，因此可以轻松地在应用中传递数据，通过对DOM（基于树的API文档）的模拟，最大限度地减少与DOM的交互。

（3）Angular框架

Angular是一个基于组件的框架，通过指令扩展了HTML，通过表达式绑定数据到HTML上，实现一套框架、多种平台，覆盖移动端和桌面端。它拥有一组完美集成的库，涵盖各种功能，包括路由、表单管理、客户端-服务器通信等。angular有着诸多特性，最为核心的是：采用MVVM架构、模块化、自动化双向数据绑定、语义化标签、依赖注入。

3）前端UI框架

（1）ElementUI

ElementUI是由"饿了么"前端团队开发的一套基于Vue框架的桌面端组件库。它提供了丰富的UI组件，如按钮、表单、表格、对话框等，帮助开发者快速构建美观、响应式的用户界面。

ElementUI以其友好的文档和高质量的设计，广泛应用于企业级后台管理系统和其他Web应用项目，极大地提升了开发效率和用户体验。ElementUI的组件如图8-2所示。

图8-2 ElementUI的组件

（2）Ant Design of Vue

Ant Design of Vue 是基于 Vue框架的企业级 UI 组件库，旨在提供一套高质量、可复用的 UI 解决方案。它继承了 Ant Design 的设计语言和风格，提供了丰富的组件如按钮、表单、表格等，帮助开发者快速构建美观且响应式的用户界面。Ant Design of Vue 通过详细的文档和灵活的组件配置，极大地提高了前端开发的效率和体验。

4）代码托管平台

（1）GitHub

GitHub 是一个面向开源及私有软件项目的托管平台，基于 Git 进行版本控制。它为开发者提供了代码存储、版本管理、代码评审和项目管理等功能，同时通过 Pull Request 和 Issues 促进团队协作和社区交流。GitHub 以其强大的功能和丰富的生态系统，成为全球开发者共享和协作的首选平台。GitHub的组件如图 8-3 所示。

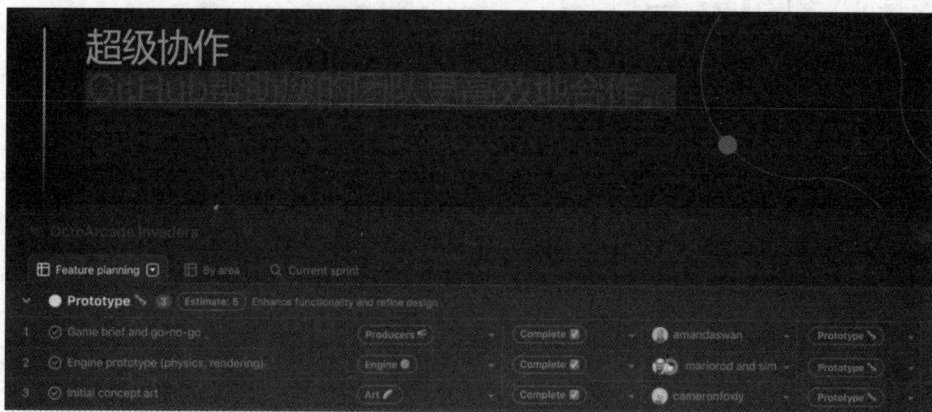

图8-3　GitHub的组件

（2）Gitee

Gitee 是中国领先的代码托管平台，类似于 GitHub，支持 Git 版本控制系统。它为开发者提供了代码托管、版本管理、代码评审和项目协作等功能，支持多种编程语言和项目类型。

Gitee 提供快速稳定的访问体验，支持中文界面和本地化服务。它是企业和开源项目管理的重要工具，促进了中国开发者社区的成长和协作。

8.2　HTML5

HTML 又叫超文本标记语言，用户通过浏览器看到的各种网页都是通过 HTML语言实现的。

随着不断修订和更新，HTML5 版本可以更加便捷地处理多媒体内容，对视频、音频、图像、动画以及与设备的交互都进行了规范，已广泛应用在互联网中。

相较于之前的 HTML 版本，HTML5 可以给用户带来更友好的体验，可以直接使用它的表单来实现内容提示、焦点处理、数据验证等功能，也可通过它的 canvas（画布）元素让浏览器无须使用 Flash 或 Silverlight 等插件就能直接显示图形或动画图像，并且无须安装第三方插件（如 Flash）就能播放音频、视频，还可将麦克风、摄像头等设备直接与应用程序进行连接，让浏览器摆脱了对插件的依赖。

8.2.1 HTML5 文档的基本结构

下面以图 8-4 为例说明 HTML5 文档的基本结构。

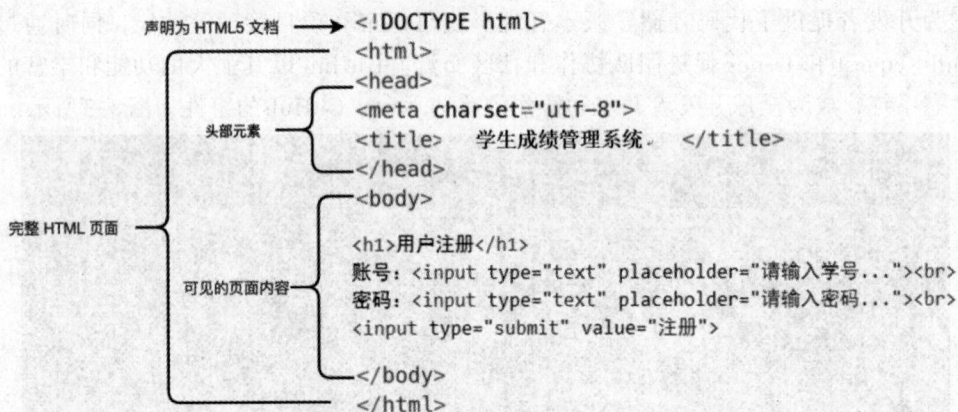

图 8-4　HTML5 文档的基本结构

图 8-4 中：

<html> 元素是 HTML 页面的根元素；

<head> 元素包含了文档的元（meta）数据，其中 <meta charset="utf-8"> 定义网页编码格式；

<title> 元素代表文档的标题；

<body> 元素内包含网页的可见内容；

<h1> 元素定义一个大标题；

<input> 元素定义输入的表单，当类型是 "text" 文本时，支持用户在表单中输入文本，placeholder 属性描述提示信息，当用户输入内容时提示会消失。

运行效果如图 8-5 所示。

图 8-5　用户注册页

8.2.2　在网页中插入媒体资源

多媒体的形式有很多，可以是我们听到或看到的任何内容，比如文字、图片、音乐、电影、动画等。

1）音频（audio）

HTML5 的<audio> 元素是以 mp3 或 ogg 的文件格式来播放音频的。倘若播放失败，页面会执行<embed> 元素里的内容。这里我们在页面中插入如图 8-6 所示的音频：

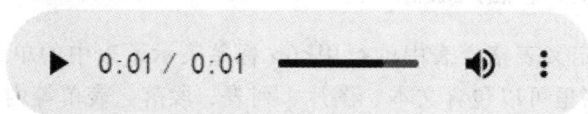

图 8-6　HTML5 音频

```
<audio controls>
<source src="horse.mp3" type="audio/mpeg">
<source src="horse.ogg" type="audio/ogg">
<embed height="50" width="100" src="horse.mp3">
</audio>
```

其中，controls 属性用来显示控件（比如播放/暂停等），src 属性表示当前音频的路径来源。

2）视频（video）

HTML5 的<video> 标签定义了一个视频或者影片，这里我们在页面中插入如图 8-7 所示的视频：

图 8-7　HTML5 视频

```
<video width="320" height="240" poster="
https：//ss0. bdstatic. com/70cFuHSh_Q1 YnxGkpoWK1HF6hhy/it/u=1611070379,
```

27373 14519&fm=26&gp=0.jpg" controls>

    <source src="movie.mp4" type="video/mp4">

    <source src="movie.ogg" type="video/ogg">

    您的浏览器不支持 video 标签。

</video>

其中，width 属性表示视频播放器的宽度，height 属性表示视频播放器的高度，poster 属性规定视频当前显示的图像，当用户开始播放视频后图像消失。

8.2.3　在网页中插入表格

<table> 标签定义表格，表中的行用<tr> 标签表示，表中的单元格用<td> 标签表示。每个单元格里可以包含文本、图片、列表、段落、表单等内容。

图 8-8 显示的是一张学生成绩表。

学生成绩表

姓名	课程	期末成绩
陈丽	管理信息系统	90
王明	数据库基础	88

图 8-8　插入表格效果

其 HTML 文档如下：

```
<table border="1">
<caption>学生成绩表</caption>
<tr>
<th>姓名</th>
<th>课程</th>
    <th>期末成绩</th>
</tr>
<tr>
<td>陈丽</td>
<td>管理信息系统</td>
    <td>90</td>
</tr>
<tr>
<td>王明</td>
<td>数据库基础</td>
    <td>88</td>
</tr>
</table>
```

其中，border 属性定义表格的边框，表格的表头用 <th> 标签实现，通常浏览器会默认以加粗的样式显示表头数据，表格的标题用 < caption> 标签进行定义。

8.2.4　交互表单

网页中表单的作用是给用户提供数据输入的区域，并将采集的数据传递到指定服务器。

常见的表单元素主要分为两类：表单域和表单按钮。

表单域是指文本框、复选框、下拉框、文件上传框等形式；表单按钮是指提交按钮、重置按钮或普通按钮。

如图 8-9 所示，我们利用表单发送电子邮件，让用户实现和计算机系统的人机交互。

发送邮件到1925023*@qq.com:**

姓名：

`your name`

E-mail:

`your email`

主题：

`your comment`

选择文件　未选择任何文件

发送　　　重置

图 8-9　HTML5 表单——电子邮件

用户在浏览器调用该网页时，可以在相应表单位置输入姓名、邮箱、邮件主题、附件等内容，点击"发送"按钮后，所填信息会通过互联网传到后台服务器，服务器经过处理可向浏览器页面返回相应信息。

下面是实现上述效果的 HTML 文档：

<h3>发送邮件到 1925023***@qq.com：</h3>

<form action="https：//mail.qq.com/" method="post" >

姓名：

<input type="text" name="name" value="your name">

E-mail：

<input type="text" name="mail" value="your email">

主题：

```
<input type="text" name="comment" value="your comment" size="50"><br>
<input type="file"><br>
<input type="submit" value="发送">
<input type="reset" value="重置">
</form>
```

这里，<form> 标签用于创建供用户输入的 HTML 表单，标签内会设置表单数据提交的地址及传输方法。<input>标签在 <form> 中使用，作为允许用户输入数据的控件。其输入的形式取决于 type （类型）属性："text"表示输入文本内容；"file"表示文件选择字段和"浏览"按钮，供文件上传；"submit"表示提交按钮；"reset"表示重置按钮（重置后为默认值）。

此外，value 属性规定 <input>标签的值：若为按钮类型，则定义按钮上的文字；若为文本、密码等类型，则定义输入框的默认值；若为复选框、单选按钮类型，则定义该input元素所代表的值，当用户提交表单时该值会发送到指定路径。

8.3　Web数据库

前端网页的数据来源于后台数据库，只要将数据库中的内容更新，页面的相应内容也会随之更新。

MySQL是当前 Web 应用中最流行的关系型数据库管理系统之一，可以将数据存放于不同的表中从而提高访问的灵活性。

MySQL 可应用于多种语言，包括 C，C++，Java 和 PHP，其中，MySQL 在PHP 的 Web 开发中应用最广，PHP 可以向用户提供多种方式去操作 MySQL 数据库。

下面以 MySQL 数据库为例，讲解动态网页怎样和数据库连接，实现数据的增、删、改、查操作。

8.3.1　MySQL数据库的连接

1）MySQL二进制方式连接

在命令行中连接 MySQL 服务器：

［root@host］# mysql –u root –p

Enter password：********

这里，root表示根用户（超级管理员，拥有所有系统权限），以该身份登录成功后会显示mysql> 命令提示窗口，用户可以执行SQL语句实现数据的相应操作。

此外，其他用户如果具有相应的权限，也可在窗口中操作数据库。当不再访问数据库时，可执行exit命令：

mysql> exit

Bye

2）PHP 脚本连接 MySQL

PHP 中可使用 mysqli_connect（）函数连接数据库。

该函数包含六个参数，其含义分别是主机名、数据库用户名、用户密码、默认进入的数据库、连接到 MySQL 服务器的端口号、规定 socket 或要使用的已命名 pipe，如下所示：

mysqli_connect（host，username，password，dbname，port，socket）

如果连接成功则返回相应标识，否则返回错误信息。当不再访问数据库时，使用 mysqli_close（）函数释放连接。

其中，参数为数据库连接成功后返回的标识符，如下所示：

bool mysqli_close（mysqli $link）

下面，我们通过一个实例来演示 MySQL 服务器的连接过程：

```php
<? php
$mshost = 'localhost';       // mysql 服务器主机地址
$msuser = 'root';            // mysql 用户名
$mspass = '631212';          // mysql 密码
$conn = mysqli_connect（$mshost，$msuser，$mspass）;
if（! $conne）
{
    die（'数据库连接失败：'.mysqli_error（））;
}
echo '数据库已成功连接！';
mysqli_close（$conne）;
? >
```

8.3.2　MySQL 数据库的相关操作

1）创建数据库

PHP 中通过 mysql_query（）函数来创建或者删除 MySQL 数据库。

其中，参数 connection 表示使用的 MySQL 连接，参数 query 代表操作语句，数据库创建成功或者失败均会返回相应消息。如下所示：

mysqli_query（connection，query，resultmode）

下面，我们通过一个实例来演示 MySQL 数据库的创建过程：

```php
<? php
$mshost = 'localhost';       // mysql 服务器主机地址
$msuser = 'root';            // mysql 用户名
$mspass = '631212';          // mysql 密码
$conne = mysqli_connect（$mshost，$msuser，$mspass）;
if（! $conne）
```

```
        }
    die（'数据库连接失败：'.mysqli_error（$conne））；
echo "数据库连接成功！<br />";
$sql = "CREATE DATABASE dbone";
$retval = mysqli_query（$conne, $sql）；
if（! $retval）
    {
    die（'数据库 dbone 创建失败：'.mysqli_error（$conne））；
    }
echo "数据库 dbone 创建成功！\n";
mysqli_close（$conne）；
? >
```

2）创建数据表

下面我们将在 dbone 数据库中使用 PHP 脚本创建数据表 dbone_table：

```
<? php
$mshost = 'localhost';        // mysql服务器主机地址
$msuser = 'root';             // mysql用户名
$mspass = '631212';           // mysql密码
$conne = mysqli_connect（$mshost, $msuser, $mspass）；
if（! $conne）
    {
    die（'数据库连接失败：'.mysqli_error（$conne））；
    }
echo "数据库连接成功<br />";
$sql = "CREATE TABLE dbone_table（".
"dbone_id INT NOT NULL AUTO_INCREMENT，".
"dbone_name VARCHAR（30）NOT NULL，".
"dbone_kc VARCHAR（50）NOT NULL，".
"dbone_grade，".
"PRIMARY  KEY（dbone_id））ENGINE=InnoDB  DEFAULT  CHARSET=
utf8；";
    mysqli_select_db（$conne, 'dbone'）；
    $retval = mysqli_query（$conne, $sql）；
    if（! $retval）
        {
        die（'数据表创建失败：'.mysqli_error（$conne））；
```

```
}
echo "数据表创建成功！\n";
mysqli_close（$conne）;
? >
```

3）访问数据表

PHP 中通过 mysqli_query（）函数和 SQL 语句操作数据库，下面为"选修表"的信息：

```
<? php
$mshost = 'localhost';    // mysql 服务器主机地址
$msuser = 'root';         // mysql 用户名
$mspass = '631212';       // mysql 密码
$conne = mysqli_connect（$mshost, $msuser, $mspass）;
if（! $conne）
{
    die（'数据库连接失败：'.mysqli_error（$conne））;
}
mysqli_query（$conne, "set names utf8"）;   // 设置编码格式，防止中文乱码
$sql = 'SELECT dbone_id, dbone_name,
dbone_kc, dbone_grade
FROM dbone_table';
mysqli_select_db（$conne, 'dbone'）;
$retval = mysqli_query（$conne, $sql）;
if（! $retval）
{
    die（'获取表中数据失败：'.mysqli_error（$conne））;
}
echo '<h2>选课表</h2>';
echo '<table border="1"><tr><td>学号</td><td>姓名</td><td>课程名</td><td>学分</td>'
while（$row = mysqli_fetch_array（$retval, MYSQLI_ASSOC））
{
echo "<tr><td> {$row [ 'dbone_id' ] } </td>".
"<td> {$row [ 'dbone_name' ] } </td>".
"<td> {$row [ 'dbone_kc' ] } </td>".
"<td> {$row [ 'dbone_grade' ] } </td>".
"</tr>";
}
```

```
echo '</table>';
mysqli_close ($conne);
? >
```

页面显示结果见图8-10。

选修表

学号	姓名	课程名	学分
202110	李铭	管理信息系统	3
202111	张超	计算机网络	3
202113	王舒	会计	3
202114	方茴	管理系	3

图8-10　页面显示结果

8.4　移动终端技术

随着智能化的兴起，移动终端几乎在一瞬间成为互联网业务的创新平台，快速的产品技术迭代和激烈的市场竞争使移动终端市场逐步成熟，以智能手机、平板电脑为代表的移动终端产品迅速普及，渗透人类社会生活的方方面面，成为推动产业发展的重要力量。

8.4.1　移动终端技术简介

当前移动终端已经普遍应用到人们的生活和工作中。通过移动终端，我们不仅可以进行通话、拍照、定位，还可以实现指纹扫描、条码识别、酒精检测、能量监控等功能。

移动终端在卫生医疗、网络社交、交通管制等领域都获得了广泛应用，大大提高了移动商务、移动办公、移动执法的效率。

随着智能手机的普及，我们的生活慢慢被App这个第三方应用程序所充实，它可以便捷高效地在智能移动终端设备上运行。

各行各业的互联网企业都推出了移动端的App，像阿里巴巴、京东、腾讯、携程等，不仅在PC端建立了系统平台，也在移动端开发了App，让用户可以随时随地使用。

App研发需要考虑诸多问题，比如开发策略、方法的选择，是快速开发还是迭代进行等。因此，选择合适的开发模式对App的整体运作及使用是非常重要的。

当前，常用的App开发模式有4种：Native App、Web App、Hybrid App、Weex App。

1）Native App

Native App也称原生开发模式，是基于智能手机本地操作系统如iOS、Android、WP并使用原生程式编写运行的第三方应用程序。

它的应用程序处于平台层上方,具有很强的交互和兼容能力。

其用户界面十分友好,能够针对不同平台提供个性体验,但开发成本较高,程序的每次升级都需要用户手动更新,并且仅能使用平台支持的语言(如使用Objective-C、Swift开发iOS应用,使用C#开发Windows Phone应用),因此移植到其他平台上会比较麻烦。

iOS的Camera+以及Android的KeePassDroid都采取了Native App模式。

2)Web App

Web App也称Web开发模式,本质是用HTML5创建的移动Web应用,运行在移动设备的浏览器上。

它是跨平台开发的,和Native App不同,不需要安装和发布,系统升级只需在服务器端更新。

由于Web App侧重于页面简单的交互,因此只能使用有限的移动硬件设备功能。

QQ空间、百度新闻、网易管家等App都采取了Web App模式。

3)Hybrid App

Hybrid App也称混合开发模式,介于Native App和Web App开发模式之间,属于一个过渡的产物。

该模式兼具Native App良好的用户体验和Web App的跨平台开发优势,但用户需要安装相应的移动应用。

因为Hybrid App使用的是HTML、CSS、JavaScript这些网页语言,所以开发成本和难度比较低。

百度搜索、东方航空等App都采取了Hybrid App模式。

4)Weex App

Weex App是阿里巴巴开发团队在Native App的基础上重新设计出的一套开发模式,受到了广泛的关注。

它的单页开发模式效率极高,跨平台性更强,采用组件化开发、自动化数据绑定,不过由于刚刚起步,文档较为欠缺。

天猫、优酷等App都采取了Weex App模式。

在实际开发应用中,这4种App开发模式的选择见表8-1。

表8-1　　　　　　　　　　　　4种App开发模式的选择

采用Native App模式	采用Web App模式	采用Hybrid App模式	采用Weex App模式
➢ 针对特定平台的应用	➢ 重视开发效率	➢ 用户体验感好	➢ 兼顾性能与动态性
➢ 重视性能	➢ 便于后期维护	➢ 跨平台开发,节省开发成本	➢ 轻量开发、体积小
➢ 用户体验感好	➢ 不需要较多本地系统的功能		➢ 业务能够灵活定制
➢ 界面友好			

8.4.2 微信公众平台

微信公众平台，简称公众号，借助移动终端、社交关系和位置定位等优势，拥有庞大的用户群。

在微信公众平台上推送的信息，能够让所有关注的用户都有机会接收到，从而实现点对点精准化营销。

微信公众平台主要面向政府、媒体、企业等推出合作推广业务。

通过微信公众平台可以将品牌推广给上亿的微信用户，减少宣传成本，提高品牌知名度，打造更具影响力的品牌形象。

微信的生态四大体系包括：

1）订阅号

在新媒体时代背景下，微信订阅号是一种新的信息传播方式，为个人与媒体提供信息服务，其功能与报纸杂志等传统媒体类似，向社会公众传播新闻资讯、社会趣闻，使用者多以政府、媒体为主。

无论是非认证用户还是认证用户，一天内均可群发一次消息，每次群发可以推送8篇文章。

2）企业微信

企业微信是一种提供丰富的免费功能的办公应用，拥有与微信相同的沟通体验，在使用过程中可与小程序、微信消息、微信支付互通，具有高效、便捷、快速等优势，是企业常用的办公管理工具。

企业微信同时拥有连接微信生态的功能，凭借其强大的办公自动化（OA）应用，实现了对消费者、企业内部、生态伙伴三大主体的有效连接，提供了安全管理服务、人际服务、专业协作服务。

现阶段，企业微信几乎覆盖医疗、金融、教育、制造、科技、互联网、零售等行业领域，为各行各业提供及时高效的智慧解决方案。

3）服务号

服务号扩大了企业和组织的服务范围，极大增强了用户管理能力，主要体现在交互服务上（比如像银行一样提供信息绑定类的交互服务），适用对象偏向企业、媒体、政府或其他组织。

服务号每个月可推送4条群发信息。

4）小程序

小程序实际上就是微信在服务号的基础上对提高企业服务能力的一次尝试。

它是一种新的开发工具，开发者可以快速地开发一个小程序，不用下载就能便捷地获取和传播，同时具有出色的使用体验，真正实现了应用"触手可及"的梦想，用户扫一扫或搜一下即可打开应用，也体现了"用完即走"的理念，用户不用担心应用安装累赘的问题。

本章小结

本章介绍了构建管理信息系统的网络开发技术，如 HTML、ASP、AJAX 等。随着系统复杂程度的增加，开发者会结合 Web 前端框架快速搭建，如 Angular、Vue、React 等框架。

HTML5 的新增特点是对视频、音频、图像、动画以及设备交互进行规范，但用 HTML5 制作的网页是静态的。

为了实现与后台数据库的交互问题，用户需要结合 PHP、JSP、Java 等语言去连接数据库，然后导入现实数据，创建相应的数据表，从而实现动态网页数据的增、删、改、查操作。

在移动终端开发中，常用的 App 开发模式有 4 种，包括 Native App、Web App、Hybrid App 和 Weex App。除此之外，微信公众平台提供的服务号、订阅号、小程序也能给用户提供相应服务和体验。

思考题

（1）Web 开发在生活中有哪些应用？

（2）简述你对 Web 前端开发的理解。

（3）请使用 ElementUI 编写出实现图 8-11 中表格的 HTML 文件。

第 8 章
基础自测题

图 8-11　表格

（4）试用 HTML 表格编写一份"个人简历"。

（5）试制作微信 H5 页面微传单。

案例分析

案例1

探索优秀的企业级后台管理界面设计

企业级后台管理界面是企业管理者和运营团队日常工作中必不可少的工具之一。

优秀的企业级后台管理界面不仅可以提升工作效率，还能够增强数据可视化、优化用户体验、提高系统安全性。

1）简洁清晰的布局

优秀的企业级后台管理界面设计通常采用简洁清晰的布局，将不同的功能模块划分为明确的区域，使用户能够快速找到所需的功能和信息。

布局中应避免过多的干扰元素，保持界面整洁简约，提高用户的操作效率和体验感，如图8-12所示。

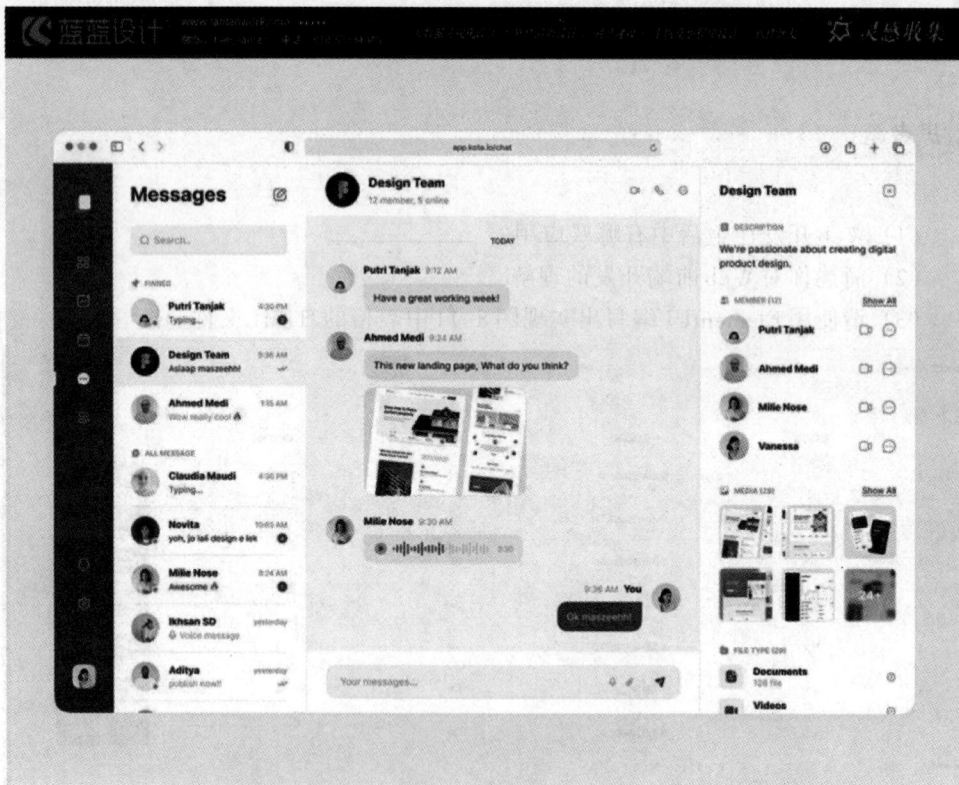

图8-12　页面1

2）数据可视化和图表展示

企业级后台管理界面通常需要处理大量的数据和信息。

优秀的设计应该通过数据可视化和图表展示，将复杂的数据呈现为直观的图形和图表，帮助用户快速理解和分析数据，做出科学的决策，如图8-13所示。

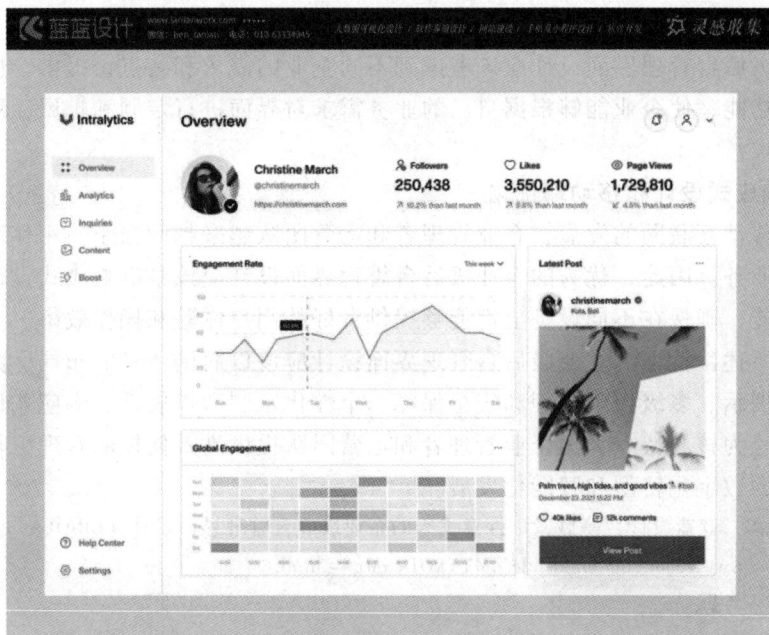

图 8-13 页面 2

3)多级权限管理和安全保障

企业级后台管理界面涉及不同用户角色和权限管理,优秀的设计应该提供多级权限管理功能,确保不同用户只能访问和操作他们所需的功能和数据,同时保障系统的安全性和稳定性,如图 8-14 所示。

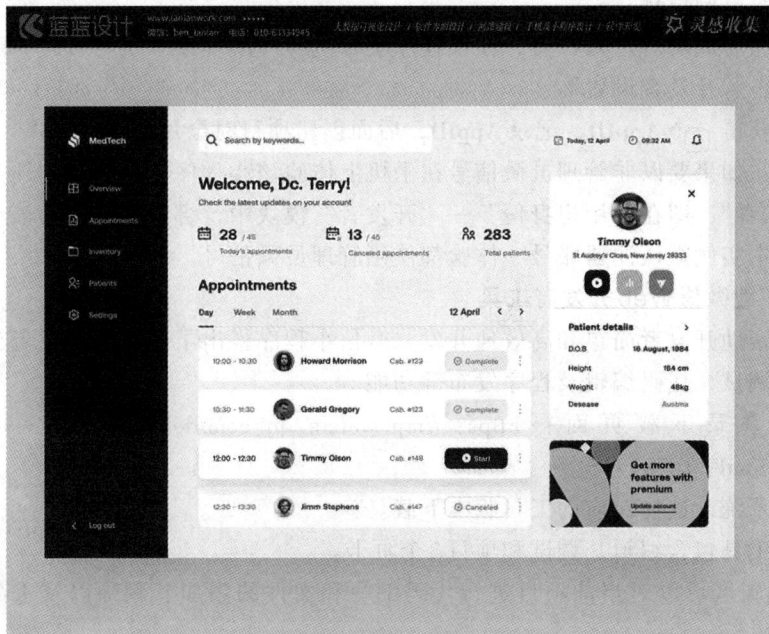

图 8-14 页面 3

4）个性化定制和扩展性

企业级后台管理界面设计应该考虑到不同企业的需求和特点，提供个性化定制和扩展性功能，使企业能够根据自己的业务需求对界面进行定制和扩展，满足不同用户的需求。

5）响应式设计和移动端优化

随着移动互联网的发展，企业管理者和运营团队越来越倾向于使用移动设备来管理企业业务。因此，优秀的企业级后台管理界面设计应该具有响应式设计和移动端优化功能，确保在不同设备上都能够提供良好的用户体验和操作效率。

综上所述，优秀的企业级后台管理界面设计应该以简洁清晰的布局、数据可视化和图表展示、多级权限管理和安全保障、个性化定制和扩展性、响应式设计和移动端优化等为核心特点，为企业管理者和运营团队提供高效便捷的管理工具，助力企业管理的数字化转型和智能化发展。

资料来源 蓝蓝设计兰亭妙微. 探索优秀的企业级后台管理界面设计［EB/OL］.［2024-12-25］. https：//www.zcool.com.cn/article/ZMTYxODcxMg==.html.

案例思考题：

请你针对上述案例中的观点，设计一个高校后台管理系统的首页界面。

案例2

微信小程序开发实例

1）注册小程序账号

（1）进入微信公众平台（https：//mp.weixin.qq.com/），注册小程序账号，根据提示填写对应的信息。

（2）注册成功后进入首页，在小程序发布流程→小程序开发与管理→配置服务器中，点击"开发者设置"。

（3）获得一个AppID，记录AppID，后面创建项目时会用到。

注意：如果要以非管理员微信号在手机上体验该小程序，那么我们还需要操作"绑定开发者"，即在"用户身份"—"开发者"模块中，绑定需要体验该小程序的微信号。本实例默认注册账号、体验都使用管理员微信号。

2）下载微信Web开发者工具

为了帮助开发者简单和高效地开发，微信小程序推出了全新的开发者工具，集成了开发调试、代码编辑及程序发布等功能。

（1）登录下载页面：https：//mp.weixin.qq.com/debug/wxadoc/dev/devtools/download.html？t=201715。

根据系统，选择对应的工具版本下载。

（2）工具包含编辑、调试和项目3个页卡。

① 编辑区可以对当前项目进行代码编写和文件的添加、删除以及重命名等基本操作。

② 程序调试主要有三大功能区：模拟器、调试工具和小程序操作区。

③ 项目页卡主要有三大功能：显示当前项目细节、提交预览和提交上传和项目配置。

注意：启动工具时，开发者需要使用已在后台绑定成功的微信号扫描二维码登录，后续所有的操作都会基于这个微信账号。

3）编写小程序实例

（1）实例目录结构，如图 8-15 所示。

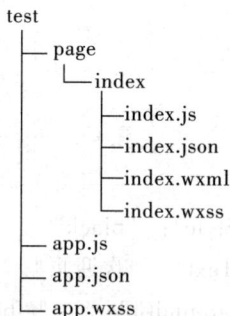

```
test
├── page
│   └── index
│       ├── index.js
│       ├── index.json
│       ├── index.wxml
│       └── index.wxss
├── app.js
├── app.json
└── app.wxss
```

图 8-15　实例目录结构

（2）实例文件说明及源码：一个小程序包含一个 app（主体部分）和多个 page（页面）。

① app 是用来描述整体程序的，由 3 个文件组成：.js 后缀的是脚本文件，.json 后缀的是配置文件，.wxss 后缀的是样式表文件。

这些文件必须放在项目的根目录。app.js 是小程序的脚本代码（必需），可以在这个文件中监听并处理小程序的生命周期函数、声明全局变量，调用框架提供的丰富的 API。

文件内容如下：

```
app（{
    onLaunch：function（）{
console.log（'App Launch'）
    },
onShow：function（）{
console.log（'App Show'）
    },
onHide：function（）{
console.log（'App Hide'）
    },
    globalData：{
        hasLogin：false
    }
} ）
```

app.json 是对整个小程序的全局配置（必需），用来对微信小程序进行全局配置，决定页面文件的路径、窗口表现、设置网络超时时间、设置多 tab 等。接受一个数组（每一项都是字符串），来指定小程序由哪些页面组成。

微信小程序中的每个页面的【路径+页面名】都需要写在 app.json 的 pages 中，且 pages 中的第一个页面是小程序的首页。

文件内容如下：

```
{
    "pages":[
        "page/index/index"
    ],
    "window":{
        "navigationBarTextStyle": "black",
        "navigationBarTitleText": "欢迎页",
        "navigationBarBackgroundColor": "#fbf9fe",
        "backgroundColor": "#fbf9fe"
    },
    "debug": true
}
```

app.wxss 是整个小程序的公共样式表（非必需）。文件内容如下：

```
page {
    background-color: #fbf9fe;
    height: 100%;
}
.container {
    display: flex;
    flex-direction: column;
    min-height: 100%;
    justify-content: space-between;
}
```

②page 是用来描述页面的，一个页面由 4 个文件组成，这里以首页 index 为例。

每一个小程序页面是由同路径下同名的 4 个不同后缀文件组成的，如：index.js、index.wxml、index.wxss、index.json。

.js 后缀的是脚本文件，.json 后缀的是配置文件，.wxss 后缀的是样式表文件，.wxml 后缀的是页面结构文件。

index.js 是页面的脚本文件（必需），在这个文件中我们可以监听并处理页面的生命周期函数、获取小程序实例，声明并处理数据，响应页面交互事件等。

其文件内容如下：

```
page（{
    data：{
        title：'小程序',
        desc：'Hello World！'
    }
}）
```

index.wxml是页面结构文件（必需）。

其文件内容如下：

```
<view class="container">
<view class="header">
<view class="title">标题：{{title}}</view>
<view class="desc">描述：{{desc}}</view>
</view>
</view>
```

index.wxss是页面样式表文件（非必需），当页面中有样式表文件时，页面的样式表中的样式规则会层叠覆盖app.wxss中的样式规则。

如果不指定页面的样式表，也可以在页面的结构文件中直接使用app.wxss中指定的样式规则。

其文件内容如下：

```
.header {
    padding：80rpx；
    line-height：1；
}
.title {
    font-size：52rpx；
}
.desc {
    margin-top：10rpx；
    color：#888888；
    font-size：28rpx；
}
```

index.json是页面配置文件（非必需），当页面有页面配置文件时，配置项在该页面会覆盖app.json的window中相同的配置项。

如果没有指定的页面配置文件，则在该页面直接使用app.json中的默认配置。这里无须指定。

注意：

第一，为了方便开发者减少配置项，小程序规定描述页面的这4个文件必须具有相同的路径与文件名。

第二，小程序提供了丰富的API，开发者可以根据自己的需求选择（https：//mp.weixin.qq.com/debug/wxadoc/dev/api/？t=201715）。

4）测试小程序实例

（1）打开微信Web开发者工具，选择"本地小程序项目"。

（2）填写小程序的AppID、项目名称，选择第三步写好的小程序实例文件夹，点击"添加项目"。

（3）如果出现如图8-16所示的效果，那么恭喜你，你的第一个小程序项目已经编写成功了！点击左侧边栏"编辑"，还可以在右侧编辑窗口直接对代码进行修改，保存（Ctrl+S）后刷新（F5）即可生效。

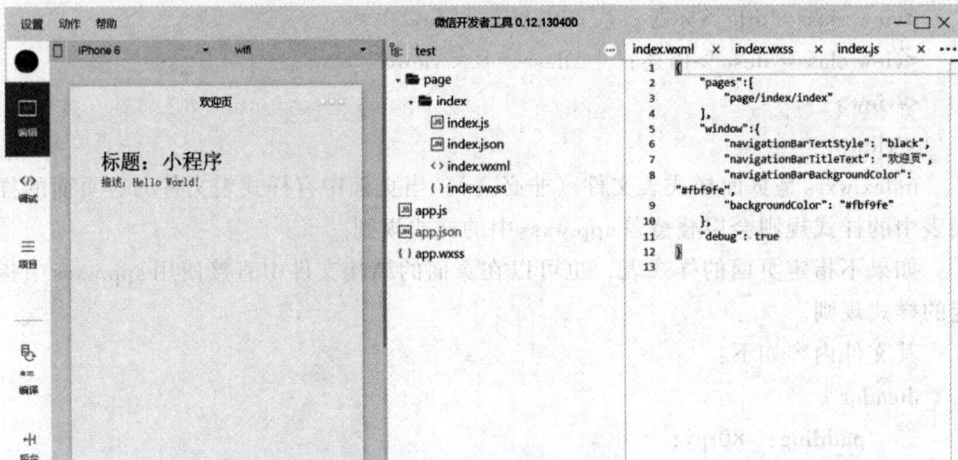

图8-16 小程序测试效果

（4）如果想看小程序项目在手机上的效果，点击左侧边栏"项目"，点击"预览"生成二维码，打开微信扫描，就可以看到了。

资料来源 成九．开发一个微信小程序实例教程［EB/OL］．［2024-12-25］．https：//www.cnblogs.com/luyucheng/p/6274561.html.

案例思考题：微信小程序开发和移动App开发的区别有哪些？它有什么优点？

管理信息系统的系统运行与维护

学习目标

✔ 了解管理信息系统运行与维护阶段的工作内容；

✔ 掌握管理信息系统维护的基本内容；

✔ 了解管理信息系统存在的安全问题及防范手段。

思政引入

"删库跑路"难逃法网

某公司主营业务为教育培训服务，运营一个可供客户在线学习的APP。2023年11月4日，多名用户反映，该公司APP内多项功能无法正常使用。

收到反馈后，该公司对APP系统进行检查，发现APP的大量后台数据被人为删除。APP后台日志显示，执行该删除操作的为该公司内部某员工账户，但通过IP地址分析与作案时间比对，该员工并非作案人。

经公安机关侦查，删除数据行为系该公司离职程序员王某所为。2023年11月4日凌晨，因与该公司存在劳动纠纷，为了泄愤报复，王某通过工作过程中掌握到的前同事账号、密码登录该公司APP后台管理系统，对其中存储的图文数据进行大肆删除，经过司法鉴定确认，后台删除的数据高达492条。

为修复删除数据、保障APP正常运行，该公司立即对APP开展抢修。经统计，王某删除数据行为给该公司带来2万余元经济损失。

审理中，王某自愿认罪认罚，如实供述自己的罪行，赔偿被害单位并取得谅解。

杨浦区人民法院经审理认为，被告人王某犯破坏计算机信息系统罪，王某如实供述自己的罪行，赔偿被害单位并取得谅解，依法可以从轻处罚；王某自愿认罪认罚，可以依法从宽处理，据此判处王某有期徒刑10个月，缓刑1年。

随着信息网络技术的发展，公司财产特别是生产工具的形式正在发生变化，从设备、文件等实物形态，逐渐转变为储存在计算机、手机里的数据资料等非实物形态。

近年来，程序员恶意删除企业数据库后跑路并非个案，"删库跑路"的行为往往对企业经营造成了极其严重的后果，也让员工个人付出了无法挽回的代价。

破坏计算机信息系统罪，是指自然人或者单位违反国家规定，对计算机信息系统功能进行删除、修改、增加、干扰，造成计算机信息系统不能正常运行，对计算机信息系统中存储、处理或者传输的数据和应用程序进行删除、修改、增加的操作或者故意制作、传播计算机病毒等破坏性程序，影响计算机系统的正常运行，后果严重的行为。

根据《最高人民法院、最高人民检察院关于办理危害计算机信息系统安全刑事案件应用法律若干问题的解释》的规定，破坏计算机信息系统功能、数据或者应用程序，违法所得 5 000 元以上或者造成经济损失 1 万元以上的，应当认定为"后果严重"。

在本案中，王某"删库跑路"行为造成被害单位经济损失 2 万余元，已经达到"后果严重"的程度。

本案被告人王某"删库跑路"，系因与前就职公司存在劳动纠纷，作出的泄愤报复之举。

面对劳动纠纷，选择"删库跑路"损人不利己，劳动者维权应当采用合法手段，切不可借"维权"之名行犯罪之实。

我国重视劳动者的权益保障，通过《中华人民共和国劳动争议调解仲裁法》明确规定了"仲裁-诉讼"的劳动纠纷解决程序，劳动者未与用人单位就劳动纠纷协商一致、调解不成的，可以向仲裁委员会申请劳动仲裁，对裁决结果不服的，可以在期限内向人民法院提起诉讼。

随着信息技术的发展，越来越多的企业选择通过网络开展业务，数据信息成为企业重要的财产形式，但与此同时，数据安全成为企业面临的重要问题。

企业应当重视对自身数据安全的保护，通过优化管理制度、强化技术防护、做好数据备份、组织保密培训等方式，构建完善的网络数据安全保护体系。面对已经发生的非法侵入，企业要及时开展核查、固定证据，尽量将非法侵入造成的损失降到最低。

资料来源　上海杨浦法院."删库跑路"变现实？刑事责任"跑"不了！[EB/OL].[2024-12-20].https://m.thepaper.cn/baijiahao_28608850.

思考：系统开发维护人员恶意破坏信息系统或数据库会带来哪些危害？

管理信息系统试运行工作结束后，新老系统之间就开始进行正式的切换了，这样就使得新系统进入运行阶段，从此信息系统设计、开发及实施的效益产生了。

开发与运行是影响信息系统质量与效益的两个重要因素。一个形象的说法是"系统开发是管理信息系统工作的播种阶段，而系统维护是管理信息系统工作的收获阶段"。系统开发是系统运行的基础，决定了系统的基本功能和效率；系统维护是对系统开发成果的管理，如果运行状况不好，就不能体现出新系统的优越性。因此，管理信息系统的系统运行与维护是一项非常重要的工作。

运行管理的目的在于使管理信息系统在生命周期内能够依照系统设计人员的预期来正常发挥其应有的功能与作用，并且产生预期效益，为提高企业生产效率、促进组织内信息共享、辅助管理人员日常决策贡献力量。

管理信息系统运行维护阶段的主要任务有：管理信息系统日常运行的管理、管理信息系统的维护、管理信息系统的安全与保密。

9.1　管理信息系统日常运行的管理

管理信息系统日常运行的管理是在系统运行外部环境相对稳定的状态下，为了保证系统正常运转而进行的活动，具体包括系统运行管理规章的制定和系统运行情况的记录等工作。

制定系统运行管理规章制度有利于实现运行管理工作的周期化、标准化、系统化，使系统管理人员与用户按职责行事，保证系统运行的安全规范。

记录系统运行情况有利于相关人员了解系统运行情况，提供系统安全隐患预警功能，防微杜渐，同时，也可作为故障发生时发现矛盾、解决问题的第一手客观资料。

9.1.1　系统运行管理规章

"无规矩不成方圆"，管理信息系统是一个由硬件、软件、数据组成的用户-机器系统，其日常运行离不开系统管理规章的支持。管理信息系统的实现并非系统工作的结束，相反，它是一个新的开始。

一个大的信息系统正式投入运行后，数据就会始终不断地输入系统，根据系统设计阶段预设的各种功能进行加工后，成为各种类型的信息产品送达组织的各个部门。

在这一过程中，任何一点疏忽都将造成信息传输的中断，为组织带来意想不到的严重后果和损失。因而，必须建立严格的、系统的、可行的管理信息系统运行管理规章制度和人员岗位责任制度，以防止疏忽大意造成的系统错误及由此造成的损失。

具体来说，系统运行管理规章应包括：

1）系统运行管理的组织机构

管理信息系统的运行管理工作应当是一个系统化、有组织、有序进行的工作过程，所以建立专门的系统运行管理的组织机构是必不可少的。

系统运行管理的组织机构包括各类人员的构成、各自的职责、主要任务以及其内部组织结构。

目前，具有一定规模的企业都设置了专门的信息管理部门，负责整个企业的信息管理工作，包括系统的开发及系统的运行维护等。其组织结构设置如图 9-1 所示。

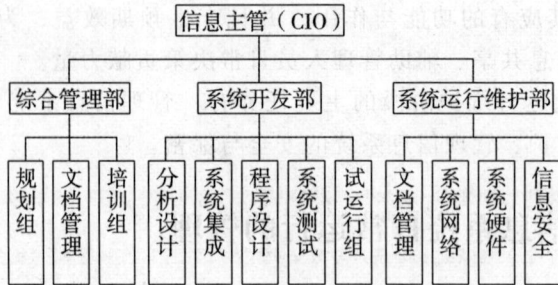

图9-1 企业信息系统管理部门组织结构设置图

该组织的负责人为信息主管（CIO），又称首席信息官，负责整个企业的信息化建设。CIO指导如何利用信息技术来支持公司的总体目标，他们应具备技术和业务过程两方面的知识。

一般企业也可建立专门的运行维护管理小组，设置专门的组长负责系统管理与维护职责的制定与人员安排。该职位通常可由系统开发组负责人员或组织内部信息系统维护工作负责人担任。

企业应尽量保持维护人员队伍的稳定性，在系统运行尚未查出问题时，维护人员应着重熟悉掌握系统的有关文档，了解功能程序的实现过程，从而在维护要求提出后，能快速有效地完成维护工作。

2）基础数据的管理

企业基础数据包括企业日常业务中产生的各类数据及对其进行加工后得到的信息产品。

（1）按照数据的变化频率，可将基础数据分为静态数据和动态数据。

静态数据主要是指在一定时期内相对稳定或周期性自动变化的数据，如职工基本信息（姓名、性别、年龄等）、企业基本信息（企业全称、企业性质、注册资金、固定资产统计信息等）等；动态数据是指随着系统运行不断生成的数据，如企业原材料采购情况、企业市场策略等。

（2）按照数据来源，可将基础数据分为内源数据和外源数据。

内源数据是指企业内部生成的数据，这类数据具有更高的可靠性和安全保密性；外源数据是由外部数据源提供的数据，可能是企业情报分析人员从 Web 网页中收集、加工的产品，也可能是专业机构提供的需付费的信息商品。

（3）按照数据存储的格式，可将基础数据分为纸质版数据和电子版数据。

由于传统工作习惯及相关法律规定，目前企业中仍保留了大量纸质版数据；电子版数据通常指企业数据库中存储的数据，具有标准化、组织化等特征。

（4）按照数据的加工程度，可将基础数据分为原始数据和加工后的数据。

原始数据是指未经加工的信息，如企业日产量、日销量等，通常对中层管理人员可见；加工后的数据是指在对原始数据进行汇总、分类、统计的基础上，形成的供决策人员参考的预定义模式，如时间-地区-产品三维信息等。

基础数据管理包括对数据收集和统计渠道的管理、对计量手段和计量方法的管理、对原始数据的管理、对系统内部各种运行文件的管理、对历史文件的归档管理等。

3）系统运行操作规程

管理信息系统运行操作规程是指上级管理部门为保证信息系统正常运行，信息处理工作能够安全、稳定、有效地运转而制定的，相关人员在操作设备或办理业务时必须遵循的程序或步骤。

管理信息系统是一个涉及多台设备和多用户的复杂系统，制定系统运行规程有利于避免人为失误造成的系统错误甚至崩溃。

一般来说，在系统运行过程中，应对机房的选址、机器操作权限进行约定。环境安全是整个系统安全的基础，在对机房进行选址时需要选择适当的实施位置，充分考虑电磁干扰与辐射等威胁。物理安全也是整个系统安全的基础之一，管理信息系统中放置计算机、LAN服务器等资源的房间，必须进行严格的管理，对这些部门的访问要严格控制，必须经过授权和实时监控。

4）用户使用规程

根据一般经验，对管理信息系统的安全造成直接威胁的常常是企业内部人员，用户的操作不当或信息失密给系统的安全造成极大的危害。

系统预先定义好各种拥有不同操作权限的用户角色，并按照用户的职责和行政地位为其分配不同的角色。

系统需要对管理员操作进行有效的管理，管理员不能直接读取、修改数据库中的任何信息，所有操作必须通过管理员界面进行，并且在进入管理员界面时，必须由两位管理员采用各自的用户名和密码双登录。

所有操作都会被保存在日志中，以备查询。普通用户将依据其角色分配权限，如只读、只写、读/写等，保证用户仅在被授予权限内访问数据库信息。

5）系统修改的规程

维护就意味着对系统进行修改，系统修改过程之所以要按照严格的步骤进行，是为了防止有人未经允许就私自修改系统，因为程序人员自行修改程序可能会引起系统混乱。

修改对于系统来讲有一些副作用，如不及时更新文档造成的程序与文档不一致，多人修改的结果不一致，以及缺乏全局考虑等。所以，系统修改应依照严格的规程来实施。

首先，当发现系统功能问题时，应找出矛盾来源，分辨是外部环境变化造成的系统功能滞后，是软硬件系统功能问题造成的系统不兼容，还是系统设计与用户使用习惯冲突造成的系统故障。其次，应将问题的诊断结果和拟采用的解决方案以书面报告形式呈交系统管理运行维护小组。在获得批准后，进行系统修改，并对数据库中信息进行严格备份。最后，应做好系统维护的记载，并对系统修改后的效率进行评估。

6）系统定期维修制度

管理信息系统的运行离不开定期的维护工作。系统维护工作中最紧迫的是纠错性维护，而工作量最大的是预防性维护。预防性维护也是企业定期对系统进行维修的工作目标。

系统维护工作不应总是被动地等待用户提出要求后才进行，应进行主动的预防性维护，即选择那些还有较长使用寿命、目前尚能正常运行，但可能将要发生变化或调整的系统来进行维护，目的是通过预防性维护为未来的修改与调整奠定更好的基础。

例如，根据用户反馈情况，修改系统输入法界面和功能，以方便员工高效使用管理信息系统；对应今后报表内容和格式可能发生的变化，将目前尚能应用的报表功能改成通用报表生成功能。

7）系统信息的安全保密制度

信息的安全保密是确保管理信息系统有效运行的生命线。

信息的保密性是指对敏感信息进行加密，使得非法入侵者也无法得到原始信息内容。

企业数据库的信息是对企业日常经营状况的记录及对私有信息进行深加工后得到的产物，法律保障商业信息的私有性，未经授权的用户无权浏览企业私有信息。但是，由于黑客的存在以及内部用户的错误操作，信息在传递和存储过程中存在被他人截获的危险，所以必须对数据进行加密，并且加密后得到的密文是不可被破译或者在信息有效时间内是难以被破译的。

信息的安全性是指在未经授权的情况下，信息不得被非法篡改。企业不仅要防止非授权人员对私有信息的窃听，更重要的是要防止非法修改信息，以保证数据的完整。所以，管理信息系统中可写权限、读写权限的分配是关系系统安全的极为敏感的问题，只有将信息更新、删除和修改权限限制在小部分人范围内才能保证系统信息的安全性。

8）系统运行日志及填写规定

系统运行日志记录系统硬件、软件和系统问题的信息，还可以监视系统中发生的事件。

用户可以通过系统运行日志来检查系统错误发生的时间及原因，或者寻找受到攻击时攻击者留下的痕迹。

在 Windows 服务器的所有日志分类中，系统管理员可以找到应用程序日志、安全日志、系统日志、Web 管理日志等，全面了解系统运行的情况。

系统运行日志的生成工作一般由系统自行完成，系统管理员应定期对系统日志进行检查，重点排查系统故障信息和系统攻击者信息。

鉴于系统运行日志的重要性，需对系统日志进行备份。备份频率和方法可参照数据库中数据的备份模式。

当系统发生故障时，管理员可对最近一次系统备份的数据库进行相应的操作，将数据库恢复至近期的、可信赖的、一致的水平上。

9.1.2　系统运行情况记录

在信息系统的运行中，需要对系统的工作情况进行详细记录。记录填写要求及规则可参照系统运行管理规章中有关系统运行日志填写的规定。就记录内容来看，在信息系统工作期间，经常要收集和积累的资料有：

1）系统运行工作量

系统运行工作量是对管理信息系统日常运行过程中基本工作数量的统计，反映了系统的工作负荷和所服务的用户群体的规模。

系统工作量是反映信息系统功能的最基本的数据，也是衡量系统运行状况、决定是否增容的第一手证据。

具体来说，这一部分需记录的数据包括：系统每天开机时间、关机时间、运行时间；按照不同时间周期粒度统计新提供的报表数量及模板；系统累计存储数据容量、数据使用频率；程序修改数量；用户提出的临时请求的类型、数量及系统响应情况等。

2）系统运行工作效率

系统运行工作效率是衡量管理信息系统投入-产出比值的基础数据，是判断系统开发成功与否的关键指标。

具体来说，工作效率是指单位时间内系统处理任务的件数，或者处理一件任务平均消耗的人力、财力、物力和占用的系统资源。

3）系统信息服务质量

与20世纪90年代初功能至上的开发理念不同，当前，管理信息系统的开发更注重"以人为本"的理念，满足用户需求、方便用户使用是衡量信息系统服务质量的关键标准。

根据技术接受模型（Technology Acceptance Model，TAM）的测量构念，系统的有用性与易用性是决定用户使用感受及使用行为的最关键因素。所以，评价系统信息服务质量必须以用户感知作为基础数据来源。

此外，信息的精确度是否符合要求、信息提供是否及时、对未定义用户提问的响应速度等均属于信息服务的质量范围。

4）系统维护修改情况

任何系统在设计之初都不可能完全符合用户的预期，这一方面是由于难以精确定义用户的全部需求，另一方面是由于系统运行的外部环境不断变化导致用户对系统功能的要求不断改变。因而，在管理信息系统的生命周期内，系统更新、维护和检修是不可避免的。

信息系统中的数据、软件和硬件维护都需要遵照一定的工作规程，这些工作需要有详细的、及时的、如实的记载。这不仅有利于保证系统的安全和正常运行，而且有利于潜在风险的预警和系统增容工作的评价。

5）系统故障记录

在信息系统运行的过程中，不可避免会出现一些系统自身的问题，或者是任何不符合标准的操作规程、已经发生或者可能发生的系统运行中止和服务质量下降的事件，这些就是故障。

为了实现对故障流程的完善管理，需要对故障管理的整个流程进行追踪，并做出相应的记录。

在系统运行过程中，无论故障大小，都应该及时地记录故障发生的时间，故障现象，故障发生时的工作环境，故障原因诊断，故障处理办法、人员及结果，故障排除时间等。这些记录下来的数据对于整个系统的扩充与发展具有指导意义，有利于将专家经验转化为系统维护部门的共同知识，防止系统维护工作对个人的依赖性。

某医院信息系统故障记录表格式见表9-1。

表 9-1 **某医院信息系统故障记录表**

年 月 日

发现故障时间：　　年　月　日　时　分

故障现象和特征：

故障种类：

发生故障的原因：

当班内是否排除故障：是□　否□

该故障对医院整体运行是否造成影响：是□　否□

故障出现后是否启动应急预案：是□　否□

其他要说明的问题：

故障排除时间：　　年　月　日　时　分

维护维修人员：

故障种类：

造成故障的原因：

故障是否完全排除：是□　否□

有无硬件更换或维修：无□　有□（若有要写明具体内容）

排除故障后系统运行情况：

其他要说明的问题：

值班人员签字：　　　　　　　　　　维修维护人员签字：

在以上各个方面中，正常情况下的运行数据是比较容易被忽视的，这是由于在系统正常工作时，人们不太注意记录系统运行情况。

要掌握系统工作的全面情况，必须十分重视系统在各种情况下的运行状况。全面而真实的记录能够反映系统在大多数情况下的工作状态和效率，对衡量系统是否达标、评价系统工作状态和考虑是否进一步扩充系统功能具有重要的参考价值。因此，管理信息系统的运行情况一定要及时、准确、完整地记录下来，并且从系统投入运行之初就要重视和抓好这项管理工作。

9.2　管理信息系统的维护

随着计算机技术的发展，大中型计算机应用系统已逐步演化成以 BS/CS 结构为主体的分布式应用系统。

过去，人们往往侧重于系统功能的实现，而忽视了系统的可维护性。在这些应用系统中存在大量运行着不同任务的服务器系统，这些服务器系统往往分布在不同的地域，同时在很多行业应用中存在系统维护不能及时进行、故障中断时间长的问题。因此，随着计算机应用水平的提高，计算机应用系统的可维护性问题越来越突出。

信息系统维护是为了应对信息系统环境和其他因素的各种变化，保证系统正常工作而采取的一切活动，包括系统功能改进及解决和纠正系统运行期间发生的一切问题和错误。它是信息系统运行管理的重要内容。

一般来说，企业进行信息系统管理维护通常出于以下原因：

1）在系统试运行阶段没有发现的潜在错误爆发

管理信息系统的试运行通常采用试点先行、逐步铺开的原则。

由于试运行阶段时间有限，设计的业务功能不全，所以很难一次性发现新系统的所有设计错误。一般来说，这种潜在错误的爆发会给企业带来极大的危害，一旦发生，其破坏性不可估计。

2）系统运行的外部环境或企业发展策略发生变化

由于企业是在一个复杂的开放系统中运行的，所以企业管理信息系统的工作不可避免地需要与外部环境进行信息交换。

外部环境的变化可能导致原有系统的部分功能过时，需添加新的符合企业当前情况的功能。

另外，伴随着经济全球化，越来越多的企业实现了行业内部的兼并和重组，这使得管理信息系统也必须与时俱进，进一步扩充以适应大容量的信息处理要求。

3）随着用户对信息系统的了解，其要求也会越来越高

信息系统投入使用的初始阶段是用户熟悉系统功能并频繁提出改进方案的时期。

例如，对于企业管理层来说，通过信息深加工得到的信息产品不但应具备准确性和预见性，还应具备友好的用户界面、可读性和可理解性。这时，可能需要对信息输出功能、报表设计功能、立体成像功能进行调整。

4）先进技术的出现，如硬件、软件产品的更新换代等，也要求对系统进行某些修改

在设计和实施信息系统时将系统的可行性和稳定性放在重要位置，一般多采用当时主流的、成熟的、稳定的技术。

随着系统的运行，新技术层出不穷，系统开发时未采用的"年轻"技术已成长为当前的主流技术，并能够在一定程度上改善用户的使用感知、任务处理的效率和精度。当这种情况发生时，需要对管理信息系统的产品进行更新和优化。

9.2.1 管理信息系统维护的内容

管理信息系统维护的内容包括系统硬件维护、系统软件维护、数据维护和系统故障管理4个部分。

1）系统硬件维护

管理信息系统硬件设备管理包括对网络设备、服务器、计算机、打印机等的管理，并使这些设备处于最佳运行状态。其目的是通过定期检查各设备的运行日志，及时解决潜在故障，从而保证各设备的性能、安全、稳定性都处于最佳状态。现以网络设备和服务器管理为例进行说明。

许多单位都有中心机房，对其工作环境有严格的要求，如温度要保持在25℃左右，相对湿度在40%～70%，供电要保证连续和稳定，一般机房要有两路供电系统，安装避雷以及抗磁场干扰设备等装置。

由于系统数据都是通过网络传输的，所以网络系统必须正常运行，这是信息系统正常工作的前提。一方面，需要对网络设备（如路由器、交换机、集线器等）进行定期检查；另一方面，应保证工作环境的卫生状况良好。

在信息系统运行的安全问题中，服务器是信息系统的核心设备，服务器的维护是硬件维护工作中的重头戏。软件的升级维护是服务器日常维护最重要的工作内容，要对服务器进行实时监控和定期全盘扫描，预防系统漏洞和病毒。为了不降低系统的性能，不影响速度，在硬件维护时要把历史数据按时从服务器中移出，进行妥善保管。

2）系统软件维护

软件维护是系统维护中最重要的，也是工作量最大、耗资耗时最多的一项维护工作。

软件维护工作的目的在于使信息系统中的程序始终保持较新的状态。软件维护通常是由于系统软件环境的变化、操作人员在系统运行过程中发现了错误和缺点，以及用户要求提高系统的某些功能等原因而进行的维护。软件维护的类型包括纠错性维护、适应性维护、完善性维护和预防性维护。

（1）纠错性维护。

纠错性维护是指诊断和修正系统遗留的错误，又被称为修正性维护、正确性维护。

一般来说，这类问题是由于遇到了以前从未有过的某种输入数据的组合，或者是由系统软件和硬件不兼容引起的。

（2）适应性维护。

适应性维护是指为了使系统适应环境的变化而进行的维护工作。

代码改变、数据结构变化、数据格式以及输入输出方式的变化、数据存储介质的变化等，都将直接影响系统的正常工作，因此有必要对系统进行调整，使之适应应用对象的变化，以满足用户的需求。

（3）完善性维护。

完善性维护是指扩充原有系统的功能，增加一些在软件需求规范书中没有规定的功能与性能特征，以及对处理效率和编写程序的改进。

（4）预防性维护。

预防性维护是指转变系统维护观念，以主动的预防性维护代替传统的、被动的、用户提出的维护工作。

应重点选择那些还有较长使用寿命、目前尚能正常运行，但可能发生变化或调整的系统进行维护。

预防性维护的工作目的是通过前瞻性、预防性工作为未来的修改与调整奠定更好的基础。

3）数据维护

数据维护工作一般由数据库管理员负责，旨在保证数据库的安全性、完整性、一致性和并发性控制。

管理信息系统的数据维护工作主要分为三大类：数据库访问权限设置、数据备份、数据共享。

（1）数据库访问权限设置。

数据库访问权限设置是数据安全维护的核心与基础。

在信息系统设计阶段，由开发人员根据企业组织结构及不同职位的信息需求定义数据库角色，并将不同的角色分配给企业员工。

普通用户将依据其角色分配权限，如只读、只写、读写等，保证用户仅在被授予权限内访问数据库信息。数据实际更新工作须得到数据库管理员审核后方能实施。

数据库管理员须负责数据字典的建立与维护工作，负责数据的安全与保密，保证资料的安全等。

在硬件设备故障得到排除后，还要负责数据库的恢复工作。

此外，代码维护工作也是数据维护中的一项重要内容，该任务由代码管理小组负责，代码变更工作须慎重，代码变更后，须将代码表发送到有关单位，并组织专人负责员工新代码的学习与培训工作。

（2）数据备份。

在发生人为或自然灾难的情况下，为保护关键应用数据的安全，保证数据不丢失，必须建设可靠的网络备份系统。建设可靠的网络备份系统必须考虑以下几点：使计算机网络数据备份自动化，以减少系统管理员的工作量；使数据备份工作制度化、科学化；做好介质管理工作，防止读写操作的错误；使用分门别类的介质存储数据，使数据的保存更细致、科学；介质自动清洗轮转，提高介质的安全性和使用寿命；建立备份服务器，形成备份中心，对各种平台的应用系统及其他信息数据进行集中的备份；备份系统还应考虑网络带宽对备份性能的影响、备份服务器的平台选择及安全性、备份系统容量的适度冗余、备份系统良好的扩展性等。

图9-2为某数据备份方案的构架图。

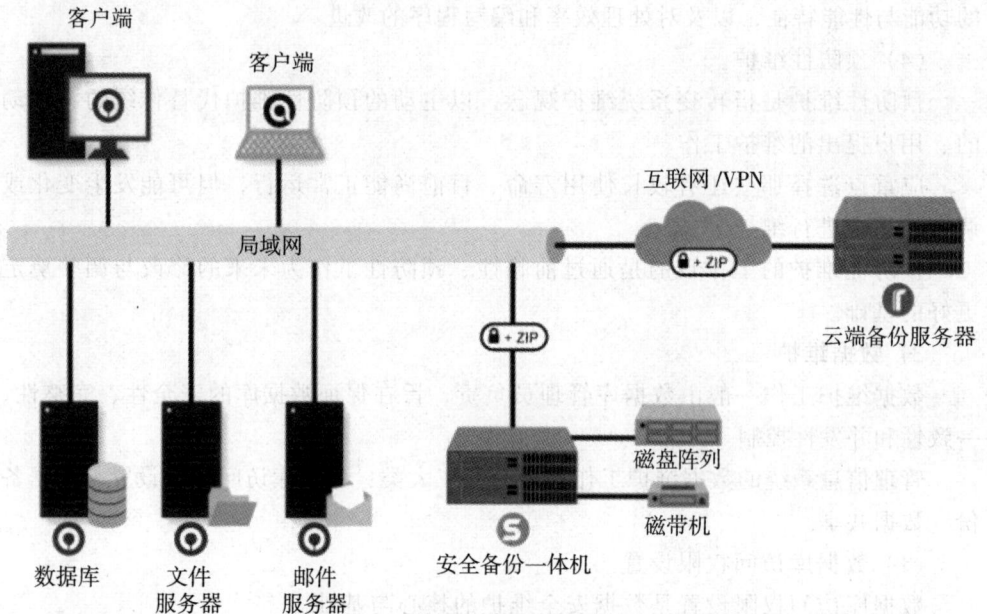

图9-2　某数据备份方案的构架图

（3）数据共享。

目前，在Windows服务器上维护共享数据的3种主要方法为：基于INI文件的方法、基于注册表的方法和基于数据库的方法。

基于INI文件的维护技术与基于注册表的维护技术从根本上分析是两种相似的技术。它们都通过本地的资源来存储和管理共享数据，所不同的只是所利用的本地资源不同：一个利用特定格式的INI文件，另一个利用具有层次结构的Windows注册表。

在实际应用中，基于注册表的技术要优于基于INI文件的技术，但这两种技术无一例外地都存在一个共同的问题：只能满足本地应用的需要，不能满足分布式应用和网络应用的需求。

基于数据库的维护技术虽然能够支持网络应用，但它并不能解决所有共享数据的维护问题。因此，在实际应用中，信息系统中共享数据的维护往往要结合以上的3种方法来实现。

一般地，我们可以将基于注册表的方法和基于数据库的方法结合起来使用，即通过注册表来维护类似数据库服务器地址之类的信息，通过数据库来维护其他的共享数据。目前，许多信息系统都采用这种混合的共享数据维护方法。

4）系统故障管理

管理信息系统的重大故障通常是指前期较难被察觉、爆发时危害较大、处理难度较大且具有紧迫性的系统问题。

常见的系统故障分为硬件以及外围设备故障、应用系统故障、请求服务与操作故障三类。

故障处理是指在发生重大故障时为尽快恢复系统服务而采取必要的技术或者管理办法的过程。信息系统故障管理的主要目的是尽可能快地恢复服务协议规定的水准，尽量减少故障对业务运营的不利影响，以确保最好的服务质量和可用性。

在故障管理中，影响大、紧迫性和优先级是故障的3个描述性特性，三者紧密联系而又相互区分。

故障管理包含了故障监视、故障调研、故障支持、恢复处理、故障终止五项基本活动。为了实现对系统故障管理流程的完善管理，需要对故障管理的整个流程进行追踪，并做出相应的记录。

故障监视是故障管理流程的第一项基础活动，大多数故障都是在故障监视活动中发现的。从故障的原因来看，人员操作规范的执行、系统硬件和软件是故障监视的重点内容。

另外，自然灾害因素由于难以预计和控制，需要进行相关风险分析，可采取容灾防范措施来应对。

9.2.2 管理信息系统维护的过程

管理信息系统维护实际上是一种小范围的开发，因此应按照系统开发流程成立一个专门组织，有计划、有步骤地进行。系统维护的过程如下：

1）建立维护组织

系统维护工作并不仅仅是技术性工作，为了保证系统维护工作质量，需要大量的管理工作。

要进行系统的维护，首先要成立一个维护组织。系统维护组织必须与软件系统的环境相适应。

信息系统投入运行后，应设置系统维护管理员，专门负责整个系统维护的管理工作。在其领导下，由硬件维护人员、系统软件维护人员、数据库维护人员和应用软件维护人员共同组成系统管理人员团队。

针对每个子系统或功能模块，系统管理人员的任务是熟悉并仔细研究所负责部分的系统功能实现过程，了解程序实现细节，以便将来顺利完成具体维护工作。其工作流程是首先将维护申请递交给维护主管，然后由计算机主管审核，评估申请报告，初步估计问题的起因、严重性，并与维护主管协商维护方法和维护时间，最后由维护主管向维护人员交代任务。

系统维护的组织管理图如图9-3所示。

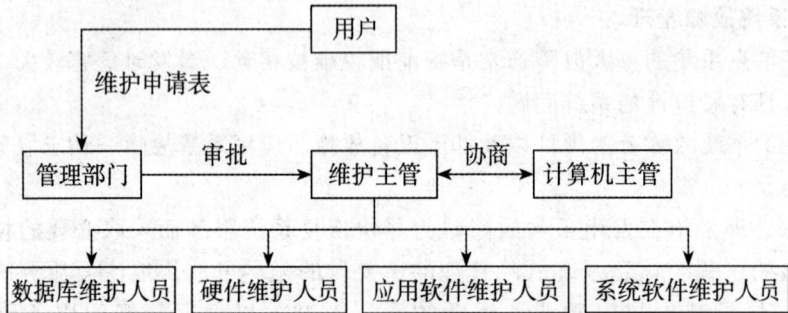

图9-3　系统维护的组织管理图

2）安排计划

系统维护工作不能采取零敲碎打的方法，而是应当有计划、有步骤地统筹安排。

应当按照问题的严重程度、紧迫程度和管理部门对维护工作所确定的优先顺序来制订计划。

计划的内容应包括维护工作的范围、采用的方法、所需资源、确认的需求、维护费用及维护进度安排等。

3）系统维护实施

系统维护任务与新软件开发的过程基本上一致，只是由于时间上的限制，有可能省略或简化某些步骤。

各类维护人员根据维护计划开展维护工作。当维护任务完成后，维护人员要将整个维护过程写成书面报告，交给维护主管。

4）验收维护成果

维护主管组织技术人员对修改部分进行测试和验收。验收要根据验收标准进行。

验收标准如下：

（1）全部软件文档已准备齐全，并已更新好。

（2）所有测试用例和测试结果已经正确记录下来。

（3）记录和寻找软件配置的工序已建立。

（4）维护工序和责任已经确定。

5）系统维护文档的建立

除系统开发的一般文档以外，信息系统维护阶段还应准备以下几种文档：

（1）软件问题报告。

这是一种报告问题的系统文档，可用于报告系统软件配置中发现的错误和其他的维护申请。

为了评估软件问题，报告中还必须提出一些系统运行的基本信息，如运行时打印的错误信息、输入数据的清单、对系统软硬件环境的描述、对软件维护要求的说明等。

（2）软件变动报告。

收到了完整的软件问题报告后，维护人员须填写软件变动报告，以帮助维护主管评估变动的价值，作为进行复查审核的依据之一。报告中应指出错误类型、修改策略、修改状态及修改性质。

（3）软件维护记录。

历史数据的收集能提供评估软件维护效率所需的管理信息，还可以进行维护登记，用以记录维护信息。

在进行维护的时候，系统仍然在运行，一般做法是把要修改的模块复制出来，交给程序员去修改，完成修改后，系统主管人员验收新模块，然后选择适当的时机，从系统中移出原模块，把新模块换进去。

为了安全起见，不要删除原模块，而是用改名的方法把它保存起来，以备不时之需。

系统维护工作的流程如图9-4所示。

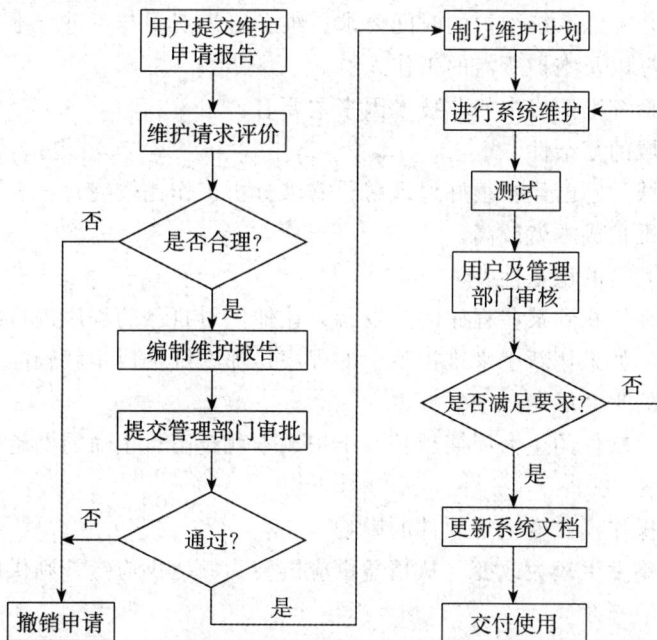

图9-4 系统维护工作流程图

在进行系统维护时，还需要注意系统维护可能带来的某些副作用。

系统维护的副作用包括3个方面：一是对源代码的修改可能会引发灾难性的错误，造成原来运行比较正常的系统变得不能正常运行；二是任何对源程序的修改，如不及时对相应的文档进行更新，将造成源程序与文档的不一致，给今后的应用和维护工作造成混乱；三是对数据结构的修改可能会造成数据的不匹配等错误，当一些数据库中的数据发生变化时，某些应用软件不能适应这些已经变化了的数据而产生错误。为了避免这类错误，需要有严格的数据描述文件即数据字典系统，准确记录这些修改并进行修改后的测试工作。

9.2.3 管理信息系统维护的影响因素

在进行某项维护修改工作之前，要考虑下列几方面的因素：

1）维护的背景

开展系统维护前应综合考虑系统当前的运行情况、维护工作的对象以及维护工作的复杂性与规模。

2）维护工作的影响

系统维护工作的开展必然会对当前系统的运行带来影响，如暂停服务、中断连接等，故需要全面考虑维护工作对新系统目标的影响、对当前工作进度的影响、对本系统其他部分的影响以及对其他系统的影响。

3）资源要求

系统维护工作是一项需消耗较多资源的过程，所以应衡量系统维护投入与产出间的关系，综合考虑系统维护的时间要求、维护所需费用与不进行维护所造成的损失相比是否合算以及维护所需的工作人员。

影响信息系统维护成本的非技术因素主要有：

（1）应用域的复杂性。

如果应用域问题已经被很好地理解，需求分析工作比较完善，那么维护成本就较低；反之，维护成本就较高。

（2）开发人员的稳定性。

如果可以轻松找到某些程序的开发者，让他们对自己的程序进行维护，那么维护成本就较低。如果让新手来维护陌生的程序，那么维护成本就较高。

（3）软件的生命周期。

一般而言，软件的生命周期越长，维护成本就越高；生命周期越短，维护成本就越低。

（4）商业操作模式变化对软件的影响。

如企业战略发生较大改变，从精益供应链转为敏捷供应链，则供应链管理模块必须进行相应的修改。

一般而言，商业操作模式变化越频繁，相应软件的维护成本就越高。

影响信息系统维护成本的技术因素主要有：

（1）软件对运行环境的依赖性。

由于硬件以及操作系统更新很快，因此，对运行环境依赖性很强的应用软件也要进行不停的更新，维护成本很高。

（2）编程语言和编程风格。

用高级语言编写的程序比用汇编语言或机器语言编写的程序的维护成本低；清晰的注释可提升程序的可读性及可理解性，可以降低维护成本。

（3）测试与纠错工作。

如果系统测试与纠错工作完成得好，后期的维护成本就较低；反之，维护成本就会很高。

（4）文档的质量。

清晰、正确、完备的文档能降低系统维护成本；低质量的文档将提高维护成本。

9.3　管理信息系统的安全与保密

信息系统的安全问题是信息系统运行管理的重要部分。激烈的市场竞争下，越来越多的企业开始建设具备跨组织职能的管理信息系统，该应用模式扩大了企业数据的共享范围、提高了企业数据的共享程度。

同时，网络环境下，计算机病毒肆虐、黑客入侵等问题也加大了企业管理信息系统安全与保密工作的难度。

9.3.1　信息系统安全性问题的内容

1）数据或信息的安全与保密

数据或信息的安全与保密就是保证系统所存储的数据不能丢失，不能被破坏、被篡改或者被盗用，即保证数据的一致性、完整性、持久性。

系统中的数据必须有备份，当系统出现故障时，有恢复补救的手段，不致造成工作的混乱与损失。

另外，对于系统中的数据应规定使用的权限，并有切实可行的措施来保证执行。这些措施包括物理手段（如移动硬盘、磁带的存档管理）和逻辑手段（如加密设置等）。

2）软件的安全

系统软件安全包括程序的安全与资料的安全。重要的程序必须把原版保存起来，复制日常使用的程序，以免由于一时的疏忽或错误操作造成不可弥补的损失。资料的保管也十分重要，不可丢失。

3）硬件设备的安全

硬件设备的使用，应该遵守规章制度，严格按规范来进行。如果没有明确的责任和严格的制度，也会出现严重的故障，造成工作的损失。

4）运行安全

应该对系统进行监视，当发现某种不安全因素时能够报警或采取适当的安全技术措施，以改变、控制或消除不安全因素。

特别要注意计算机病毒的预防与查杀工作。

9.3.2　信息系统安全性问题产生的原因及对策

1）信息系统安全性问题产生的主要原因

对信息系统安全造成危害的因素有很多，包括自然因素、人为因素、系统外部因素、系统内部因素等，总体说来主要分为以下几种：

（1）自然灾害，包括地震、洪水、海啸、火灾、雷电等灾害，这类灾害一般由不可抗力造成。

（2）自然损坏，如由电源不正常、元器件老化等引起的软件、硬件损坏与数据损坏。

（3）人为的无意损坏，如操作失误导致的数据损坏。

（4）人为的有意破坏，如有意对系统软件、硬件及数据所做的破坏。

（5）系统的内部因素，如信息系统本身存在安全漏洞。

（6）系统的外部因素，如病毒侵扰导致的软件、硬件与数据的损坏。

2）对策

为了维护信息系统的安全与保密性，通常需要采用以下措施：

（1）依照国际、国家和行业法规，制定严密的信息系统安全与保密制度，做深入的宣传与教育，提高每一位信息系统使用人员的安全与保密意识。

（2）制定信息系统损害恢复规程，明确在信息系统遇到自然的或人为的破坏而遭受损害时应采取的各种恢复方案与具体步骤。

（3）配备齐全的安全设备，如稳压电源、电源保护装置、空调器等。

（4）设置切实可靠的系统访问控制机制，包括系统功能的选用与数据读写的权限、用户身份的确认等。

（5）做好数据的备份和备份的保管工作。

（6）保密的数据要由专人保管。

9.3.3　保证信息系统安全的主要技术

1）防火墙技术

防火墙技术最初是针对网络不安全因素所采取的一种保护措施。

防火墙是用来阻挡外部不安全因素影响的内部网络屏障，是一种保护计算机网络安全的技术性措施，其目的是防止外部网络用户未经授权的访问。

它是一个由软件和硬件设备组合而成的，在内部网和外部网之间、专用网与公共网之间的界面上构造的保护屏障，以阻挡来自外部的网络入侵。

防火墙的示意图如图9-5所示。

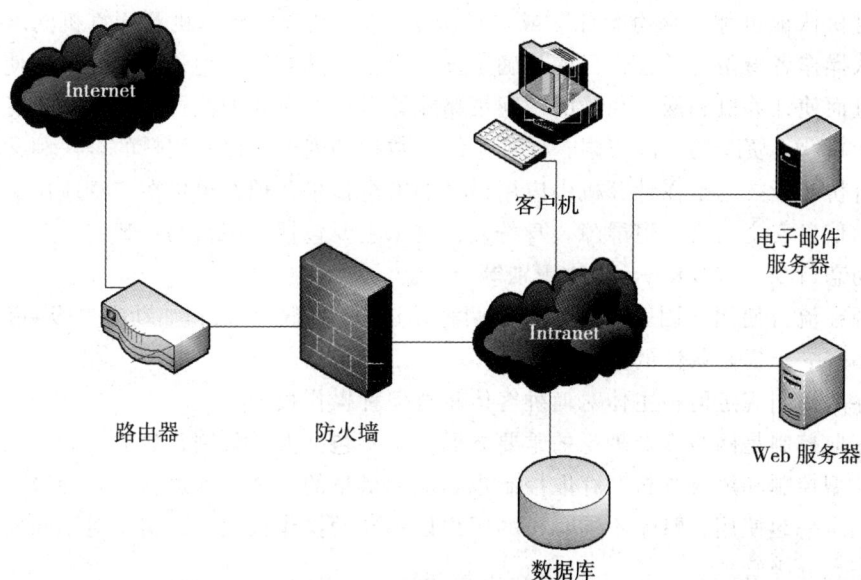

图 9-5　防火墙的示意图

从物理上看，防火墙就是放在两个网络之间的各种系统的集合，它具有以下特性：

①所有从内到外和从外到内的数据包都要经过防火墙；

②只有安全策略允许的数据包才能通过防火墙；

③防火墙本身具有预防侵入的功能，主要用来保护安全网络免受不安全因素的侵入。

防火墙在使用的过程中需要注意两点：

①防火墙是不能查杀病毒的，尽管有不少的防火墙产品声称其具有这个功能。

②防火墙技术存在一个弱点即数据在防火墙之间的更新问题。

只有对个体网络安全有特别要求，而又需要和 Internet 联网的企业网、公司网，才建议使用防火墙。

另外，防火墙只能阻截来自外部网络的侵扰，而内部网络的安全还需要通过对内部网络的有效控制和管理来实现。

2）访问控制

访问控制是按用户身份及其所归属的某项定义组来限制用户对某些信息项的访问，或限制对某些控制功能的使用的一种技术。

访问控制包括企业用来防止未经授权的内部访问和外部访问的所有政策及程序。访问控制的功能主要包括：

①防止非法的主体进入受保护的网络资源。

②允许合法用户访问受保护的网络资源。

③防止合法的用户对受保护的网络资源进行非授权的访问。

访问控制主要的方法有身份认证与存取控制。

身份认证也称"身份验证"或"身份鉴别"，是指在计算机及计算机网络系统中确认操作者身份的过程，目的是确定该用户是否具有对某种资源的访问和使用权限，进而使计算机和网络系统的访问策略能够可靠、有效地执行，防止攻击者假冒合法用户获得资源的访问权限，保证系统和数据的安全，以及用户的合法利益。

身份认证技术是在计算机中应用最早的安全技术，现在也仍在广泛应用，它是互联网信息安全的第一道屏障。身份认证技术主要包括静态密码、智能卡、短信密码、动态口令、USB Key、生物识别等。

现在流行使用双因素认证，即将两种认证方法结合起来，如动态口令+静态密码等，进一步提高认证的安全性。

存取控制规定何种主体对何种客体具有何种操作权力。

存取控制是网络安全理论的重要方面，主要包括人员限制、数据标识、权限控制、类型控制和风险分析。存取控制也是应用最早的安全技术之一，它一般与身份认证技术一起使用，赋予不同身份的用户以不同的操作权限，以实现对不同安全级别的信息分级管理。

3）数据加密技术

所谓数据加密技术，就是使用数字方法来重新组织数据，使得除了合法用户外，任何其他人想要恢复原先的"消息"都是非常困难的，这种技术的目的是对传输中的数据流加密。许多企业使用加密技术来保护它们所存储的、物理传输的或者通过互联网发送的数字信息。

目前，最常用的加密技术有对称加密技术和非对称加密技术。对称加密技术是指同时运用一个密钥进行加密和解密。

非对称加密技术（如图9-6所示）就是加密和解密所用的密钥不一样，它有一对密钥，分别为"公钥"和"私钥"，这两个密钥必须配对使用，也就是说，用公钥加密的文件必须用相应的私钥才能解密，反之亦然。

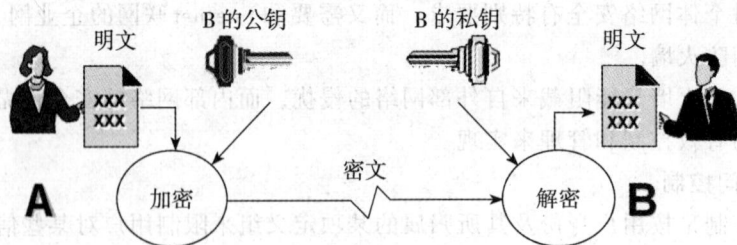

图9-6 非对称加密技术

4）入侵检测技术

入侵检测是指通过对行为、安全日志、审计数据或其他网络上可以获得的信息进行操作，检测到对系统的闯入或闯入的企图。

入侵检测系统（IDS）采用实时监控工具对企业网络最易受攻击的点进行持续检测，及时发现或阻止入侵。当系统检测到可疑或异常事件时，就会发出警报。

IDS 作为传统保护机制（比如访问控制、身份识别等）的有效补充，形成了信息系统中不可或缺的反馈链。

入侵防御系统（IPS）作为入侵检测系统很好的补充，是信息安全发展过程中占据重要位置的计算机网络硬件。

5）防病毒技术

计算机病毒是指编制或者在计算机程序中插入的"破坏计算机功能或者毁坏数据，影响计算机使用，并能自我复制的一组计算机指令或者程序代码"。

计算机病毒类似于生物病毒，它能把自身附着在文件上或寄生在存储媒体里，能对计算机系统进行各种破坏；同时，计算机病毒有独特的复制能力，能够自我复制。

计算机病毒具有传染性，可以很快地传播蔓延，当文件被复制或在网络中从一个用户传送到另一个用户时，它们就随同文件一起蔓延开来，但又常常难以根除。

计算机病毒具有繁殖性、传染性、潜伏性、隐蔽性、破坏性、可触发性等特点。

计算机病毒的种类很多，有系统病毒、蠕虫病毒、木马病毒、黑客病毒、脚本病毒、宏病毒、后门病毒等。计算机病毒的传播途径多样，可以通过软盘、硬盘、光盘、U盘、网络等方式快速传播。

计算机病毒对信息系统的危害是很严重的，可能导致数据丢失与异常、系统崩溃等严重后果，给企业造成巨大的损失。因此，在信息系统运行过程中，一定要做好计算机病毒的防范工作，如安装正版杀毒软件、安装防火墙、定时进行病毒和木马扫描、使用安全监控软件等。

9.3.4　信息系统网络安全管理

计算机网络技术在各种信息管理系统中的广泛应用给使用单位的管理工作带来了便利和高效，但是过度依靠网络系统也存在很大的隐患，这是因为大量的文件、数据、资料是不允许出现差错的，对计算机系统的安全性能有很高的要求，如果数据丢失或网络瘫痪，造成的后果是很难预测的。因此，计算机网络系统的安全管理问题至关重要，要防止网络数据丢失和非法用户入侵利用计算机犯罪等问题，保证网络信息系统稳定、安全、正常地运行。

企业信息系统网络安全管理工作主要包括对网络设备和服务器的管理和维护、建设主动安全防御体系。

1）网络设备和服务器的管理和维护

网络系统必须正常运行，这是信息系统正常工作的前提，所以要对网络设备如交换机、路由器、集线器、光纤收发器等进行定期检查，查看指示灯是否处于工作状态，各个插头接触是否良好。

另外，应保证工作环境的卫生状况良好。服务器的日常维护工作侧重于软件的升级维护，要按时对服务器进行监控和全盘扫描，经常查看计算机是否存在漏洞和病毒。

为了不降低系统的性能，不影响速度，系统运行指定时间后，要把历史数据按时从服务器中移出，妥善保管。

任何设备和人都不能保证系统永远不出故障，所以数据备份和恢复问题是安全工作必须考虑的。软件崩溃、硬件故障、病毒入侵，以及不可预知、不可抗拒的灾难出现，都会导致系统故障和数据丢失。

硬件备份是比较安全有效的防范手段，必须保证实时服务、数据安全、系统运行自行切换数据的可用性、最短恢复时间。例如，可采用双机热备机制，提供两台服务器，一台服务器控制磁盘柜，处在工作状态，而另外一台备用。

当工作状态的服务器因为某种原因无法继续正常工作时，备机可以在短时间内代替主机的位置继续正常工作，系统会把共享磁盘柜上的数据库自动转给备机接管，这样对人们的正常工作不会带来影响。

也可以采用双机备份技术，当一台服务器出现故障时，由另外一台取代其位置继续进行工作，达到不停机持续工作状态。这两台服务器是由一根网线连起来的，这根线被称为"心跳线"，可监测到两台服务器相互间的运行情况，当备机发现主机出现系统故障时，便会自动接管并继续工作。

在信息系统中，数据的安全非常重要。现在计算机硬件和软件系统的可靠性都获得了极大的提高，技术的改进提高了信息系统的可靠性，但依然不能完全保证系统的安全，谁也无法预测是否会出现意外情况。

工作人员操作失误、网络带来的病毒以及一些不可抗拒的外力因素都会造成系统故障，所以要定期对数据进行备份以防止数据丢失。

2）建设主动安全防御体系

硬件的安全只是网络安全的一个物质主体，更为重要的是软件部分，现在系统的防御体系都已采用主动防御。

主动防御体系的建设需要技术、流程和人才的支撑，一个简单的技术产品是不可能担此重任的。

对于现在的技术产品来说，可从几个方面入手，面对未知风险，变被动为主动：

第一，应当建立全网统一的自动更新机制，及时下载安装最新的应用软件补丁和操作系统。

及时修补系统的漏洞，自动更新产品特征库，可以对威胁起到检测防御作用。强化自身系统，让一些病毒、恶意代码、蠕虫没有漏洞可以钻。在修补补丁和漏洞时，要严格测试，做好失败补救方案。

第二，应当定期进行风险评估。

安全加固机制对大型计算机系统定期风险评估是必不可少的，要全面了解自身的薄弱之处和网络所面临的威胁，通过评价分析结果提供更好的预防手段和措施，制定更有针对性的安全策略，增强系统的安全性，防止由于系统出现弱点而被利用。

第三，应当制定安全策略（包括符合性检查和自动修复机制）。

在计算机系统中，最高的安全纲领就是安全策略，其反映了管理层的意识形态、对自身安全的保护需求和信息安全的认识。必须确保安全策略的全面执行。

目前，很多组织都构建了较好的安全策略，但还未能全部贯彻到实处，执行力相对较差。

自身安全防范不足，用户的安全意识薄弱，没有安装系统的缺省配置，使用安全保护产品没有遵守安全策略及规章制度，这些都有可能给系统带来风险。有关机构的统计数字表明，有70%左右的事件都是源自网络内部。

为了应对这些问题，要明确制定可行的安全策略，让所有用户清楚地知道什么可以做、什么不可以做，建立安全基线，通过一定的技术手段强制执行安全策略，对于身份验证不合格的用户坚决禁止其进入内部网络，但是这样做又失去了网络资源共享和互联互通的基本作用。

一种较为人性化的方法是自动修复，即自动对用户所使用的计算机进行修复直到它达到进入网络所规定的安全级别，保证客户端由不安全的状态回到安全状态，验证合格之后就可以允许该用户进入。

第四，重视网络准入控制机制，即任何用户要想进入网络都需要先进行身份认证，这是强制执行的，是为了贯彻安全策略的要求，保证不把一些未知的隐患带入网络。

目前，强制认证的方法一般有两个：一个是端点强制，通过安全代理在端点上对安全状态进行检查，身份验证合格后，网络链接才可打开；另一个是网关强制，即通过边界认证网关设备进行强制认证，不符合安全要求的或未经认证的用户不可接入网络。

第五，重视用户安全意识培训。

在信息安全系统中，核心主体是用户。人在信息安全体系中是最脆弱、最活跃的因素，应对使用人员进行培训，提高用户的安全技能和安全意识，使工作人员可以完成防范工作，减少"社会工程"的情况发生。"社会工程"是黑客常用方法，也是最危险的攻击。杀毒软件或安装防火墙不是"社会工程"最好的预防方法，最好的方法是持续进行培训教育，加强防范意识。

本章小结

本章主要介绍了管理信息系统运行与维护阶段的主要工作及内容，包括日常运行管理及运行情况的记录、系统维护的主要内容及过程、管理信息系统存在的安全问题及对策等。

系统的运行与维护是管理信息系统整个生命周期中很重要的一个部分。系统实施后，为了保持信息系统的稳定性，延长信息系统的寿命，必须对信息系统进行管理及维护。

　　管理信息系统的系统运行与维护工作分为管理信息系统日常运行的管理、管理信息系统的维护、管理信息系统的安全与保密三部分。

　　管理信息系统日常运行的管理包括系统运行管理规章制度的制定与系统运行情况的记录工作。

　　管理信息系统的维护包括系统硬件维护、系统软件维护、系统数据维护、系统故障管理等内容。另外，管理信息系统的维护工作可由企业内部承担或外包给外部专业机构，具体决策需要依据企业实际情况而定。

　　管理信息系统的安全与保密工作尤为重要，在信息系统使用过程中，必须采取各种安全技术及手段，保证信息系统的安全。

思考题

第9章
基础自测题

（1）在信息系统运行期间，需要收集和积累的资料有哪些？

（2）管理信息系统为什么要进行数据维护？它的工作主要包括哪些内容？

（3）简述维护共享数据的方法及其特点。

（4）简述系统维护的过程。

（5）影响信息系统维护成本的技术因素有哪些？

（6）管理信息系统维护的常用模式有几种？各自的特点及适用范围是什么？

（7）哪些因素会影响信息系统的安全性？我们如何保障网络安全？

案例分析

案例1

大数据时代的信息安全隐患

　　近年来，随着大数据、云计算、人工智能等新兴技术的革命性应用，信息系统的伦理问题日益凸显。如何确保数据不被轻易篡改，如何防止数据泄露、滥用等问题受到了广泛关注。

　　剑桥分析公司联合创始人克里斯托弗·怀利（Christopher Wylie）爆料，剑桥分析公司未经许可收集了超过5 000万名脸书（Facebook）用户的信息资料，对这些用户的行为模式、性格特征、价值观取向、成长经历进行分析，然后有针对性地推送信息和竞选广告，以影响美国选民在竞选中的投票。脸书数据泄露案让大数据分析公司操纵社交媒体用户心理、影响大选结果，进而干涉国际政局的暗黑世界曝光。人们本来以为大数据和社交网络能带来更自由的空间与个性化的选择，却没料到数据巨网被人玩弄于股掌之间，隐私和政治权力都变成政客与数据分析商合谋窃取的财产。

　　在电视、报刊等传统媒体称霸的时代，西方政党往往利用电视台、报社等媒体

机构影响社会舆论，也利用盖洛普等调研公司抽样剖析选情和选民动向。人们很清晰地了解了政治选举的套路后，对待选举日益失望与冷漠。如今，社交网络崛起并成为影响选举的强大平台和工具，可谓震惊世人。

首先，社交网络有全球垄断性质。在西方，以往电视等传统媒体虽然对人们的政治倾向有影响，但各媒体政治倾向不同，没有一家电视台或报刊能垄断全球。然而，全球社交网络基本被几家媒体巨头垄断的事实，使得数据野心家通过一张巨网左右人类的思考成为可能。

其次，大数据分析让人类心理爱好无所遁形。以往的盖洛普调查是抽样研究，不可能了解人的性格全貌，更无法获取社交关系迷宫的钥匙，但大数据和人工智能的出现，足以从海量关联数据中抽取出关键线索，让每一条社交网络资讯都可能成为西方政党操控的"选举子弹"，甚至变为协助网络资讯病毒传播的"僵尸"用户。

最后，智能推荐算法可能助纣为虐。在西方，传统媒体的政见辩论和报道，让人们被动地兼听则明，但人工智能的推荐算法，往往从数据挖掘中摸清了用户的真实喜好与偏向，再投其所好推荐观点一致的资讯，不断强化人们的既有观点，可能助长偏执。

一个典型的智能推荐算法用户，可能就像"楚门的世界"里那个天真的楚门一样，周遭的舆论环境都是算法营造的，本人也是完全透明地被算法"鱼肉"。

现代的脑机接口技术，已经可以使人工智能和人类操控老鼠走迷宫，老鼠以为是自主行动，实际只是被操控的"阿凡达"。

在被算法操控的社交网络当中，人类也像在资讯的汪洋中走迷宫，我们以为是自主选择，实际已被算法控制而不自知。

通过脸书一案，人类当猛醒，对社交大数据分析的滥用、智能推荐算法的偏狭陷阱产生警惕，认清人类思维在大数据和智能算法面前的局限性。必须从数据隐私保护、社交网络平台多元化等几个层面入手，在内心深处为大数据算法设立一道良知的防火墙，从社会管理角度关紧数据挖掘和智能算法的作恶阀门，严惩窃取用户数据和 AI 操控的舞弊行为。

即使是在大数据和人工智能算法主导的未来时代，人类的价值观和正义感也不能缺位。

数字化的"楚门"，最终也一定会选择走出算法营造的虚假布景，让人工智能与人类智慧相结合，使世界更美好。

资料来源　杨静. 走出大数据的"楚门世界"［N］. 环球时报，2018-03-29.

案例思考题：

（1）通过此案例你觉得当前大数据时代存在哪些安全隐患？我们如何保障个人的数据安全，不被信息"投喂"？

（2）思考应当如何运用大数据，结合生活实际举例说明。

案例2

企业信息系统维护与管理

在当前的企业信息技术管理中，伴随着技术水平的持续提升，信息系统的管理也偏向于有序性和科学性，但是因为信息系统本身需要开展长时间的维护，这就要求企业注重对信息系统安全运行方面的管理，以及对各个环节的监测与审查，以便及时规避各种信息的窃取、泄露等行为，这样才能够真正维护信息系统本身的安全。

企业应该采取行之有效的措施，在确保系统正常运行的同时，及时有效地排除各种事故隐患，最终确保信息系统本身的安全运转，实现对企业信息机密的有效维护。

1）企业信息系统运行现状分析

以某企业为例，其信息系统包含了办公网络、生产调度网络、通信网络等诸多网络系统。

企业的网络拓扑图如图9-7所示。

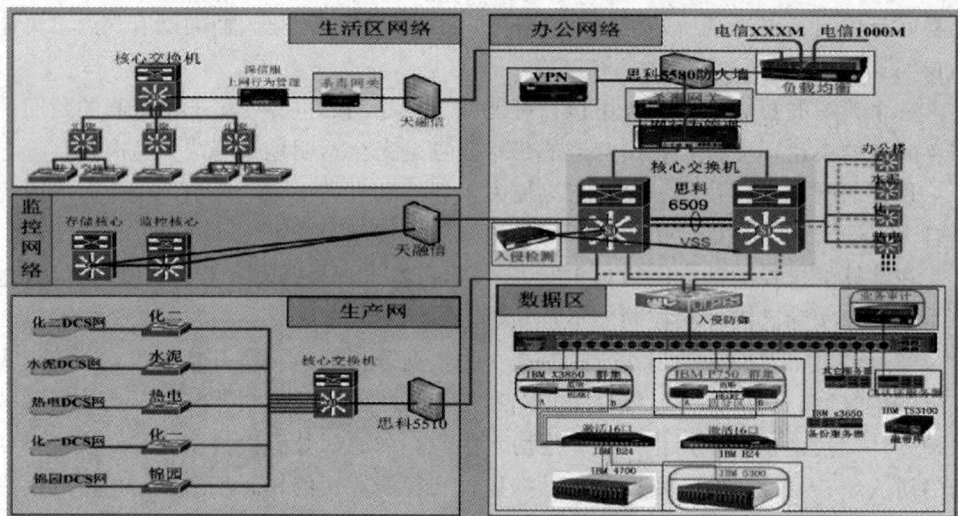

图9-7 企业网络拓扑图

在实际的分析之中，需要针对各个网络系统做好进一步的分析：

第一，办公网络系统。

为了满足企业的正常办公要求，针对核心、接入、汇集三层星形拓扑结构，网络设备用的是思科交换机，互联网接入中国电信双链路1 000M宽带，并且其本身也拥有13个独立的 IP 地址，直接提供充足的保障，服务办公室对外接入 DNS、WWW、FTP 等网络。

第二，生活网络系统。

该系统主要是为了给员工的上网学习、业余生活提供一个快捷的、方便的网络环境，主要包含餐饮中心、宾馆楼、公寓楼、职工活动中心等公共场所的网络系统。

第三，生产调度系统。

这一系统主要负责将各个生产过程的实时画面直接传递到调度中心，也可以满足调度中心召开远程视频会议的要求。这样就可以确保调度中心能够针对各个生产过程进行全面的掌控与管理。

第四，监控网络系统。

监控网络系统主要是针对生产与安防的监控画面做好对应的采集与存储工作，满足生产现场以及公共区域的管理与监督需要。其管理架构主要包含集团公司和子公司的两级存储模式，既可以满足监控查看的灵活性要求，也可以达到存储数据的可靠性要求。

第五，通信网络系统。

通信网络系统主要确保集团公司所属的单位能够相互通信，建立对应的通信系统。

基于功能的实际划分，这一系统在企业内部包含1个总通信机房和6个分通信机房。

第六，工业网络系统。

分布式控制系统（Distributed Control System，DCS）直接集成上传到总调中心，这样就可以满足集团公司对各个子系统生产情况的集中监控和统一调度处理。

在这一系统中，核心与汇聚交换设备用的是思科设备，接入交换设备用的是MOXA的工业级交换机，满足现场实际的环境需求。

2）企业信息系统日常运行维护管理

针对企业的信息系统，还需要在日常环节做好对应的运行维护管理，使其满足企业运行的整体要求。

（1）巡检与监控管理。

制订信息系统巡检计划，定期巡检其服务器、中间件、数据库以及应用系统，及时发现各种安全隐患；利用监控系统，对服务器、中间件、会话数、数据库等进行实时监测，对系统当前的运行状态加以了解。

巡检与监控管理的具体做法包括：

①防范对系统的不良侵入，能够采取有效的措施加以阻止；

②针对系统日志以及各种告警信息做好对应的检查，能够按照分析的结果提出合理的解决方案；

③对各个系统的运行情况及时做好监控，一旦发现异常数据，就进行针对性的处理；

④对于垃圾数据，应定期做好清理，及时迁移历史数据，确保系统性能得到优化；

⑤针对系统进程是否正常进行检查；

⑥做好磁盘空间实际占有率的检查，能够分析其内存与CPU的使用情况；

⑦对集群软件运行情况做好分析与检查。

（2）软硬件启停作业。

信息系统启停操作，主要是为了让信息系统可以适应环境，能够匹配不同因素的变化情况，而落实这一点还需要做好对应的重启、补丁更新与升级处理，并且确保系统可以正常工作，满足用户对系统整体的要求。

必须了解系统环境的实际搭建过程，整理好软硬件清单，了解相关的作业指导书，实现对系统维护过程的合理指导。

在系统的实际部署中，也需要做好系统软硬件配置的合理规划，如搭建主备、集群等双机模式，避免在单机环境下运行信息系统；在停机之前，需要对现有的数据做好保护，及时进行备份；在开展升级更新之前，需要做好应用软件的备份，一旦发现新版本存在问题，需要第一时间恢复系统。

在每个月的月初，需要制订具有较高可行性的运行维护计划，能够测试环境之中相关的更新，并且拟订对应的实施方案，合理有效地规避软硬件启停面临的操作风险。

软硬件启停作业全过程如图9-8所示。

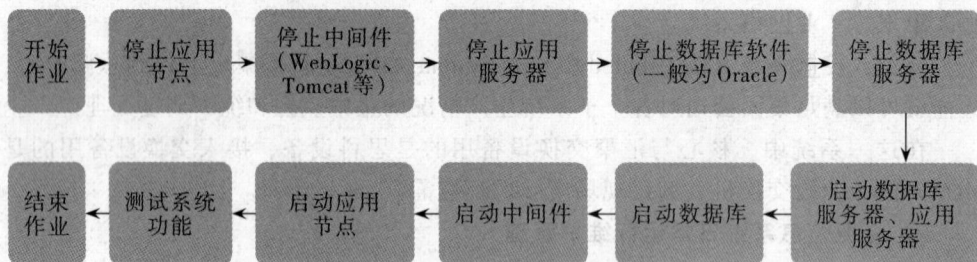

图9-8 软硬件启停作业全过程

（3）权限管理与数据处理。

在业务数据处理过程中，如果用户需要变更系统权限，则需要用户所在的部门进行审查，并递交给系统管理人员确认，再允许用户开展后续的删除、增加、修改的操作。

对用户权限的分配要按照最小权限的基本原则，用户口令的长度要满足密码复杂性的要求，对用户账号的命名规则也要进行规范化的管理。

在变更业务数据之前，应该做好备份，并且在有人监督的前提下，按照作业指导书开展对应的操作。

（4）系统缺陷与需求管理。

为了扩充新的功能、改正系统的缺陷，更好地满足用户的实际需求，还需要做好系统缺陷与需求管理，优先改正那些影响系统正常运行的缺陷。

对已知的缺陷，还需要进行全过程的管理，例如，将级别设定为一般、紧急，将状态设置为新建、待解决、已解决、已修复等。

针对新的需求，还需要连接业务部门做好对应的需求分析，编制合理的说明书，明确其可行性，并且将其纳入到开发计划之中，完善系统功能，最终提高系统的质量。

为了提高系统的可靠性和可维护性，使之适应未来的环境变化和用户需求，就需要注重增强系统的预防性功能，延长系统生命周期，尽可能减少维护工作量。

3）企业信息系统运行故障的管理

企业信息系统运行故障的管理主要包括数据库和服务器的故障处理。

（1）数据库故障处理。

常见的数据库故障包括表空间不足、归档日志空间被占满等问题。

归档日志空间被占满，大多数是因为进行大批量的数据改动导致数据库本身没有得到及时的响应，这样在登录数据库的过程中，系统就会直接提示无法登录，日志空间需要等待回收。

处理这类故障时，需要备份其归档日志，之后直接删除归档日志空间中的日志文件。

表空间不足主要是因为针对自动扩展设备之外的非自动设备建立的表空间实际的使用率超过了100%，数据库针对任何增加空间存储量的 SQL 语句都不能做好对应的处理。出现这种情况之后，需要按照前端所提示的对应错误信息以及相关的数据库日志，快速有效地排除故障。

（2）服务器故障处理。

如果服务器出现请求处理时间较长、新的要求无法响应的情况，可能是因为服务器在应用过程中出现了挂起故障。

例如，内存出现了溢出现象，这主要是因为 JVM（Java Virtual Machine，即 Java 虚拟机）最大内存数与应用逻辑处理之间存在无法相互匹配的现象。

针对这一问题，直接将服务器重启就可以解决。一般来说，如果服务器挂起出现崩溃的问题，就需要实行对线程的合理监控，针对每一个线程对应的时间和从事的操作进行核对，从而判断是否存在大量的请求或者是死锁的可能性。针对这一类型的故障，相关的系统运行维护工作人员要在平时注意优化 SQL 语句，对配置进行适当的调整，优化 JVM 配置，并且实现服务器内存与 CPU 的扩充，从而有效控制故障发生概率。

资料来源　方振宇，艾渊. 浅谈企业信息系统维护与管理［J］. 信息技术与信息化，2019（12）.

案例思考题：

上述案例中，企业信息系统维护有哪些主要工作？出现故障是如何处理的？

第10章

管理信息系统的系统评价

学习目标

✔ 了解管理信息系统评价的主要内容；

✔ 了解管理信息系统审计的内容及方法；

✔ 了解管理信息系统绩效评价的内容、指标及方法。

思政引入

信息系统审计

信息系统审计是一个通过收集和评价审计证据，对信息系统能否保护资产的安全、维护数据的完整、使被审计单位的目标得以有效实现、使组织的资源得到高效使用等方面做出判断的过程。信息系统审计要遵循相关的规范及标准，实事求是，客观地去评价系统的使用情况、分析存在的问题。

例如，在对某酒店开展的审计中，对酒店信息系统的安全性、可靠性进行了测试。测试结果表明，信息系统在数据传输和运算上存在错误，通过数据验证，证明错误是由信息系统本身的缺陷造成的。上述审计结果得到了被审计单位的认可，促使被审计单位更换了信息系统，提高了计算机管理水平。

在信息化时代，我们有必要了解现代信息系统面临的风险和威胁，了解IT欺诈的定义、分类及典型案例，明确审计者的责任，强化法律意识，运用专业工具及知识防范和甄别基于IT的欺诈行为。

资料来源　张金城. 信息系统审计［M］. 北京：清华大学出版社，2009.

思考：如何理解信息系统审计的重要性？

管理信息系统，特别是一些复杂、大型的管理信息系统的开发是一项系统工程，需要花费大量的资金、人力、物力和时间。因而，无论是系统开发者还是使用者，在系统建成后，都希望了解信息系统对组织的贡献程度、系统运行的效果、系统的性能、实际系统与系统设计的差距、系统的不足等。要回答这些问题，必须进行系统评价工作。

系统评价是对一个信息系统的性能进行全面的估计、检查、测试、分析和评审，包括用实际指标与计划指标进行比较，以确定目标实现程度，以及对系统建成后产生的效果进行全面评估。系统评价是在系统开发工程完工时或在系统可行性分析阶段进行的，是对系统的验收或可行性论证。严格来说，在信息系统开发的过程中，每当完成一个工作阶段或步骤，都应该进行评价。不过，就目前的实际情况来看，一般在新信息系统运行了一段时间之后再进行新系统的全面评价。

10.1 管理信息系统审计

管理信息系统审计是在系统投入运行后定期或不定期进行的，为了确保系统数据的安全与正确，使系统正常运行所采取的监督审查措施。管理信息系统审计是对系统实际运行情况进行集中分析和评价，是在平时管理工作的基础上进行的。

10.1.1 管理信息系统审计的目的

管理信息系统审计主要是为了检查系统是否达到了预期目标；检查系统的设计目标实现的程度，以及为用户提供信息服务的质量如何；检查系统中各种资源的利用率，包括计算机、外部设备、软件、人力、信息资源的利用情况（哪些资源已经得到了充分的利用，哪些资源尚未被充分使用），提出系统改进和扩展的方向；根据系统分析的结果，对系统状况做出综合评价（系统对企业管理工作起到了什么作用，还有什么缺点和问题，应从哪些方面去改进，扩充什么功能等）。

10.1.2 管理信息系统审计的内容和过程

1）系统审计的内容

管理信息系统审计涉及技术、经济、系统运行、组织管理等多个方面，通常包括以下4个方面的内容：

（1）组织管理。

① 管理信息系统在组织中的地位，即管理信息系统与各级管理部门的联系，主管人员是否有技术手段和组织途径来检查系统各个部分，了解各种信息。一般来说，管理信息系统从设计之初到系统运行乃至最终生命周期结束都离不开企业内部管理部门的支持，所以在管理信息系统审计工作开展前就应联系企业内各部门的管理人员共同做好信息收集、系统审计、结果反馈与分析工作。

② 人员构成情况，包括系统分析员、程序员、操作员等人员的数量及水平、工作态度、流动情况等。信息系统的审计工作是管理信息系统运行至退出使用的整个时间段内的定期工作，因而明确审计小组的构成人员以及审计工作会涉及的人员，将这些利益相关人员均纳入审计工作活动中，有利于工作的开展。

③ 计划情况，即审计系统是否有长远计划、短期计划，计划是否能够监督执行，是否适用等。

与大规模的信息系统综合评价工作不同，系统审计是定期开展的，涉及单元较少，调查的深度有限。

管理信息系统审计是一项长期工作，因而需要对系统审计的短期工作计划、中期工作计划及长期工作计划进行规划，并预先设计有效的监督机构及机制，保证审计工作的有效开展。

（2）系统运行。

① 管理人员对系统的总体印象。

这包括输出报表是否为管理人员所用，精度是否达到要求，是否有不正确的或管理人员不需要的内容。管理信息系统设计成功与否要靠最终用户来评价。

企业在日常业务开展过程中会产生许多报表，信息系统的报表类型、分析结果的准确性、结果的可视化程度将极大地影响管理人员对信息系统的总体印象。因而，无论是在系统规划阶段还是在系统运行阶段，都需重视系统报表功能的改进与完善。

② 操作是否方便。

这包括输出手段是否满足需要，输入的精确度如何。管理信息系统的有用性及易用性是影响用户使用态度、意图及行为的关键因素。符合用户操作习惯的信息系统会增强用户的易用性感知，合理的数据处理粒度、处理时间、呈现形式将增强用户的有用性感知，双管齐下有利于增强用户对信息系统的好感度，从而使用户更愿意、更频繁地使用该信息系统。

③ 系统可靠性。

系统可靠性，包括系统出故障的次数及恢复时间，各种设备的可靠性，是否有健全的保密措施，是否有完善的检验措施。无论什么信息系统都不可能是尽善尽美的，难免遭遇系统故障、网络黑客攻击、计算机病毒袭扰，因而，系统可靠性是信息系统维护环节中的重要一环。

系统的可靠性可作为系统设计不足的补救措施，系统的可靠性越高，抵抗不可知威胁的能力就越强，越有利于延长系统的生命周期。

④ 应用项目的数量与质量。

应用项目的数量与质量，包括基本的项目和领先的项目设计，调试中和积压的项目数量，模块化程度，维护的容易程度，程序的质量和效率。应用程序是管理信息系统中的操作部件，也是系统开发工作中的大头。

应用项目的质量越好，用户使用信息系统时节约的时间和精力就越多。成熟的软件设计是保证应用项目质量的有利条件，不过，为了保持信息系统的先进性，需要将先进设计模块的数量维持在一定程度上。

（3）经济情况。

① 系统预算，包括硬件、软件和人力资源的预算。

管理信息系统在开发和运行阶段都会占用企业的一部分资源，因而，做好硬件、软件和人力资源的预算有利于形成严格的审计制度，促进科学合理的财务制度的形成与制定，有利于提升日常业务中的投入-产出比。

② 计划外开支情况，如是否有编外人员，是不是必要的开支等。

一般来说，企业很难在系统预算设计阶段预计到所有的系统开支，因而计划外开支在企业日常工作中是难以避免的。

为了保证企业开支的有序性和透明性，应当做好计划外开支情况的统计工作，例如，要对编外人员、财务超支、物品占用等情况做好记录和存档工作。

③ 环境条件对开支的影响，如工作人员消极地工作影响了效率，误差的处理增加了开支，市场价格变动、组织政策变动对开支产生了影响。

管理信息系统的运用并不是处于真空中，用户使用态度及系统运行外部环境的变化均会对系统资源的开支造成影响。因而，在系统设计时应考虑预留系统资源缓冲空间，同时在系统运行过程中应根据实际情况不断修正系统资源缓冲池的大小。

④ 效益，如工作人员的减少、库存量的减少以及各种无形效益等。

企业引进管理信息系统的主要目的在于提高组织效益，如员工精简、库存减少、业务处理速度及精确度提高、企业形象提升等。

信息系统的效益评价是管理信息系统审计工作中的一个重点问题，同时还要注意重视无形效益的增加，即管理信息系统的使用为企业带来的不能用财务指标衡量的收益。

（4）技术情况。

① 主机时间占用情况、影响情况。管理信息系统是一个基于信息技术的、复杂的人-机交互系统。信息系统的技术性能是系统设计中的一个重要环节。系统主机是管理信息系统运行过程中的中枢，其负荷远大于一般的终端机。因而，需要特别注意主机资源的使用情况。例如，当主机负荷过大时，应考虑是否需要立即增容。

② 各终端联机的时间数利用得是否充分。终端联机的时间数是反映企业员工工作时间和工作效率的重要指标。终端联机的时间数利用充分说明系统运行情况符合信息系统设计预期，是系统运行良好的表现；相反，如果终端联机时间数过少，可能说明使用该终端的用户存在消极怠工的倾向，这时，人力资源部员工需要及时了解情况，帮助员工恢复正常的工作状态。

③ 系统软件情况，包括操作系统的开销能否支撑系统正常运行，使用何种程序设计语言等。管理信息系统审计的内容不仅包括系统硬件资源的使用情况，还包括系统软件资源占用情况。

例如，信息系统主机及各终端的操作系统的开销反映了计算机处理器、内存及硬盘的使用情况，可以作为系统运行状况的判断标准以及是否需要增容的重要考量指标。

系统程序设计语言的选择也会对日常维护工作造成影响。一般来说，高级程序设计语言有利于降低程序的开发难度和维护难度，有利于增强应用程序的可移植性和可扩充性。

④ 数据的传输率能否满足处理的要求。与早期的企业信息系统不同，现代化的管理信息系统应当具备良好的数据传输能力，以满足系统用户在网络环境下采集

信息的需求。另外，随着企业内部交流的增多，部门间的数据传输要求也越来越高。管理信息系统是否能够担负起企业综合业务处理的任务，数据传输率是关键。

⑤ 外存储器是否够用。企业在日常工作及市场交易过程中积累了大量的数据，并且这些数据每时每刻都在产生，因而在设计信息系统时应充分考虑企业数据存储的问题，并且在定期审计和综合性评价时需要特别注意外存储器的使用情况。一旦发现外存储器的使用率超过70%，就应当计划对其进行增容，防止由于系统存储量不足导致的数据溢出。

2）系统审计的过程

首先，审计员要对系统的硬件、软件、组织体制、与用户联系情况有全面认识，充分了解系统的管理状况，工作人员数量、职责和工作表现，以及用户部门的使用范围，计算机设备、内外存容量、操作系统、终端、通信性能指标，同时还要了解计算机每天每月处理的负荷。

接着，需要拟出审计的范围和方针，要考虑一致性测试和真实性测试。通过观察了解、调查、监测、测试、取样、确定、比较等，对审计方法进行选择。然后利用审计技术进行设计工作：对审计产生的数据进行分析，对系统的管理、操作的整体性、安全性和信息的准确性提出意见，最后写出审计报告。具体审计过程如图10-1所示。

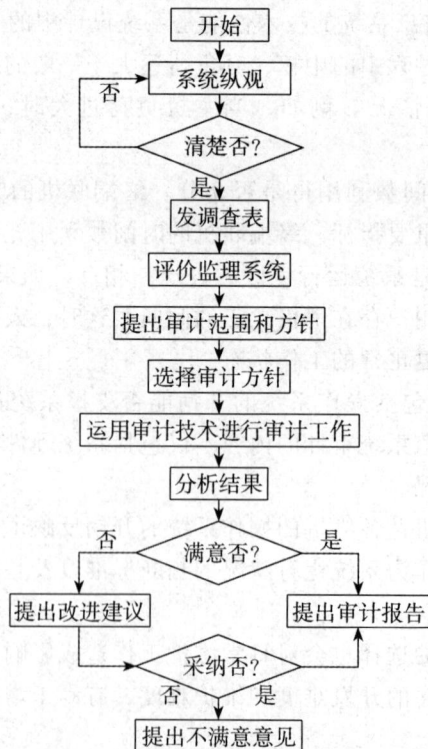

图 10-1　审计过程

10.1.3　管理信息系统审计的方法

1）调查表法

在审计过程中要做大量的调查，而调查表则是完成此项工作的有效方式之一。调查表应该根据系统的特点、调查对象、调查范围、调查内容等情况来拟定。

编写调查表时应注意题目的设置要以调查目的为中心，与调查对象联系紧密，注意保持客观性，不应流露出调查人的主观倾向或去诱导被调查人答题；为了有效排除无效应答（non-responsive）问卷，应当设置 3~4 个陷阱题，如果发现有答卷掉入调查人预设的"陷阱"，则可以判断该问卷是无效应答问卷。调查的基本形式有：选择性问题、是非问题、意见性问题。

一般来说，答题人更喜欢填写客观问题，而调查人认为主观性或开放性问题包含的信息量更丰富，有利于表达答题人的真实感受。

调查完成后要对调查情况进行打分和统计分析，作为下一步分析的数据基础。

2）间接审计法

间接审计法是把计算机系统和程序作为一个黑盒子，通过调查其输入、输出来达到审计目的的一种方法。

审计员选择有代表性的输入数据，测试其相应的输出。如果结果吻合、精度有效，那么就认为系统工作合理。

间接审计过程如图 10-2 所示。

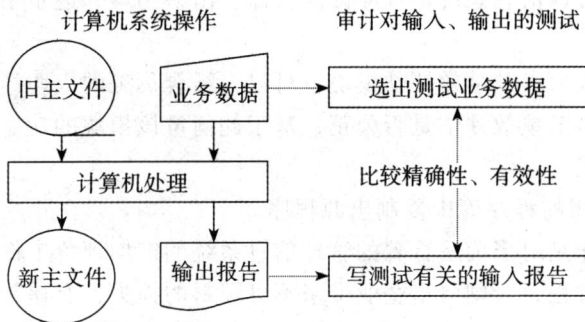

图 10-2　间接审计过程

3）直接审计法

直接审计主要强调测试计算机系统本身，而不仅仅关心输出结果。

直接审计既要测试管理信息系统中数据处理的准确性，还要测试计算机程序逻辑以及监理情况。

直接审计的基本任务包括两个方面：一是审查业务原始数据；二是实际测试计算机程序逻辑及监理情况。

直接审计法的原理如图 10-3 所示。

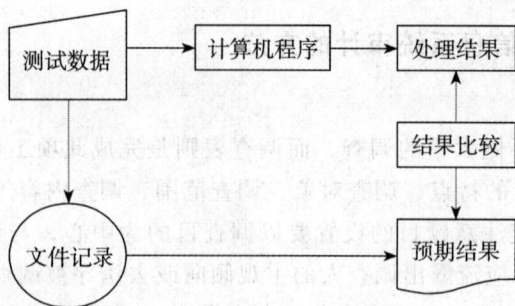

图 10-3 直接审计法的原理

4）应用程序的审计

应用程序的审计是指用实验数据对管理信息系统中各应用程序进行测试。为了进一步了解程序逻辑，发现问题，应该对程序做一个审查。审查程序主要做以下的工作：

① 熟悉编程和各种报告的标准以及程序员的习惯。

管理信息系统审计是一项涉及信息系统人-机各种资源的复杂工作。鉴于系统审计工作的周期性和持久性，审计人员有必要先熟悉开发人员的作业标准及系统开发、运行过程中各种报告的生成格式。这种前期准备工作有利于审计人员高效地开展审计工作。

② 选取典型而简单的程序进行剖析。

一般来说，管理信息系统审计应由浅入深，由易到难，逐步了解系统程序的功能和布局。

例如，对于人力资源绩效评估模块，可以先结合员工的入职经历和本期完成的工作记录来审查员工绩效评估是否公正，基于此衡量该模块的功能是否完备、是否符合企业实际情况。

③ 从当前使用的程序库中复制出源程序。

系统审计工作是对当前运行着的管理信息系统的定期评价工作，不能打断企业的日常业务处理过程，否则将给企业带来不可预料的损失，有违管理信息系统开发与实施的初衷。

④ 查阅程序说明书。

为了方便用户更快更好地使用应用程序，任何程序在交付使用时都需要提交程序说明书，就程序的使用规程、注意事项以及遇到疑难问题时联系解决的方式进行说明。

为了使审计工作快速高效地进行，审计人员可以通过查阅程序说明书的办法来了解程序设计目标，基于此检查系统实际运行状况与设计目标间的差距，作系统修改与改进之用。

⑤ 确定输入/输出文件。

管理信息系统审计是对系统运行状况及预期状况间的差距进行评价。当系统功能稳定时，审计人员可以根据输入数据预计输出数据的呈现方式，即存在如下关系：输出文件=f（输入文件）。

审计人员通过观察在不同测试集的情况下系统输出结果的变化，可以了解管理信息系统的运行情况，基于此判定系统功能是否完备。

⑥ 打出若干个月文件的记录格式，与设计的格式进行比较。

由于管理信息系统是面向企业各种业务功能、覆盖各层级使用人群的综合性系统，故应针对不同的用户身份设计不同的记录格式。伴随着管理层级的提升，事务性的数据处理工作越来越少，分析性的工作所占比例越来越大，因而对输出结果的可理解性、可呈现性的要求越来越高。应用程序审计时需特别注意不同用户群对数据格式的要求，满足用户的不同需求。

⑦ 检查程序逻辑。

管理信息系统中的应用程序内部存在自我的逻辑，不同的程序间也存在多种联系和外在逻辑。

检查程序逻辑有助于审计人员更深入地了解程序功能，分析程序可能达到的各种功能。基于此，可以更准确地评价信息系统中各种应用程序的运行效果和准确度。

⑧ 检查程序中的 IF-ELSE 语句进行判断。

根据经验，错误和问题往往出现在 IF-ELSE 语句中。IF-ELSE 语句及其相关变体在程序体中具有举足轻重的作用，旨在实现不同前提条件下的不同操作。鉴于此，IF-ELSE 语句中对前提条件的设定影响着应用程序运行的正确性和效率。设计信息系统时需要特别关注这部分的内容。

⑨ 检查程序中的 PERFORM 和 GOTO 语句。

由于 GOTO 语句的强制性和破坏性，目前有很多主流语言都禁止使用 GOTO 语句，而用 CONTINUE 语句或者 BREAK 语句实现程序跳转功能。

需要注意的是，部分语言，如 C++允许使用 GOTO 语句，故在审计利用这些语言实现的程序时，应重点检查 GOTO 语句的内容。

⑩ 查看 ACCEPT 和 CALL 语句，因为这些语句会涉及外部联系。

对于任意一个管理信息系统来说，应用程序都是数据加工的基础处理单元。应用程序之间的相互联系是实现数据有序性处理的关键环节。所以，应用程序审计工作应特别注意 ACCEPT 和 CALL 语句等外部连接语句的逻辑关系。

最后，还要借助计算机进一步检查程序。程序审计工作需要审计人员在规定时间内对系统中存在的各种应用程序进行检查和评定，所以需要借助计算机手段提升审计工作的准确性和效率。

与传统的人工操作相比，计算机辅助审计具有更高的自动化程度，可以将审计人员从烦琐、重复的计算工作中解放出来，专注于系统功能的综合评价和系统改进建议的设计。

在审计手段上，应充分利用计算机作为审计的有力工具，或者说，应开发通用或专门的审计程序来定期或不定期地测试数据文件记录的准确性。

从传统观点来看，审计本身是一个信息系统，既是一个完整的审计过程，也是一个包括系统分析、系统设计和系统实现的过程。在这个过程中，审计员兼有系统分析人员和系统用户的双重身份。

当然，从计算机角度来看，审计系统与审计对象是在一个计算机系统中，甚至连外设都可以共享。

审计结果是对管理信息系统的功能及效率做出评价，同时指出不足之处和有待改进之处。

十全十美的系统是没有的，区别在于系统存在问题的大小，修改建议有多少，维护工作量有多大。如果修改量过多，需要从经济上考虑是否需要重新建立一个新的系统。如果需要，那么原系统就应报废，即系统生命周期应提前宣告结束，新系统的生命周期开始。

10.2   管理信息系统绩效评价

管理信息系统的评价与其他工程系统的评价相比具有自己的特点。管理信息系统包括信息资源、技术设备、人和环境等诸多因素，系统的效能是通过信息的作用和方式表现出来的，而信息的作用又通过人在一定的环境中，借助以计算机技术为主体的工具进行决策和行动表现出来的。

因此，管理信息系统的效能既有有形的，也有无形的；既有直接的，也有间接的；既有固定的，也有变动的。所以，管理信息系统的评价具有复杂性和特殊性。

10.2.1   影响信息系统评价的因素

管理信息系统评价是一项非常艰巨的工作，这是由管理信息系统本身的诸多特点所决定的。

管理信息系统是一个大而复杂的人机系统，一方面是由人，计算机硬件、软件组成的人机系统；另一方面又是由众多的分布在各部门的子系统组成的、彼此之间信息紧密联系的、庞大而复杂的系统。

信息系统的开发工作量大，协调困难。系统设计之初难以预计到系统运行过程中的新功能，开发过程中意外事件的发生会导致系统开发周期延长，预算超支等后果也极为常见。

10.2.2   管理信息系统评价的目的

管理信息系统评价的目的在于确定系统的价值，即测量新系统是否达到或者在多大程度上完成了系统开发目标。

信息系统评价必须是有目的的，但评价本身不是目的。评价的最终目标是对系统开发实施工作做一个小结，并积累相关经验以备将来决策之用。

具体说来，信息系统评价的目标为：

1）检查系统目标、功能及各项指标是否达到了设计要求，满足用户要求的程度如何

管理信息系统评价的首要目标在于审核系统基本功能的实际情况。一个信息系统无论其提供功能的类型有多广，数据处理的精度有多高，用户接口有多便捷，如果不能实现系统设计时承诺的基本功能，那么这个系统就是失败的。所以，对信息系统进行评价时，首先就要以系统设计功能为基准，对系统实现功能打分，检查系统功能的实现程度。

2）检查系统的质量是否达到要求

管理信息系统功能达标是系统成功的第一步，信息系统服务质量则是评价系统使用效率的关键指标。

一般来说，管理信息系统的质量设计要达到服务功能、服务类型、服务准确性、服务精度等多方面的要求。例如，进行企业单位产品成本审核时，需要精确到小数点后第四位，甚至第五位。如果此时仅按照日常定价习惯精确至小数点后两位，将不能准确地反映产品成本的变动，尤其是在低成本消耗品的生产中，这些看似不起眼的变动将积少成多，最终决定企业营业额及利润的变化。

3）检查信息系统中各种资源的利用程度

检查内容包括人、财、物，以及硬件、软件资源等的使用情况。企业开发管理信息系统旨在帮助内部各类工作人员更好地完成各项工作，精简人员、节约资源，提高企业资源利用率。所以，信息系统运行后需要从人、财、物各种资源的利用效率视角审查管理信息系统的使用情况。

4）检查系统的使用效果

管理信息系统使用效果评价应当从经济效益、资源利用率、服务质量、用户评价等多个方面进行综合评定。

企业管理人员需要特别注意的是员工对信息系统的态度和评价。与传统的成本-收益评价不同，用户使用情况很难以货币形式衡量，但用户对信息系统的好恶程度将极大地影响系统的使用效果。

国外管理信息系统领域的研究也充分证明了重视用户体验对提升信息系统使用效果是有促进作用的。

5）检查评审和分析的结果，找出系统的薄弱环节，提出改进意见

系统评价的主要依据是系统日常运行记录和现场实际监测得到的数据。评价的结果可以作为系统维护、更新以及进一步开发的依据。

通常新系统的第一次评价会与系统的验收同时进行，以后每隔半年或一年进行一次。参加首次评价工作的有系统研制人员、系统管理人员、用户和系统专家，以后参加各次评价工作的主要是系统管理人员和用户。大型管理信息系统开发分成一期工程、二期工程、三期工程等阶段。前期工程的评价，对决定是否继续开发后续工程有参考作用。

10.2.3 管理信息系统绩效评价的内容

管理信息系统的经济效益是管理信息系统带来的货币成果同为此所付出的资源费用的比值。

在具体分析管理信息系统的经济效益时，一般从管理信息系统成本及管理信息系统收益两个方面来测定其经济效益状况，进而提出明确的建设、开发、运行、管理系统的措施、手段。

（1）管理信息系统成本及其测定。

管理信息系统的建设、开发、维护呈现周期性特点，为了保证系统的功能，必须保证其开发、运行、维护费用，以促进企业生产、经营活动的持续运转。一般而言，管理信息系统的成本由下列四项构成：

① 硬件成本。

硬件成本是指购置计算机系统（包括服务器、通信设备、终端设备等）的一次性购置费用或租赁费用。

这些设备按固定资产形式管理，以折旧的方式摊入成本。这种分摊按各应用部门对硬件资源占用的情况进行分配，它包括对主机外部存储器、通信设施和线路的占用，以及对终端和其他外部设备的占用等。设备折旧的期限按照计算机的估计寿命来确定。

在具体计算管理信息系统硬件成本时，可利用结构化方法进行系统硬件成本的测算，根据系统不同阶段、不同部门对硬件功能的要求，分别测算系统各不同部分硬件成本，再采用自下而上、逐级汇总的方式，得到系统硬件总成本。

② 软件成本。

软件成本包括外购软件和自行开发软件所需的费用。

国外一些企业在财务管理中把管理信息系统软件成本列入无形资产一类，与有形资产的效用与处理方法相似。我国一些单位直接将开发或购买软件时花费的资金作为计算软件成本的依据。

③ 维护与维修成本。

这种工作的成本可根据经验做一般的预算估计。对用户而言，这类似于预提成本。

理论上也可按一定时期的实际发生额来核算，但这会造成成本较大的波动，不利于系统开发者和用户双方的控制与管理。在具体核算信息系统维护与维修成本时，可根据企业财务报表内容进行测算。

④ 运行成本。

这是管理信息系统在交付使用后产生的系统操作、运行及人员费用。这部分费用主要有系统运行中发生的各项易耗品的损耗，如打印纸、墨粉等费用，以及人员的管理费用。

信息系统运行成本是保证整个信息系统正常运行不可或缺的。在具体计算这部分成本时，也可借鉴企业财务报表内容来完成计算。

目前，随着信息处理技术的不断发展和进步，管理信息系统的总成本趋势是系统硬件成本所占比重逐步下降，软件成本及运行成本的比重逐步上升。

（2）管理信息系统经济收益及其测定。

管理信息系统经济收益是指企业信息系统开发、运行过程中的产出，它反映了企业信息系统的整体效益，是企业信息系统开发、建设的重要参考。

管理信息系统经济收益主要包括：

① 信息系统的财务收益。

企业信息系统的财务收益是指管理信息系统实施后，企业获得的能够以货币度量的产出。

其主要来源有：管理信息系统实施后，企业产品产量的增加所带来的收益；管理信息系统实施后，新业务的开展所带来的收益；管理信息系统实施后，企业生产的科学化、合理化使产品成本降低所带来的收益。

在具体计算系统财务收益时，可采用波拉特信息系统收益的基本理论，完成信息系统财务收益的核算。波拉特将信息系统财务收益分为两部分：一级信息部门所创造的价值和二级信息部门所创造的价值。一级信息部门主要指直接从事信息系统操作、维护的部门。它们所处理的业务，直接为企业增加了经济效益，因而成为信息系统增加值的重要组成部分。计算一级信息部门所创造的价值，主要是计算这些新业务所带来的收入，如信用卡业务所得收入、网上电子交易收入、网上产品销售收入等，这些收入是由系统的运行而增加的收入。二级信息部门主要指未直接从事信息系统操作的部门。二级信息部门的人员虽未直接从事信息系统实施后的有关经营活动，但由于信息系统的实施提高了其工作效率，因此也产生经济效益。在核算这部分收入时，以信息系统实施后 5 年或 8 年企业收入提高的百分比进行折算。一般来说，信息系统实施后，将为企业提高 5% ~ 15% 的效率，在进行收入折算时，可参照这一比例。

② 信息系统的管理收益。

信息系统的管理收益，是指管理信息系统实施后，由于管理技术和手段的不断提高和推陈出新，提高了企业的生产效率以及生产组织的协调性、科学性而带来的收益。

这部分产出没有一定的实物形态可以参照，往往难以用货币直接加以度量。它的主要来源有：管理手段的不断改进所带来的收益；专业化水平的不断提高带来的收益；生产组织的科学化、协调化带来的收益；决策的科学化带来的收益。

企业信息系统实施后，企业的组织机构、组织管理形式也做了相应的调整，适应了企业信息系统运行的要求，提高了企业数据处理的速度及业务处理能力，扩大了企业信息共享的广度，促进了决策的科学化、合理化。在具体核算企业信息系统管理收益时，在数量上难以将其量化，普遍的核算方法是将其进行折算，一般的核算比例为财务收益的 5% ~ 15%。

（3）管理信息系统的技术性能评价。

管理信息系统技术性能方面的评价主要是评价现有硬件和软件资源在技术性能上能否满足应用系统的要求。

例如，数据传输率能否满足数据处理的要求，是否有足够的辅助存储器来保存必要的数据文件，在规定的时间内 CPU 能否对所有的请求做出快速响应等。

具体的评价内容主要有以下几个方面：

① 对管理信息系统功能的评价。

在新系统的开发规划中，已经明确地规定新系统要实现的功能目标。对新系统功能的评价，就是按照规划来检查新系统的功能实现情况。

比如，预期的功能是否已经全部实现，是否能够满足用户的需求，服务质量如何，人员组织和安全保密措施是否完善等。

② 系统操作方面的评价。

系统操作方面的评价主要是对输入正确率、输出的及时性和利用情况等进行评价。例如，是否能够正确地提供输入数据，输出结果是否可用和适用等。

③ 对现有硬件和软件的评价。

对管理信息系统中现有硬件和软件进行评价的目的是检查系统内是否有未被充分利用的资源，或者是否由于某些资源不足与性能不够完善而影响了系统的功能和效率的提高。

对软硬件系统评价的方法和工具包括硬件监控器、软件监控程序、系统运行记录和现场实际观测记录。

第一，利用硬件监控器和软件监控程序进行评价。

硬件监控器既能收集到 CPU 工作的数据，也能收集到外部设备工作情况的数据。软件监控程序可以记录特定程序或程序模块执行情况的数据。利用监控器和监控程序可以对闲置的资源、瓶颈设备以及负荷不均匀情况及时进行检测，从而帮助人们查明系统工作效率过低的各种原因。

第二，根据系统运行记录和现场观测情况进行评价。

新系统日常运行记录是进行系统评价的主要参考资料。通过对运行记录的分析，可以明确使用最多、最频繁的软件设计是否合理、目前效果如何以及系统的故障率等问题。

另外，通过对计算机运行情况的现场观测，可以有效地评价系统资源安排是否合理。

10.3 管理信息系统评价的指标

10.3.1 指标体系建立的原则

建立企业管理信息系统综合评价指标体系时，一般应遵循以下原则：

1）系统性原则

企业管理信息系统是一个完整的人机系统，系统各组成部分需要协调工作才能发挥作用。

指标体系应能全面综合反映被评价对象的情况。指标应该反映对象的各个方面，既要反映直接效果，又要反映间接效果，以保证综合评价的全面性和可信度。同时，还要合理构造层次数量和指标数量，这样才能确定指标的权重，便于确定方案的综合效果。对于如何划分层次和指标并没有一个绝对的客观标准，要根据实际情况而定。

2）准确性原则

所有评价指标均应体现现实的技术水平。为评价指标下定义是现代管理评价技术中相对复杂的一项任务，评价指标含义必须明确。如果不明确就会影响评价的结果，甚至使评价工作无法进行。

3）可比性原则

在确立评价指标时，要考虑到可比性。评价指标应尽可能量化。对定性指标，也要运用一定的算法和工具进行恰当的处理，以便于使用。

4）可测性原则

评价指标体系的含义必须明确，所用的数据资料应便于收集，便于计算机处理。

同类指标之间要能够比较，同一指标要具有历史可比性。这样才能从历史和现实的角度综合评价信息系统的现状和发展。

5）动态性原则

在企业信息系统项目建设的不同阶段，不同类型的信息系统都应能在评价指标中得到体现，根据需要可做相应的调整和改变。同时，指标设置要有重点，对于次要的指标可以适当粗略化，以利于简化评价过程。

10.3.2　指标体系的建立

基于前文分析并参考多篇文献，可以将管理信息系统综合评价指标设为三大类，即系统建设评价指标（U_1）、系统性能评价指标（U_2）、系统应用评价指标（U_3），共 15 项指标，各项指标之间并不是完全相互独立的，有些具有一定的相关性，必须综合考虑。

1）系统建设评价指标（U_1）

（1）规划目标科学性（U_{11}）。

规划目标科学性指管理信息系统规划目标是否科学，并要考虑到技术上的可行性及经济与管理上的可行性。

（2）规划目标实现程度（U_{12}）。

规划目标实现程度指所建成的管理信息系统现状的真实值，是否达到或超过了管理信息系统分析阶段所提出的规划和设想目标，它表明了信息系统对其预先所确定的系统目标的实现程度。

（3）资源利用率（U_{13}）。

资源利用率指管理信息系统对计算机、外部设备、各种软硬件、信息系统资源的利用程度。

（4）经济性（U_{14}）。

经济性指管理信息系统的投资与所实现的功能相适应的程度。

（5）先进性（U_{15}）。

先进性指管理信息系统是否满足了用户的需求，是否充分利用了资源、融合了先进的管理科学知识，使组织管理融于先进的信息系统中，系统设计是否科学，是否有较强的适应性。

（6）规范性（U_{16}）。

规范性指管理信息系统建设应遵循相关的国际标准和行业标准，有关资料齐全而且规范。

规范化、标准化程度高的管理信息系统有较强的生命力。

2）系统性能评价指标（U_2）

（1）可靠性（U_{21}）。

可靠性指管理信息系统软硬件的可靠性，它通常是用户所关心的首要问题。

（2）系统效率（U_{22}）。

系统效率指系统对用户服务所表现出来的与时间有关的特性，由管理信息系统的软硬件所决定。

常用的系统效率指标有周转时间、响应时间、吞吐量。

（3）安全保密性（U_{23}）。

安全保密性指系统软硬件不可靠、用户无意地错误操作、发生自然灾害及敌对者采取种种手段窃取秘密或破坏系统的正常运行时必须采取有效的对策及安全措施。

（4）可维护性（U_{24}）。

可维护性指确定系统中的错误并修正错误所需做出努力的大小，它由系统自身的模块化程度、简明性及一致性等因素所决定。

（5）可扩充性（U_{25}）。

可扩充性指管理信息系统的处理能力和系统功能的可扩充程度。

可扩充性分为系统结构的可扩充性、硬件设备的可扩充性、软件功能的可扩充性等。

（6）可移植性（U_{26}）。

可移植性指将管理信息系统从一种软硬件配置移植到另一种软硬件配置或环境下的可能性。

可移植性取决于管理信息系统中的软硬件特点、开发环境及通用性等因素。

3）系统应用评价指标（U_3）

（1）经济效益（U_{31}）。

经济效益指降低了成本，提高了竞争力，改进了服务，获得了更多的利润等。

通常把经济效益作为管理信息系统的主要目标，经济效益的评价可以采用成本-收益分析法。

（2）用户满意度（U_{32}）。

用户满意度指用户对管理信息系统的功能、性能、用户界面等各个方面的满意程度，并应考虑到人-机界面友好、操作方便、系统易用、容错性强、屏幕设计合理、有帮助的功能。

管理信息系统的价值通过应用得到体现，它只有通过用户的认可才能投入使用。

（3）系统功能应用（U_{33}）。

系统功能应用指系统建成后，管理信息系统的目标和功能实现了多少，应用到什么程度，是否达到预期的目标和技术指标。

以上分析了管理信息系统的评价因素，这 15 个因素构成了管理信息系统多目标综合评价指标体系。

管理信息系统评价指标体系如图 10-4 所示。

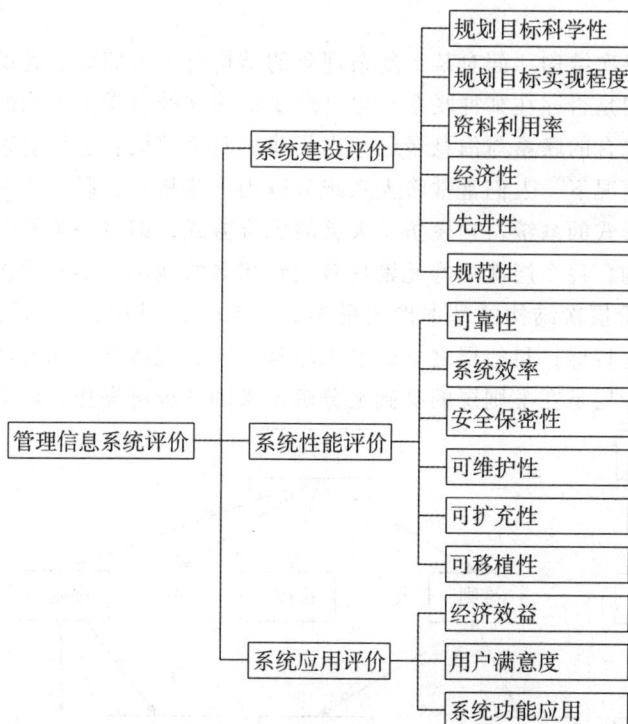

图 10-4　管理信息系统评价指标体系

10.4　管理信息系统评价方法*

10.4.1　层次分析法

层次分析法（analytical hierarchy process，AHP）是当前管理信息系统综合评价中运用最多的方法之一。与传统的专家打分方法相比，层次分析法以专家知识为基础，对分析对象进行由简入繁、由浅至深、由低到高的分析，表现出更强的客观性与数据依赖性。

1）层次分析法的基本原理

层次分析法是20世纪70年代中期由美国著名运筹学家萨蒂（T. L. Saaty）提出来的，是一种定性与定量相结合的半定量方法。它根据人类的辩证思维过程，先将一个复杂的研究对象划分为递阶层次结构，同一层的各元素具有大致相等的地位，不同层次元素间具有某种联系；再对单层次的元素构造判断矩阵以得出层次单排序，并进行一致性检验；最后，为了计算层次总排序，采用逐层叠加的方法，从最高层次开始，由高向低逐层进行计算，推算出所有层次对最高层次的层次总排序值。层次分析法的特点在于递阶层次结构、判断矩阵的构成和一致性检验3个方面。

（1）递阶层次结构。面对某个复杂现象的结构时，人们会下意识地寻找该结构中的各元素之间是否存在某种联系。尽管现实证明这种直觉是正确的，但是通常来说复杂结构所包含的联系与信息量已超出了我们对全部信息进行清晰理解与分析的能力。在这种情况下，人们常常将大系统分解为一些相互关联的子系统。递阶层次就是一种特殊形式的系统，它模仿了人脑的思维方式，即将一个复杂的问题划分为不同层次的结构，每个层次中的元素具有大致相等的地位，不同层次的元素间具有某种联系。递阶层次结构的基本形式可参见图10-5。其中，目标层是最高层，体现了系统的最终目标；目标层之下的准则层是为了实现最终目标而建立起来的一套判断准则；指标层是在准则层的基础上分解出来的各种可操作、可测量的因素。

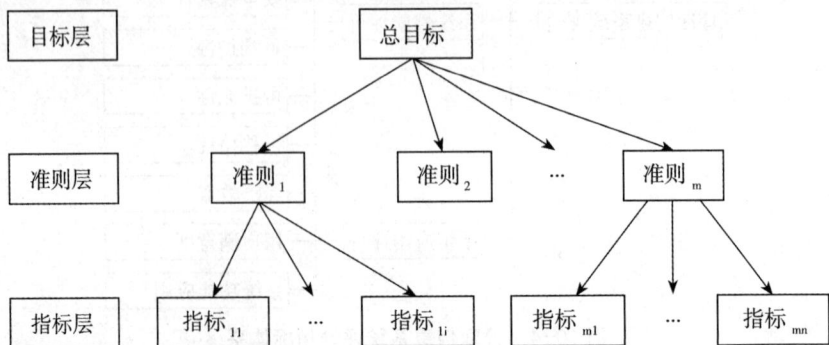

图10-5　递阶层次结构的基本形式

（2）判断矩阵的构成。

$$
A = \begin{bmatrix}
\dfrac{W_1}{W_1} & \dfrac{W_1}{W_2} & \cdots & \dfrac{W_1}{W_n} \\
\dfrac{W_2}{W_1} & \dfrac{W_2}{W_2} & \cdots & \dfrac{W_2}{W_n} \\
\vdots & \vdots & \vdots & \vdots \\
\dfrac{W_n}{W_1} & \dfrac{W_n}{W_2} & \cdots & \dfrac{W_n}{W_n}
\end{bmatrix} = (a_{ij})_{n \times n}
$$

其中：a_{ij} 表示指标 i 对指标 j 的重要程度，显然 $a_{ji}=1/a_{ij}$，$a_{ij}=a_{ik}/a_{jk}$，（i，j，$k=1$，2，$\cdots$，n）。

用向量 $W=(W_1, W_2, \cdots, W_n)^T$ 右乘矩阵 A，得：

$$
AW = \begin{bmatrix}
\dfrac{W_1}{W_1} & \dfrac{W_1}{W_2} & \cdots & \dfrac{W_1}{W_n} \\
\dfrac{W_2}{W_1} & \dfrac{W_2}{W_2} & \cdots & \dfrac{W_2}{W_n} \\
\vdots & \vdots & \vdots & \vdots \\
\dfrac{W_n}{W_1} & \dfrac{W_n}{W_2} & \cdots & \dfrac{W_n}{W_n}
\end{bmatrix}
\begin{bmatrix} W_1 \\ W_2 \\ \vdots \\ W_n \end{bmatrix}
= n \begin{bmatrix} W_1 \\ W_2 \\ \vdots \\ W_n \end{bmatrix}
$$

即 $AW=nW$。根据矩阵原理，满足上式，则说明 n 是矩阵 A 的唯一非零的、最大的特征根，W 是矩阵 A 的与最大特征根对应的特征向量。所以，只要知道矩阵 A，就可以通过求解 A 的最大特征根及特征向量的方法找到 W 的相对值。

在层次分析法中，各专家在进行两两比较时，一般以萨蒂专门设计的 1~9 标度作为比较的标准（见表 10-1）。

表 10-1　　　　　　　　　　判断矩阵标度及其含义

标度	含义
1	表示两个因素相比，具有同样重要性
3	表示两个因素相比，一个因素比另一个因素稍微重要
5	表示两个因素相比，一个因素比另一个因素明显重要
7	表示两个因素相比，一个因素比另一个因素强烈重要
9	表示两个因素相比，一个因素比另一个因素极端重要
偶数	上述两相邻判断的中值
倒数	因素 i 与 j 比较得判断 a_{ij}，则因素 j 与 i 比较得判断 $a_{ji}=1/a_{ij}$

（3）一致性检验。由于客观事物的复杂性和人们认识能力的局限性，人们在对客观事物进行判断时，难免会出现一些或大或小的差错，若差错很小并且在允许的范围内，则可以考虑接受所得到的结论，否则，其判断是无效的。

为了保证利用此分析法得到的结论是基本合理的，必须对客观事物的定性分析判断进行严格的"是否一致"的定量检验。

在进行一致性检验前，首先需计算最大特征根 $\lambda_{\max}$。$\lambda_{\max}$ 的值越接近 n，则判断矩阵的一致性就越好。

有了 $\lambda_{\max}$ 值，利用 $CI=(\lambda_{\max-n})/(n-1)$ 来表示一致性偏差。CI 称为一致性指标，矩阵阶数越大，完全一致性越难达到。

鉴于此，给出阶数为 n 的判断矩阵平均随机一致性指标 RI 值（见表 10-2）。当 $CR=CI/RI \leqslant 0.10$ 时，即认为判断矩阵具有满意的一致性，否则应重新调整判断矩阵，直到达到满意的一致性为止。

表 10-2   RI 取值表

n	1	2	3	4	5	6	7	8	9	10
RI	0.00	0.00	0.58	0.90	1.12	1.24	1.32	1.41	1.45	1.49

（4）计算管理信息系统得分。

指标 U_{ij} 对 U 的权重 $W_{U_{ij}}^{U}=W_{U_i}^{U} \times W_{U_{ij}}^{U_i}$，其中，$W_{U_i}^{U}$ 为准则 U_i 对目标 U 的权重，$W_{U_{ij}}^{U_i}$ 为指标 U_{ij} 对准则 U_i 的权重。

信息系统总得分 $S=\sum\sum S_{ij} \times W_{U_{ij}}^{U}$

其中：S_{ij} 为指标 U_{ij} 的得分。

2）基于层次分析法的管理信息系统综合评价实例

假设某个企业新建了一个管理信息系统，运行一段时间后启动对该信息系统的评价工作，为了确保公平性和客观性，该企业特聘请6位专家组成评价小组，对评价指标的相对重要性给出了评价，评价指标如图 10-4 所示，第二层评价结果见表 10-3。

表 10-3   判断矩阵 U

U	U_1	U_2	U_3	W
U_1	1	5	3	0.648
U_2	1/5	1	1/2	0.122
U_3	1/3	2	1	0.230

具体操作步骤如下：

（1）按习惯的 1～9 标度法进行两两比较得到比较值 K，结果为等差数列。构造出 U_i（$i=1$，2，3）层相对于 U 层的判断矩阵 U，计算其最大矩阵值和各特征向量，进行一致性判断如下：

由 $AW=\lambda W$ 算得 $\lambda_{\max}=\dfrac{1}{n}\sum\limits_{i=1}^{n}\dfrac{AW_i}{W_i}$，$AW=\begin{bmatrix} 1.948 \\ 0.367 \\ 0.690 \end{bmatrix}$

$$\lambda_{\max}=\frac{1}{3} \times \left(\frac{1.948}{0.648}+\frac{0.367}{0.122}+\frac{0.690}{0.230}\right)=3.005$$

$$CI=\frac{\lambda-n}{n-1}=0.002$$

$$CR=\frac{CI}{RI}=\frac{0.002}{0.58}=0.00345<0.10$$

即该判断矩阵满足一致性检验。

（2）根据评价小组对各因素相对重要性的评价，构成 U_{ij} 层对 U_i 层的判断矩阵 U_1，U_2，U_3，计算其最大特征值和各个特征向量，计算方法同上，结果见表 10-4 至表 10-6。

表 10-4 判断矩阵 U_1

U_1	U_{11}	U_{12}	U_{13}	U_{14}	U_{15}	U_{16}	W
U_{11}	1	1/2	1/2	1/3	2	1/2	0.101
U_{12}	2	1	1	1/2	3	1	0.177
U_{13}	2	1	1	1/2	3	1	0.177
U_{14}	3	2	2	1	5	2	0.312
U_{15}	1/2	1/3	1/4	1/5	1	1/3	0.056
U_{16}	2	1	1	1/2	3	1	0.177

$\lambda_{max} = 6.0214$ $CI=0.0043$ $RI=1.24$ $CR=0.0035 < 0.1$

表 10-5 判断矩阵 U_2

U_2	U_{21}	U_{22}	U_{23}	U_{24}	U_{25}	U_{26}	W
U_{21}	1	3	2	3	7	3	0.350
U_{22}	1/3	1	1/2	1	3	1	0.126
U_{23}	1/2	2	1	2	5	2	0.230
U_{24}	1/3	1	1/2	1	3	1	0.126
U_{25}	1/7	1/3	1/5	1/3	1	1/3	0.043
U_{26}	1/3	1	1/3	1	3	1	0.126

$\lambda_{max} = 6.0242$ $CI=0.0048$ $RI=1.24$ $CR=0.0039 < 0.1$

表 10-6 判断矩阵 U_3

U_3	U_{31}	U_{32}	U_{33}	W
U_{31}	1	1/3	3	0.261
U_{32}	3	1	5	0.633
U_{33}	1/3	1/5	1	0.106

$\lambda_{max} = 3.038$ $CI=0.019$ $RI=0.58$ $CR=0.033 < 0.1$

（3）计算管理信息系统得分。

指标 U_{ij} 对目标 U 的权重矩阵表示为：

[0.065，0.115，0.115，0.202，0.036，0.115，0.0427，0.015，0.028，0.015，0.005，0.015，0.060，0.146，0.024]

专家组针对每一指标对管理信息系统进行评价得到的分值矩阵为：

[95，90，89，87，75，70，70，80，70，60，70，70，70，75，70] ^{T}

基于以上信息得到该信息系统的得分为 80.462（满分为 100）。

（4）评价结果分析。

该管理信息系统综合评价分数较高，但得分与满分还有一定差距，说明该系统还存在一些问题。通过每一项指标的具体得分可以看出 U_{16}、U_{21}、U_{23}、U_{24}、U_{25}、U_{26}、U_{31}、U_{33} 的评价值较低。所以，必须采取相应的措施，在运行阶段提高该系统的性能。

10.4.2　模糊综合评价法

1）模糊综合评价法的基本原理

自从美国控制论专家扎德（L. A. Zadeh）教授于 1965 年提出"模糊集合"的概念之后，有关模糊数学这一领域的理论研究和应用便在世界各国广泛开展起来了。

模糊数学以连续多值逻辑为基础，是对各种模糊事物进行数学描述的有力工具。模糊数学应用于系统评价具有很好的适用性。

在进行系统评价时，尽管人们认为可以将每一评价指标的评语划分为若干个等级，但各个等级之间的边界实际上是模糊的。在具体评价时，一般方法很难对这些模糊的概念进行准确的描述，而模糊数学正是为描述和解决这个问题而发展起来的。

模糊综合评价法实际上是借助模糊数学中模糊变换和综合评价方法对评价对象进行模糊综合评价的方法。

模糊评价法的关键是建立模糊数学模型。为此，该方法提出以下假设：

产品评价指标的集合 $A = \{u_1,\ u_2,\ \cdots,\ u_n\}$，其中，元素 u_i 为第 i（$i=1$，2，$\cdots$，n）个评价指标，n 为同一层次上评价指标的个数。

产品评语的集合 $V= \{v_1,\ v_2,\ \cdots,\ v_m\}$，其中，元素 v_j 为第 j（$j=1$，2，$\cdots$，m）种评语，m 为评语的种数。

产品评价矩阵为 $\underset{\sim}{R} = \begin{bmatrix} R_1 \\ R_2 \\ \vdots \\ R_n \end{bmatrix} = \begin{bmatrix} r_{11} & r_{12} & \cdots & r_{1m} \\ r_{21} & r_{22} & \cdots & r_{2m} \\ \vdots & \vdots & \vdots & \vdots \\ r_{n1} & r_{n2} & \cdots & r_{nm} \end{bmatrix} = (r_{ij})_{n \times m}$，其中 $\underset{\sim}{R}$ 为 $n \times m$ 阶评价矩阵，即从 U 到 V 的一个模糊关系。$R_i = \{r_{i1},\ r_{i2},\ \cdots,\ r_{im}\}$ 为第 i 个评价指标的单指标评价；r_{ij} 为从第 i 个评价指标上对产品所做的第 j 种评语的可能程度，一般取评语 v_j 的百分比。

各评价指标的权重集合 $\underset{\sim}{W}= \{W_1,\ W_2,\ \cdots,\ W_n\}$，其中，$\underset{\sim}{W}$ 为 U 上的模糊子集，它所对应的权重向量可用矩阵表示为 $\underset{\sim}{W}= (W_1,\ W_2,\ \cdots,\ W_n)$，元素 W_i 为第 i 个评价指标 u_i 所对应的权重，且满足 $\sum_{i=1}^{n} W_i =1$。

依据模糊数学的有关理论，对单层次评价指标的模糊综合评价的数学模型为：

$$\underset{\sim}{B} = \underset{\sim}{W} \times \underset{\sim}{R} = (W_1,\ W_2,\ \cdots,\ W_n) \begin{bmatrix} r_{11} & r_{12} & \cdots & r_{1m} \\ r_{21} & r_{22} & \cdots & r_{2m} \\ \vdots & \vdots & \vdots & \vdots \\ r_{n1} & r_{n2} & \cdots & r_{nm} \end{bmatrix} = (b_1,\ b_2,\ \cdots,\ b_n)$$

$\underset{\sim}{B}$ 矩阵中的各元素 b_j 就是对单层次评价指标的模糊综合评价结果。上述结果通常要进行归一化处理，即

$$b_j' = \frac{b_j}{\sum_{j=1}^{m} b_j}$$

在具体实践中，评价指标体系往往是多层次的，因此在单层次模糊综合评价的基础上还应当进行多层次的模糊综合评价，其具体操作因层次多而各不相同。

2）基于模糊综合评价法的管理信息系统综合评价实例

应用模糊综合评价法对管理信息系统的运行状况进行评价是建立在层次分析法的基础之上的，其不同之处表现在不苛求评审专家对信息系统运行的每一项指标给出一个确定的分数，而是应用了更符合人们日常评价习惯的评语集形式，如 "优秀" "良好" "合格" "失败" 等。

模糊评价方法并未深入探讨模糊数学的定理、性质等，而仅仅借用了模糊数学中对于模糊对象的评价思想，通过引入不同指标下评语隶属度的概念而妥善处理了对模糊对象进行数学描述的问题。

从处理流程来看，模糊综合评价方法在准备阶段与层次分析法类似，不同之处在于添加了评语集。在本例中，做出如下假设：

为了全面、准确地反映实际情况，专家组由该领域专家、高层管理人员以及用户组成。

专家组成立后，确定评语集，将管理信息系统由高到低划分为 "一级" "二级" "三级" "四级"，则评语集 $V = \{$ 一级，二级，三级，四级 $\} = \{V_1, V_2, V_3, V_4\}$。

评价指标集与 10.4.1 节中层次分析法实例采用统一指标集，详情参照图 10-4，指标权重的确定以及一致性检验步骤（1）～（3）与 10.4.1 节中（1）～（3）步相同。

接下来考虑 10.4.1 节（4）评价结果分析中各指标的隶属度。根据评语集，专家组对该管理信息系统进行评价，评价结果用隶属度矩阵 R（已完成归一化操作）表示如下：

$$R^{\mathrm{T}} = \begin{matrix} v_1 \\ v_2 \\ v_3 \\ v_4 \end{matrix} \begin{bmatrix} 0.798 & 0.592 & 0.453 & 0.431 & 0.141 & 0.000 & 0.095 & 0.281 & 0.198 & 0.000 & 0.186 & 0.213 & 0.217 & 0.304 & 0.237 \\ 0.202 & 0.408 & 0.547 & 0.559 & 0.493 & 0.132 & 0.215 & 0.609 & 0.256 & 0.114 & 0.497 & 0.504 & 0.513 & 0.482 & 0.453 \\ 0.000 & 0.000 & 0.000 & 0.010 & 0.291 & 0.698 & 0.603 & 0.110 & 0.487 & 0.632 & 0.296 & 0.283 & 0.256 & 0.214 & 0.269 \\ 0.000 & 0.000 & 0.000 & 0.000 & 0.075 & 0.170 & 0.087 & 0.000 & 0.059 & 0.254 & 0.021 & 0.021 & 0.014 & 0.000 & 0.041 \end{bmatrix}$$

（1）计算综合评价值。

为了在模糊综合评价值时能兼顾各因素，并且保留单因素评价中的全部信息，专家组采用综合评判的加权评价型模型，得出综合评价向量：

$S = W_{U_{ij}}^{U} \times R = [0.346, 0.419, 0.202, 0.033]$

其中，$W_{U_{ij}}^{U}$ 为指标层 U_{ij} 相对于目标层 U 的综合权重。

由上式知，管理信息系统对 "一级" 的隶属度为 0.346；对 "二级" 的隶属度

为 0.419；对"三级"的隶属度为 0.202；对"四级"的隶属度为 0.033。对评语集 $V = [4，3，2，1]$ 量化，得综合评价值 $P = V \times S^T = 3.077$。所以，该管理信息系统综合评价应为"一级"。

（2）评价结果分析。

该管理信息系统综合评价为"一级"，但得分离满分（4分）还有一定差距，说明该系统还存在一些问题。通过分析隶属度矩阵 R，可以看出 U_{16}、U_{21}、U_{23}、U_{24} 的评价值较低。其原因是该管理信息系统建设和性能不高，即规范性、可靠性、安全保密性、可维护性较差，所以必须采取相应的措施，在运行阶段提高该系统的性能。

本章小结

本章主要介绍了管理信息系统审计的目的、内容、过程及方法；管理信息系统绩效评价的内容；管理信息系统评价指标体系的建立以及两种典型的评价方法：层次分析法与模糊综合评价法。

思考题

（1）管理信息系统的评价工作有何意义？进行该项工作的目的是什么？

（2）何为管理信息系统审计？它包括哪些内容？

（3）管理信息系统审计有哪些方法？这些方法各有什么特点？

（4）管理信息系统绩效评价包括哪些内容？经济评价与技术性能评价的各自特点是什么？

（5）管理信息系统评价的具体指标包括什么？构建指标体系时有哪些注意事项？

（6）什么是层次分析法（AHP）？该方法有何特点？

（7）什么是模糊综合评价方法？该方法有何特点？

（8）层次分析法与模糊综合评价法有何联系？又有何区别？

第 10 章
基础自测题

案例分析

BI系统在赛迪股份公司项目管理中的应用审计

一、案例背景

中冶赛迪集团有限公司（以下简称赛迪集团）是世界 500 强企业——中国冶金科工集团有限公司——旗下的国有大型科技型工程技术企业，是集应用技术研发、经济技术咨询、规划设计、工程总承包、成套装备、工程监理、技术服务于一体的工程技术服务集团，也是国内第一家完全数字化的工程技术服务集团，下设 18 个职能部门，拥有中冶赛迪工程技术股份有限公司（以下简称赛迪股份公司）等 21 家全资或控股子公司。中冶赛迪核心信息系统（以下简称CCIS系统）是赛迪集团

信息化建设的主要平台，是以 Oracle ERP 系统为核心组件搭建的信息化系统。该系统以项目为导向和核心，覆盖了企业价值链，为项目管理提供全生命周期的信息化支撑。该系统于 2008 年 12 月上线投用至今，除涉及海外、物业管理以及房地产等业务的 4 家子公司尚未上线外，其余 17 家子公司均已成功上线投用。此外，为了持续优化完善该系统，赛迪集团于 2010 年投资设立了中冶赛迪重庆信息技术有限公司（以下简称赛迪信息公司），对系统进行功能运维和优化提升。

CCIS 系统对赛迪集团规范日常运营管理、提升管理效率、维护信息的正常流转、增强市场竞争力起到了积极作用。由于经营管理活动对该系统依赖性极强，系统可靠性、稳定性、安全性、完整性及准确性显得尤为重要。赛迪集团审计部作为内部监督部门，着眼于信息化环境下公司面临的新的风险点，于 2012 年开始组织具有 IT 背景的审计人员研究探索信息系统审计，对 CCIS 系统内部控制及流程进行审查和评价，提出相关管理建议，促进公司提升信息化水平。

BI 系统是与 CCIS Portal 界面及 Oracle 数据库相互集成，通过信息挖掘、分析、查询和报表的形式为管理层决策提供立体式数据服务的商务智能系统，其基础组件主要包括 BIEE 基础服务、服务器以及数据抽取工具等。该系统是赛迪集团在凯捷咨询（中国）有限公司的指导下自行开发的，包含经营总览、项目管理、采购管理、费用控制等 12 个功能模块。

赛迪股份公司作为赛迪集团的核心子公司，致力于为钢铁行业提供全流程服务，为工程项目提供全功能、全生命周期服务，率先投用了 BI 系统。在对赛迪股份公司工程项目的审计过程中发现，BI 系统项目管理模块数据与 CCIS 中 ERP 系统财务模块数据存在不一致的情况。审计部高度重视这一情况，以风险导向为原则，对赛迪股份公司的 BI 系统在项目管理中的应用情况进行审计，将其纳入 2013 年度审计计划，向集团董事会报批后实施。本项目审计目标是对 BI 系统的内部控制和流程进行审查与评价，为持续优化完善 BI 系统内部控制流程提出具有可操作性的建议，有效提升 BI 系统的可靠性、稳定性、安全性及数据处理的完整性和准确性，增强系统的普及率和使用率，保证 CCIS 系统灾难恢复计划的持续有效性。

二、审计过程及方法

1.审计思路

本项目兼具信息系统一般控制审计和应用控制审计的特点。为了实现前述审计目标，审计小组拟定了以下审计思路：

① 收集相关资料，熟悉 BI 系统基本架构、主要功能、业务流程以及其与 CCIS 系统中其他模块或子系统间的逻辑关系等。

② 进行风险评估，确定审计范围和重点。

③ 梳理审计重点，从一般控制与应用控制两个层面深入开展审计工作，确定重点审计内容。

2.审计过程

精心组织，周密安排。

针对信息系统审计内容涉及面广、开展难度较大等特点,审计部高度重视,积极协调沟通,得到了赛迪集团信息化建设主管领导的大力支持,要求相关部门及人员积极配合审计工作,为审计工作的顺利开展提供有力支持。本项目审计组织情况见表10-7。

表10-7 项目审计组织情况

序号	项目	具体安排
1	审计小组成员	组长:审计部部长 主审:具有CISA资格的业务骨干 辅审:其他审计人员1~2人
2	配合部门及人员	赛迪集团总部:采购管理部 赛迪股份公司:人力资源部、项目管理部、费用控制与合同管理部 赛迪信息公司:BI系统开发及运维管理人员
3	现场审计时间	2013年9月9日至20日,10个工作日
4	审计分工	组长:审批确定审计方案;主持召开审计启动会议;组织协调并督促方案按时推进,对于审计过程中遇到的问题,组织讨论、决策或向主管领导汇报;对主审提交的审计过程资料进行重点复核并对提交公司主管领导审批的审计报告定稿 主审:拟订审计方案,发送审计通知,督促辅审按时推进方案,负责与相关人员对接,收集审计过程中的问题并及时向审计组长汇报,复核辅审人员审计工作底稿,草拟审计报告 辅审:按照审计方案开展具体工作;交互复核审计工作底稿

3.前期准备工作

(1)主审申请并开通BI系统访问账户及权限。

(2)详细阅读BI系统项目管理模块设计功能说明书、解决方案及应用速读手册(操作手册)等文件。

赛迪信息公司开发人员提供该系统项目管理模块的功能说明书及应用速读手册(操作手册)共41份。

(3)梳理BI系统与CCIS其他子系统或模块间的关键接口或控制点及其基本架构。

BI系统基本架构见图10-6,CCIS系统各模块间的关系见图10-7。

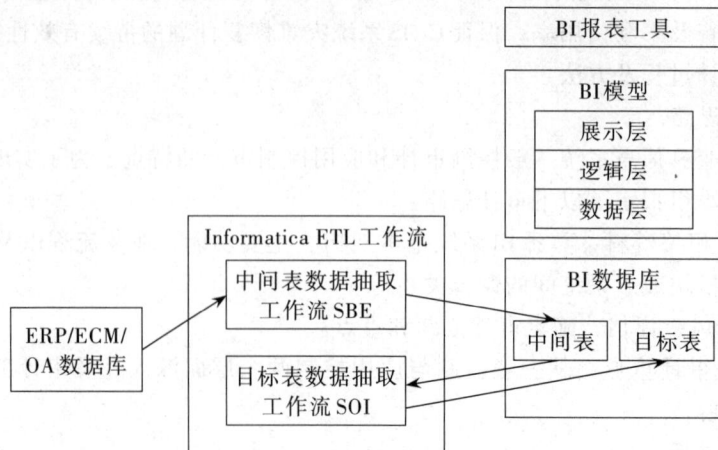

图10-6 BI系统基本架构图

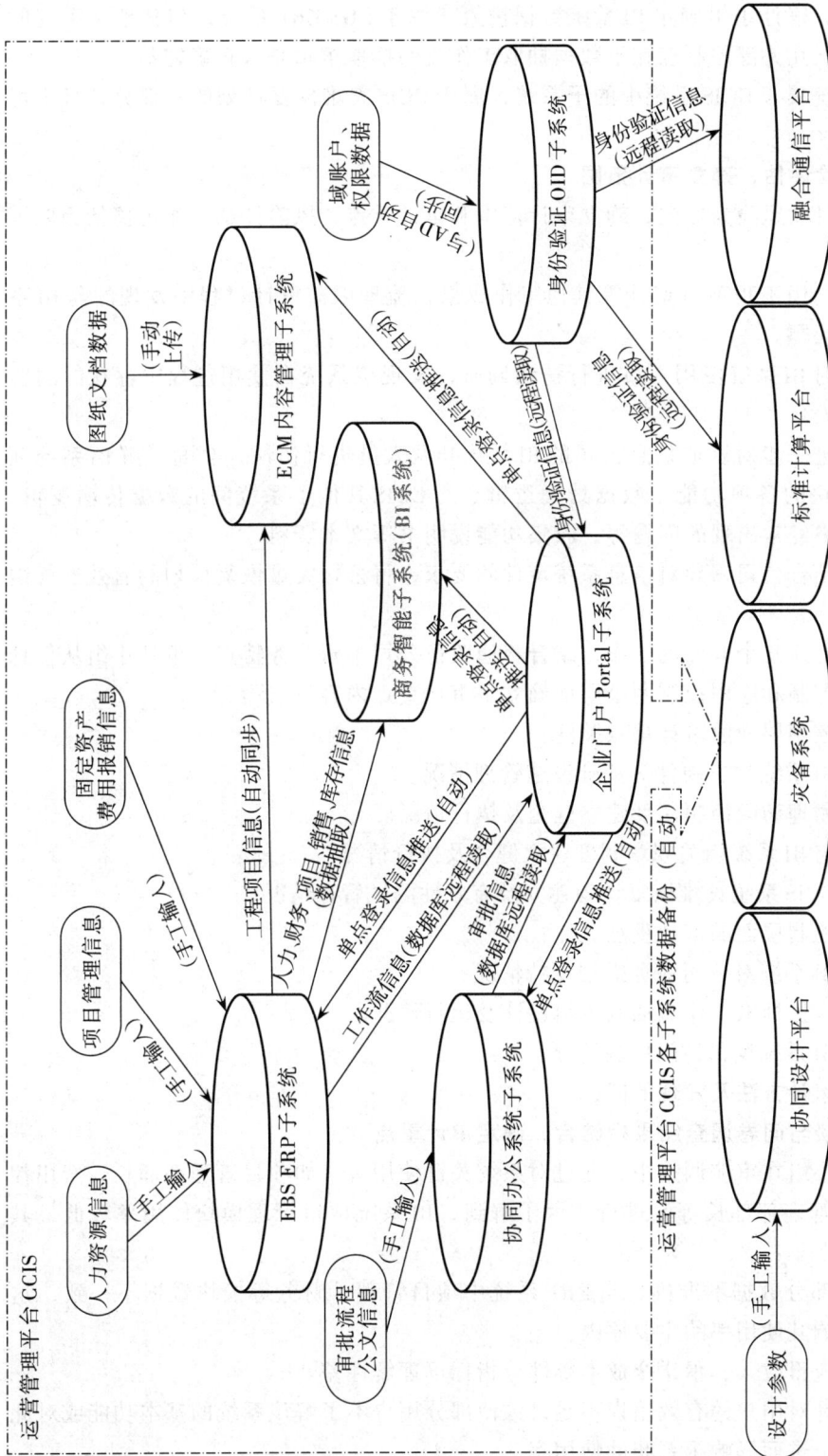

图10-7 CCIS系统各模块间关系图

据此，审计小组确定BI系统数据输入来源于EBS ERP系统，与其他子系统的关联较少，其关键控制点在于数据抽取工作流的抽取逻辑是否正确完备。

BI系统属于CCIS系统中的子系统，属于CCIS灾难恢复计划的一部分，且不可分离。

4.风险评估，确立审计范围

本项目以风险为导向，确立审计范围和审计重点，风险评估工作可概括为以下几个方面：

（1）利用工程项目审计等其他工作成果，梳理以前审计过程中发现的与BI系统相关的问题。

（2）对BI系统使用人员进行访谈调研，发现该系统在使用过程中存在的问题或不足之处。

（3）进一步对赛迪信息公司的BI系统开发人员进行访谈，全面了解BI系统项目管理模块的各项功能、数据处理逻辑、与CCIS其他子系统间的数据传输逻辑、日常运维中经常出现的问题等，收集功能说明书等文本资料。

（4）结合公司领导对信息系统审计的要求，将公司灾难恢复计划的有效性等纳入审计范围。

根据上述几个方面的工作，结合赛迪股份公司主营业务特点，审计小组从信息系统一般控制和应用控制两个层面确立了审计重点内容。

一般控制层面的审计重点关注：

（1）BI系统软、硬件等基础设施管理情况。

（2）物理访问控制制度建立健全及执行情况。

（3）与BI系统相关规章制度建立健全及执行情况。

（4）CCIS系统灾难恢复计划建立及有效性测试管理情况。

应用控制层面的审计重点关注：

（1）BI系统对公司业务需求支持情况。

（2）数据抽取工作流抽取逻辑设计及运行情况。

（3）BI系统逻辑访问控制情况。

三、审计方法及发现的问题

1.访谈与问卷调查结果相结合，确定审计重点

审计小组在审前调查中，通过对系统关键使用者（如项目管理部部长、费用控制与合同管理部部长等）进行访谈了解到，BI系统项目管理模块使用率较低，其原因可能在于：

一是部分数据不准确，与ERP系统中项目管理、财务等模块数据不一致，这可能是影响其使用率的主要原因。

二是应得收入、承诺全成本等部分指标可理解性差。

三是针对用户的有效培训不足，致使部分用户不了解该系统的基本功能或对此知之甚少，进而影响了系统的使用率。

审计小组据此设计调查问卷，有针对性地对赛迪股份公司部分使用者（主要是项目经理及中层管理人员以上人员）进行问卷调查，佐证了上述问题，明确了数据的准确性是影响 BI 系统使用率的主要原因，并将该问题纳入审计重点。

2. 从具体项目着手，全面梳理 BI 系统数据

审计小组抽取工作流数据处理逻辑，核查 BI 系统数据准确性。通过阅读功能说明书以及向开发人员进行访谈等方法全面了解 BI 系统中数据抽取及处理逻辑后，审计小组抽取了实际运行的两个典型的工程项目逐项核查项目管理及业务数据，查找差异，并在开发人员支持下，分析差异产生的根源，为解决相关问题提供具有可操作性的解决方案。通过核查发现，影响数据准确性的主要原因在于以下几个方面：

（1）BI 系统内部控制流程存在缺陷，数据抽取工作流设计存在瑕疵。

例如，某项目甲供钢材 BI 系统较采购管理部提供的实际使用数据多出3 105.40 吨、1 395.88 万元。据查，该项目第二批钢筋实际出库 4 000 吨，但采购人员录入系统时误录入 7 105.40 吨，按照《甲供钢材采购 CCIS 用户系统操作手册》，后录入 -3 105.40 吨到"杂项事务处理中的账户接收"进行调整，但 BI 系统数据抽取工作流未抽取到该调整项。

（2）CCIS 系统中采购管理模块功能不完善。

例如，某项目直接开支中，采购人员误录入金额为 6.38 万元的采购订单后，撤销该订单时做了"取消"处理，但后台数据并未相应地将订单状态更改为"取消"，致使 BI 系统直接支出较 ERP 系统多了 6.38 万元。经了解，CCIS 系统上线时已明确，经批准的采购订单不能做"取消"处理，但 CCIS 系统采购管理模块未屏蔽该操作。

（3）用户操作不熟练或失误导致数据归集错误。例如，某项目直接支出中预算内设计分包支出，支出类型应为"直接支出"，而业务人员误将其支出类型选择为"制图费"。

3. 采集数据，跨系统数据比对分析，查询系统非法用户

为了核查 BI 系统登录权限配置是否符合公司相关管理要求，审计小组采集了BI 系统登录用户数据及 CCIS 系统人力资源系统中所有在职员工数据，通过跨系统数据比对分析，剔除系统管理账户，查找非法账户反馈给人力资源部进行核实确认。经对比发现，信息沟通不畅，员工离职信息传递存在缺陷。BI 系统拥有登录权限账户 623 个（已剔除了管理员账户），其中 4 个账户为已离职员工，但未及时清理。主要原因在于员工离职信息传输存在缺陷，未能实时将相关信息有效传递到信息部门。

4. 检查灾难恢复计划的有效性

对于灾难恢复计划的有效性检查，审计小组从两个方面着手：一是检查服务器等硬件设备的物理环境及物理访问控制情况，主要查看机房的消防安全、门禁管理以及巡检记录等。二是检查备份磁带归档管理及灾备系统有效性测试审批及开展是否符合公司相关制度规定。经查，灾难恢复计划执行有效。

四、审计结果及成效

针对审计发现的问题，在上报集团董事会审批后，相关部门均进行了相应整改。审计成果得到了有效应用，具体体现在：

一是发现了 BI 系统数据抽取工作流存在设计缺陷，影响了项目管理数据的准确性；审计结论促进了赛迪信息公司的技术人员优化完善数据抽取工作流取数逻辑，提升了 BI 系统数据准确性。

二是发现了 CCIS 系统中采购管理模块功能不完善，未屏蔽被禁止的功能。已整改完毕。

三是发现了信息与沟通方面存在的不足，员工离职信息传递存在缺陷。审计后公司优化完善了员工离职流程，提高了信息传递有效性，确保了离职员工账户得到及时清理。

四是发现了 BI 系统中部分指标可理解性差、培训力度不足等因素影响了 BI 系统的普及率和使用率。

五、启示与思考

第一，较之经济责任审计等其他内部审计工作，信息系统审计的审计对象责任人并非唯一，有系统设计、实施部门，也有使用部门，同时还有负责内部控制制度设计和运行的相关部门，审计对象群体庞大导致配合难度较大。因此，公司领导的大力支持与推动是顺利开展信息系统审计的有力保障。

第二，信息系统审计主要关注信息技术内部控制与流程的合规性与可靠性，所发现的问题通过审计意见或建议予以改善，能够纠正所有的类似错漏，有效促进系统的可靠性和数据准确性的提升，审计成效和价值实现往往更加快捷、更易被接受。

第三，抓住信息系统内部控制与流程的"牛鼻子"，内部审计大有可为。事实证明，通过梳理及测试信息系统内部控制与流程，再辅以有针对性的审计程序和方法，如穿行测试、问卷调查、分析性复核等，内部信息系统审计在促进信息系统的完善和改进方面完全可以大有作为。

第四，信息系统审计工作作为内部审计新开展的一项审计业务，对于企业尤其是非金融类企业的内部审计而言，尚处于不断摸索和学习的过程中，提升审计人员的专业胜任能力，逐步规范完善审计流程及审计工作底稿，对于充分发挥内部审计的价值创造作用尤为重要。客观上，目前非金融类企业信息系统审计发挥的作用较为有限，提升空间仍然较大。

资料来源　尹小华，凌莉，黄学英. 中冶赛迪集团信息系统审计案例——BI 系统在赛迪股份项目管理中的应用审计［J］. 中国内部审计，2016（5）：55-58.

案例思考题：

（1）通过此案例分析管理信息系统中审计的重要性。

（2）本案例中审计之前的准备工作有哪些？采用了什么审计方法？

第11章　管理信息系统开发实例

学习目标

✔ 掌握运用结构化方法进行管理信息系统开发；
✔ 掌握运用面向对象方法进行管理信息系统分析与设计。

11.1　某高校教材申报审批管理系统的分析、设计与实现

前面的章节介绍了管理信息系统基础知识、开发过程及具体内容，详细介绍了开发过程中涉及的各种描述工具及使用方法，但是管理信息系统的开发是一个综合性较强的过程，涉及管理过程、开发方法、技术手段等内容。为了更完整地展现某个管理信息系统的开发过程，本章综合运用前面章节的基本知识，以编者所在高校的教材申报审批管理系统作为研究对象，采用结构化的开发方法，介绍教材申报审批管理系统的开发实例，旨在通过这个系统开发的案例，让读者更深入地了解管理信息系统的开发步骤，并对开发过程中各个阶段所要完成的工作及内容有更进一步的理解。本案例采用ASP.NET作为开发工具，以SQL Server 2008作为后台数据库。有关ASP.NET和SQL Server 2008的相关知识本章不做具体介绍，请参考相关书籍。

11.1.1　开发背景及意义

高校是培养人才的摇篮，教学质量直接影响着人才培养的效果，对教材的合理选择是提高教学质量的基本保障，教材的申报、审批、征订工作在整个教学管理中显得尤为重要。目前，个别高校仍采取传统的手工方式进行教材的申报与审批工作，不仅效率低下，而且出错率高，会导致教材审批不严、错订、漏订等问题，直接影响教学工作的顺利进行。如何利用先进的管理手段与科学的管理方法，提高教材申报审批的管理水平及工作效率，是高校所面临的一个重要课题。在信息化高速发展的今天，要想提高教材申报审批管理的工作效率，必须借助现代化的信息技术与手段。

目前，各大高校都十分重视教材的申报与审批工作，从教师填写教材审批表到教研室主任与系主任审批，再到教材科按照审批后的数据征订教材，各个环节都需

要进行严格的管理，但仍然会在各个环节中出现错误。因此，如何借助信息技术手段，让教师方便快捷地提交教材申报信息，并快速得到反馈信息，如何让审核人员方便快捷地对教材申报内容进行把关、监督，如何让教材科科学、高效地获取申报记录信息并快速完成订购任务，成为当前高校急需解决的问题。针对以上问题，开发一套教材申报审批管理系统对于提高高校教材管理工作的质量、效率与水平具有十分重要的意义。

11.1.2 某高校教材申报审批业务介绍

某高校在每学期末开展下学期的教材申报工作，具体工作流程如下：

（1）由教务处下属的教材科发放下学期教材征订通知，各系接到通知后，按照教材征订的要求将任务布置到各教研室，各教研室通知所属任课教师申报教材。

（2）任课教师根据下学期的教学任务书，针对学生专业和班级挑选合适的教材，并填写"教材审批表"，在表中填写教材相关出版信息、授课班级信息、教材对应课程信息及教材特色信息等，填好后交给所在教研室主任等待审批。

（3）教研室主任根据任课教师提交的"教材审批表"的内容，参考各专业培养计划的要求审批教材，并填写教研室主任审定意见，然后将审批通过的教材所对应的"教材审批表"提交所在系部进行审核。

（4）系主任按照各教研室主任提交的"教材审批表"审核教材，并填写系主任审定意见，完成教材审批工作。

（5）审批通过的教材信息，由各系教学办公室主任汇总，并填写"教材审批汇总表"，以系部为单位提交教材科。

（6）教材科根据各系部提交的"教材审批汇总表"，汇总填写"教材预订单"，并进行教材征订工作。

（7）教材到货后，通知任课教师及各班级领取教材。

由于没有相应的管理信息系统，以上工作全部由手工完成，效率低、出错率高，漏订错订问题时有发生，直接影响教学工作的顺利进行。

下面根据以上业务过程，通过和相关部门、相关工作人员及教师交流，收集相关资料，采取结构化系统开发方法，设计一个有针对性的教材审批管理系统。

11.1.3 系统分析

1）初步需求分析

本系统以高校教材申报审批管理为背景，目的在于使得教师申报教材，系部、教研室审批教材，教材科统计申报数据、订购教材这一过程变得简单、高效，教材申报审批过程涉及的各部门人员，可以根据不同的角色完成自己职责范围之内的工作，并且记录在案，出现问题可以直接找到责任人和发生时间。

申报审批教材时，相关人员只需要通过计算机连接互联网，打开一个浏览器就可以进行，不需要安装客户端软件，系统数据被安全地存放在数据库服务器里。

同一种教材可以给不同专业的不同班级使用，每个班级人数不同，教师申报教材时需要填写教材的详细信息和教材使用班级信息。

审批者（系主任、教研室主任）审批教材时可以查看所选班级信息，但是对教材信息和使用班级信息不能进行修改、删除，只能审批。系部及教研室要给出审批结果及理由，方便教师对教材信息进行修改并重新申报。

系统管理员可以对系统基本信息进行设置，可以对院系信息、系统用户进行管理。教师用户如违反规定，管理员能够对其进行锁定（锁定后该用户不能进入系统），也可以对其进行解锁，恢复身份。管理员可以对教材审批记录进行筛选查询、打印、导出 Excel 文档等。

2）可行性分析

在系统调查的基础上，还要针对新系统的开发是否具备必要性和可能性，从技术、经济、操作等方面进行可行性分析，以避免投资失误，保证新系统开发成功。可行性分析的具体内容如下：

（1）经济可行性。随着计算机技术的飞速发展，计算机在企业管理中应用的普及，利用计算机实现企业人事管理势在必行。对于教育这一关系到国家未来发展的行业来说，设计一套高效快捷的教材申报审批系统，能够节省大量的人力、物力、财力，为学校节省一笔不小的开支，降低教学管理直接成本与间接成本，还能提高教学管理效率，增强学校的竞争力，给学校带来直接经济效益与间接经济效益。因此，开发这套系统在经济上是可行的。

（2）技术可行性。高校教材申报审批系统采用了当前主流的 B/S 模式进行开发，系统开发工具选用 Microsoft Visual Studio 2010。Microsoft Visual Studio 2010 是一种可视化的、智能的、高效的 .NET 平台的开发工具，其中的 C# 编程语言是一种面向对象、线程安全、高效、可跨平台的高级语言。后台的数据库开发工具选用 Microsoft SQL Server 2008，它存储安全，能够处理大量数据，效率高，是可视化的数据库管理工具。这两种开发工具功能强大，安全可靠，作为系统开发工具是可行的。

（3）操作可行性。本系统在部署完成以后根据不同角色有不同的指导说明和视频教程，设计界面和普通 OA、CRM 系统的界面相差不大。不同角色业务单一，同普通日常业务过程一样，所有用户只需要稍加了解就可以进行操作了。如果有疑问可以随时联系系统管理员帮助解答。

综上所述，此系统开发目标明确，在技术、经济和操作等方面都是可行的。

3）系统角色分析

由于教材申报审批过程涉及不同的部门和不同的人员，各个部门人员所需要完成的工作及权限也不同，如教师申报教材、教研室主任审批教材、教材科统计教材等，因此，对本系统用户根据不同部门分配不同角色及功能权限。其系统角色分配图如图 11-1 所示。

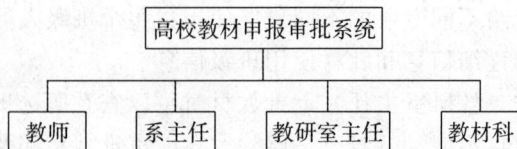

图 11-1　系统角色分配图

4）角色功能分析

使用系统角色分配图明确各角色的功能后，将其进行归纳、整理，形成各层的功能结构图；然后自上而下归纳、整理，形成以系统目标为核心的整个系统的功能结构图。根据不同的角色，按照系统角色划分系统功能及权限，形成角色功能图如图 11-2 所示。其中，审核者包括教研室主任和系主任。

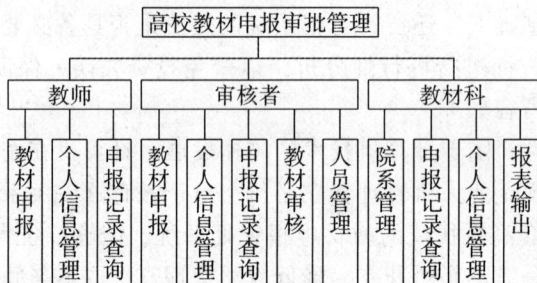

图 11-2　角色功能图

5）业务流程分析

分析申报审批业务流程时应顺着系统信息流动的过程逐步地进行，分析的内容包括各环节的业务处理、信息来源、处理方法、计算方法、信息流去向、信息提供的时间和形态（报告、单据、屏幕显示等）。

（1）业务流程简介

目前，高校教材申报审批的业务流程可以概括如下：

教务处向各个系部发出通知，开始申报下一学期的教材。各个系部通知每个教研室，教研室通知每个专业的教师，准备申报下学期教材，安排教师填写"学院选用教材审批表"（以下简称审批表）。教师将自己选择的教材按照要求填写完整审批表，打印并同时上交内容相同的电子文档给教研室主任审核，教研室主任对审核通过的打印版逐一进行签字盖章，然后交由系主任审核盖章。系主任将审核通过后的审批表（包括打印版和电子文档）进行汇总并提交到教材科进行统计。如果教材申报审核不通过，直接被退回，通知教师重新选择教材再次逐级审批。教材科订购时如果发现缺货，则通知系部转达给教师，教师重新选择教材。教材科统计最终的教材信息，根据数量订购教材，收到教材后发放给各系各班级。

（2）业务流程图

业务流程图是一种描述系统内各单位、人员之间业务关系、作业顺序和管理信息流向的图表，它可以帮助分析人员找出业务流程中的不合理的信息流向。按照上文所述的业务处理过程，绘制系统的业务流程图（如图 11-3 所示）。

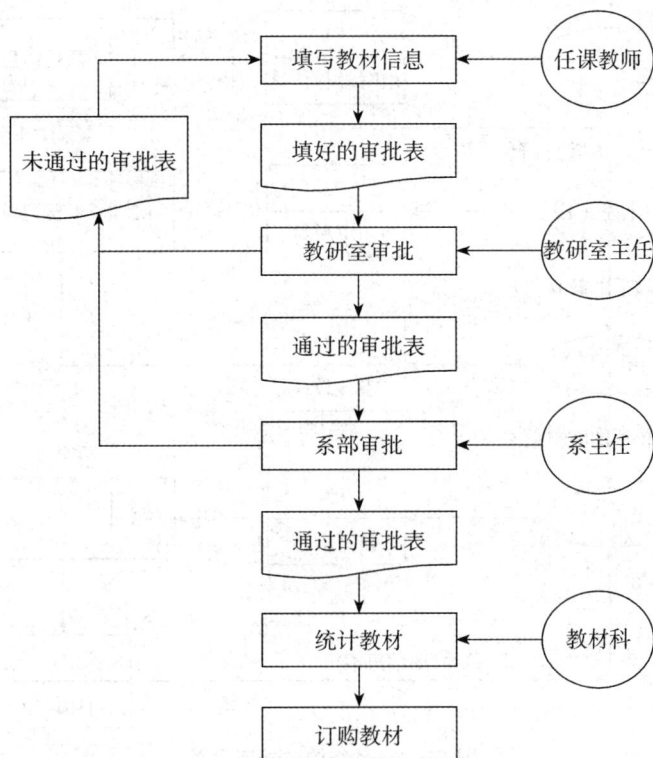

图11-3 系统的业务流程图

6）数据流程分析

（1）数据流程图

教材申报审批系统的数据流程，主要指的是整个申报审批业务过程中的数据和指标信息，包括教材信息、人员信息、申报信息、汇总信息等。这些数据是教材申报审批系统的关键所在。基于业务流程图，绘制本系统的数据流程图如图11-4所示。

（2）数据字典

数据流程图是对数据动态的描述，根据数据流程图，对其中的每个元素编写数据字典，作为系统设计阶段设计数据库的依据。一般来说，数据字典应该由五大类元素组成：数据流、数据流分量（数据元素）、数据存储、数据处理、外部实体。由于篇幅有限，本章只给出系统部分的数据字典，见表11-1至表11-5。如需了解其他数据字典，请参照系统分析章节的内容。

11.1.4 系统设计

1）总体目标

根据系统分析结果进行系统设计，根据与用户的交流，总结系统的总体目标为：

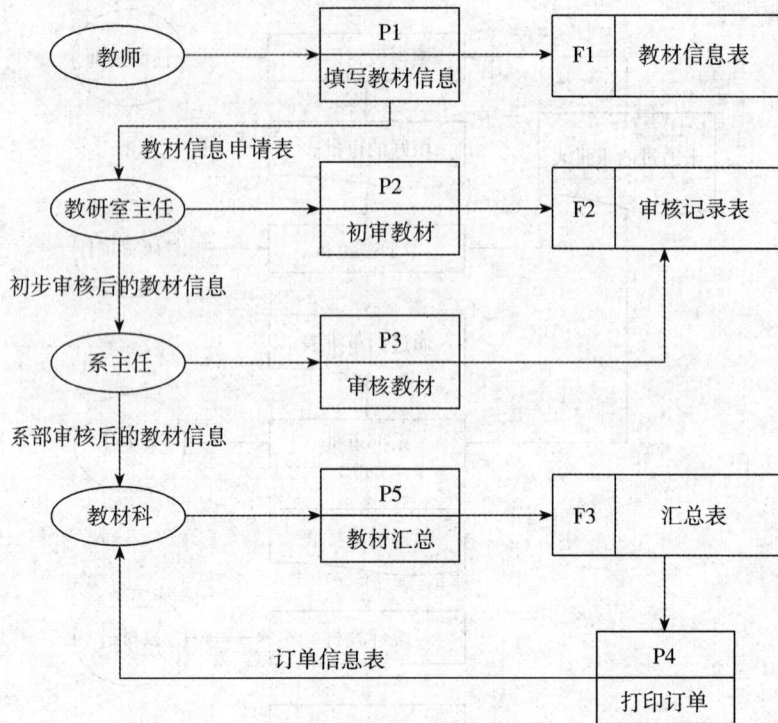

图 11-4 系统的数据流程图

表 11-1 数据处理的数据字典

数据处理编号：P2	数据处理名称：初审教材	别名：无
简述：教研室根据相关信息审批教材		
输入数据流：教材信息申请表（待审核的教材信息）		
处理：教研室主任根据教师提交的教材信息申请表的内容，检查表格是否填写完整，内容是否符合规范		
输出数据流：初步审核后的教材信息（审核后的教材信息）		
处理频率：1次/学期		

表 11-2 数据流的数据字典

数据流编号：D4	数据流名称：订单信息表	别名：订购单
简述：记录最终需要订购的教材信息		
组成：编号+图书编号+院系编号+用户编号+年级+数量+添加时间		
数据来源：打印订单处理		
数据去向：教材科		
备注：无		

表11-3　　　　　　　　　　　　　**数据存储的数据字典**

数据存储编号：F2	数据存储名称：审核记录表	别名：无
简述：记录教研室和系主任审批记录信息		
组成：审批编号+审批者编号+时间+通过与否+原因+图书编号		
关键字：审批编号		
相关处理：P2、P3		
备注：无		

表11-4　　　　　　　　　　　　　**外部实体的数据字典**

外部实体编号：S4	外部实体名称：教材科	别名：无
简述：负责教材征订的单位		
输入数据流：系部审核后的教材信息、订单信息表		
输出数据流：教材汇总表		
备注：无		

表11-5　　　　　　　　　　　　　**数据项的数据字典**

数据项编号：I01	数据项名称：ID	别名：院系编号
类型：int	长度：4	取值范围：0001～9999
简述：院系的编号，用来唯一标识每个院系		

（1）教师可以通过浏览器进入系统，填写申报的教材信息和使用班级信息；针对未审核的教材，可以对已经填写的信息进行修改、删除等操作；进入审批流程的教材信息不能被修改、删除。

（2）教材信息、审批记录、人员信息都提供了灵活的多条件筛选查询。

（3）界面要做到简洁美观。

（4）系统安全、可靠，数据安全且不易被攻击破坏。

2）总体设计

系统设计是根据系统分析阶段所提出的新系统的逻辑模型建立起系统的物理模型，一般包括总体设计和详细设计两大阶段。

经过调研与可行性分析，根据不同角色，教材申报审批系统包括以下内容：

（1）录入教材详细信息，并且为申报的教材选择使用的班级，确定每个班级的需求人数。

（2）管理学院、系部、专业信息。职能部门层级分明，可以排列先后顺序，系统管理员具有对这些信息的添加、删除、修改权限。

（3）教研室主任、系主任有权对教材进行审批，但只能审批自己所在系或教研室的教师申报的教材，且要注明审批理由。

（4）教师可以注册为用户或者由系统管理员添加进入系统，注册用户只有经教研室主任或者系主任审核通过才能进入系统。而教研室主任和系主任的角色只有超级管理员才能添加。教研室主任、系主任可以对自己所在系的教师进行管理，包括锁定、解锁、重置密码。系统管理员可以对所有用户进行管理。

（5）用户可以修改个人信息，包括密码、姓名、邮箱、电话。密码是用非对称加密存储的，如果密码丢失，只能联系系统管理员重置密码。

（6）教材科的系统管理员可以对审批的教材进行筛选查询，并打印或输出Excel文档下载保存。

综合以上功能，绘制出系统的功能结构图，如图11-5所示。

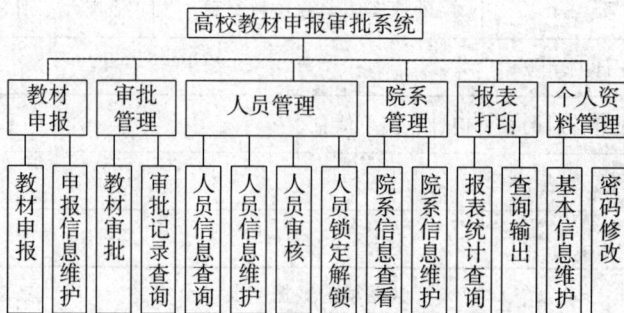

图11-5 系统功能结构图

根据上面所述系统的功能，对整个系统进行分析得到以下主要功能模块：

（1）系统设置功能。此模块包括当前用户查看自己的登录信息和注册信息，修改个人部分信息，用户只有在正确输入原登录密码的情况下才能设置新密码，而密码在数据表中是用不可逆加密算法计算结果存储的，如果忘记密码只能联系系统管理员重置密码。

（2）系统管理员功能。此模块包括院系管理，对院系信息的查看、添加、编辑、删除操作，查看所有教研室主任、系主任审批教材的记录信息，根据时间和教材审批状态查询教材审批结果，把结果打印出来或导出为Excel文档保存到本地磁盘。系统管理员可以对所有人员进行管理，包括添加、删除、审核、锁定、解锁、密码重置。

（3）审核者功能。此模块包括添加教材信息，管理审核者所在系教师申报的教材（包括审批通过、审批不通过、查看教材详细信息），对所在系人员进行搜索、管理。

（4）教师功能。此模块包括添加教材信息，搜索、查看自己申报教材的记录，对未进入审批流程的教材进行删除和修改操作，查看自己申报教材的审批状态。

不同角色登录系统后，进入不同的业务流程，系统总体流程图如图11-6所示。

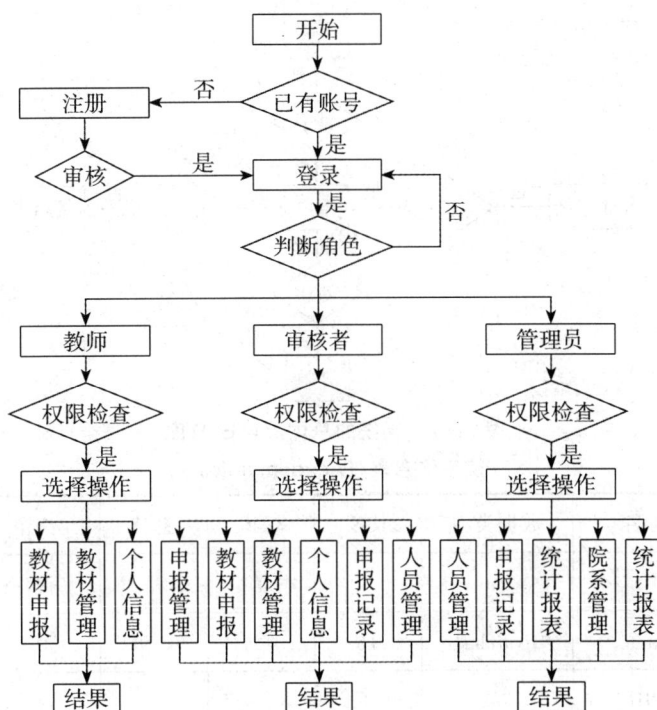

图 11-6　系统总体流程图

3）代码设计

（1）院系代码、教师代码由相关部门提供，不再重新编码。

（2）订单编号、记录编号等采用流水顺序码。

（3）审核状态："0"代表待教研室主任审核；"1"代表待系主任审核。

（4）用户状态："0"代表待审核；"1"代表审核通过；"2"代表审核未通过；"3"代表已锁定。

（5）用户类型："0"代表系统管理员；"1"代表教师；"2"代表教研室主任；"3"代表系主任。

4）数据库设计

数据库设计的核心是确定一个合适的数据模型。根据系统分析的结果，得到以下数据库概念模型与物理模型。

（1）数据库概念模型设计

由于篇幅有限，实体 E-R 图在此不再赘述，通过对局部实体 E-R 图进行合并，得出系统的总体简化 E-R 图（如图 11-7 所示）。

（2）数据表设计

根据 E-R 图进行数据存储设计，这里只给出主要的数据表的结构，见表 11-6 至表 11-10。

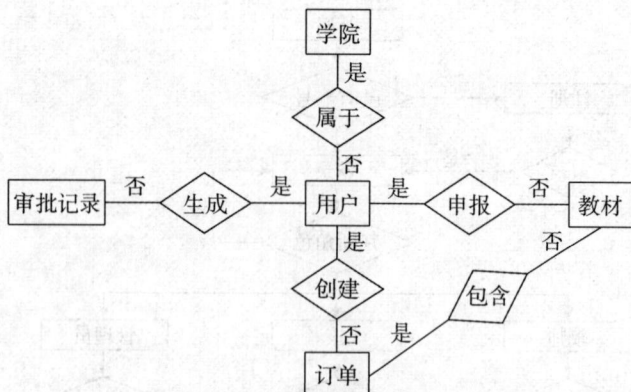

图 11-7　系统的总体简化 E-R 图

表 11-6　　　　　　　　　　院系信息表（AcademyInfo）

序号	列名	数据类型	长度	标识	主键	允许空	说明
1	ID	int	4	是	是	否	编号
2	Name	nvarchar	16			否	名称
3	PID	int	4			否	父级编号
4	AcType	nchar	2			是	类型
5	SortNum	int	4			是	排序
6	AddDate	datetime	4			是	添加时间

注：AcType包含学院、系部、本科、专科4个固定值。

表 11-7　　　　　　　　　　教材信息表（BookApply）

序号	列名	数据类型	长度	标识	主键	允许空	说明
1	BookID	int	4	是	是	否	编号
2	TeachUnit	varchar	16			否	教学单位
3	Referrer	nvarchar	16			是	申请人（单位）
4	ClassName	nvarchar	16			否	课程名称
5	ClassWeeks	char	2			否	课程学时
6	ClassNature	nvarchar	16			是	课程性质
7	ClassStartDate	datetime	4			否	开课时间
8	BookName	nvarchar	32			否	教材名称

续表

序号	列名	数据类型	长度	标识	主键	允许空	说明
9	BookPY	varchar	4			否	教材名称拼音
10	BookPrice	money	8			是	价格
11	Author	nvarchar	32			否	作者
12	Publisher	nvarchar	16			否	出版社
13	ISBN	varchar	16			是	ISBN 编号
14	BookVersion	varchar	8			是	版本
15	PublishDate	datetime	4			是	出版时间
16	Category	char	1			是	类型
17	ClassTarget	nvarchar	256			是	教学目的
18	BookFeature	nvarchar	256			是	教材特色
19	State	char	1			否	审核状态
20	AddDate	datetime	4			否	添加时间
21	UpdateTime	datetime	4			否	最后更新时间
22	IsDel	bit	1			是	是否删除
23	UserID	int	4			否	添加者编号

表 11-8　　　　　　　　　　订单信息表（BookOrder）

序号	列名	数据类型	长度	小数位	标识	主键	允许空	说明
1	ID	int	4	0	是	是	否	编号
2	BookID	int	4	0			是	图书编号
3	SubID	int	4	0			是	院系编号
4	UserID	int	4	0			是	用户编号
5	Grade	char	4	0			是	年级
6	Count	int	4	0			是	数量
7	AddDate	datetime	4	0			是	添加时间

表 11-9 审批记录信息表 (Notes)

序号	列名	数据类型	长度	小数位	标识	主键	允许空	说明
1	NoteID	int	4	0	是	是	否	记录编号
2	NoteRemark	nvarchar	64	0			是	备注说明
3	UserID	int	4	0			是	用户编号
4	BookID	int	4	0			是	图书编号
5	AddDate	datetime	4	0			是	添加时间
6	State	char	1	0			是	审核状态
7	IsPass	bit	1	0			是	是否通过

表 11-10 用户信息表 (UserInfo)

序号	列名	数据类型	长度	小数位	标识	主键	允许空	说明
1	UserID	int	4	0	是	是	否	用户编号
2	UserName	nvarchar	16	0			否	用户名
3	LoginName	nvarchar	16	0			否	登录名
4	UserPass	varchar	64	0			否	登录密码
5	Email	varchar	64	0			是	邮箱地址
6	Phone	varchar	16	0			是	手机号
7	Remark	nvarchar	64	0			是	备注说明
8	State	char	1	0			否	用户状态
9	ApplyUser	nvarchar	16	0			是	审核者
10	Type	char	1	0			否	角色类型
11	DeptID	int	4	0			是	所在院系编号
12	IsDel	bit	1	0			是	是否删除
13	IsLocked	bit	1	0			是	是否锁定
14	LoginTimes	int	4	0			是	登录次数
15	RegisterDate	datetime	4	0			否	注册时间
16	LastLoginDate	datetime	4	0			是	最后登录时间
17	LastUpdateDate	datetime	4	0			是	最后修改时间

5）主要模块的功能与处理过程设计

根据系统总体设计的内容，得到系统各模块的功能，如图11-8至图11-13所示。

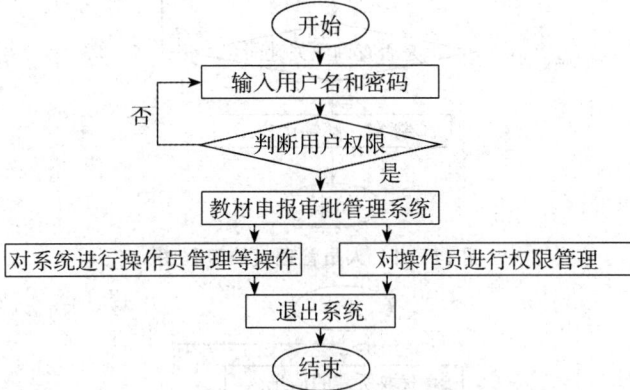

图 11-8 系统设置模块流程图

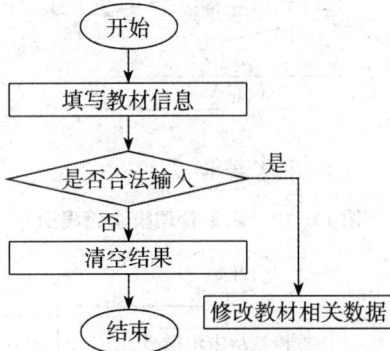

图 11-9 教材申报模块流程图

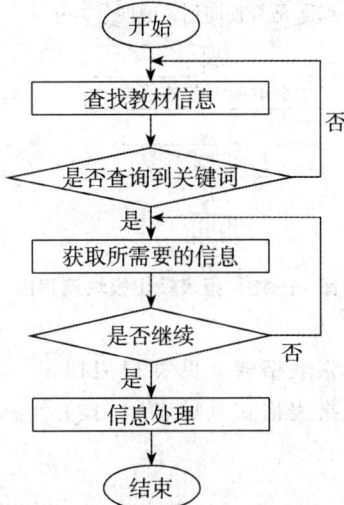

图 11-10 教材管理模块流程图

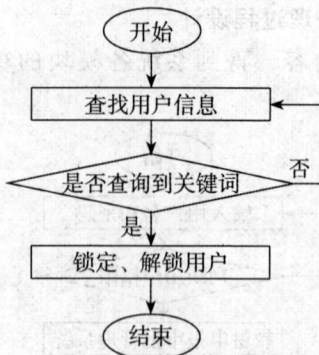

图11-11 人员管理模块流程图

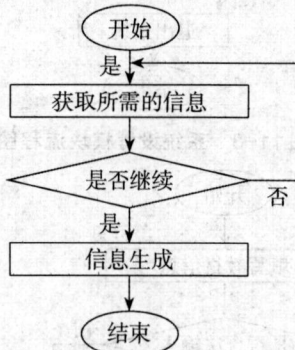

图11-12 院系管理模块流程图

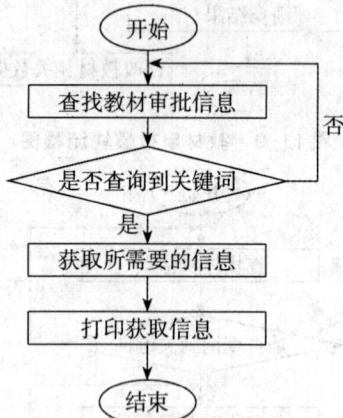

图11-13 报表输出模块流程图

6) 输入输出设计

(1) 本系统的主要输入报表格式（见表11-11）

(2) 本系统的主要输出报表格式（见表11-12）

7) 系统安全设计

(1) 角色访问控制

系统在设计时采用基于角色权限划分的机制进行管理。每个用户都属于教师、

表11-11   选用教材审批表

教学单位：   专业：   推荐人姓名（或推荐单位名称）：
                                        年　月　日

课程名称				课程学时	周学时：	总共
教材名称		开课时间		使用年级		
教材名称				作者姓名		
出版社			版别		出版日期	

类别：

A.普通高等教育"十一五"国家级规划教材

B.普通高等教育"十二五"国家级规划教材

C.教育部"面向21世纪"课程教材

D.获省部级以上奖的优秀教材

E.市高校规划教材

F.经学校教材建设委员会评审、规划建设的教材

G.国外高水平原版教材

H.教学大纲规定教材

I.其他

课程目标和基本要求

该教材的主要特点和适用性

教研室主任 审定意见	负责人签字： 　年　月　日（章）
系主任 审定意见	负责人签字： 　年　月　日（章）

表 11-12   教材预订单

年级及专业	课程名称	学时	教材名称	出版社	作者	版次	书号	出版日期	价格	获奖信息	教师

教研室主任、系主任、系统管理员其中一种角色，用户登录成功后，系统根据登录用户信息判断用户所属角色，然后进入对应的主页面，分配不同的管理权限。

（2）用户登录的口令

用户登录时，系统通过用户名和密码进行有效身份验证，并根据用户的角色加载相应的主页面。其中，用户登录系统的密码使用不可逆算法加密进行验证。

（3）程序和系统的安全

程序中有一个基类 BasePage 继承自 Page 类，实现了所有登录页的权限检查，而 AdminPage、DictorePage、TeacherPage 都是继承自 BasePage 分别完成对管理员身份、审核者身份、教师身份的检查。

11.1.5 系统实施

依据系统设计阶段的物理模型，选用合适的开发工具及数据库开发基于 B/S 架构的教材申报审批系统。选用 Visual Studio 2010 作为开发平台，选择 SQL Server 2008 作为后台数据库。本系统中数据访问底层是通过 . NET 平台下的 ADO.NET 数据访问库实现的。本系统还使用了 AJAX（Asynchronous JavaScript and XML，即异步的 JavaScript 与 XML）技术。它能在不更新整个页面的前提下维护数据，使得 Web 应用程序更为迅捷地回应用户操作。

1）解决方案结构设计

（1）项目结构

在 Visual Studio 2010 中新建一个解决方案，命名为 Dedeyi.BookApply。

为了统一项目和程序集的命名，本系统除 UI 层项目，其他都使用 Dedeyi. BookApply 作为命名前缀。

本系统分别向解决方案添加 4 个类库项目和一个 Web 应用程序项目，如图 11-14 所示。

其中，各个项目的作用说明如下：

Dedeyi.BookApply.Model：模型层，表示数据库中表对应的实体对象。

Dedeyi.BookApply.DAL：数据访问层，表示直接与数据库进行操作的业务。

Dedeyi.BookApply.BLL：业务逻辑层，表示业务逻辑处理的业务。

Dedeyi.BookApply.Common：公共库层，表示系统中会用到的一些公共方法的封装。

WebApp：界面层，是用户访问网站的入口。

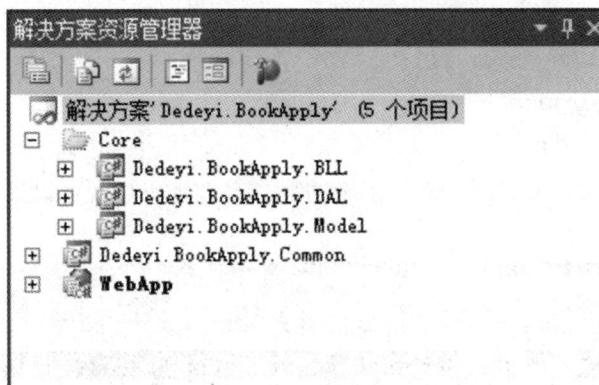

图 11-14   解决方案项目目录

（2）网站结构

新建一个空的 Web 应用程序。该网站应用程序需要存放大量文件，包括图片、样式文件、前台脚本文件、基本类文件等。网站的目录结构设计如图 11-15 所示。

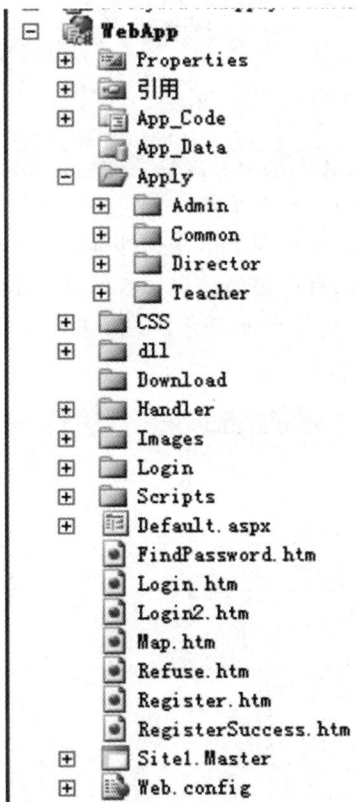

图 11-15   网站程序的文件目录

业务逻辑处理的页面存放在 Apply 文件夹下面，其中 Admin 文件夹存放系统管理员业务页面，Director 文件夹存放审核者（包括教研室主任和系主任）业务页面，Teacher 文件夹存放教师访问的页面，Common 文件夹存放角色共有的访问页面。

2）系统功能实现

（1）主要功能实现

用户首先进入登录页面，输入正确的登录名和密码后就可以进入系统了。登录页面如图 11-16 所示。

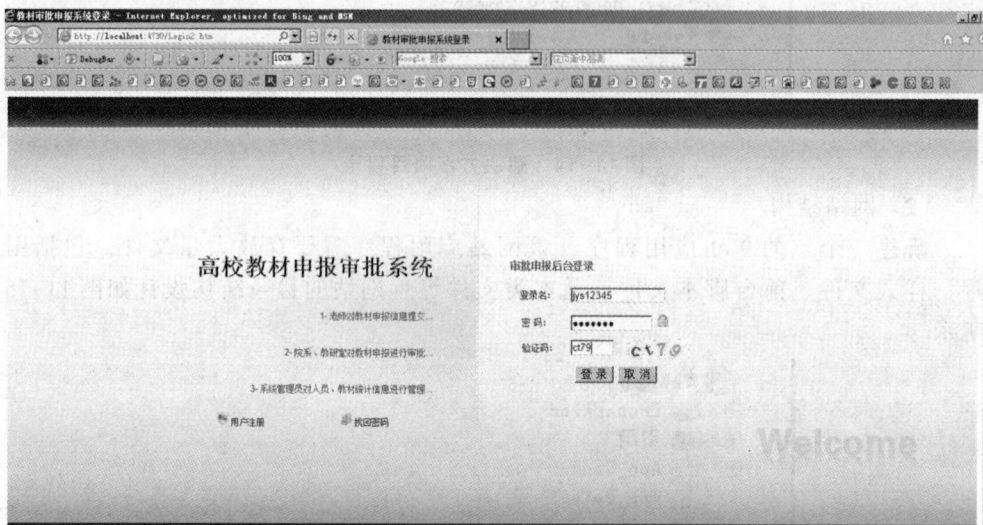

图 11-16　登录页面

登录成功以后，进入管理主界面。主界面上部是头部标题；左边是菜单栏，根据登录者不同身份显示不同的菜单项；右边是当前登录者信息显示栏，左右两边的显示栏都可以收缩进去；中间部分是操作界面显示区域。整个布局是采用 JQuery EasyUI 来完成的。主界面如图 11-17 所示。

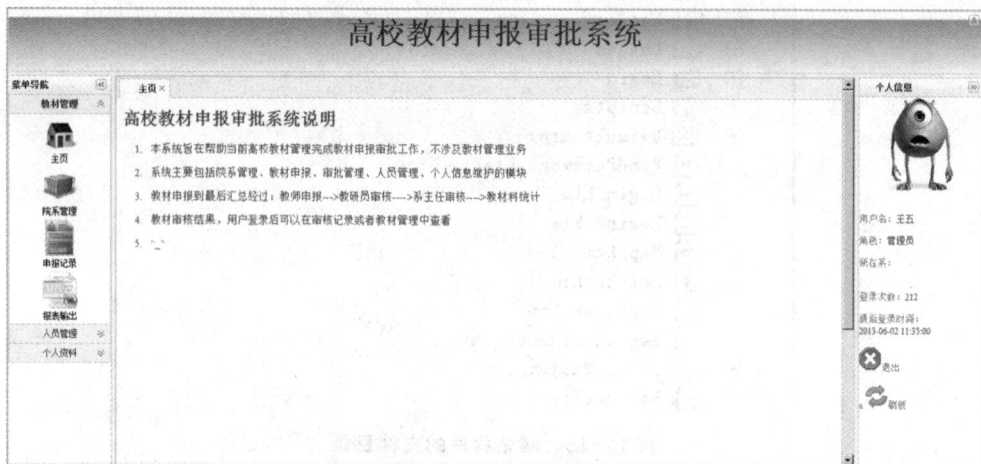

图 11-17　主界面

教师和审核者都可以添加申报教材。申报教材需要填写教材的基本信息，选择该教材使用专业、使用数量等信息。添加申报教材的页面如图 11-18 所示。

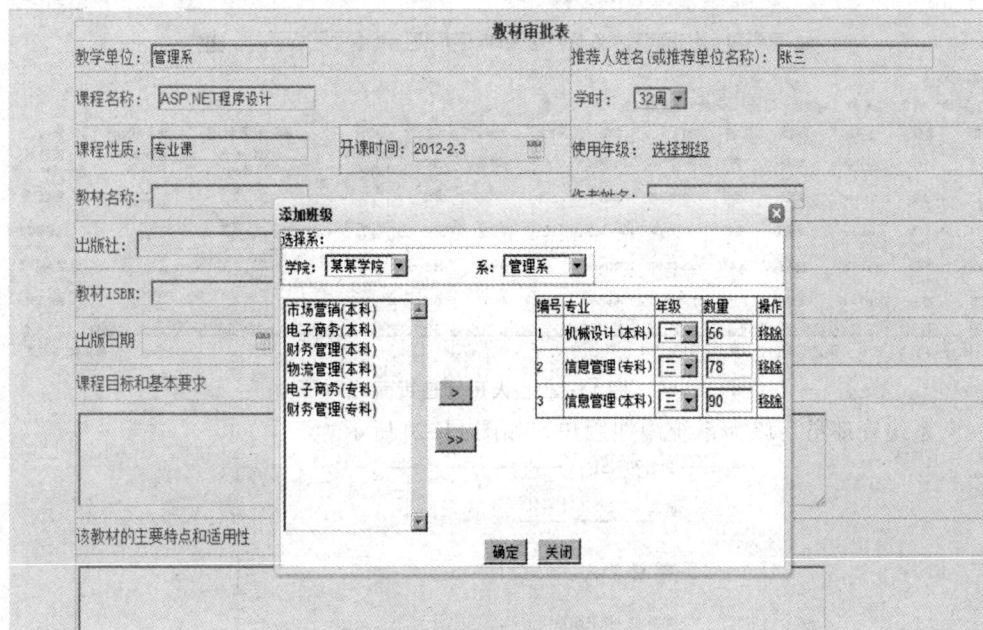

图 11-18　添加申报教材页面

教材审批管理页面是审批者对教师申报的教材进行审批的管理界面，并且提供多条件搜索查询，如图 11-19 所示。

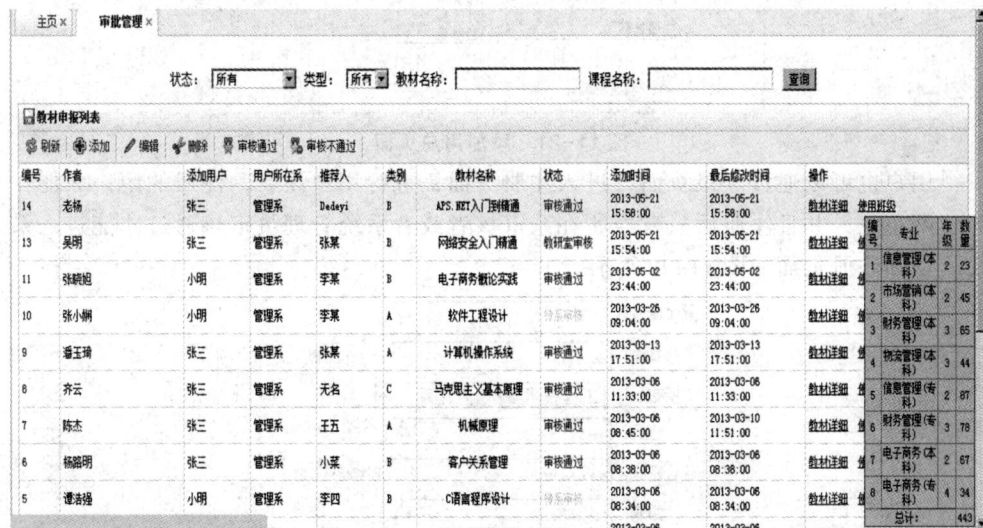

图 11-19　教材审批管理页面

院系管理页面是系统管理员对院系信息进行管理的页面。院系信息以树形结构显示，简单直观，允许管理员进行添加、编辑、修改的操作。

人员管理页面是审批者和系统管理员进入以后可以对人员进行添加、审核、锁定、解锁、密码重置操作的界面，如图 11-20 所示。

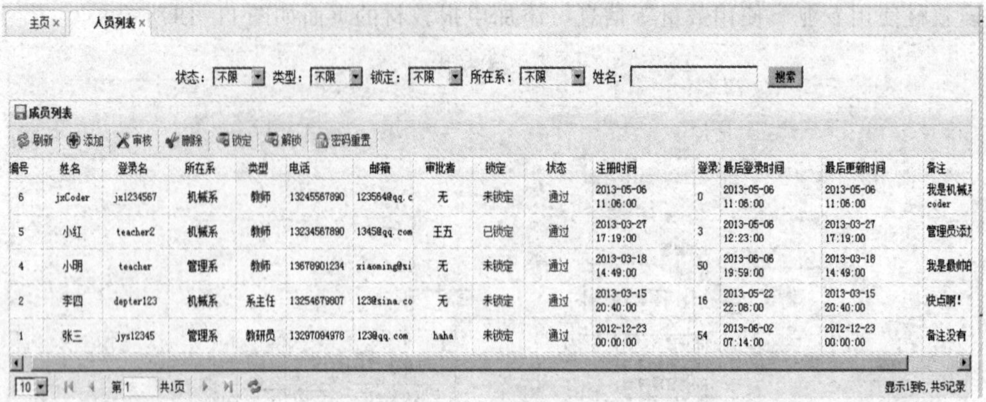

主页 ×　人员列表 ×

状态: 不限 ▼　类型: 不限 ▼　锁定: 不限 ▼　所在系: 不限 ▼　姓名: _____　搜索

成员列表

刷新　添加　审核　删除　锁定　解锁　密码重置

编号	姓名	登录名	所在系	类型	电话	邮箱	审批者	锁定	状态	注册时间	登录	最后登录时间	最后更新时间	备注
6	jxCoder	jx1234567	机械系	教师	13245567890	123564@qq.c	无	未锁定	通过	2013-05-06 11:06:00	0	2013-05-06 11:06:00	2013-05-06 11:06:00	我是机械系 coder
5	小红	teacher2	机械系	教师	13234567890	13458@qq.com	王五	已锁定	通过	2013-03-27 17:19:00	3	2013-05-06 12:23:00	2013-03-27 17:19:00	管理员添
4	小明	teacher	管理系	教师	13678901234	xiaoming@xi	无	未锁定	通过	2013-03-18 14:49:00	50	2013-05-06 19:59:00	2013-03-18 14:49:00	我是最帅的
2	李四	depter123	机械系	系主任	13254679807	1230sina.co	无	未锁定	通过	2013-03-15 20:40:00	16	2013-05-22 20:40:00	2013-03-15 20:40:00	快点吧!
1	张三	jys12345	管理系	教研员	13297094978	1230qq.com	haha	未锁定	通过	2012-12-23 00:00:00	54	2013-06-02 07:14:00	2012-12-23 00:00:00	备注没有

10 ▼ ｜◀ 第1 共1页 ▶ ▶｜　　　　　　　　　　　　　　　　　　　　　　　显示1到5,共5记录

图 11-20　人员管理页面

系统管理员可以为系统添加用户,如图 11-21 所示。

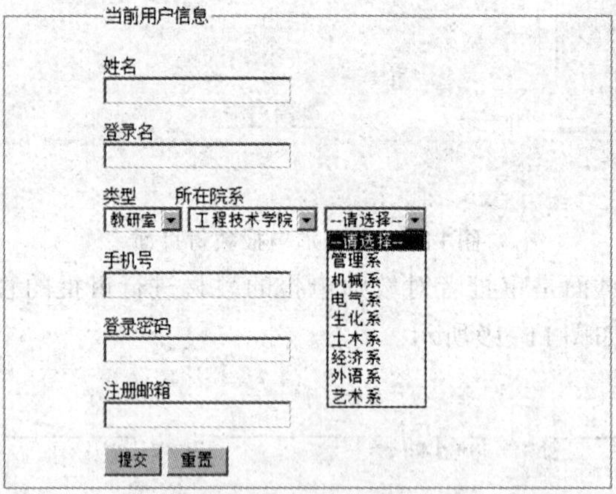

当前用户信息

姓名　_____

登录名　_____

类型　　　所在院系
教研室 ▼　工程技术学院 ▼　--请选择-- ▼
　　　　　　　　　　　　　　　--请选择--
　　　　　　　　　　　　　　　管理系
　　　　　　　　　　　　　　　机械系
手机号　　　　　　　　　　　　电气系
_____　　　　　　　　生化系
　　　　　　　　　　　　　　　土木系
登录密码　　　　　　　　　　　经济系
_____　　　　　　　　外语系
　　　　　　　　　　　　　　　艺术系
注册邮箱
_____

提交　重置

图 11-21　添加用户页面

用户也可以通过登录页面,进入注册页面,进行用户注册,注册的用户只能作为教师角色,并且注册后只有经所在系审核者或者系统管理员审核通过才能进入系统。教师注册页面如图 11-22 所示。

真实姓名: 张三

登录名: zhangs　　　　　　　　√

所在系: 工程技术 ▼　生化系 ▼

密码: ●●●●　　　　　　　⚠

确认密码: ●●●●●　　　　两次密码不一致

邮箱: sdfaf@qq　　　　　　⚠

电话: 1324456777

备注说明: 我是张三,生化系老师

验证码: ⚠ 6k9

注册　重置

图 11-22　教师注册页面

（2）主要代码实现

由于篇幅有限，以下只给出部分代码，仅供参考。

①添加教材信息，前台通过 AJAX 发送 POST 数据给一般处理程序，代码如下：

```
$ ('#BtnSubmit'). click (function (){
if (! $ ('#fm'). form ('validate')){
    return;
}
if (! bHasGrade){
    alert ('请选择班级！');
    return;
}
//添加
$ ('#hdReType'). val ('add');
//班级数据
var data = GetAddGradeData ();
$ ('#hdGrade'). val (JSON.stringify (data));
var sendData = $ ('#fm'). serialize ();
$.post ('handler/BookApplyHandler.ashx',
sendData, function (d){
alert (d);
$ ('#fm'). form ('clear');    //清空表单
$ ('#SelAca'). val ('-1');
$ ('#SelDept'). html ('');
$ ('#SelSub'). html ('');
$ ('#tbList'). html ('');
                          });
                   });
```

②一般处理程序接受参数后，进行处理，代码如下：

```
BookInfo book=new BookInfo ();
int res = JSONHelper.FormToModel<BookInfo> (book, context.Request.Form);
//如果参数缺少，不执行
if (res < 16) { return;}
BookInfoBLL bll=new BookInfoBLL ();
book.UserID = PermissionHandler.UserID;    //获取 Session 中当前用户的 ID
int bookID = bll.AddModel (book);
//装配 Grade
string listGrade=context.Request ["listGrade"];
```

if （string.IsNullOrEmpty （listGrade））

return;

IList<BookOrder>listOrder＝JSONHelper.FromJson<IList<BookOrder>> （listGrade）;

BookOrderBLL orderBll = new BookOrderBLL （）;

orderBll.AddList （listOrder， bookID， book.UserID）;

context.Response.Write （new RequestMsg （true, "添加成功！ "）. GetJSON （））;

11.2 某网上图书销售系统的分析、设计与实现

某网上图书销售系统的总体功能需求可以分为客户模块和管理员模块两大模块。

11.2.1 系统的用例建模

1） 确定参与者

在本系统的分析中，可以确定参与者有客户、管理员、一般员工。

2） 创建用例

根据业务流程，网上图书销售系统可以分为系统管理用例和系统客户用例两类。系统管理用例包括图书信息维护、员工信息维护、销售记录查询、报表维护、新书采购、订单处理、查询订单、接收订单并发货、缺货处理、库存查询、更新库存、拒绝订单等，如图11-23所示。系统客户用例包括个人信息维护、图书查询、订购、订单状态查询、订单删除、订单增加等，如图11-24所示。

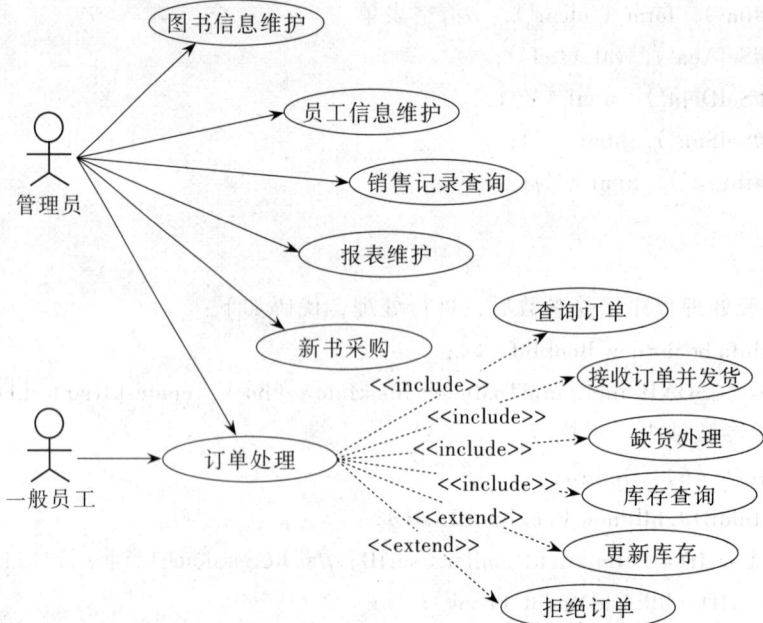

图 11-23 系统管理用例图

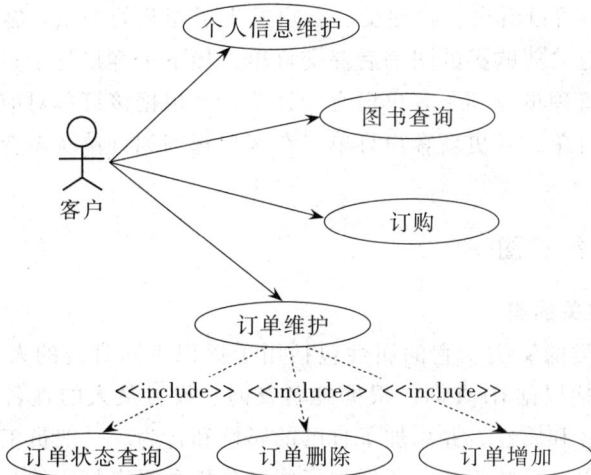

图 11-24　系统客户用例图

11.2.2　系统活动图

　　活动图可以分为垂直泳道，每个泳道表示工作流中不同的参与者。通过查看泳道中的活动，就可以知道某个参与者的责任。通过不同泳道中活动的过渡，可以了解谁要与谁进行通信。这些信息在建模或理解业务流程时非常重要。客户购买图书和管理员处理订单的活动图如图 11-25 所示。

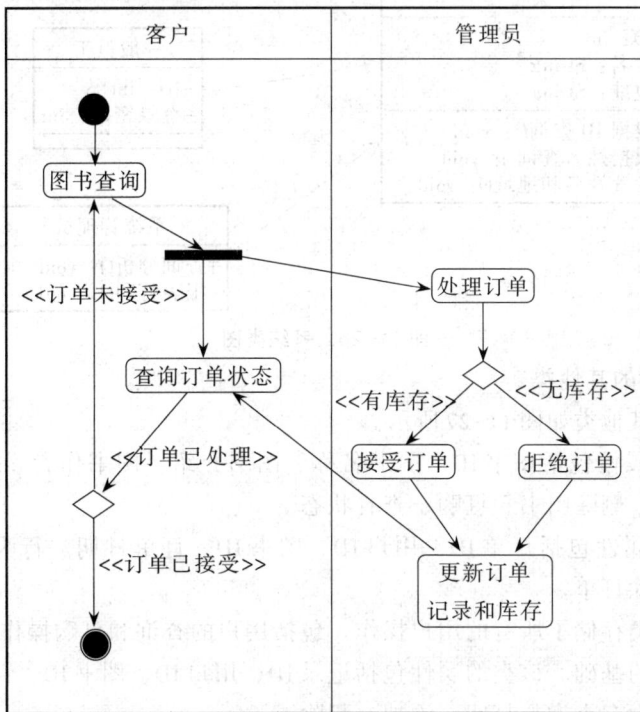

图 11-25　系统活动图

从图11-25中可以看出，管理员、客户发生了相互的关系。客户登录后查询图书，在选择了自己希望购买的图书后提交订单，接下来客户处于查询订单的循环状态。与此同时，管理员收到了客户提交的订单，并根据该订单对应图书的库存情况判断是否拒绝该订单，并更新客户订单。在客户查询到订单状态变成已处理后，购买过程结束。

11.2.3 系统类图

1）参与者相关的类

人员是所有类的父类，它的属性包括用于标识不同身份的人的ID、姓名及地址。它的行为包括根据ID查询、根据姓名查询、设置某人的姓名和地址等。客户继承了父类的方法和属性，并添加了自己的属性和行为。一般员工继承了人员，增加了属性登录密码。系统管理员还增加了查询分析和报表打印的行为。系统类图如图11-26所示。

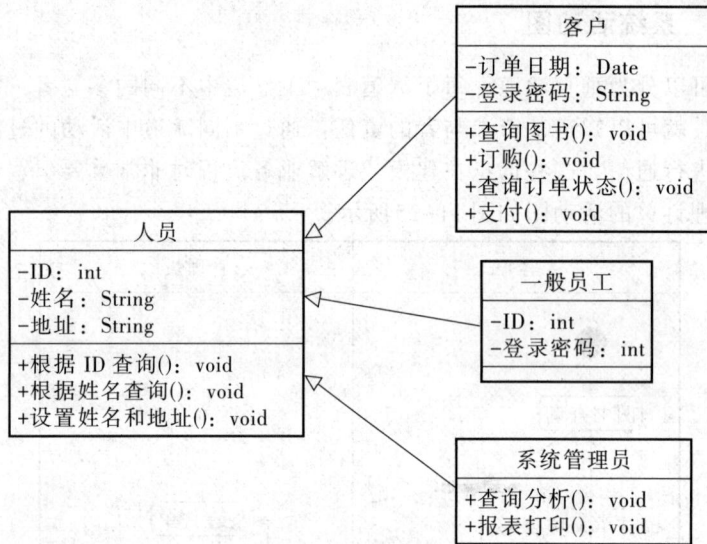

图 11-26　系统类图

2）系统中的其他类

系统中的其他类如图11-27所示。

图书类的属性包括图书ID、图书名称、图书介绍、图书作者、图书价格。行为有添加图书、删除图书、订购、查看状态。

订单类的属性包括订单ID、用户ID、图书ID、订单日期。行为有添加订单、查询订单、删除订单。

存储记录类存储了所有的用户操作，包括用户的查询和订购操作，这些数据是后台程序分析的基础。该类的属性包括记录ID、用户ID、图书ID、订单ID、数量、操作类型。行为有查询、打印、添加、删除。

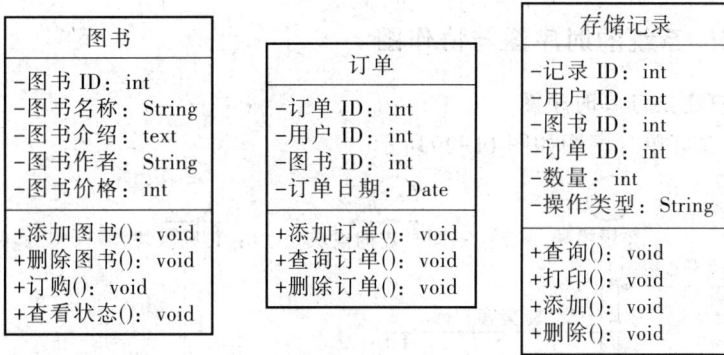

图 11-27 系统中的其他类图

3) 各类之间的关系

网上图书销售系统中各类之间的关系，如图 11-28 所示。

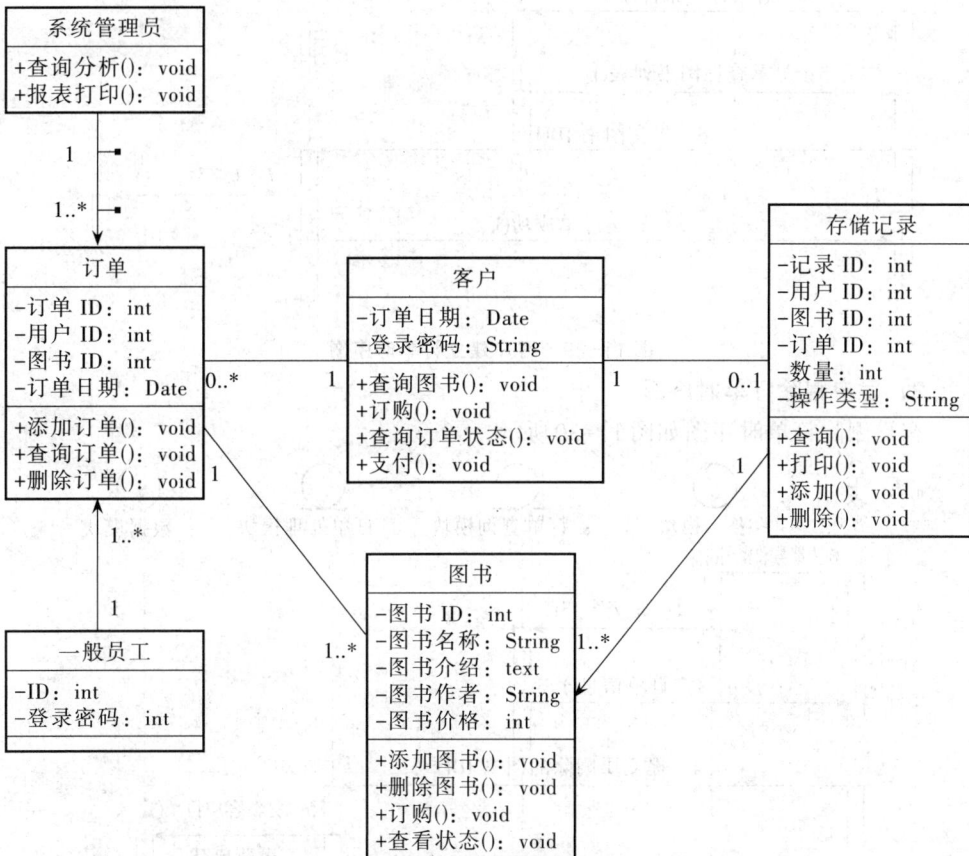

图 11-28 类间关系图

一个员工可以处理多个订单，一个管理员也可以处理多个订单，并且管理员具有数据查询的权限。一个订单中包括了多个图书，一条存储记录中也包括了多个图书。一个客户只能对应一条存储记录，但可以有多个订单的记录。

11.2.4　系统的时序图与协作图

1）客户建立订单时序图

客户建立订单时序图如图 11-29 所示。

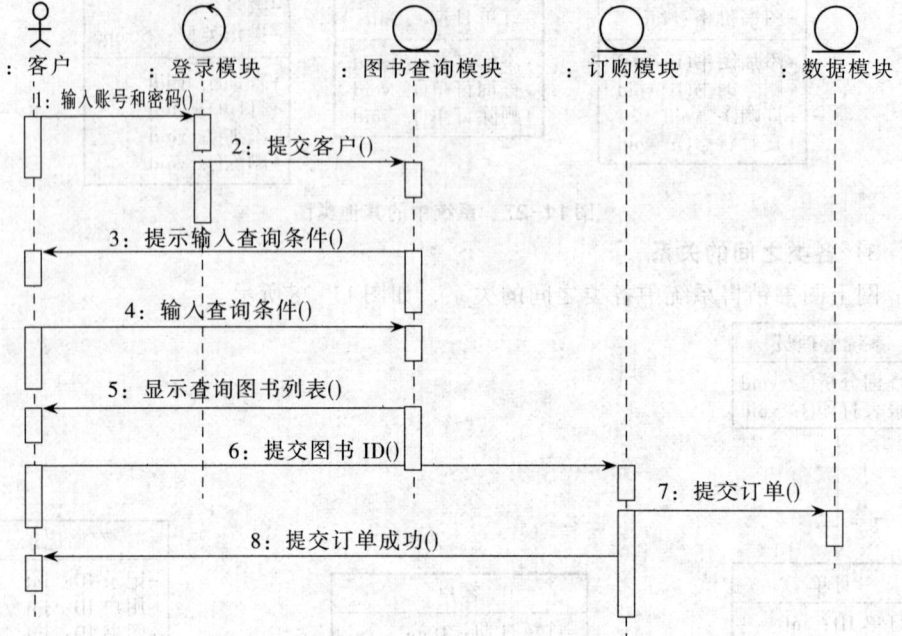

图 11-29　客户建立订单时序图

2）客户删除订单时序图

客户删除订单时序图如图 11-30 所示。

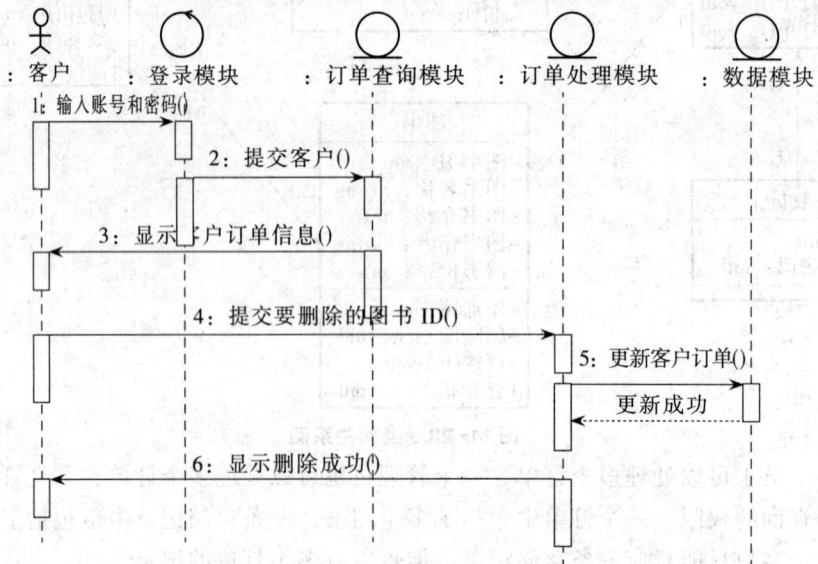

图 11-30　客户删除订单时序图

3）管理员处理订单时序图

管理员处理订单时序图如图11-31所示。

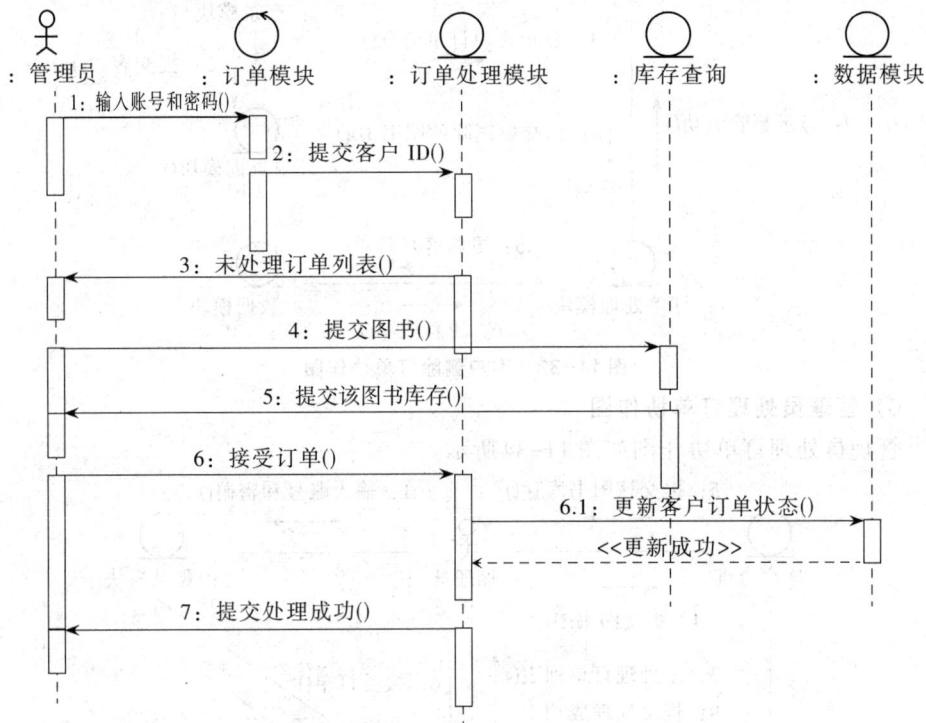

图11-31　管理员处理订单时序图

4）客户建立订单协作图

客户建立订单协作图如图11-32所示。

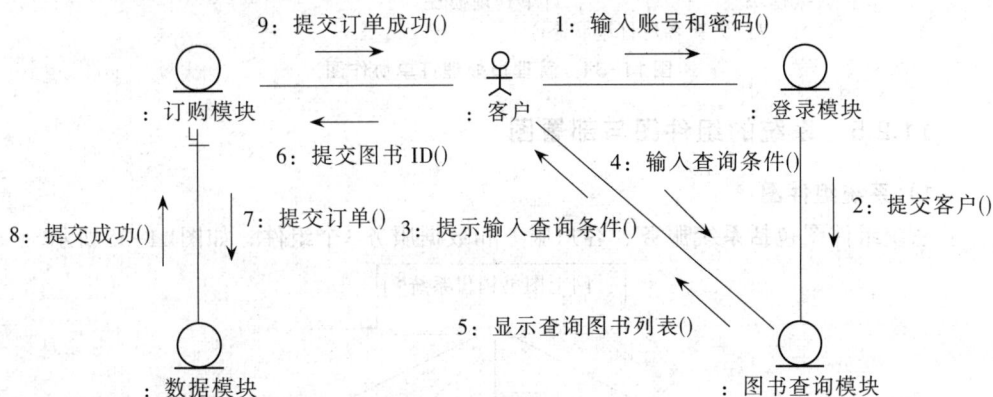

图11-32　客户建立订单协作图

5）客户删除订单协作图

客户删除订单协作图如图11-33所示。

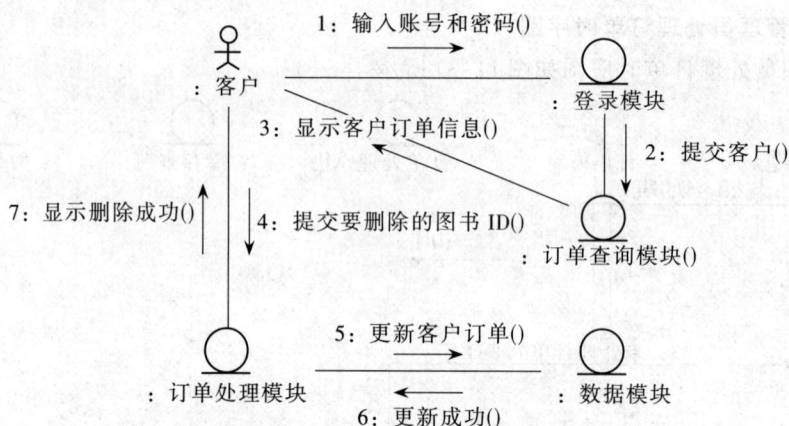

图 11-33　客户删除订单协作图

6）管理员处理订单协作图

管理员处理订单协作图如图 11-34 所示。

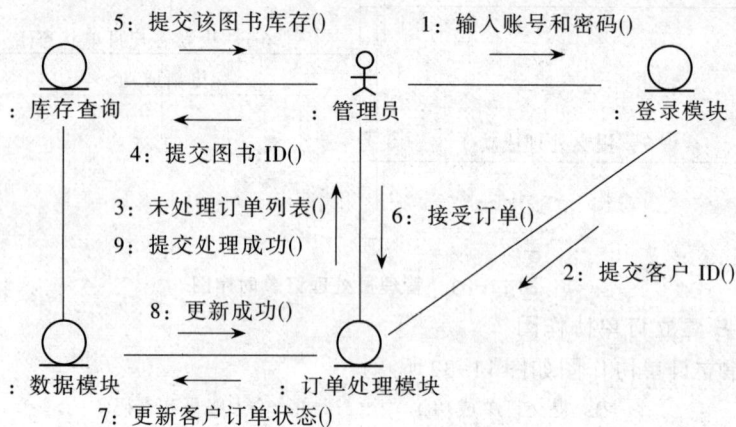

图 11-34　管理员处理订单协作图

11.2.5　系统的组件图与部署图

1）系统组件图

系统组件图包括系统服务、客户服务和数据服务 3 个组件，如图 11-35 所示。

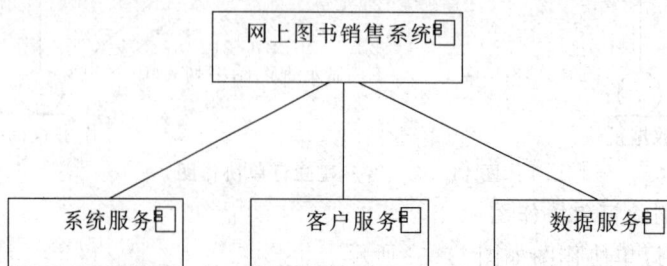

图 11-35　系统组件图

2) **系统部署图**

系统由多个节点构成，应用服务器负责整个系统的总体协调工作，数据库负责数据管理。

客户机通过互联网与应用服务器相连，这样管理员可以通过互联网管理应用服务器，客户可以通过互联网访问应用服务器得到图书销售服务。系统部署图如图 11-36 所示。

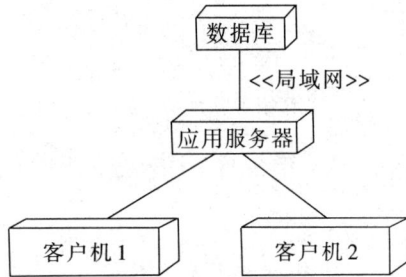

图 11-36　系统部署图

主要参考文献

[1] 克罗恩科，博伊尔．管理信息系统：技术与应用［M］．齐志鑫，巢泽敏，王宏志，等译．北京：机械工业出版社，2024.

[2] 劳顿 K C，劳顿 J P.管理信息系统：管理数字化企业［M］．黄丽华，俞东慧，译．16版．北京：机械工业出版社，2023.

[3] 胡雷．电子商务系统分析与设计［M］．微课版．北京：人民邮电出版社，2019.

[4] 黄梯云，李一军．管理信息系统［M］．7版．北京：高等教育出版社，2019.

[5] 滕佳东．管理信息系统［M］．6版．大连：东北财经大学出版社，2018.

[6] 闫志明，唐夏夏，秦旋，等．教育人工智能（EAI）的内涵、关键技术与应用趋势——美国《为人工智能的未来做好准备》和《国家人工智能研发战略规划》报告解析［J］．远程教育杂志，2017（1）.

[7] 孙细明，白月华，秦娟，等．管理信息系统［M］．上海：上海财经大学出版社，2015.

[8] 郭宁，郑小玲．管理信息系统［M］．3版．北京：人民邮电出版社，2014.

[9] 张引，陈敏，廖小飞．大数据应用的现状与展望［J］．计算机研究与发展，2013（S2）.

[10] 陶雪娇，胡晓峰，刘洋．大数据研究综述［J］．系统仿真学报，2013（S1）.

[11] 薛华成．管理信息系统［M］．6版．北京：清华大学出版社，2012.

[12] 明均仁，梁晶．管理信息系统［M］．武汉：华中科技大学出版社，2012.

[13] 邓仲华，黎春兰，张文萍，等．信息系统分析与设计［M］．武汉：武汉大学出版社，2011.

[14] 孙细明，金勇，曾小青．精编管理信息系统［M］．2版．武汉：武汉理工大学出版社，2011.

[15] 王欣. 管理信息系统 [M]. 2版. 北京：中国水利水电出版社，2011.

[16] 罗俊仪. 对RFID集成电子车牌技术适用性的几点建议 [J]. 中国公共安全，2011（10）.

[17] 吴德本. 物联网综述（1）[J]. 有线电视技术，2011（1）.

[18] 何泽恒，胡晶. 管理信息系统 [M]. 北京：科学出版社，2010.

[19] 李松. 信息系统分析与设计 [M]. 北京：电子工业出版社，2010.

[20] 黄梯云，李一军. 管理信息系统问题与详解 [M]. 北京：高等教育出版社，2010.

[21] 李文戈. 信息系统的网络安全管理与维护 [J]. 企业技术开发，2010（11）.

[22] 刘骞. 浅谈故障管理在维护计算机信息系统中的应用 [J]. 吉林交通科技，2010（2）.

[23] 丁浩，高学贤. 信息系统分析与设计 [M]. 北京：清华大学出版社，2009.

[24] 朱玉颖，刘宏伟，张岩. 基于数据仓库的数据挖掘技术研究现状与进展 [J]. 信息化纵横，2009（6）.

[25] 卫红春. 信息系统分析与设计 [M]. 西安：西安电子科技大学出版社，2008.

[26] 姜同强. 信息系统分析与设计 [M]. 北京：机械工业出版社，2008.

[27] 耿骞，韩圣龙，傅湘玲. 信息系统分析与设计 [M]. 2版. 北京：高等教育出版社，2008.

[28] 左美云，李宗民. 信息系统项目管理 [M]. 北京：清华大学出版社，2008.

[29] 崔恒义. 试论管理信息系统的评价 [J]. 商场现代化，2008（16）.

[30] 李湘露. 管理信息系统 [M]. 南京：南京大学出版社，2007.

[31] 杨选辉. 信息系统分析与设计 [M]. 北京：清华大学出版社，2007.

[32] 袁建林，王勃琳，薛亚娟. 管理信息系统经济效益评价 [J]. 河北科技师范学院学报（社会科学版），2007（4）.

[33] 王桂芹，黄道. 数据挖掘技术综述 [J]. 电脑应用技术，2007（2）.

[34] 张亚东，程云喜. 管理信息系统 [M]. 郑州：河南人民出版社，2006.

[35] 刘林. 管理信息系统 [M]. 北京：科学出版社，2006.

[36] SATZINGER J W, JACKSON R B, BURD S D. 系统分析与设计 [M]. 李芳，朱群雄，李澄非，等译. 3版. 北京：电子工业出版社，2006.

[37] DOCHERTY M O. 面向对象分析与设计 [M]. 俞志翔，译. 北京：清华大学出版社，2006.

[38] 郝杰忠. 管理信息系统开发与应用 [M]. 北京：机械工业出版社，2006.

［39］李培林. 对信息系统运行维护管理的探讨［J］. 机械工业信息与网络，2006（9）.

［40］程军. 管理信息系统的维护［J］. 安徽电子信息职业技术学院学报，2006（3）.

［41］赵乃真. 信息系统设计与应用［M］. 北京：清华大学出版社，2005.

［42］RUMBAUGH J，JACOBSON I，BOOCH G.UML 参考手册［M］. UML China，译. 2版. 北京：机械工业出版社，2005.